岳麓年鉴

（2018）

长沙市岳麓区史志档案局 编

方志出版社
Publishing House Of Local Records

图书在版编目（CIP）数据

岳麓年鉴．2018 / 长沙市岳麓区史志档案局编．—北京：方志出版社，2019.3

ISNB 978-7-5144-3720-1

Ⅰ．①岳… Ⅱ．①长… Ⅲ．①区（城市）—长沙—2018—年鉴 Ⅳ．① Z526.44

中国版本图书馆 CIP 数据核字（2019）第 055428 号

岳麓年鉴（2018）

编　　者： 长沙市岳麓区史志档案局
责任编辑： 梅中英

出 版 人： 冀祥德
出 版 者： 方志出版社
地址　北京市朝阳区潘家园东里 9 号（国家方志馆 4 层）
邮编　100021
网址　http://www.fzph.org
发　　行： 方志出版社图书经销中心
电话（010）67110500
经　　销： 各地新华书店
印　　刷： 长沙市雅捷印务有限公司

开　　本： 889 × 1194　　1/16
印　　张： 16.125
字　　数： 510 千字
版　　次： 2019 年 3 月第 1 版　　2019 年 3 月第 1 次印刷
印　　数： 001 ~ 1000 册

ISBN 978-7-5144-3720-1　　**定价：** 200.00 元

岳麓年鉴编辑委员会

顾　问　周志凯

主　任　周　凡

副主任　蔡　锋　杨利成　王剑鸣　曾高杰

成　员　蒋志国　李思远　吕　瑛（女）　杨国春

岳麓年鉴编辑部

主　　编　喻剑平

常务副主编　周义娟（女）

责任编辑　陈志云（女）　屈国文

《岳麓年鉴(2018)》组稿人员

（名字按篇目顺序排列）

阳　卿　谢　思　朱梦靓　李世雷　陈　瑶　罗　茜　李景涛
雷　航　陈志云　高育敏　罗迎军　黄　珀　唐志勇　宋　先
曹　娟　任　颖　丁　媚　蒋　娟　梁子君　康利民　董彦宏
刘　建　周　磊　郭　征　余　祥　何　韬　张　康　龙　帅
金　爽　彭波静　王　俐　梁伟谊　单　良　李仕生　周　杰
王建伟　胡玉良　林千又　黄松杰　陈新喆　夏可政　陈灿鹏
李　昱　骆青桦　金　奥　曹成文　陈　雯　徐　玢　石庆丹
彭　鹏　邓兑现　罗干平　韩娟娟　周　汇　邓亚妮　刘　卓
伍玉平　欧阳佳　罗　俊　杨　晶　罗　瑶　陈　锋　左　乐
刘紫春　周　硕　王　清　毛世栋　龚关平　唐　伶　陈　哲
吕美柃　雷芳娜　杨薇薇　龚　韵　卓　媛　李　晶　康　宁
张　峥　谭超婷　张文峰　刘红梅　贺炜石　王李军　袁　野
刘振峰　佘沂乘　刘仲谋　肖向晶　李珊珊　沈定根　龚　平
熊丽洁　刘钰琪　黎思思　陈　娟　覃文清　李　超　李勇焜
孙　萍　戴湘蓉　孙思杨　李文郁　廖　雅　朱　锐　彭鳞凯
李末枝　陈亚文

编辑说明

一、《岳麓年鉴》是由中共岳麓区委、岳麓区人民政府主办，岳麓区史志档案局承办，以马克思列宁主义、毛泽东思想、邓小平理论、“三个代表”重要思想、科学发展观、习近平新时代中国特色社会主义思想为指导，坚持辩证唯物主义和历史唯物主义的立志、观点和方法，记述岳麓区自然、政治、经济、文化、社会等方面情况的年度资料性文献。

二、《岳麓年鉴（2018）》主要记载2017年岳麓区各部门、各行业、各地区的主要工作、重要事件，收录若干文献和统计资料，集中反映岳麓区改革开放的新进程和经济建设、社会发展的新成绩、新经验及存在的问题。所载资料全面、系统、翔实、准确，是国内外人士了解岳麓区的权威性工具书。

三、本卷采用分类编辑法，设部类、分目、子目、条目等层次，全书共分13部类。

四、本卷所载内容均由各部门各单位专人撰写、领导审核，岳麓年鉴编辑部整理编辑，经区领导审查后由出版社编辑出版。

五、本卷各项数据均由各部门各单位提供。

六、本卷年鉴的编辑出版，得到全区各级领导、各部门和各单位的大力支持与协助，在此一并致以诚挚的谢意。由于编辑人员水平有限，疏漏、错误之处在所难免，敬请广大读者批评指正。希望广大读者和各方面人士提出宝贵意见，使《岳麓年鉴》更臻完善。

目　录

特　载

在区委五届六次全体（扩大）会议暨经济工作会议上的讲话…………………… 周志凯（1）
长沙市岳麓区人民代表大会常务委员会工作报告……………………………… 胡杰夫（9）
政府工作报告…………………… 周　凡（14）
政协长沙市岳麓区委员会常务委员会工作报告……………………………… 袁精华（21）

大事记

2018 年大事记 ……………………………（26）

岳麓区概览

自然地理………………………………（42）
建置 · 区划 …………………………（42）
人口 · 民族 …………………………（42）
经济发展………………………………（43）
社会事业………………………………（43）

中国共产党长沙市岳麓区委员会

区委五届五次全体（扩大）会议 ……（45）
区委五届六次全体（扩大）会议 ……（45）
区委常委会议…………………………（45）
参谋辅政工作…………………………（47）
督促检查工作…………………………（47）
统筹协调工作…………………………（47）
归口管理工作 ………………………（48）
附录　中共长沙市岳麓区委 2017 年文件目录………………………………………（48）

组织工作

概况……………………………………（49）
中共长沙市岳麓区委非公有制经济组织和社会组织工作委员会办公室成立………（50）
村居“两委”换届选举工作……………（50）

宣传工作

概况……………………………………（50）
礼赞好人 大爱有声 …………………（52）
岳麓区举办文化创意产业发展论坛……（52）
“艺湖一世界”长沙文创名企名家后湖行………………………………………（52）
社科专家服务团岳麓行………………（52）

统战工作

概况……………………………………（53）

区直机关党的工作

概况……………………………………（54）
全市机关党建工作现场交流观摩会在岳麓区召开 ………………………………（55）
首建区直机关党建指导员制度…………（55）
首次举办区直机关党务干部异地培训班………………………………………（55）

区直机关妇工委获评全市“巾帼文明岗”称号……（55）

机构编制工作

概况……（55）

区委巡察工作

概况……（56）

巡察工作大联动……（58）

党校工作

概况……（58）

党史地方志档案工作

概况……（60）

《岳麓年鉴》出版发行……（60）

老干部工作

概况……（60）

创建离退休干部党员“五彩家园”品牌……（62）

区离退休干部工委成立……（62）

召开离退休干部区情通报会……（63）

“五彩家园”老干部文艺展演活动……（63）

“点赞新变化 添彩新岳麓 喜迎十九大”微宣讲赛课……（63）

长沙市岳麓区人民代表大会常务委员会

人民代表大会……（64）

人大常委会会议……（64）

人大监督……（66）

服务全区发展……（67）

履职尽责……（67）

自身建设……（67）

长沙市岳麓区人民政府

政府常务会议……（68）

参政服务……（69）

综合协调保障……（69）

专项工作统筹……（69）

党建工作……（70）

法制工作……（70）

附录：2017年长沙市岳麓区人民政府主要文件目录……（71）

民族宗教和外事侨务工作

概况……（71）

政务公开和政务服务

概况……（73）

人力资源和社会保障

概况……（73）

信访工作

概况……（75）

区委常委会专题研究信访工作……（75）

信息中心工作

概况……（75）

机关事务管理

概况……（77）

政协长沙市岳麓区委员会

政协全体会议……（78）

政协常委会议……（78）

政治协商民主监管……（79）

参政议政……（79）

继续深化主题活动……（80）

强化队伍自身建设……（80）

中共长沙市岳麓区纪律检查委员会

概况……（81）

召开中共长沙市岳麓区第五届纪委第二次全会……（84）

举行“争当廉内助，倡导好家风”主题活动……（84）

迎接市委专项巡察……（84）

创新开展“两访两查两报告”加强一把手“八小时以外”活动监督管理……（84）

启动区委巡察及区纪委派驻改革工作…（85）

深化监察体制改革试点工作……（85）

人民团体

岳麓区总工会

概况…………………………………………（86）

抗洪抢险及灾后慰问重建………………（87）

麓山景区劳模创新工作室授牌…………（87）

共青团岳麓区委员会

概况…………………………………………（88）

岳麓区妇女联合会

概况…………………………………………（89）

岳麓区残疾人联合会

概况…………………………………………（91）

举办第27次全国助残日活动…………（92）

开展“抗洪赈灾”系列活动驰援灾区群众…………………………………………（92）

召开区残联第五次代表大会……………（92）

中残联领导调研区残疾人辅具适配工作…………………………………………（92）

举办长沙市残疾人辅助性就业试点培训交流会…………………………………………（92）

岳麓区工商业联合会（商会）

概况…………………………………………（93）

法　治

区委政法委及综治

概况…………………………………………（94）

防范和处理邪教

概况…………………………………………（95）

公　安

概况…………………………………………（96）

检　察

概况…………………………………………（98）

全省检察服务大厅建设示范院…………（100）

全国检察机关文明接待室………………（100）

法　院

概况…………………………………………（100）

家事审判工作获肯定……………………（103）

建立湖南首个“知识产权纠纷诉调对接机制”…………………………………………（103）

国家宪法日，首批入额法官集体宣誓…（103）

执行工作获最高院肯定…………………（103）

司法行政

概况…………………………………………（103）

成立全省首个区属社区矫正执法大队…（105）

建立街镇公共法律服务工作站…………（105）

交通警察

概况…………………………………………（105）

军　事

岳麓区人民武装部

概况…………………………………………（107）

岳麓区公安消防大队

概况…………………………………………（108）

人民防空工作

概况…………………………………………（110）

经济管理

发展和改革工作

概况…………………………………………（111）

举办油气管道泄漏事故应急演练………（112）

举办节能宣传周活动……………………（112）

统计工作

概况…………………………………………（112）

农业普查登记首日现场指导汇报会……（114）

审计工作

概况…………………………………………（114）

工商行政管理

概况…………………………………………（114）

安全生产监督管理

概况…………………………………………（118）

食品药品监督管理

概况…………………………………………（119）

质量监察管理

概况……………………………………（121）

市第九批农业标准化推进会在圣峰果业示范基地举行……………………………………（123）

举办客运索道事故应急救援演练………（123）

商务管理

概况……………………………………（123）

服务总部经济发展工作

概况……………………………………（124）

工业 · 园区 · 交通

经济和信息化

概况……………………………………（126）

鲁先华调研园区高新技术产业发展情况……………………………………（127）

区首家社区创客空间成立 ……………（127）

中关村领创空间赴岳麓区考察…………（127）

岳麓区经信局开展“进园区、下企业、送服务”春风行动 ……………………………（127）

区 2 家企业进入湖南省小巨人企业名单……………………………………（127）

长沙岳麓高新技术产业开发区

概况……………………………………（128）

中通智慧电商物流园（湖南）项目入驻园区签约仪式举行…………………………（129）

中南大学科技园招商推介会在深圳举行……………………………………（129）

2017 年检验检测项目集中签约暨重点企业座谈交流会…………………………（129）

岳麓科技产业园与安化县签约城乡建设用地增减挂钩指标异地使用协议…………（129）

全市项目建设流动观摩会举行…………（129）

岳麓山大学科技园岳麓分园创业服务中心

概况……………………………………（130）

交通运输

概况……………………………………（130）

农业 · 林业 · 畜牧 · 水务

农业 · 林业 · 畜牧

概况……………………………………（132）

成功抵御特大洪涝灾害 ………………（133）

成功获批“两个国家级”项目 …………（133）

水 务

概况……………………………………（133）

城乡建设管理

规划管理

概况……………………………………（137）

国土资源管理

概况……………………………………（138）

重点工程管理

概况……………………………………（139）

住房保障

概况……………………………………（142）

城市建设

概况……………………………………（143）

组织抗洪救灾活动………………………（144）

首届“物业之星”评选 …………………（145）

创新“文明社区”智慧政务平台 ………（145）

征地拆迁管理

概况……………………………………（145）

城市房屋征收和补偿管理

概况……………………………………（146）

城市建设开发

概况……………………………………（146）

城市建设投资

概况……………………………………（147）

城市管理与执法

概况……………………………………（148）

西二环沿线户外广告整治………………（150）

全区城市管理工作专题调研……………（150）

长沙市委办公厅调研岳麓区精细化城管 ……………………………………………… (150)
全市第一条优秀示范道路——金星大道 ……………………………………………… (151)
区城管系统全力以赴防汛救灾………… (151)
“9+2”峰会市容秩序与环境综合整治工作调研 ……………………………………… (151)
共享单车管理……………………………… (151)
“行走岳麓”“路长制”暨城管教育实践基地启动并授牌 ……………………… (151)

城管执法

概况……………………………………… (152)
防汛救灾………………………………… (153)
大学科技城市容环境“百日整治”…… (153)
创建全省第一家城市管理教育实践基地 ……………………………………………… (153)
梅溪湖“百日整治” …………………… (154)

市容卫生

概况……………………………………… (154)

市政局管理

概况 …………………………………… (156)
梅溪湖、洋湖等片区道路维护管理工作由湘江新区移交岳麓区………………… (157)

园林绿化

概况……………………………………… (157)
区园林局志愿支援学士街道灾后重建… (158)
城市园林绿化管理工作实施细则在全市率先出台……………………………… (158)

环境保护

概况……………………………………… (158)
整改中央环保督察交办问题…………… (159)
启动第二次全国污染源普查工作……… (159)
有序推进环境监管网格化工作………… (159)

两型社会建设管理

概况……………………………………… (159)
刘明理副市长调研八方社区垃圾分类工作 ……………………………………………… (161)
省两型委到岳麓区调研两型示范创建工作 ……………………………………………… (161)
省市主流媒体报道岳麓区两型社会建设亮点 ……………………………………………… (161)
中央、省、市媒体赴恒华社区两型宣教基地采访 ……………………………………………… (161)
国家发改委体改司到岳麓区恒华两型宣教基地调研……………………………… (161)
湖南省两型委、省财政厅到岳麓区考察省级两型示范创建工作 ………………… (162)
岳麓区四人入选长沙市“十大两型人物”榜 ……………………………………………… (162)

财政 · 税务 · 金融

财 政

概况……………………………………… (163)

国家税务

概况……………………………………… (164)

地方税务

概况……………………………………… (165)
推行“一窗一人办税”服务模式 ……… (166)
历年来单笔最大股权转让个人所得税税款成功入库……………………………… (166)

金 融

概况……………………………………… (166)
设立纯公益性学习交流合作平台——岳麓金融沙龙……………………………… (168)
主动服务，举办岳麓区金政企对接会… (168)
岳麓区开展打非系列宣讲，为群众树立正确理财观念保驾护航…………………… (168)

农村商业银行股份有限公司

概况……………………………………… (168)

旅游服务

旅 游

概况……………………………………… (170)

景区管理

岳麓山风景名胜区管理局…………………（171）
麓山景区管理处…………………………（172）
橘子洲景区管理处………………………（174）
橘子洲 AAAAA 级旅游景区质量等级得恢复…………………………………………（175）
橘子洲景区遭受超历史水位侵蚀 ……（175）
红色半程马拉松赛事在橘子洲成功举办…………………………………………（175）

教育·科技·文体·卫计

教育事业

概况………………………………………（176）
国际交流合作……………………………（178）
中小学校责任督学挂牌督导创新区现场评估会……………………………………（178）
易凌云调研学前教育试验区工作………（178）
五四青年节表彰活动……………………（178）
公开招聘教师……………………………（178）
六一儿童节表彰活动……………………（178）
曾德华调研教育信息化工作 …………（179）
岳麓区教育局与南雅中学、雅礼实验中学签订合作办学协议……………………（179）
长沙市第十九中学被全面管理…………（179）
首届中国岳麓科教创新与成果转化 2017 高峰论坛…………………………………（179）
第 33 个教师节主题活动 ………………（179）
首次推出《岳麓教师之歌》……………（179）
李肖蕾长沙市小学英语名师工作室成立…………………………………………（179）
创建两型学校……………………………（179）
湖南省第二届“湖湘教育论坛” ………（180）
师德师风主题教育月活动………………（180）
长沙市教育科学规划课题优秀成果展示会…………………………………………（180）
附录：岳麓实验中学……………………（180）
湖南师大附中博才实验中学 ……（181）
湖南省第二届“湖湘教育家大讲坛”（初中 教育分场）活动 ………（183）
长沙麓山外国语实验中学 ………（183）

科学技术管理

概况 ……………………………………（185）
长沙市科技创新创业大赛在岳麓区启动…………………………………………（186）
区知识产权局首次成功调解的著作权纠纷案…………………………………………（186）

文体建设

概况………………………………………（186）

卫生和计划生育

概况………………………………………（188）

社会事务

民政事务

概况………………………………………（190）

潇湘园管理

概况………………………………………（192）

街道·镇

岳麓街道

概况………………………………………（194）
全省社区戒毒康复示范站点交流研讨会在岳麓街道召开…………………………（195）
中南大学科技园研发总部基地项目动工…………………………………………（195）
心齐向党 · 众星耀麓南 ………………（196）

橘子洲街道

概况………………………………………（196）

望月湖街道

概况………………………………………（198）
运用“721”工作法取缔月宫街夜市 …（199）
望月湖卫计工作再创佳绩………………（199）

银盆岭街道

概况 ……………………………………（199）

全力以赴防汛抢险救灾…………………… （201）
开展“绿色你我他，环保靠大家”绿色营创建活动……………………………………… （201）
“家长里短帮帮团”获评长沙市“十佳法治文化精品” ………………………… （201）
观沙岭街道
概况……………………………………… （201）
举办“社会工作个案服务”培训会 …… （202）
农贸市场食安溯源体系建设培训……… （203）
“我身边的好党员”演讲比赛 ………… （203）
中共湖南天地人律师事务所委员会落户观沙岭……………………………………… （203）
西湖街道
概况……………………………………… （203）
“共享关爱，我们在一起” …………… （205）
“雨生百谷春满星城” ………………… （205）
讲党课、赛水平 ……………………… （205）
众志成城 防汛抢险救灾 …………… （205）
龙王港社区学院开学…………………… （206）
望城坡街道
概况……………………………………… （206）
创新网格化管理模式，构建社会治理新格局 ……………………………………… （207）
提质提档建幸福家园…………………… （207）
湖南省“扫黄打非”基层示范点 ……… （207）
文明从排队礼让开始 ………………… （208）
望岳街道
概况……………………………………… （208）
长沙市首个两型宣教基地正式挂牌成立 ……………………………………… （209）
望岳街道谷山村顺利通过省级文明村验收 ……………………………………… （209）
弘扬雷锋精神 推进职业道德建设 …… （209）
咸嘉湖街道
概况……………………………………… （210）
智慧街道建设…………………………… （213）
咸嘉新村社区荣获三项全国荣誉称号… ……………………………………… （213）
荷叶塘社区获评全国“扫黄打非”进基层示范点、示范标兵、先进集体 ………… （213）
白鹤咀社区获评全国“流动人口社会融合示范社区”“国家地震安全示范社区” … （214）
咸嘉湖街道社区卫生服务中心获评全国“优质服务示范社区卫生服务中心” …… （214）
社区“支居”两委选举换届 ………… （214）
“公交文明在我心、雷锋精神伴我行” ……………………………………… （214）
“推进企业诚信 建设和谐街区” …… （215）
润泽园社区提质提档接受全市观摩…… （215）
梅溪湖街道
概况……………………………………… （215）
润龙社区提质提档……………………… （217）
设立新市民加油站 助力失地农民就业创业 ……………………………………… （217）
打造党群服务平台……………………… （217）
天顶街道
概况……………………………………… （218）
召开新社区成立暨村（社区）换届选举动员大会……………………………………… （219）
校园足球嘉年华活动启动……………… （219）
举办青少年“忆峥嵘岁月，树文明新风”喜迎党的“十九大”党史国史知识竞赛 … （219）
长株潭城铁西延线正式通车…………… （219）
坪塘街道
概况……………………………………… （220）
恒大童世界项目正式开工……………… （221）
巴溪洲获评国家 AAA 级旅游景区 …… （221）
顺利完成“两委”换届选举 …………… （222）
谢海华获全国道德模范敬老爱亲奖提名 ……………………………………… （221）
洋湖街道
概况……………………………………… （222）
减轻社区灾害风险，提升基层减灾能力 ……………………………………… （223）
奋不顾身，抢救落水女子 …………… （224）

学士街道

概况…………………………………………（224）

“小安大爱”云服务 社会平安新概念…………………………………………（226）

美丽乡村建设 ………………………………（226）

含浦街道

概况…………………………………………（226）

“油菜花开的声音‘美丽含浦，乡韵春天’”…………………………………………（228）

顺利完成村（社区）“两委”换届选举…………………………………………（228）

抗洪救灾全面胜利…………………………（228）

选树好人典型，创新新乡贤治理 ……（229）

莲花镇

概况…………………………………………（229）

全省第三次全国农业普查入户登记工作在莲花镇启动………………………………（231）

莲花漫谷、花漾星城……………………（231）

“流动气象科普万里行—走进湖南”在莲花镇启动 ……………………………（231）

莲花镇村（社区）两委换届选举圆满完成…………………………………………（231）

莲花镇五丰村垃圾分类示范村顺利通过验收…………………………………………（231）

雨敞坪镇

概况…………………………………………（231）

农村土地承包经营权首证颁发…………（234）

垃圾分类成效显著………………………（234）

创建“红色企航”有机农业党建联盟…………………………………………（234）

雨敞坪镇获评美丽乡村整域推进省级试点镇…………………………………………（234）

榜上有名

2017 年岳麓区获国家（部委）奖励（命名）单位一览表 ……………………………（235）

2017 年岳麓区获国家（部委）奖励（命名）个人一览表 ……………………………（236）

2017 年岳麓区获省（厅局）奖励（命名）单位一览表 ……………………………（236）

2017 年岳麓区获省（厅局）奖励（命名）个一览表 ………………………………（238）

2017 年岳麓区在省级以上报刊刊发文章一览表 ……………………………………（239）

附 录

岳麓区 2017 年重点民生实事工作自评报告…………………………………………（240）

3月2日，波兰副参议长兼会波中议员小组主席柴莱伊代表团一行参观橘子洲

5月25日上午，湖南省省委书记、省人大常委会主任杜家亳（前排中）到岳麓山国家大学科技城调研

领导考察

LINGDAOKAOCHA

2月15日，湖南省副省长向力力（左四）赴岳麓区调研基层医疗卫生工作

6月28日，湖南省委常委、长沙市委书记易炼红（前左一）率队到岳麓区现场观摩金星路“六位一体”综合提质改造工程

1月6日，市政协港澳委员视察湘江财富金融中心

5月12日，全国金融业联合会联席会议代表赴湖南金融中心考察

6月19日，中通智慧电商物流园（湖南）项目入驻岳麓区签约仪式

8月30日，中南大学科技园（研发）总部基地建设项目1#栋成功封顶

9月22日，“湖南省院士专家工作站”落户赛恩斯环保

12月27日，岳麓山国家大学科技城核心区PPP项目成功签约

广绿检测工作人员认真工作

中大检测

莲花镇迷迭香基地

莲花天泉草业

沃之园生态农庄

和谐民生

HEXIEMINSHENG

① 5月9日，全国第二届“万步有约”职业人群健走激励大奖赛

② 5月10日，2017年首届全国肢残人轮椅马拉松健身赛

③ 1月16日，岳麓区“洁净大河西，快乐迎新春”环境综合大整治行动

④ 5月12日，省减灾委应急办与岳麓区联合举办2017年全国防灾减灾日活动

5月15日，“遇见幸福—长沙市残障人士集体婚礼暨助残学雷锋志愿服务活动”在岳麓区王府井广场举行

6月7日，军民同心协力抗洪抢险

和谐民生

HEXIEMINSHENG

7月28日，岳麓区委书记周志凯率队开展“八一”拥军慰问活动

8月10日，岳麓区开展全民健身日活动

12月26日，长沙红色马拉松赛开跑

岳麓区委书记周志凯（前排中）率队督查全区市容环境工作

12月25日，岳麓区首个“社区型”24小时自助图书馆正式开馆

11月7日，天顶街道在金茂广场开展119消防疏散应急演练活动

3月10日，区领导参加春季义务植树大行动

8月17日，岳麓区与中国人寿签订战略合作协议

10月9日，岳麓区机关举行升旗仪式

1月6日，岳麓区“两学一做”演讲比赛决赛颁奖

1月21日，全市首家公益“24小时免费图书馆”在学士街道正式启用

3月26日，岳麓区关爱特殊群体未成年人暨唐氏宝宝与自闭儿童帮扶成果展示活动在西湖文化园举行

10月9日，岳麓区机关举行老干部书画展

1月25日，市领导及区领导赴岳麓区走访慰问“道德模范”“中国好人”廖月娥

精神文明
JINGSHENWENMING

① ② ③ ④ ⑤

① 9月28日，岳麓区第二小学孔子诞辰纪念活动

② 5月27日，岳麓区“绿书签2017”系列活动启动仪式

③ 6月16日，长沙市“微理论　微宣讲”巡回赛岳麓区专场

④ 10月26日上午，由岳麓区民政局、省委党校主办，西湖街道、党校社区承办的“关爱老年人，欢庆十九大——念亲恩、感亲意、抒亲情”主题文艺汇演在省委党校礼堂举行

⑤ 岳麓区教育局与美国圣地亚哥湖滨区联合教育局签署《教育交流合作协议书》

灯光璀璨的渔人码头

梅溪湖音乐喷泉

城市新貌

CHENGSHIXINMAO

洋湖夜景

城市新貌

CHENGSHIXINMAO

城市新貌

CHENGSHIXINMAO

①　⑤

②　③　⑥　⑦

④　⑧

① 河西王府井商场
② 湖南省建筑设计院
③ 麓山国际实验小学
④ 秀美巴溪洲
⑤ 振业中学
⑥ 麓山滨江实验学校
⑦ 金茂双子塔
⑧ 恒海桃花园

① 梅溪湖国际新城
② 湘江时代
③ 达美溪湖湾
④ 梅溪青秀
⑤ 万科·白鹭郡

城市新貌

CHENGSHIXINMAO

特 载

在区委五届六次全体（扩大）会议暨经济工作会议上的讲话

长沙市岳麓区区委书记 周志凯

（2017 年 12 月 29 日）

同志们：

这次会议的主要任务是，高举习近平新时代中国特色社会主义思想伟大旗帜，全面贯彻落实党的十九大和中央、省委、市委经济工作会议精神，总结 2017 年经济工作，部署 2018 年经济工作，动员和号召全区上下求真务实，真抓实干，奋力推进“知识岳麓”“创新岳麓”建设，用实绩书写岳麓贯彻落实党的十九大精神的光辉篇章。下面，我受区委常委会委托，向全会作报告。等会，周凡同志还将传达中央、省委、市委经济工作会议精神，部署明年经济工作，请大家认真领会，抓好落实。

一年来，面对各种挑战和困难叠加的复杂局面，区委紧紧团结全区干部群众，沿着产业融合、产城融合、城乡融合“三融共进”的战略路径，聚焦产业发展主攻方向，始终保持工作思路的连贯性、延续性，一锤接着一锤敲，一茬（chá）接着一茬干，打下了坚实的产业基础、项目基础、创新基础和群众基础，全区各项工作思路明确、措施具体、推进有力，呈现出蓬勃向上的发展态势。今年地区生产总值迈入“千亿俱乐部”，财政总收入突破 90 亿大关，固定资产投资总量及增速、社会消费品零售总额增速、规模工业增加值增速、税收质量和进度均排名中心城区第一；名列全国综合实力百强区第 64 位、投资潜力百强区第 25 位，分别比去年前移 3 位、2 位。可以说，通过两年探索、奋斗和苦干，区委提出的工作思路得到了全面贯彻，取得的成效逐步显现，岳麓发展已经站在一个新的起点。

这一年，我们坚持创新发展，转型升级稳步推进。以供给侧结构性改革为着力点，加快产业发展，湘江基金小镇正式挂牌，恒大童世界、宜家荟聚综合体、湘江欢乐城等重大产业项目加速推进，岳麓山国家大学科技城、湖南金融中心等重大产业平台加快建设，实现精彩开局；深入实施区校合作战略，中南大学科技园（研发）总部（一期）实现当年立项、当年拆迁清零、当年启动建设、当年基本竣工，在全市重大项目建设流动观摩中获评一类，得到市委、市政府主要领导肯定。

这一年，我们坚持协调发展，城乡品质同步提升。坚持“项目为王”，全年铺排项目 445 个，腾地万余亩，区域承载功能不断完善；弘扬“工匠精神”，下好“绣花功夫”，润泽园等 33 个社区提质改造基本完成，在泛珠“9+2”长沙峰会等重大活动中展现一流的城市管理水准，赢得了社会各界的广泛认可；扎实推进美丽乡村建设，谷山村、学华村获评全国文明村镇，城乡融合的格局更为生动。

这一年，我们坚持绿色发展，生态优势全面彰显。扎实开展中央环保督察问题整改，31 个“水、气、声、土”四大类环境治理项目顺利完成，龙王港等 7 个黑臭水体整治项目全部竣工；有序推进新三年造绿行动，金星路、农趣谷等区域绿化实现高标准提质，橘子洲景区再次跻身 5A 景区行列，“宜居在岳麓”的招牌更加闪亮。

这一年，我们坚持开放发展，集聚效应充分释放。全年引进 50 亿元以上项目 3 个、亿元以上项目

9个，获评中国楼宇经济创新示范区，经济外向度不断提高；岳麓科技产业园集聚检验检测企业80余家，获批国家检验检测认证公共服务平台示范区，正式迈入“国家队”行列。

这一年，我们坚持共享发展，社会治理不断优化。打赢抗洪救灾保卫战，被评为全省抗洪救灾先进单位；开展“信访积案清零”专项行动，创造了“十九大”特护期间进京非访“零登记”的历史记录，确保大局和谐稳定；精心组织村（社区）“两委”换届，压实意识形态工作责任制，创新推进城市基层党建工作，党员发展“三三制”办法获评全国基层党建创新优秀案例，区委巡查实现常态化、派驻监督实现全覆盖，稳妥推进监察体制改革，发展环境更加清朗。经过2017年的奋斗，一个改革创新的岳麓正信心满怀地走向未来，一个政通人和的岳麓正积聚创造辉煌的磅礴力量。

回顾2017年，总体历程是：不寻常、不容易、不简单。我们既取得了积极的成效，也积累了有益的经验。

我们深切地感受到，岳麓正在经历一场深刻的理念创新。发展理念是管方向、管长远的。一年来，通过持续深入开展“产业发展年”活动，推出产业政策、产业基金、产业人才“三驾马车”，既浓厚了产业氛围，又带动了产业集聚；通过不断强化源头治理、全域治理、分类治理、常态治理、制度治理，既破解了城管顽疾，又提升了城市品位；通过固化政策标准、调度机制、司法保障、程序管理，既确保了项目高效推进，又赢得了各界广泛好评。实践证明，只要我们始终以新理念谋划工作新举措，就一定能以新方法找到克难“金钥匙”。

我们自豪地看到，岳麓正在谋求一次全方位的发展新跨越。一年来，从一项项指标竞相“站高”，到一家家企业相继落户，收获的不仅是攀升的数据，更是发展的底气。从24个指挥部全线突破，到街镇、部门整体进位，赢得的不仅是外界的点赞，更是内心的自信。从国有土地征收稳扎稳打、步步为赢，到集体土地拆迁势如破竹、屡创佳绩，刷新的不仅是岳麓的速度，更是城市的底色。实践证明，只要我们始终坚持在干中争、在争中进，就一定能创造更多“没想到”，赢得更多“新跨越”。

我们振奋地体会到，岳麓正在凝聚一种强大的发展正能量。一年来，面对39.51米创纪录洪峰水位的严峻考验，面对经济形势复杂多变、资源约束趋紧的叠加影响，面对建设岳麓山国家大学科技城的艰巨任务，面对湘江新区城市管理工作全面移交的巨大压力，面对岳麓山风景名胜区整体移交的工作要求，各级领导干部以身作则、亲力亲为，牵头部门主动担当、全力以赴，所有单位自觉服从、全面参与，全体同志枕戈待旦、持续奋战，广大市民充分理解、广泛支持，充分展示了岳麓基层组织的建设成就、党员干部的时代风采和岳麓人民的整体形象。实践证明，只要我们始终坚持弘扬主旋律、传播正能量，就一定能有效聚合一切积极因素，不断打开发展新格局、创造事业新境界。

在充分肯定成绩的同时，我们更要清醒地看到发展中存在的问题和不足：产业转型升级还需“补课”，主导产业优势还不够明显，重大项目落地有待进一步突破，现代服务业还要加快发展；对照一流城区，城乡建设、生态环境改善还需“还账”；在一定范围内作风不实、效能不高、执行力不强的现象仍然突出，干部能力培养还得交“学费”，等等。对这些问题，我们要高度重视，认真研究改进。

一、以党的十九大和中央、省委、市委经济工作会议精神为指引，坚定发展信心，积极主动作为

在中央经济工作会议上，习近平总书记着眼党和国家事业发展全局，科学总结党的十八大以来我国经济发展历程，深入阐述我国经济已由高速增长阶段转向高质量发展阶段的重大意义，深刻分析当前经济形势，对做好明年经济工作提出了总体要求和政策导向，作出了改革发展重点任务的战略部署。总书记的重要讲话，通篇贯穿了马克思主义政治经济学的立场、观点、方法，是习近平新时代中国特色社会主义经济思想的重要内容，是做好当前和今后一个时期我国经济工作，引领中国经济向高质量发展阶段迈进的根本遵循。我们必须以刻苦钻研的劲头“学懂”，以系统全面的方法“弄通”，切实将新思想贯彻落实到岳麓产业融合、产城融合、城乡融合的现代化进程中去。

领会新思想、拥抱新时代，岳麓要在全国经济高质量发展的历史阶段中主动作为。这次中央经济工作会议不再提“扩大总需求”，将推动高质量发展摆在战略全局的位置，作为当前和今后一个时期确定发展思路、制定经济政策、实施宏观调控的根本要求。什么是高质量发展？就是能够很好满足人民日益增长的美好生活需要的发展，是体现新发展理念的发展，是创新成为第一动力、协调成为内生特点、绿色成为普遍形态、开放成为必由之路、共享成为根本目的的发展。作为省会城区、两型新区，岳麓科教资源密集、开放平台汇聚、生态优势显著、发展空间广阔，推动高质量发展的条件、潜力更为充分。特别是我们大力发展的六大主导产业大都是现代服务业，既没有“去产能”的任务，也没有“去库存”的压力。同时，此次会议强调要发挥好消费的基础性作用，促进有效投资特别是民间投资合理增长。这有利于我们发挥产业“轻型”“新型”的优势，轻装上阵、广纳资源、乘势而上。置身岳麓发展量质齐升的“窗口期”，我们要主动识变、应变、求变，推动岳麓发展朝着质量更好、效率更高、动力更强的方向阔步挺进。

领会新思想、拥抱新时代，岳麓要在湖南创新引领、开放崛起的发展进程中走在前列。省委、省政府顺应新一轮科技变革以及产业梯度转移、空间梯度开发、开放梯度推进的重大机遇，坚定实施创新引领、开放崛起战略，细化提出四大创新、五大开放行动以及芙蓉人才计划。岳麓作为湖南创新引领、开放崛起主战场，牢固树立“服务高校就是服务岳麓发展”的理念，拿出最好资源、组织最强力量推进区校合作，校地之间共识形成了、氛围浓厚了。过去后湖、中南大学西大门等一个个基础薄弱、形象破旧的城市斑点区域，如今崛起的是一座座科技园区、科创小镇、双创基地。省委、省政府主要领导对岳麓发展密切关注、给予厚望，要求以岳麓山国家大学科技城建设为抓手，挖掘科教优势，打造“知识岳麓”“创新岳麓”。这既是千载难逢的战略机遇，更是前所未有的历史大考。我们要坚持新发展理念，走内涵式发展道路，以重任在肩、使命在身的担当精神，奏响“知识岳麓”“创新岳麓”的强劲乐章。

领会新思想、拥抱新时代，岳麓要在建设现代化长沙的新征程中奋勇争先。此次市委全会以党的十九大精神为指引，在深刻把握长沙发展新特征的基础上，响亮提出分“三步走”全面推进现代化长沙建设的战略蓝图，这是长沙的省会担当所在、人民期盼所在。置身长沙发展的宏伟目标，我们有足够的底气、充足的信心走在全市前列。从发展基础来看，岳麓经过多年的大开发、大建设，已经站在了“过千亿、再出发”的新起点，已然成为全省122个区县中来势最好、潜力最大、机遇最佳的地区之一。从发展趋势来看，长沙银行等银行总部彰显更大效益，宜家荟聚综合体等产业项目加速推进，透明计算等创新成果持续孵化转化，这些必将带来新的增长点；湘江新区发展模式加快由传统的土地财政、房地产驱动向产业引领和创新驱动转变，这必将带来新的增长量；湖南省检验检测特色产业园集聚效应不断放大，湘江基金小镇加速崛起，特别是我们通过构建服务机制、打造特色品牌，楼宇经济西进岳麓的态势更加强劲，这些必将形成新的增长极。全区上下要更加坚定岳麓发展的实践自信、路径自信和前景自信，在建设现代化长沙的新征程中奋勇争先、争创一流。

基于以上分析和判断，做好明年经济工作，必须全面贯彻党的十九大精神，以习近平新时代中国特色社会主义思想为指导，加强党对经济工作的领导，坚持稳中求进工作总基调，坚持新发展理念，紧扣我国社会主要矛盾变化，按照高质量发展的要求，坚定不移抓创新、兴产业、推项目、提品质、惠民生，奋力建设“知识岳麓”“创新岳麓”，在全面建设现代化长沙的新征程中贡献岳麓力量。区委考虑，明年地区生产总值增长9%；规模以上工业增加值增长8.5%；社会消费品零售总额增长11%；固定资产投资增长12%以上；一般公共预算收入增长10%以上，其中地方一般公共预算收入增长9%；城镇居民人均可支配收入增长8.5%。同时，按照省、市要求，加快构建高质量发展的指标体系：研究与试验发展（R&D）经费支出占地区生产总值比重5%以上；产业投资占固定资产投资总额比重35%以上；一般公共预算收入税占比88%以上；单位地区生产总值能耗下降3%以上。

确立这样的目标，是区委审慎研究决定的，既与中央、省、市的部署要求相契合，又与我们“十三五”发展目标相衔接，充分考虑了必要性和可行性，既释放奋发进取的信心，持续提升岳麓服务全省、服务全市发展的贡献度；又传递质量第一、效益优先的定力，给产业转型升级腾出更大的空间、留下更大的余地。

明年经济工作实践中，必须坚持“三个不变”，把握“四个聚焦”。

“三个不变”：就是坚持打造“知识岳麓”“创新岳麓”的战略目标不变，坚持产业融合、产城融合、城乡融合的发展路径不变，坚持保持定力、精准发力、持续用力的奋进状态不变。“四个聚焦”：着力聚焦岳麓山国家大学科技城整治建设，始终以家毫书记提出的“教育兴城、打破‘围墙’、创新创业、久久为功”四组关键词为引领，围绕品质提升、合作共创两大工程，全面推进环境提质、平台建设、人才驱动三项任务，确保实现“一年之内眼前一亮”的既定目标；着力聚焦产业发展，产业是岳麓最大的区情，也是最大的希望。要以永远在路上的定力和干劲，持续开展“产业发展年”活动，依托六大功能组团，做强六大主导产业。要以园区经济、楼宇经济、总部经济等为重点，大力开展精准招商、二次招商、产业链招商，不断强化岳麓产业的带动力、实效性、辐射度；着力聚焦民生事业，牢固树立以人民为中心的思想，既尽力而为又量力而行，从细处着眼、从难处入手，做实做优公共安全、公共环境、公共服务三大保障，不断增进岳麓人民的获得感、归属感、幸福感；着力聚焦党的建设，深刻领会新时代党的建设总要求，不忘初心、牢记使命，切实发挥党委统一领导、总揽全局、协调各方的领导核心作用，不断强化各级党组织的政治领导力、思想引领力、群众组织力、社会号召力。

二、深刻把握明年经济社会发展的总体趋势，攻坚克难、乘势而上，促进经济社会持续健康发展

2018年是贯彻党的十九大精神的开局之年，是改革开放40周年，是实施“十三五”规划承上启下的关键一年。站在经济总量过千亿的新起点上，做好2018年经济工作，意义十分重大。要以产业发展为着力点，加快建设现代化经济体系。

（一）紧扣“一年之内眼前一亮”的既定目标，全力推进岳麓山国家大学科技城建设。家毫书记在《大学城的兴起》一文中把岳麓山大学城当作“宝贝”，历届区委、区政府也将区校合作当作“梦想”。我们要看到，建设大科城没有标准答案、既定路径，也许我们现在所打的基础、所付的辛劳，很难一下子看到成效，但从长远来看，是功在当代、利在千秋。全区上下要站在历史的高度、全局的高度，深化校区、城区、景区、园区“四区融合”，以麓山南路综合整治、后湖国际艺术园、中南大学科技园（研发）总部等“十三大”项目建设为抓手，全力推进大科城建设，将其打造成长沙品质形象的窗口、引领发展的标杆。

扎实推进环境提质。一手抓硬件升级，注重城市双修细节，全力推进麓山南路、潇湘大道、阜埠河路等“四纵十横”整治建设。这里强调的是，要完成家毫书记“一年之内眼前一亮”的要求，麓山南路综合整治是重中之重。要对照既定的时间清单、任务清单、责任清单，按照“整体改造、点状征拆、优化功能、打造节点”的思路，既保进度又保品质，坚定不移地抓好落实，着力打造全省一流的书香路、文明路、智慧路。要根据原状保留区、征拆建设区、提质改造区的不同类别，统筹推进大科城范围内20个社区的提质改造，营造大科城片区的全域美、整体美、特色美。一手抓系统整治，坚持联合执法、严格执法，进一步规范市容秩序，提升维护标准，狠抓斑点整治。特别是要科学规划主次干道各种业态，对片区内的楼宇、商铺进行精准分析、统筹布局，实现业态重构、功能提升、形象升级。要按照“舒展主动脉、畅通微循环”的思路，提倡慢行交通、公共交通，有效解决车辆停留、文明交通等问题，真正规范好、管理好大科城。

持续深化区校合作。秉持“服务高校就是发展岳麓”的理念，打破思想认识、行政级别、行业分割的“围墙”，围绕研发、孵化、转化、产业化不同阶段，探索建立责任共担、项目共推、利益共享的发展机制，深度推进区校合作，让更多研发总部、科技成果扎根大科城、落户大科城。要突出“一校一平台”，依托湖南师范大学文化创意、基础教育等专业优势，全力打造后湖国际艺术园，带动岳麓教育迈向更高层次；依托湖南大学规划设计、人工智能等学科优势，整合锦绣潇湘、岳麓书城等资源，打造桃子湖高校双创街、阜埠河路创意设计小镇；依托中南大学新材料、信息计算等方面优势，将中南大学科技园（研发）总部打造成为高校师生就地创新创业、成功校友返校创新创业的标杆。

全面实施人才驱动。持续用好芙蓉人才计划、“人才新政22条”等政策红利，不断提升政府“有形之手”的效能，做到政策留人、服务留人、事业留人。针对不同层次人才的差异化需求，在农趣谷探索建设“院士小镇”，吸引包括湘籍院士在内的高端人才入驻；在岳麓科技产业园规划建设

“人才公寓”，让广大专业型、实用型人才积极投身岳麓产业发展。同时，依托58众创、梅溪湖创新中心等高标准、集中式众创平台、创客空间，继续推行免费入驻、租金补贴等优惠政策，为广大青年学子创新创业大开方便之门，真正实现“走出校门就是创业园”。

（二）落实省委“产业项目建设年”的要求，驰而不息推动产业转型提质。今年9月，家毫书记在全省产业发展现场推进会上强调，研究产业、培育产业、壮大产业是我们这一代湖南人的历史责任。这次省委经济工作会议，把明年定为“产业项目建设年”。市委经济工作会议明确提出，要紧紧盯住产业发展这个“牛鼻子”“命根子”，全力推动产业升级。区委在第五次党代会就鲜明提出，持续深化“产业发展年”活动，推动产业转型升级。省市的决策部署，更加坚定了我们发展产业的信心和决心，也是我们做强产业的战略机遇。希望全区党员干部，特别是领导干部深刻领会区委良苦用心，抢抓产业变革“窗口期”，全力以赴兴产业。

打造特色鲜明的实力园区。园区是产业发展主战场。通过近几年的努力，园区发展检验检测主导产业有基础、有平台、有影响，市委、市政府寄予厚望，将其纳入全市22个产业链条。要树立产业链思维，以产业链整合创新链、人才链、资金链，推动园区朝着专业精致效益的方向发展。要做优做强检验检测，着力“扶”持壮大，发挥生产性服务业的作用，主动对接湖南“五个100”，积极支持中大检测、赛恩斯环保等优质企业筹划上市，推动智能无人系统科创园等项目投产达效。着力“引”大做强，围绕上中下游的不同特点，发挥国家检验检测认证公共服务平台示范区的集聚效应，以“钉钉子”精神引进和组织实施一批具有支撑性、引领性、创新性的好项目，力争全年引进检验检测企业30家，实现检验检测认证及装备制造产值50亿元以上。着力“拓”展延伸，全力打造检验检测公共共享平台，推动与互联网、大数据、人工智能深度融合。着力“创”树标准，主动融入湖南制造强省建设，更加注重标准建设、品牌建设、质量建设，鼓励检验检测企业积极参与行业、国家等关键性技术标准研究，抢占竞争制高点、赢得市场话语权。要突出专业招商、平台招商、以商招商，依托现有透明计算等项目的核心技术，加快技术应用，推动新一代信息技术产业集群式发展。同时，实施片区开发模式，加快规划方案编制，深入推进空间拓园，提升园区发展的承载力。

发展优质高效的楼宇经济。楼宇经济是现代服务业的重要载体，也是岳麓产业发展不可多得的宝贵财富。要狠抓招商，整合湘江新区、相关职能部门、平台公司及街道的招商力量，充分发挥经济型专业人才作用，实现一次招商和二次招商的深度融合，着力打造一批重点税源楼宇、专业服务楼宇、对外开放楼宇、双创示范楼宇和社区公共服务楼宇，推动全区楼宇经济差异化、专业化发展。要优化服务，强化党建引领，加快楼宇及总部经济服务体系建设，推进楼宇工作站全面覆盖，为企业提供政策咨询、综合治理、党群建设等楼宇社区化服务，切实提升楼宇入驻率、企业满意率、税收贡献率。把握居民消费升级新趋势，着力推进金茂梅溪湖国际广场等项目建设，加快湘江欢乐城、恒大童世界等项目达效，启动亿达健康科技城、爱尔国际医疗健康产业城等项目，促进高端商贸、文化旅游、健康养老等现代服务业发展提速、业态提升。要坚持“房子是用来住的，不是用来炒的”这个定位，统筹拓需求与控供给、优结构与提品质的关系，坚持打好教育、生态的品牌，探索创新多主体供应、多渠道保障、租购并举的住房制度，推动房地产业平稳健康发展。同时，要进一步强化支持引导，规范市场秩序，不断提升企业现代化、专业化水平，加快全区建安业转型升级步伐。

建设实至名归的金融中心。湖南金融中心是岳麓产业的金字招牌。要强化与湘江新区的合作，在规划定位、产业招商、政策扶持等方面联手联动。主动服务湘江基金小镇建设，助推平安银行、浙商银行、财信金控、华融资产等金融机构入驻，打造全业态、多牌照、创新型的金融产业集群。要更加注重精细化服务，实施区域环境专项提质行动，完善各类公共服务配套，主动提供注册登记、产业扶持兑现、就医就学等一站式服务，不断提升金融中心的吸纳力。要立足中部、辐射西部，积极“走出去”，加大政策及环境优势宣传，提升湖南金融中心在业界的影响力。要打好防范化解重大风险攻坚战，引导各类金融业态规范有序发展，严厉打击非法集资、高息揽储等违法违规金融活动，不断净化金融环境。

（三）对标“十三五”发展目标，全面强化项目建设的支撑作用。当前，岳麓仍是典型的投资拉动型城区，必须保证一定的项目投资规模来支撑经济发展。要把项目建设作为经济发展的“主抓手”，强力推进、务求实效。

项目铺排要谋准谋实。在投资安排上要突出保质保量。从“量”的角度讲，就是要在今年的基础上，铺排项目投资计划492个，计划投资930.48亿元，保持明年12%以上的增速，确保实现“十三五”发展目标。从“质”的角度讲，就是基础设施、社会民生和产业发展项目结构的问题，该优化的要优化，该整合的要整合，确保严谨性、可行性和实效性。特别是政府投资类项目，要按照有保有压的总原则，对上级关注、民生急需、产业配套等项目不遗余力、全力保障。在具体抓手上突出动态管理，研究加强征拆腾地、开工节点、投资进度、服务环节等方面的具体举措，及时解决各类难题，确保项目建设达到预期目标、发挥最大效益。

征地拆迁要务实突破。通过这几年的努力，我们的征拆工作步入了规范化、法治化的轨道，全面扭转了被动的工作局面。要把这些好做法、好作风延续下去，坚持政策标准、调度机制、司法保障、程序管理“四个固化”，确保扫尾项目在明年5月底前完成清零腾地，新拆项目当年启动、当年清零。特别是要重点攻坚岳麓山国家大学科技城项目，着力破题新生、蜂巢、麓山等棚改项目。新启动的项目要在做好用地手续、征拆资金、安置社保“三个到位”的基础上，紧扣时间节点、严守政策底线，做细做实思想工作，集中力量依法推进，确保按期完成。

项目服务要精准高效。环境就是生产力。要提高服务意识，对于项目建设中的各种问题，符合条件的要“马上办”，手续不完备的要“帮着办”，特别紧急的要“特殊办”，需要勘察的要“现场办”，坚决消除各类“潜规则”，及时解决各类难题。要进一步优化建设环境，当前，一些村（社区）在征地拆迁、项目建设过程中，还存在强揽工程、阻工闹事的现象，对此我们要坚决打击，形成震慑力、彰显正导向。

（四）承接湘江新区城管全面移交的工作任务，推动岳麓城市管理水平再上台阶。作为山水洲城独特风貌的典型代表，岳麓区是市委市政府所在地、湘江新区核心区、高校院所集聚区。上级领导、外地客商、市民群众都喜欢到岳麓走一走、看一看，尤其是省、市重大活动也越来越倾向放在岳麓区。从某种程度上讲，岳麓区代表了长沙乃至湖南的形象。此次湘江新区将城市管理工作全部下放至我区，这是责任所在、使命所系。全区上下要对标一流城区，承接好新区移交的工作任务，全力推动城市管理工作再上新台阶。

彰显城市形象的高水准。按照“接得下、管得好”的原则，全面完成湘江新区城市管理维护移交后续任务，提升城市管理标准，巩固非法生产经营场所、在建工地、社会路口等领域的整治成果，对路面、立面、河面等实行全覆盖立体保洁，清除背街小巷卫生死角，让城市的每个角落都干净清爽。加快西二环拓改、麓景路南延线、梅浦联络线等交通干线建设，拉通市府滨江、梅溪湖等片区瓶颈路、断头路，抓好停车场、公交站、支路网等“微建设”，让居住的人舒适舒服、外来的人舒心舒畅。把社区宜居作为满足市民美好生活需求的主要载体，在精治、共治、法治上下功夫，实现城市“形态”、文化“神态”、市民“心态”内外和谐。

打造绿色发展的升级版。良好的生态环境是最普惠的民生福祉。要端正发展理念，坚决履行生态文明建设责任，打好污染防治攻坚战，绝不能有袒护破坏生态环境的行为，绝不能口头上高唱绿水青山、背地里大搞“黑色增长”。全面落实“路长制”“河长制”，持续深入实施大气、水、土壤防治行动计划，立说立行、雷厉风行打赢“蓝天保卫战”。巩固中央环保督察整改落实成果，更加注重后湖、龙王港等黑臭水体整治后续管理和养护工作，高标准建设城市绿道、生态廊道，大力倡导绿色生产生活方式，以“留白增绿”的定力，保护岳麓的好山好水好风光。

书写乡村振兴的新篇章。按照产业兴旺、生态宜居、乡风文明、治理有效、生活富裕的总要求，把实施乡村振兴战略作为新时代“三农”工作的总抓手，加快推进农业农村现代化。深化农业供给侧结构性改革，促进农村一二三产业融合发展，积极运用“互联网+”方式提升农业、发展农村、富裕农民。深化建设美丽乡村，按照“小规模、组团式、生态化”原则，引导农村集中建房，实现村内生产、生活、生态功能的合理分区和服务设施的合理布局。推进“厕所革命”，引领农村生产生活环境全面改善。落实灾后重建三年行动计划，完成湘江大堤、龙王港望月湖段等项目建设，切实增强农村防洪能力。优化莲雨含组团交通路网，实现岳

宁大道竣工通车，加速推进学士路南延线、黄桥大道南延线建设，提质改造农村公路，让农民朋友都能享受到城市生活的美好。

（五）深刻把握社会主要矛盾转化的重大判断，提高保障和改善民生水平。党的十九大报告作出了我国社会主要矛盾发生转化的这一重大政治判断。要坚持以人民为中心的发展思想，既要尽力而为，也要量力而行，不能吊高胃口，多做雪中送炭、兜底达标的好事、实事，不断满足人民日益增长的美好生活需要。

*更加注重惠民生。*发挥教育的经济、社会双重属性，依托新城、旧城、农村三大板块，补齐短板、拉长优势，引进和培育更多的名校资源，扩大优质教育资源的辐射和带动功能，更加唱响“岳麓山下好读书”的特色品牌。加快推进区公共卫生中心建设，深入推行基层医疗服务机构标准化，着力建设“健康岳麓”。加快区文体中心、区图书中心建设，实施文化惠民工程，丰富群众性文化活动，构建现代公共文化服务体系。全力开展国家食品安全示范城市创建，推进农贸市场提质改造，杜绝脏乱差，确保市民吃得放心、吃得安全。

*更加注重保民安。*创新推进“三服务”一线工作，做实做优以智慧党建、楼宇经济、服务民生、安全生产、城市管理为主要版块的“智慧岳麓”网格化管理平台，鼓励和引导群团组织、社会组织、企事业单位、物业公司等参与社会治理，让网格化管理工作既有影响力又有执行力。要牢固树立安全发展的理念，健全隐患清单、安全责任、长效管理“三大体系”，以寝食难安的精神抓好隐患排查、日常监督、问题整改，杜绝重特大安全事故。突出事要解决，大力实施信访存量化解攻坚行动，切实做到去存量、控增量、夯基础。构建立体化社会治安防控体系，依法打击违法犯罪行为，着力保障人民群众生命财产安全。

*更加注重增福祉。*将稳定扩大就业摆在突出位置，把握农村变城市、一产变三产、农民变市民的基本特点，以对历史负责、对人民负责的担当，全力做好失地农民等重点群体的就业工作。继续实施全民参保登记计划，健全医疗卫生服务体系和全民基本医保，提升弱势群体救助水平。进一步完善住房保障体系，推进保障房、租赁房建设，扩大受益面、增强宜居性，努力让老百姓住得更加舒心。

三、坚持和加强党对经济工作的领导，切实提高驾驭新时代经济建设的能力和水平

习近平总书记强调，历史只会眷顾坚定者、奋进者、搏击者，而不会等待犹豫者、懈怠者、畏难者。贯彻落实党的十九大精神，认真做好明年经济工作，关键在党、关键在干部。要切实把全面从严治党要求体现在党领导经济工作之中，为经济平稳健康发展提供坚强保证。

（一）永葆忠诚可靠的政治本色。坚持政治引领、提高政治站位，是我们做好一切工作的首要前提。要坚持从政治上考量全局工作，以坚定的政治定力引领发展，以强大的政治勇气攻坚克难，以崇高的政治品格凝聚力量。要把“四个意识”摆在首要位置，自觉维护党中央权威和集中统一领导，把思想和行动统一到党的十九大精神上来，统一到党中央、省委、市委和区委对明年经济工作的部署上来。要善于把方向、观大势、谋全局，所有工作部署都以贯彻中央精神为前提，把习近平新时代中国特色社会主义经济思想贯穿到经济工作的全过程、全领域中来，切实把党对经济工作的领导落到实处。

（二）保持坚韧不拔的战略定力。习近平总书记指出，既要有“乱云飞渡仍从容”的战略定力，又要有“不到长城非好汉”的进取精神。在省委经济工作会议和市委全会上，家毫书记和衡华书记都反复强调战略定力的问题。大家知道，这些年，我们一路走来，面对了多少常人难以想象的挑战，化解了多少过去难以办好的难题。如果没有一种定力、没有一股干劲，岳麓决不可能有现在这样一种良好局面。当前经济社会发展进入了高质量发展的新阶段，标准不一样、要求更不一样，过去看重规模、看重总量、看重增速，现在更看重质量、看重效率、看重标准、看重品牌。这意味着担好发展的责、干好岳麓的事，比以往更加需要定力。因此，我们一定要有“功成不必在我、建功必须有我”的境界，坚定不移沿着既定思路干下去，对看准的事情，坚持不懈抓、持续用劲抓，抓一项成一项，确保经得起历史的检验、群众的检验。

（三）提高务实管用的发展本领。作为一个快速发展中的新城区，岳麓区拥有科教、平台、生态、空间“四大优势”，也面临“区中有园、区中有区、区中有校”的现实情况。面对这样一种特殊的区情、特殊的体制，我们抓经济工作没有几把“刷子”是不行的！要更加讲实干、会巧干、忌蛮干，用心、尽心、全心，才能真正干出成绩。要分清轻重缓急、抓住主要矛盾，对上级关注的、发展急需的、群众关心的事项，下大力气抓，不达目的不罢休。要发挥协调的生产力作用，善于高位协调、全程协调，对重要的事项，我们的主要负责同志要深入一线，点对点、面对面地对接。在协调中，最宝贵的就是韧劲，不能刚开始满腔热情，受点委屈就心灰意冷，遇到挫折就半途而废，必须坚持不懈、跟踪到底，这样过程可能比较痛苦，但结果一定是快乐的。要对标国内最高标准，做好营商环境的顶层设计和制度创新，在优惠政策上高人一等、在服务保障上优人一等，让岳麓营商环境“没有最好、只有更好”。

（四）强化马上就办的干事作风。地方的发展、干部的业绩不是靠说了什么，关键是看干成了什么。推进新时代高质量发展，没有一线与二线之分，没有主角和配角之别，行动最有说服力、落实才有实效性。客观地说，要领导干部作个承诺、打个条子并不难，但千招万招，不抓落实就是虚招；千条万条，不去落实就是白条。要完善有部署、有督办、有跟踪、有问责的工作链，聚焦习近平总书记指出的形式主义、官僚主义十种具体表现，特别是表态多调门高、行动少落实差等突出问题，紧抓不放、一抓到底，以点带面，用小切口推动大改变。要进一步提升服务效能，善于发挥党建工作的核心引领作用，推动城市基层党建进楼宇、进小区、进园区，实现抓党务、带政务、优服务。要进一步营造山清水秀的政治生态，着力抓好“关键少数”，严厉惩处贪污腐败，坚决整肃庸政懒政怠政行为，大力弘扬崇尚实干、清正廉洁的优良作风。

同志们，新时代赋予新使命，新征程呼唤新担当。让我们在市委、市政府的坚强领导下，团结带领全区广大干部群众，求真务实，真抓实干，在全面建设现代化长沙的新征程中贡献岳麓力量。

长沙市岳麓区人民代表大会常务委员会工作报告

——在长沙市岳麓区第五届人民代表大会第三次会议上

长沙市岳麓区第五届人大常委会主任 胡杰夫

（2018 年 1 月 12 日）

各位代表：

我受长沙市岳麓区第五届人民代表大会常务委员会的委托，向大会报告工作，请予审议。

2017年的主要工作

2017 年是本届区人大常委会履职的第一年。区人大常委会在区委的坚强领导下，以迎接党的十九大召开和学习贯彻党的十九大精神为主线，围绕区委中心任务，依法履职，务实作为，顺利完成了区五届人大一次、二次会议确定的各项目标任务。2017 年全年共举行主任会议 30 次、常委会会议 10 次，听取和审议专项工作报告 41 个，作出决议、决定 2 项，开展专项工作评议 2 次、专题询问 1 次、集中视察 2 次、专题调研 18 次，对 2 部法律法规的实施情况进行了检查。

一、坚持目标导向，进一步增强了人大监督实效

常委会始终围绕全区经济社会发展大局，突出重点工作开展监督，把依法监督与支持促进有机结合起来。

*围绕产业发展加强监督。*2017 年是区委确立的“产业发展年”，常委会围绕区委明确的六大产业和重点片区开展监督工作。深入开展“项目建设岳麓行”活动。将中南大学科技园（研发）总部、黑臭水体综合整治工程等 6 个项目作为年度重点督办项目，实时跟踪项目进度，督促处理项目推进过程中存在的主要问题。组织评议发改工作。组织部分代表对岳麓农趣谷、洋湖国际创富中心等重大项目进行集中视察，采取网上匿名问卷调查等多种方式，全面评估服务对象对区发改工作的满意度，召开评议工作会，通过代表的评议，让发改工作进一步明确工作方向。开展产业发展调研。全面了解我区六大主导产业现状，摸清家底、理性分析，提出了选好发展路径、搞好顶层设计、搭好发展平台三大措施建议。

*围绕财政保障加强监督。*严把预算初审关。组织代表提前介入预算草案编制工作，通过分组走访财政、税务等部门，指出预算编制工作中的不足，提出修改意见。严把预算执行关。仔细核查、及时掌握全区预算收支情况，两次专题听取财政预算执行情况报告，确保预算规范执行。严把决算审批关。决算审批前，召开财经委员会会议，听取各相关部门意见，确保审批准确无误。严把预算调整关。坚持民生保障资金只增不减、灾后重建资金有效保障的原则，审议批准区政府 2017 年预算调整方案。严把审计责任关。制定《关于建立与完善审计查出突出问题整改情况向区人大常委会报告机制的意见》。听取区审计局关于 2016 年度部门预算执行情况的审计报告，延伸监督触角，听取区交通局和西湖街道办事处对审计发现问题的说明及下一步整改措施，年底跟踪审议两个部门的整改情况，增强审计工作权威性。严把债务监督关。开展政府性债务专项调研，重点了解全区债务余额和资产情况，针对发现的问题向区政府提出了妥善处理存量债务、依法科学管理使用新增债务等方面建议意见。

*围绕民生热点加强监督。*突出做好防汛工作监督。组织汛前视察，要求完善防大汛的预案，做好重点堤段防汛准备工作。洪灾过后，针对防汛工作中暴露的问题，组织部分代表实地调研，撰写水利设施受灾情况调研报告，为区政府编制水毁工程修复实施计划提供参考。突出做好农业工作监督。组织部分代表前往羊肚菌基地、圣峰果业、天泉草业等

我区都市农业项目进行视察，提出视察意见。突出做好卫计工作监督。广泛听取社会各界对区卫计工作的建议和意见，组织部分代表视察调研梅溪湖等街道社区卫生服务中心，围绕增强依法行政能力、提升全民卫计意识、加大卫计人才培养，开展对卫计工作评议。

围绕法治岳麓加强监督。依法开展执法检查及专题询问。针对超限超载、行人交通违法、农村道路交通安全设施不足等突出问题，组织开展《中华人民共和国道路交通安全法》执法检查。执法检查组通过暗查暗访、实地体验等多种形式深入了解情况，要求交管部门严格道路交通安全执法监管，从严整治行人、车辆交通违法行为。为确保我区农产品质量安全，组织开展《中华人民共和国农产品质量安全法》执法检查，针对执法检查中发现的问题，组织开展专题询问。区政府区长及相关职能部门负责人参加应询，问出了症结，问出了办法，问出了承诺，推动了我区农产品质量安全溯源体系的建设。积极参与全国、省、市人大立法调研。参与全国人大常委会法工委关于社区家庭教育立法调研活动。组织部分代表参加市人大常委会组织的《长沙市养犬管理条例》《长沙市城市生活垃圾管理条例》等6部法规的立法调研工作。加强民主和司法监督。组织部分代表现场监督我区村、社区“两委”换届选举，保障公民的选举权和被选举权。跟踪监督“七五”普法，督促落实“谁执法、谁普法”。加大宪法宣传力度，完善向宪法宣誓制度，增强宪法权威。依法对3件规范性文件进行审查备案。密切跟踪我省司法改革工作进度，现场监督我区首批员额法官、检察官向宪法宣誓，助推我区司法改革工作有序开展。

围绕生态文明加强监督。开展全区水环境质量视察活动，实地调研龙王港、后湖国际艺术园黑臭水体整治工作。突出绿色发展理念，扎实开展“环保世纪行活动”，组织部分代表考察学习西毛里湖生态保护、河长制、农村垃圾分类等先进经验。开展全区非煤矿山整治视察活动，促进我区生态保护和谐发展。审议2017年环境、规划报告，切实维护公众环境权益，让岳麓的山更绿、水更清、天更蓝。

二、坚定政治站位，进一步服务了全区发展大局

常委会紧紧围绕区委决策部署，将党委意图与人大工作有机结合，使党的主张通过法定程序转化为全区人民的共同意志。

依法行使重大事项决定权和人事任免权。听取并审议通过区政府关于提请析置麓谷街道设立新的麓谷街道和东方红街道的议案。听取并审议通过区政府关于提请望新片区正圆棚户区改造、4S城拆迁安置房（云栖路国际汽车长廊）项目纳入岳麓区国民经济与社会发展年度计划的议案。依法做好常委会人事任免工作，坚持党管干部和依法任免相结合的原则，严格执行对拟任命人员进行任前法律考试、任前陈词、颁发任命书、向宪法宣誓等规定程序。一年来，依法任命人大及“一府两院”工作人员121名。探索开展任后监督工作，先后组织2名政府副区长、1名法院副院长、1名检察院副检察长、2名区政府组成部门负责人在区人大常委会会议上述职，并现场进行满意度测评。

开展岳麓山国家大学科技城调研。根据区委的安排部署，区人大成立课题调研组，历时6个多月，采取实地检查视察、外出学习考察、建设案例分析、专家教授座谈等方式，充分征求中南大学、湖南大学、湖南师范大学、湖南商学院、湖南中医药大学五所高校的意见，形成了《岳麓山国家大学科技城建设调研报告》。常委会向区委提出了统一协调规划、创新机制建设、优化空间布局、强化基础保障、围绕孵化转化、厘定各方作用6个大项，加快推进“多规合一”工作、创新地校合作机制、建设“一校一园”“一校多园”合作模式等16个小项的建议意见。区委将调研报告全文刊发，要求全区各级各部门认真学习、提振状态，为建设国内一流的大学城贡献力量。

参与抗洪救灾及灾后重建工作。2017年7月上旬，常委会按照区委部署立即启动防汛Ⅰ级应急响应，主任会议成员迅速奔赴联点街（镇）参与指挥防汛救灾，机关工作人员赶赴学士街道东山垸协助抢险，开展夜间巡查，做好灾民安置工作。全区120多名省、市、区、镇代表投入抢险救灾，捐款1000余万元，捐赠物资近500吨，坪塘、洋湖、学士、含浦、岳麓、桔子洲、望月湖、西湖、银盆岭、望岳、梅溪湖、麓谷、雨敞坪等镇主席团、街道人大工委、代表小组代表采取多种形式参与抗洪救灾，用实际行动践行“我当代表为人民”的承诺。洪灾过后，按区委要求，3个月时间内，区人大机关派驻含泰社区工作组，制定工作方案、做好疫情控制、抢修水毁工程、恢复生产生活，帮助受灾群众重建家园，组织代表捐款近150万元，其中张菁代表所在的博深实业捐款50万元，含泰社区受灾群众在春节前均将喜迁新居。

三、加强履职保障，进一步发挥了人大代表作用

常委会积极探索完善代表工作机制，不断创新活动载体，丰富活动内容，充分发挥代表作用，着力提高代表依法履职水平。

深入开展“双联”活动。制定《区人大常委会组成人员联系区人大代表方案》，主任会议成员对所联系的代表实现走访全覆盖。努力改进代表联系工作，将代表联系工作与代表活动紧密结合起来。坚持“主任接待日”制度，通过接待代表来访，认真倾听代表对经济发展、征地拆迁、民生热点等方面的意见和建议，及时帮助代表解决履职过程中遇到的困难和问题。一年来，主任会议成员集中走访基层一线代表61人次，通过在节假日向代表发去祝福短信和走访、慰问部分困难代表等方式，让代表充分感受到人大大家庭的温暖。

增强建议办理实效。不断完善代表建议办理、督办工作机制。五届一次会议以来，共收到代表意见建议77件，现已全部办理完毕并由承办单位答复代表，做到了办理工作的“标准化率、面商沟通率、按时办复率”三个百分之百。为推进代表意见建议办理工作，通过集中交办、重点督办、现场督办三种方式，采取电话沟通、实地察看、专题调研、召开座谈会等多种形式，有效增强了督办工作的针对性和实效性，提高了代表建议办理质量，合力解决了一批关系人民群众切身利益的难点问题。

提升服务保障水平。先后组织两批共102名人大代表和人大工作者赴深圳全国人大培训基地和浙江大学全国干部教育培训基地开展履职能力提升培训。突出实用性，高标准推进代表活动平台建设，已建成街镇代表活动室18个，社区、村代表活动站34个。其中，咸嘉湖街道代表活动室按照智能化、数字化的建设思路，创新代表联系和服务选民渠道，赢得了选区选民的欢迎和市人大常委会领导的高度评价。建立代表联系微信群，通过专人维护，加强了代表与常委会的联系。通过不定期推送我区经济社会发展的重要资讯，保障代表的知情权。积极推动代表履职信息和活动管理数字化建设，启动网上代表履职平台、代表建议办理平台建设，力争在今年完成相关平台建设，通过信息化手段不断提升代表履职服务保障水平。

四、不断提升工作水平，进一步加强了自身队伍建设

常委会围绕提升工作水平，以制度建设为抓手，大力加强自身建设，履职能力不断增强。

注重优化制度建设。修订完善《长沙市岳麓区人大常委会议事规则》，研究制定《长沙市岳麓区人大常委会组成人员守则》，切实维护法律庄严性和人大工作规范性。建立常委会会前培训制度，结合常委会审议议题或政治学习要求，邀请专家教授讲授《十九大报告解读》《大科城规划解读》等课程，受到了常委会成员的普遍欢迎。建立邀请代表列席常委会会议制度，保障届内所有代表至少列席一次以上常委会会议。

注重推进机关建设。严格执行全面从严治党各项规定，严守政治纪律和政治规矩，严格执行党风廉政建设责任制。大力支持机关党支部、工会工作，组织机关党员干部参观省党史陈列馆、雷锋故居，重温入党誓词。一年来，向区委推荐、重用人大干部8人次，增加机关编制4人，优化队伍结构，调入2名年轻干部，人大机关平均年龄比去年下降2.4岁。组织20支参赛队伍，80余名人大代表、人大工作者开展首届岳麓区人大“健康杯”羽毛球、乒乓球赛，增进了人大常委会机关与人大代表之间的联络与交流，增强了凝聚力和向心力。

注重夯实基层基础。认真贯彻落实中央、省、市关于加强县乡人大工作和建设系列文件精神，结合岳麓实际，主任会议成员深入18个街镇调研人大工作，在区委的坚强领导下，逐步解决制约我区街镇人大工作和建设的一些重点难点问题，街镇人大工作力量逐步配齐配强，有效激发了基层人大的工作活力。注重工作能力提升，组织人大工作者开展业务培训2次，召开街镇人大工作座谈会4次，交流街镇人大工作经验，不断提高我区人大工作的整体水平。

各位代表！常委会工作成绩的取得，是区委正确领导的结果，是全体区人大代表、常委会组成人员、各专门委员会组成人员和人大工作者履职尽责、扎实工作的结果，是区政府、法院、检察院和各街镇人大密切配合、团结协作的结果，是社会各界和全区人民诚挚关心、大力支持的结果。在此，我代表区人大常委会向各位领导和同志们表示衷心的感谢!

在肯定成绩、总结经验的同时，我们也清醒地认识到，常委会的工作还存在着一些不足和差距。主要是：监督工作的实效性还有待进一步提升；代表联系群众的渠道还有待进一步拓展；解决群众关注的热点难点问题的力度还有待进一步增强；常委会组成人员履职水平还有待进一步提高。对于这些问题，需要我们在今后工作中采取有效措施，切实加以解决。

2018年的主要任务

2018 年是贯彻党的十九大精神的开局之年，是决胜全面建成小康社会、实施“十三五”规划承上启下的关键一年。区人大常委会工作的总体要求是：全面贯彻落实党的十九大精神，以习近平新时代中国特色社会主义思想为指导，坚持党的领导、人民当家作主、依法治国的有机统一，坚持以人民为中心，落实区委经济工作会议要求，致力建设能担负起宪法法律赋予的各项职责的工作机关，致力建设更好发挥代表作用同人民群众保持密切联系的代表机关，致力建设作风优良代表信赖的文明机关，在奋力建设“知识岳麓”“创新岳麓”，全面建设现代化长沙的新征程中彰显人大作为。

一、坚持党的领导，正确把握人大工作的政治方向

党的十九大报告指出：“人民代表大会制度是坚持党的领导、人民当家作主、依法治国有机统一的根本政治制度安排，必须长期坚持、不断完善。”常委会将按照十九大精神的要求，以更高的要求、更实的举措，统筹全年工作。一是深入学习贯彻十九大精神。将十九大作出的“新时代、新思想、新征程”等科学论断列入常委会及机关学习的必修课程，深刻认识做好人大工作的重要性和紧迫性，把学习好、宣传好、贯彻好党的十九大精神作为重大政治责任，以更高效的工作、更务实的举措推动党的十九大精神在岳麓人大落地生根、开花结果。二是始终坚持党的领导。坚持自觉把人大工作置于区委中心工作大局中去谋划，保证人大各项工作始终与区委同频共振。政治上贯彻区委意图，依照法律程序，用好重大事项决定权、监督权、人事任免权，把区委的主张通过法定程序转化为全区人民的共同意志。坚持重大事项和重要活动向区委请示报告制度，真正把党的领导贯穿于人大履职的各方面和全过程。三是加强人民当家作主制度保障。始终坚持以人民当家作主为根本目的不动摇，坚持维护人民主体地位，广泛动员和有序组织人民依法管理国家和社会事务、管理经济和文化事业，通过邀请人大代表、人民群众列席常委会会议、参加常委会各项活动，多渠道听取群众对监督、决定、任免的意见和建议，扩大公民有序参与，确保公民权利实现。四是推进依法治国不偏离。坚持依法治国基本方略不动摇，弘扬法治精神，继续助推“法治岳麓”建设，将全民普法和守法作为监督重点，监督和推动“一府两院”严格执法、公正司法，维护法制统一。

二、坚持以人民为中心，建设依照宪法法律正确履职的工作机关

人民是历史的创造者，是决定党和国家前途命运的根本力量。常委会将紧紧围绕人民群众对美好生活的向往开展监督，不断提高监督实效。一是聚焦大科城建设。围绕大科城建设开展《中华人民共和国科技成果转化法》执法检查，视察区校合作、“双创”工作开展情况，听取区政府专项工作汇报。二是聚焦产业建设。围绕“六大主导产业”，听取和审议金融中心（基金小镇）、总部经济发展、园区产业发展、品牌农业建设、地方性政府债务等工作报告，开展商务招商专项工作评议。三是聚焦法治建设。加大宪法和法律在本区域正确实施的监督力度，大力推进“七五”普法实施，加强人大信访和规范性文件备案审查工作，全力推进“法治岳麓”建设。按照党委部署，依法推进监察委在我区的试点工作。继续开展庭审评议工作，以案件办理质量为中心，加强对公检法司打击犯罪的监督，加强对法院执行工作、检察院公益诉讼工作的监督。四是聚焦监督实效。坚持问题导向，进一步健全监督工作机制。加强对区政府财政专项资金使用绩效、基金管理使用、地方性政府债务的监督，探索建立预算联网审查监督机制，建立预算监督专家库。听取和审议区政府惠民资金使用情况报告，推动预算持续向重大民生领域、城市防洪、社区（村）运行保障等方面倾斜。强化对预算执行情况的审计整改工作的监督；围绕环境保护开展监督，视察督办河长制、截污工程、矿山生态修复保护、垃圾治理等工作开展情况；围绕城市防洪建设，开展《中华人民共和国防洪法》执法检查；围绕区政府2018年民生实事工程加大监督力度，突出学校建设、民办教育、文化"三中心"建设、健康岳麓、居家养老、农贸市场提质改造、扶贫济困、保障住房建设等重点工作开展调研视察；围绕群众"舌尖上的安全"，开展《中华人民共和国食品安全法》执法检查和专题询问；围绕乡村振兴战略、"绿心"保护、农村环境整治开展集中视察；围绕城市管理品质提升，开展城管工作专项评议。

三、坚持以代表为主体，建设发挥代表作用密切联系群众的代表机关

积极探索新形势下发挥代表主体作用的新方法、新途径，推动代表工作制度化、规范化。一是推进代表履职制度建设。继续完善代表培训制度，坚持"请进来""走出去"等多种培训方式，切实加大代表培训力度。办好两级人大代表履职培训班，增强代表依法履职能力。坚持代表列席常委会会议和参加执法检查、视察等制度，进一步扩大代表对常委会工作的参与度。及时向代表通报全区重大决策、重要活动和常委会重点工作，进一步提高服务代表工作水平。二是推进代表履职平台建设。坚持和完善"双联"活动等行之有效的工作制度，进一步畅通社情民意表达和反映渠道。完善代表活动室制度建设，将人大工委、代表活动室建设列入财政保障，丰富代表活动内容，促进代表活动经常化、规范化、制度化。建成网上代表履职平台、代表建议办理平台。加强代表履职管理，开展代表向选区选民述职活动，不断增强代表履职意识、责任意识和为民意识。开展两年一次的优秀代表批评、意见、建议评选和两年一次的履职为民优秀代表评选活动，进一步激发代表履职热情。三是推进代表建议办理质量机制建设。继续完善常委会领导重点督办、重大问题集中督办等行之有效的工作机制。完善办理工作考核评价机制，制定代表建议办理满意度的计分办法，承办单位负责人向常委会报告代表建议办理情况，推动代表建议办理工作纳入部门年度绩效考核，确保相关单位认真对待代表建议办理工作，切实解决代表"被满意"的现象，着力提升办理工作质量。

四、坚持以制度为基础，建设作风优良代表信赖的文明机关

紧密结合新时期人大工作的特点和要求，不断提高依法履职能力和服务水平。一是加大制度建设的力度。适应新形势新要求，不断完善人大工作制度体系，建立人大评议工作制度、专题询问工作制度、代表约见政府部门负责人制度，确保人大工作依法有序高效运转。建立各专门委员会聘请专家制度，常委会设立法律顾问制度。二是加大工作创新的力度。积极学习外地先进人大工作经验，在不断完善执法检查、专题询问、工作评议等监督方式方法的同时，探索多项监督方式的叠加组合，拓展监督工作的深度和广度，力求监督的问题得到有效解决。三是加大作风建设的力度。认真贯彻中央"八项规定"精神，巩固纠正"四风"工作成果，强化政治自觉，以永远在路上的坚韧，锲而不舍抓好作风建设。坚持以人民为中心的发展思想，引导机关干部敢于担当、善于成事，进一步密切与人民群众的联系。四是加大廉政建设的力度。扎实开展"不忘初心、牢记使命"主题教育活动，严格按照中央、省、市、区委部署要求，牢固树立政治意识、大局意识、核心意识、看齐意识，教育引导党员干部牢记党的宗旨，将习近平新时代中国特色社会主义思想入脑入心，见行见效。始终保持高度政治警觉，深刻认识全面从严治党永远在路上的政治要求，持续深化"两学一做"学习教育常态化制度化，继续大力推进党风廉政建设，严格执行廉洁自律准则、纪律处分条例等党规党纪。五是加强对街镇人大工作的领导和指导。开展街镇人大工作调研，加强街镇人大工作者的业务培训，明确街镇人大主任（主席）、副主任（副主席）工作职责清单，建立街道人大主任向常委会述职制度，指导镇人大主席团选好议题，提高会议审议质量。六是争创市级文明机关。开展市级文明单位创建活动，制定方案，明确思路，加强管理，把文明创建工作与完成人大各项工作紧密结合。加强机关干部的学习培训、交流轮岗、推荐使用。加强机关支部和工会建设，继续开展人大系统"健康杯"体育活动，建设作风优良、代表信赖、人民满意的文明机关。

各位代表，新时代、新征程，让我们在中共岳麓区委的坚强领导下，不忘初心，牢记使命，以强烈的责任担当、振奋的精神状态，全力推动人大工作迈上新台阶、展示新作为，奋力建设"知识岳麓""创新岳麓"，为全面建设现代化长沙作出新的更大贡献！

政府工作报告

在长沙市岳麓区第五届人民代表大会第三次会议上

长沙市岳麓区人民政府代区长 周 凡

（2018 年 1 月 11 日）

各位代表：

现在，我代表岳麓区人民政府向大会作工作报告，请予审议，并请各位政协委员和列席人员提出意见。

2017年工作回顾

过去的一年，我们深入学习贯彻党的十九大精神和习近平新时代中国特色社会主义思想，在市委、市政府和区委的坚强领导下，在区人大、区政协的监督支持下，沿着产业融合、产城融合、城乡融合“三融共进”的战略路径，坚定不移谋改革、促发展、兴产业、惠民生，圆满完成了年度各项目标任务。

——地区生产总值突破千亿大关，达1015亿元，增长9.5%（预计，下同）。一般公共预算收入92.05亿元，增长19.6%，地方一般公共预算收入29.75亿元；固定资产投资910亿元，增长16.5%；社会消费品零售总额362亿元，增长14%，限额以上社会消费品零售总额187亿元，增长18%；规模以上工业增加值278亿元，增长10.1%。上述主要经济指标增幅均位居全市中心城区首位或前列。我区位列全国综合实力百强区64位、全国投资潜力百强区25位，分别比2016年前移3位和2位。

——岳麓山国家大学科技城扬帆起航，麓山南路综合整治初见成效，“两段三坪”五个示范节点基本建成；中南大学科技园（研发）总部一期实现当年立项、当年拆迁清零、当年启动建设、当年基本竣工，在全市重大项目建设观摩中获评一类项目，进驻区校合作项目24个；“两山一湖”双创基地正式运行；后湖国际艺术园集聚文创项目84个，区域路网基本形成，水体治理全面推进；58同城南方总部等项目进驻西湖文化园。

——湖南金融中心建设加速推进，长沙银行全国总部顺利落户，全年新增江海证券等金融机构10家，累计进驻持牌金融机构17家、金融配套机构3家；全省首个基金小镇——湘江基金小镇运营空间正式启动，集聚股权类基金及基金管理机构52家，资产管理规模达932亿元。

——湖南省检验检测特色产业园进入“国家队”，获批中部首个国家检验检测认证公共服务平台示范区，新增检验检测企业27家，智能无人系统科创园一期基本建成，全国分布式智能开放挑战赛落户岳麓科技产业园。

——全面完成8大类、24大项、56小项改革任务。深入推进“放管服”改革，在全市率先开展“个转企、小升规”工作，新增商事主体2.35万户、企业8294家，已申报“小升规”94户，微观市场主体活力进一步提升。

——面对极端流域性洪涝灾害，高效有序组织抗洪抢险和灾后重建，夺取了抗洪救灾全面胜利，获评全省抗洪救灾先进集体。

一年来，我们着重抓好了七个方面的工作：

（一）聚焦产业发展，转型态势更为强劲。打好产业政策、产业人才、产业基金“组合拳”，完善《岳麓区促进现代服务业发展的若干政策》，采取市场化方式选聘专业经济人才18名，“产业发展年”活动成效显现。坚持优商选资，全年引进50亿元以上产业项目3个、10亿元以上产业项目4个，全通教育湖南总部、龙湖天街等项目落户，优质产业项目加速集聚。设立十大特色楼宇工作站，引进楼宇企业627家、总部企业31家，形成王府井等税收亿元楼宇2个、绿地等税收5000万元以上楼宇4个，楼宇经济来势喜人。中铁城建集团总部建成运营，建安房地产业平稳健康发展。现代金融业实现全口径税收超4.67亿元，增长11.7%。实现检验检测认证及装备制造产值40亿元，增长28%。梅澜坊特色商街、金茂梅溪湖酒店全面开业运营，宜家荟聚综合体启动建设，高端商贸业加速向品牌化发展。湖南妇女儿童医院建设稳步推进，爱尔国际医疗健康产业城、华大基因长沙生命科技园等项目相继落户，健康养老业发展势头良好。橘子洲景区复牌5A级景区，梅溪湖国际文化艺术中心投入运营，湘江欢乐城、恒大童世界、华谊电影小镇等项目建设推进顺利，文化旅游业迈向“区域旅游目的地”新阶段。举办全市首届迎春花会，圣峰果业获批全市首个国家级农业标准化示范基地，爱格花卉等都市农业品牌影响力持续增强，农业产业结构加速调整。

（二）统筹城乡建设，融合步伐明显加快。铺排项目投资计划445个，完成投资830.94亿元。实施征拆项目125个，实现征拆清零79个，腾地1万余亩，其中园区实现拆迁腾地3670亩，正圆棚改一期、白沙液街有机棚改二期、恒大童世界二期、联江公园配套用地等项目征拆顺利完成，全区征拆工作屡创佳绩。长株潭城际铁路湘江以西段正式运行，地铁3、4、6号线及岳宁大道等项目建设稳步推进，长韶娄高速东延线综合枢纽实现通车，西二环拓改工程一期即将竣工，拉通坦山路二标、麻园路等瓶颈路6条，提质改造县乡及农村公路166公里，城市公交加速向含浦等农村区域延伸。完成16个住宅小区电力“专改公”。建设全域美丽乡村，打造曾家桥村等示范村6个，实施户表改造1.52万户、危桥改造及渡改桥9座，农村自来水新普及人口3.8万人，完成小农水项目500余个，修复重点水毁项目19处。农业部农村土地承包经营权流转试点工作深入推进，土地确权登记颁证全面完成，农村综合改革取得实效。

（三）加强城市管理，宜居品质持续提升。落实重心下移和门前三包责任制，推进拆违控违、片区整治等系列行动，依法拆除历史违建794处、控制新增违建197处，整治违规户外广告870余处、在建工地140余个，关闭非法生产经营场所27处。新增绿地53.8公顷，乡村造绿5200余亩，学士农趣谷等区域绿化实现高标准提质。提质提档社区33个，新建城市小游园35个，龙王港、施家港、箭弓山等社区面貌焕然一新。完成金星中路、潇湘大道、白云路综合提质，实施支路微循环改造10条，新增公共停车位3200余个、社会停车场15个。全面接管岳麓山风景名胜区，全面承接湘江新区城市管理维护工作，常态化开展文明城市建设，梅溪湖“百日整治”深入推进，滨江、洋湖、二环线两厢等区域维护水平有效提升，在泛珠三角区域“9+2”长沙峰会等重大活动中展示了良好风貌，为长沙继续获评全国文明城市作出了新贡献。

（四）建设生态文明，环境治理扎实推进。坚决落实生态文明建设责任，严格按照中央环保督察要求开展问题整改，220件信访件全部按时销号，督察交办件销号完成率达100%，有效解决了橘子洲污水排放、经阁铝材噪音扰民等环境问题。源头治理扬尘渣土污染，全面完成黄标车淘汰年度任务，空气质量得到提升。全面推行“河长制”“路长制”，后湖、龙王港等7处黑臭水体整治及玉赤河、白泉河等流域治理加速推进，湘江饮用水水源地水质达标率100%。噪音治理、土壤修复取得新进展。两型标准认证、示范创建及绿心生态补偿深入开展，生活垃圾智能分类处理试点初见成效。

（五）优化公共服务，人民生活不断改善。完成省市年度重点民生实事23项。新增城镇就业6800余人、失业人员再就业5000余人，城镇登记失业率2.84%，城镇居民人均可支配收入达49860元。城乡居民养老保险参保11.5万人、医疗保险参保28.7万人，大病保险全面实施，城乡低保应保尽保、稳步提标。解决4529户产权办证遗留问题，完成棚户区改造1896户，核准各类住房保障对象648户。博才金鹰小学、南雅湘江中学等4所学校顺利开学，川塘中学、坪塘中学等7所学校基本建成，青山中心小学、博才中学等6所学校改扩建全面完成，新增公立幼儿园3所、民办普惠幼儿园20所，区素质教育基地获批全国中小学生研学实践教育营地。区文体中心、图书中心建设稳步推进，新建24小时自助图书馆4个、示范性社区综合文化服务中心5个、街镇全民健身中心4个，积极组织参加市九运会、长沙马拉松等体育赛事，公共文体服务更加丰富。区公共卫生服务中心加快建设，改扩建基层公共卫生服务机构10个，西湖街道社区卫生服务中心获评全国百强社区卫生服务中心，人口计生工作继续保持“国优”。创新家庭医生、智慧养老服务，新增社会化养老床位400余张，建成日间照料中心11个。慈善助学、助医、助困及农村留守儿童关爱工作取得新进步。

（六）创新社会治理，社会大局保持稳定。依托“三服务”一线工作平台，深化网格化管理服务，望城坡等街镇基层社会治理更加智慧化。推进“七五”普法宣传，引导群众依法表达诉求，信访积案百日攻坚行动圆满完成。矛盾纠纷调处、全民禁毒、安置帮教、社区矫正和法律援助工作扎实推进。依法打击各类违法犯罪活动，在全国率先倡导创建“无诈骗大学城”，社会治安防控能力持续增强，连续11年评为全省平安县（市、区）。全面落实安全生产隐患清单、安全责任、长效管理“三大体系”，安全生产形势稳定向好。新建农贸市场（生鲜超市）快检室10个、冷链门店55家，实施“明厨亮灶”改造857家，食品安全检测合格率达98.6%，国家食品安全示范城市创建工作成效明显。积极推进街道体制改革试点。顺利完成村（居）民委员会首次同步换届选举，配齐配强了村（居）委班子，进一步优化了基层干部队伍的年龄结构和知识结构。谷山村、学华村获评全国文明村，阳明山庄社区、恒华社区获评湖南省最美志愿服务社区，新涌现了全国道德模范、全国最美志愿者、中国好人等一批模范人物。

（七）转变工作作风，政府建设全面深化。坚持依法行政，自觉接受人大法律监督、工作监督和政协民主监督，办理人大代表建议88件、政协委员提案115件，办复率100%、满意率99%。审查政府规范性文件及政府合同61件。公开政务信息3.4万余条，处理12345市民服务热线工单1.3万余条，群众满意率稳步提升。严格落实全面从严治党责任，大力支持纪检监察体制改革，实现巡察、派驻、监察全覆盖。完善廉政风险防控机制，查处“雁过拔毛”等违纪案件153件、作风建设有关问题88件，处理210人。审计和评审财政投资项目1443个，审减金额约2.21亿元，财政资金规范高效使用。

同时，国防、人防、外事、侨务、民族、宗教、对台、史志、档案、保密、机关事务、老干、关工委、老龄等工作扎实开展，工会、共青团、妇联、残联、侨联、科协等群团组织作用有效发挥，为全区经济社会发展作出了积极贡献。

各位代表，回顾过去一年，深感成绩来之不易，这是市委、市政府和区委正确领导的结果，是区人大、区政协监督支持的结果，是全区广大干部群众团结奋斗的结果。在此，我谨代表区人民政府，向全体人大代表、政协委员，向各民主党派、工商联、人民团体和各界人士表示衷心感谢，并致以崇高敬意！

在总结成绩的同时，我们更清醒地看到：产业结构不优，科研成果就地转化率不高，园区发展刚刚起步，经济动能转换新旧矛盾依然突出；城市管理不够精细，农村基础设施还需完善，城乡融合发展水平有待提升；水、气、土等环境治理任务较重，就学、就医、社会保障等公共服务供给不充分，民生领域还有不少短板；政务服务、营商环境有待优化，优质高效服务群众和企业的能力还需增强。对此，我们将高度重视、直面问题，采取务实举措，切实加以解决。

2018年工作任务

今年是全面贯彻党的十九大精神的开局之年，是改革开放40周年，也是实施“十三五”规划承上启下的关键一年。当前，全国经济已由高速增长阶段转向高质量发展阶段。高质量发展，就是能够很好满足人民日益增长的美好生活需要的发展，是体现新发展理念的发展，是创新成为第一动力、协调成为内生特点、绿色成为普遍形态、开放成为必由之路、共享成为根本目的的发展。随着岳麓的平台、空间、科教、生态优势加速释放，一批新的经济增长点加快形成，我区经济已经站上了体量更大、质量更高、结构更优的新起点，呈现出综合实力、发展活力、城市魅力“三力齐升”的强劲态势，这为我们在新时代实现高质量发展奠定了坚实基础、坚定了必胜信心。迈进新时代，我们要以新理念破解新矛盾。解决人民日益增长的美好生活需要和不平衡不充分的发展之间的矛盾，关键在于提升发展质量和效益。我们务必坚持新发展理念，推动高质量发展，在发展中保障和改善民生，让全区人民在共建共享发展中有更多获得感。迈进新时代，我们要以新动力助推新发展。省委书记杜家毫同志明确的“知识岳麓”“创新岳麓”发展要求，为岳麓推动科教优势向发展优势转化指明了方向。我们务必全力推进岳麓山国家大学科技城建设，坚持校区、城区、景区、园区融合发展，更加注重关键共性技术、前沿引领技术、现代工程技术、颠覆性技术的创新，积极创造条件，持久迸发创新创业磅礴力量，为岳麓抢占新一轮发展制高点提供有力支撑。迈进新时代，我们要以新作为展现新气象。宏观经济步入新常态，岳麓发展呈现诸多新特征。作为国家级湖南湘江新区的核心区，我们务必更加解放思想、自觉革新求变，更加主动服务、发挥主力作用，全面加快与湖南湘江新区统筹融合发展步伐，在担当中彰显作为，在作为中凝聚力量，为推动岳麓高质量发展增创新动能。

今年政府工作的指导思想是：全面贯彻党的十九大精神，以习近平新时代中国特色社会主义思想为指导，坚持稳中求进工作总基调，坚持新发展理念，落实高质量发展要求，深入实施“创新引领、开放崛起”战略，自觉担当湖南湘江新区建设主力，加快推进产业融合、产城融合、城乡融合，奋力建设“知识岳麓”“创新岳麓”，统筹做好稳增长、促改革、调结构、惠民生、防风险各项工作，为全面建设现代化长沙作出积极贡献。

全区经济社会发展的主要预期目标是：地区生产总值增长9%；一般公共预算收入增长10%以上，地方一般公共预算收入增长9%，一般公共预算收入税占比88%以上；固定资产投资增长12%以上；规模以上工业增加值增长8.5%；社会消费品零售总额增长11%；城镇居民人均可支配收入增长8.5%；研发与试验发展（R&D）经费支出占地区生产总值比重5%以上；单位地区生产总值能耗下降3%以上；城镇登记失业率控制在4%以内。

实现上述目标，我们将重点抓好以下五个方面工作：

（一）以岳麓山国家大学科技城为引擎，大力推进“知识岳麓”“创新岳麓”建设。围绕“一年内让人眼前一亮”的目标，继续实施品质提升、合作共创“两大工程”，下大气力筑平台、引企业、聚人才，为全区经济提质增效注入强劲的创新动能。

深化区校合作战略。秉承“服务高校发展就是服务岳麓发展”的理念，支持高校建设“双一流”，按照“高校＋平台”的模式，引导科研成果进驻平台，推动形成以企业为主体、市场为导向、产学研深度融合的技术创新体系。实现中南大学科技园（研发）总部一期上半年投入运营，力争新增区校合作项目30个，积极申报国家级大学科技园。加强“两山一湖”双创基地运营管理，推动机器人、文创设计、人工智能等已进驻的科研成果加速转化。引导互联网业态进驻西湖文化园，打造西湖58互联网产业园。实现后湖国际艺术园正式开园，完成水体治理及生态走廊建设，推进中建国际产业园、全通教育湖南总部等产业项目建设，启动阜埠河路创意设计小镇、中南大学科技园（研发）总部二期等项目前期研究工作。开展知识产权强区创建，搭建校企协同创新桥梁，力争新增专利授权量5000件，实现技术合同交易额7亿元，新增一批省级及以上研发机构，提高科研成果就地转化率，让创新思想、创意火花、创业激情在岳麓山下竞相涌动。

优化科技金融服务。围绕创新链部署资金链，根据科技企业初创期、成长期、发展期、成熟期等全生命周期资金需求，统筹开展间接融资与直接融资，为科技创新插上金融的翅膀。依托湖南金融中心及湘江基金小镇，鼓励银行、证券、保险、担保等金融机构共同完善科技企业征信体系、创新金融产品，有效解决科技企业融资难、融资贵的问题。支持科技企业进军资本市场实现直接融资。按照“基地＋基金”的模式，吸引各层级、多形式的产业基金叠加投向大学科技城，引入风险投资、天使投资、股权投资机构，撬动更多金融资本服务创新创业和实体经济。

强化创新要素保障。推进成果转化、人才引进、平台建设、企业扶植、投融资等体制机制改革创新，力争形成一套完善的大学科技城政策体系。深化“放管服”改革，精简商事登记和行政审批流程，探索政府购买服务引入专业机构，为创新创业提供全过程、专业化服务。按照“整体改造、点状拆迁、优化功能、打造节点”的原则，全面完成麓山南路综合整治、沿线业态“腾笼换鸟”，有序推进两厢社区（村）环境提质，努力将其打造成一条创新之路、书香之路、文明之路，实现麓山南路精彩蝶变。释放“芙蓉计划”“人才新政22条”等政策红利，创新开展“情系岳麓·百万校友共建大科城”等系列活动，协助高校及企业引进一批高端人才、留住一批高校毕业生，破除科研人员、投资机构、市场主体之间的“信息孤岛”，大力唱响“创业在岳麓”的品牌。

（二）以产业转型升级为支撑，全力提升区域经济竞争力。深化供给侧结构性改革，扎实开展“产业发展年”活动，实施产业“建链强链补链延链”工程，精准发力现代金融、高端商贸、健康养老、文化旅游、检验检测、都市农业六大主导产业，推动全区经济发展质量变革、效率变革、动力变革。

激发产业转型动力。主动服务湖南金融中心和湘江基金小镇建设，促成湘江财富金融中心、福晟等金融楼宇部分运营，加快实现广发、浦发等金融机构开业，积极引进并购基金、金融控股、汽车金融、财务公司等金融业态，推动金融机构、要素平台、中介机构进驻金融中心，力争全年新增金融机构总部6家，形成现代金融业更加强劲的集聚态势。推进保利商业综合体、宜家荟聚综合体等项目建设，继续开展“个转企、小升规”工作，新增限额以上商贸企业30家，推动高端商贸业扩量提质。启动亿达健康科技城、梅溪湖国际健康城、爱尔国际医疗健康产业城、华大基因长沙生命科技园等项目建设，实现湖南妇女儿童医院一期主体竣工，夯实健康养老业发展基础。支持岳麓山、橘子洲等景区高品质发展和洋湖湿地5A级景区创建，加快恒大童世界、湘江欢乐城、欢乐海洋、象鼻窝国家森林公园等项目建设，实现华谊电影小镇一期营业，释放文化旅游业经济效益。以岳宁大道、莲花镇“一带一中心”为重点，推进学士农趣谷、莲花现代农业公园、雨敞坪绿色有机农业园、含浦稻田公园等项目建设，发展田园综合体、农村电商和主题创意农场，促进都市农业与现代服务业融合发展。落实房地产差别化调控政策，满足首套刚需、支持改善需求、遏制投机炒房，促进建安房地产业平稳健康发展。

壮大园区经济实力。坚持特色立园、产业兴园、空间拓园、机制活园，落实“一主一特”功能分区，聚焦主导产业，培育特色产业，全力支持岳麓科技产业园发展，加快打造精致型、专业型、效益型特色园区。发挥国家检验检测认证公共服务平台集聚示范功能，主动对接国际国内二十强检验检测机构，力争全年引进检验检测企业30家，实现检验检测认证及装备制造产值52亿元，促成检验检测认证总部基地一期、苏州苏试、宏尚检测等6个项目主体竣工，加快构建集设备研发制造、检验检测认证、中介配套服务于一体的检验检测全产业链条，擦亮“岳麓检测”名片，打造“中部检测之都”。实现智能无人系统科创园一期开园、中汽研发检测认证中心投入使用，促成长沙智能驾驶研究院一期、德利迅达湖南大数据中心等项目主体竣工，启动新材料小镇项目前期工作，引进10亿元以上产业项目3个。实施片区开发模式，加大土地收储、征拆、出让力度，力争园区扩容至86.8平方公里。深化管理制度、审批制度、投融资体制改革，大力推进市场化运营，为园区发展创造良好的制度环境。

汇聚招商引资合力。把招商引资作为经济工作“第一抓手”，坚持引资、引智、引才一起抓，研发机构、企业总部、创新团队一起引，以高质量项目支撑高质量发展。提升楼宇招商质量。建立健全总部企业与楼宇经济服务体系，优化楼宇核心功能，推进楼宇业态升级，加快形成一批科技服务、信息服务、创意设计、服务外包特色楼宇，力争全年引进区域性总部30家、楼宇企业500家以上，打造税收亿元楼宇5个以上。突出平台招商重点。依托湘江新区国家级平台优势，坚持向产业链高端和科技创新聚焦，培育引进“小巨人”企业、“独角兽”企业、行业领军企业、产业龙头企业，进一步丰富大学科技城、湖南金融中心等功能平台产业内涵，力争全年引进10亿元以上产业项目5个、50亿元以上产业项目1个。拓展以商招商领域。借力国际商务代理、省市商（协）会、专业行业协会，主动融入一带一路、长江经济带等国家战略，瞄准粤港澳大湾区、京津冀、长三角等发达地区，围绕已有重大产业项目开展产业链招商，扩大以商招商、敲门招商成果，大力发展开放型经济，推动形成全面开放新格局。

（三）以城乡融合发展为方向，致力打造品质岳麓升级版。坚持规划、建设、管理“一张图”，新城、旧城、农村“一盘棋”，更加突出宜居、特色和品位，进一步彰显国家级新区核心区的全域之美。

提升城市承载功能。服务湘江新区重大片区发展。加快推进梅溪湖、滨江、洋湖、大王山等区域道路路网、综合管廊、海绵城市系列项目建设，进一步扩大公交、水、电、气、讯等基础设施覆盖范围。破解重大项目征拆瓶颈。全年计划铺排集体土地拆迁项目75个、涉及面积1.4万余亩，铺排国有土地房屋征收项目21个、涉及房屋面积约20万平方米。聚焦大学科技城项目、湘江新区项目、省市重大项目、区投区建项目，积极推进岳麓、观沙岭、望岳等街道集体土地项目拆迁，加快实现麓山南路、新生水泥厂、麓山水泥厂、蜂巢化工等项目征拆腾地，完成白沙液街部分节点打造，力争全年腾地超万亩。加快重大基础设施建设。促成地铁4号线试运营，加大地铁3、6号线等项目建设支持力度，实现西二环拓改工程一期竣工，增强南北纵向道路通行能力；推进含浦大道一段、湘府路（河西段）快速化改造、潇湘大道至湘潭段等城市干线交通建设，加快麓景路南延线、梅浦联络线、新学士路西延线等项目拆迁建设，完成坦山路、谷岳路、后湖路等断头路年度建设任务，提升区域互联互通水平。加强人行道专项整治，新增社会停车位3000个以上，实施3处以上微循环改造，着力解决学校、医院等公共服务场所停车难问题，让市民出行更加顺畅。

创造优良人居环境。建设更高水准的文明城区。坚持全域治理、源头治理、制度治理、精细治理、常态治理，突出理顺机制，完成湘江新区城市管理维护移交后续任务，压实门前三包、重心下移、路长及网格职责，做到规划建设、审批监管、验收移交全程达标。突出专项整治，巩固提升对非法生产经营场所、在建工地、社会路口、违法建设等领域整治成果，深化大学科技城、梅溪湖、滨江、洋湖、大王山、二环线两厢等区域综合治理，进一步消除环境斑点、改善区域形象。突出提升品质，提质改造老旧社区20个、背街小巷10条，新建提质城市小游园6个、农贸市场5个，推动群众生活品质在家门口升级。营造山清水秀的生态环境。打好污染防治攻坚战，积极推行“湖长制”，用制度的力量呵护岳麓好山好水好风光。严格管控扬尘渣土、机动车尾气、面源污染，推进老旧小区居民家庭餐厨油烟治理，打赢蓝天保卫战。严格落实“河长制”，推进各管控区耕地修复，完成涉农街镇污水处理厂改造。实施重点区域降噪隔音治理。推进非煤矿山、工业企业排污、挥发性有机物等专项整治。推行城区生活垃圾分类减量。加强绿心保护，深化两型示范创建，新增绿地40公顷、绿道28公里，让天蓝、水碧、地绿、气新成为岳麓的鲜明标识。

实施乡村振兴战略。按照产业兴旺、生态宜居、乡风文明、治理有效、生活富裕的总要求，建立完善城乡融合发展政策体系，加快农业农村现代化。继续深化农村土地经营权改革试点工作，培育一批新型农业经营主体和农业品牌。实现岳宁大道竣工通车，基本建成学士路南延线，推进黄桥大道南延线征拆建设，加快完善莲雨含组团路网。扎实推进农村公路“路长制”，新建提质农村公路65公里，实施安保工程20公里，改造危桥及渡改桥7座，创建一批“四好农村路”，扩展村镇公交覆盖面。落实灾后重建三年行动计划，年内基本完成湘江大堤坪塘至湘潭界、龙王港大堤望月湖段、靳江河城区段等堤防达标建设，推进观音港等流域治理，实施后湖水系连通和小农水项目建设，全面增强城乡防洪能力。整治农村人居环境，推进农村“厕所革命”，新创一批富有特色的“美丽庭院”“美丽村落”，提升莲花、雨敞坪“全省美丽乡村整域推进试点镇”建设成效。

（四）以增进民生福祉为目标，着力满足人民美好生活需要。坚持以人民为中心，努力在幼有所育、学有所教、劳有所得、病有所医、老有所养、住有所居、弱有所扶上取得新进展，使人民获得感、幸福感、安全感更加充实、更有保障、更可持续。

办好社会事业。全面完成年度省市重点民生实事。加强失地农民再就业技能培训，新增城镇就业6000人以上、失业人员再就业5000人以上。启动先导洋湖中学等9所学校建设，完成坪塘中学等7所学校建设，改扩建麻田中学等7所学校、幼儿园，着力解决中小学生课外负担重、婴幼儿照护和儿童早期教育服务问题，持续提升“读书在岳麓”的美誉度。完善公共文化服务体系，力争完成区文体中心、图书中心主体建设，开展全民健身运动和艺术普及工程，推动公共文化“进村入户”。建设“健康岳麓”，开展全国健康促进区创建，实现区公共卫生服务中心主体竣工，启动银盆岭、学士、坪塘卫生服务中心建设，推进“医联体”建设和家庭医生签约服务工作，传承发展中医药事业，提升基层医疗卫生和人口计生服务水平。实施食品安全战略，全力开展国家食品安全示范城市创建。推进全国居家和社区养老服务改革试点，筹建区福利中心，建成日间照料中心6个以上，增设养老床位200个以上。加强多层次社会保障体系建设，全面实施全民参保计划，落实城乡居民大病医保制度、特殊药品支付制度。完善低保、优抚、助残、救孤、济困工作机制，发展慈善事业。坚持保障性住房与商品房相结合，推进定向限价商品房、定向公租房建设，努力让老百姓住得更加舒心。

创新社会治理。丰富“三服

务”一线工作内涵，实施经济型、管理型、服务型网格分类管理，同步建设以智慧民生、智慧楼宇、智慧城管、智慧安监等为主要内容的“智慧岳麓”网格化管理平台，促进信息资源互联互通互享，实现社会治理向精细治理、协同治理转变，让老百姓的日常生活事项不出网格就能基本办结，有效提升社会治理现代化、智能化、专业化水平。坚持依法解决信访问题，加大信访积案化解攻坚力度，切实把矛盾消弭在萌芽、化解在基层。充分发挥物业公司、驻区单位、门店业主、志愿者、先进模范的作用，新创一批社区、社会组织、社会工作“三社联动”品牌，加快打造共建共治共享的社会治理新格局。

保障社会安全。始终把人的安全作为第一民生，按照党政同责、一岗双责、失职追责的要求，落实企业主体责任、街镇属地责任和部门监管责任，全方位加强安全隐患排查整治，坚决遏制较大以上事故发生。完善突发事件应急机制，提高危机预警和防灾减灾抗灾能力。聚焦新时代强军目标，更加注重军民融合，加强国防动员和民兵预备役工作。推动平台公司转型发展，合理安排投融资项目，严格控制债务增量，进一步加强政府性债务风险防范工作。加强综治中心和公共安全信息化建设，建立智慧指挥调度平台，构建打防结合的社会治安立体防控体系，依法打击和惩治非法集资、电信诈骗、传销等违法犯罪活动，建设更高层次的“平安岳麓”。

（五）以增强公信力和执行力为保障，努力建设人民满意的服务型政府。继续转变职能，深化简政放权，创新服务方式，树立高效、务实、法治、廉洁的政府形象。

勤于为民服务。牢记为人民服务的宗旨，把群众的小事作为政府的大事，把群众的难点作为改进政务服务的重点，凡是群众反映强烈的问题都要严肃认真对待，凡是损害群众利益的行为都要坚决纠正，着力整治“门好进、脸好看但事难办”等不良作风。积极营造稳定、公平、透明、可预期的营商环境，继续在减费、减税、减证上下功夫，消除各类“潜规则”，减少“隐性成本”，让市场在资源配置中起决定性作用，构建“亲”“清”的新型政商关系。推进“智慧政府”建设，以第四次全国经济普查为契机，广泛运用大数据、互联网、物联网等新方式开展工作，对接“智慧长沙”政务云平台，优化审批流程，提高行政效能，让群众和企业到政府办事基本实现“最多跑一次”。

敢于担当作为。担当是人民的期望和发展的要求。每一名政府工作人员都应保持昂扬向上的朝气、攻坚克难的锐气、闯关夺隘的勇气，对于看准的事情先干不议论，对于议定的工作快干不评论，以“马上就办、办就办好”的作风回应群众诉求，以“舍我其谁、建功有我”的担当破解发展瓶颈。树立督查权威，发挥绩效考核“指挥棒”作用，构建目标明确、时限明确、标准明确、责任明确、奖惩明确的政务工作执行体系，为工作执行落实提供制度保障。加强社区（村）阵地建设，关心爱护基层干部，坚决“为担当者担当，为负责者负责”，着力提升基层组织和基层干部服务中心、服务发展、服务群众的能力和水平。

勇于接受监督。坚持法律至上、挺纪在前，以法治政府、廉洁政府建设保障政务服务高效运行。全面推行权力清单、责任清单和负面清单管理制度。主动接受人大法律监督、工作监督和政协民主监督，积极回应人大执法检查和专题询问，高质量办理人大代表建议、政协委员提案，全方位接受社会监督。扎实开展“不忘初心、牢记使命”主题教育，严格落实党风廉政建设责任，持之以恒正风肃纪，严密防控重点领域廉政风险，严肃查处懒政怠政、为官不为、“雁过拔毛”等群众身边的违法违纪问题。坚持勤俭办一切事情，加强预算管理、财政评审和审计监督，严控“三公”经费支出，进一步扎牢制度的笼子。

各位代表，天道酬勤兴伟业，继往开来启新程。让我们在习近平新时代中国特色社会主义思想的指引下，在市委、市政府和区委的坚强领导下，不忘初心、牢记使命，锐意进取、开拓创新，为开启新时代全面建设现代化长沙新征程贡献岳麓力量！

政协长沙市岳麓区委员会常务委员会工作报告

——在政协长沙市岳麓区第五届委员会第三次会议上

长沙市岳麓区政协主席 袁精华

（2018 年 1 月 10 日）

各位委员：

我代表政协长沙市岳麓区第五届委员会常务委员会，向大会报告工作，请予审议，并请列席会议的同志提出意见。

2017年工作回顾

2017 年是五届区政协履职尽责的开局之年，也是我区政协工作卓有成效的一年。在中共岳麓区委的坚强领导和市政协的关心指导下，区政协常委会团结带领全体政协委员，认真学习贯彻中共十八大、十九大精神，高举爱国主义和社会主义伟大旗帜，牢牢把握团结和民主两大主题，以“争当‘六好’委员、建设美丽岳麓”主题活动为载体，围绕中心大局，聚焦改革发展，认真履行职责职能，扎实推进工作落实，为促进我区政协事业的健康发展和经济社会的科学发展作出了积极贡献。

一、坚持围绕中心，助推发展卓有成效

一是加强协商民主建设。根据中央和省、市、区委关于加强社会主义协商民主建设的有关精神，认真落实《岳麓区政协协商民主建设实施办法》，积极有序开展民主协商工作。区委、区政府、区政协研究制定了年度协商工作计划，认真落实计划安排，精心组织协商活动，为全区经济社会发展建真言、谋良策、出实招。区政协主席会议先后对区人民法院执行工作、美丽乡村建设、重点提案办理、半年度财政预算执行情况等开展专题协商，及时将协商意见向区政府及相关职能部门进行反馈。高度重视界别协商，切实加强界别协商工作的研究部署和具体指导，组织引导各界别紧扣党政所需和群众所盼，围绕“基金小镇建设”、“弘扬传统文化，打造书香家庭”等八个协商议题，扎实有效地开展界别协商活动，界别协商主题鲜明、内容丰富、活跃有序，彰显了界别特色、展现了界别作为。

二是深入开展重点调研。认真落实区委的指示和要求，把湖南金融中心建设和楼宇经济发展作为重点调研课题。区政协主席会议高度重视重点调研工作，切实加强组织领导，认真推进工作落实，确保了调研工作的进度、力度和效果。重点调研按照“请进来、走出去、沉下去”的工作要求，以专家座谈、外出考察、实地调研为主要形式有序展开，坚持纵横对比找差距，深入剖析查原因，着眼长远寻对策，注重外地经验与本区实践相结合，前瞻性、启示性与实践性、操作性相结合，形成的《发挥优势，精准发力，合力推进湖南金融中心建设发展》、《做强楼宇经济，助推转型升级，奋力打造区域经济新的增长点》两篇调研报告，为促进湖南金融中心建设和楼宇经济发展，提出了很多有见地、有价值的对策建议，为区委区政府科学决策、民主决策提供了重要参考。区委常委会议专题听取区政协关于两个重点调研报告的情况汇报，对报告提出的意见建议进行了认真研究，并对落实有关意见建议作出部署、提出要求。调研报告得到省市政协的充分肯定，获评省政协优秀调研成果二等奖、三等奖。

三是认真组织专题视察。紧紧围绕区委区政府工作重点和人民群众关心关注的热点，先后对金星大道提质改造、区两馆（图书馆、文化馆）建设、望城坡枢纽经济商圈发展、中南大学科技园研发总部建设、社区提质提档工作等开展主席会议专题视察，为委员深入基层、知情明政，凝聚共识、献计出力作出了积极努力，为推动相关工作、促进区域发展提出了务实、管用的意见、建议。区政府分管副区长全程参加专题视察，视察工作更加务实有效。各街（镇）联络处、各界别紧扣岳麓区情，结合自身实际，发挥特色优势，组织委员开展视察活动50余次。

*四是创新推进提案工作。*以重点提案办理为突破口，探索实施“区委书记、区长批办重点提案”制度，在今年确定的10件重点提案中，区委书记周志凯、区人民政府原区长刘汇批办四件重点提案。书记、区长带头批办，分管副区长领衔主办、经常督办，职能部门和相关单位积极承办，提案办理工作更有力度、更富成效。坚持主席、副主席督办提案工作制度，主席会议成员按照联系分工对提案办理进行全面督办。提案工作机制更加健全，强化培训、深入调研、积极撰写、认真办理的提案工作新格局基本形成。区政协五届一次会议以来共收到委员提案195件，立案、交办并办复98件，切实发挥政协提案推动区域经济社会发展的重要作用。

*五是扎实开展议政建言。*重视发挥大会发言参政议政的积极作用，区政协主席会议对大会发言工作进行专题部署、广泛动员，委员们精心选题、深入调研，围绕大科城建设、总部经济发展、都市农业发展、健康岳麓建设等关乎我区转型创新发展和民生事业改善的重要议题建睿智之言、献务实之策。本次大会，全区政协组织和广大政协委员共提交大会发言材料36篇。扎实推进社情民意信息工作，一年来，委员们共反映社情民意信息150多条。《管控“舆情”应严控“娱情”》、《加强对消毒剂的管理刻不容缓》等10多条社情民意信息被省市政协采用，促进了相关问题的妥善解决。社情民意信息工作获评全市政协系统一等奖。

*六是积极参与中心工作。*按照区委统一安排，区政协主席、副主席深入街镇一线、深入项目现场，了解工作情况，协调解决问题，促进了所联街镇、所联项目相关工作的顺利进行。曾高杰、刘平、彭首志3位副主席积极参与未来科技城、望月湖有机棚改、麓山南路综合整治集体土地等项目征收拆迁安置工作。一批政协委员积极参加项目拆迁建设工作，为全区项目建设与经济发展贡献了辛劳和汗水。全区政协组织和广大政协委员积极投身防汛抗灾工作，主动参与和组织抗洪救灾活动130余次，捐款捐物160多万元，在战胜历史罕见的特大洪水面前体现了政协作为。按照区委统一部署，区政协成立专门工作组，精心指导、帮扶含浦街道干子村灾后重建工作，组织政协机关干部和部分政协委员为干子村灾后重建工作筹集资金60多万元。积极协助区委区政府做好信访维稳工作，主动协调解决上访群众反映的困难和问题，区政协主席、副主席认真落实信访维稳问题包案责任制，切实负起信访维稳和包案责任。

二、深化主题活动，委员作用充分发挥

*一是加强活动动员部署。*深化活动主题，创新活动方式，力求活动成效，深入推进“争当‘六好’委员、建设美丽岳麓”主题活动。区政协主席会议成员分别深入各街（镇）联络处、各界别，以把握主题内涵、增强活动实效为重点，对主题活动的深化和拓展进行再动员、再部署。各街（镇）联络处、各界别认真落实部署、要求，结合自身实际，紧扣主题、发挥优势、凸显特色，开展了一系列有影响、有成效的履职活动。

*二是召开现场推进会议。*为进一步浓厚政协系统深化“六好”委员主题活动的氛围，形成以点带面、持续推进的工作格局，9月，组织召开“争当‘六好’委员、建设美丽岳麓”主题活动推进会议，现场观摩洋湖街道总部企业服务中心和桔子洲街道学堂坡社区政协委员工作室，6名政协委员、4个街（镇）联络处作了经验介绍，生动展现了政协组织和政协委员在服务全区经济社会发展中的突出成效。

*三是拓宽委员履职载体。*为深化“六好”委员主题活动，扎实组织委员参与“下基层、进网格、听民声、解民忧”活动，广大政协委员积极参与扶贫帮困、捐资助学等社会公益活动，以实际行动体现政协委员的社会责任和良好形象。全区政协组织和广大政协委员推动解决人民群众关心、关切的问题112个，联系帮扶困难群众286名，举办公益慈善活动40余次，捐款捐物共计210多万元。

*四是切实做好结合文章。*坚持“六好”委员主题活动与区委“三服务”一线工作法相结合，区政协机关科级干部和一批政协委员定期深入一线、深入群众，进网格、进社区，认真听取意见和呼声，及时反映群众诉求，积极化解矛盾纠纷，切实帮助基层群众排忧解难，促进了社会大局的和谐稳定。

*五是发挥典型示范作用。*开展“六好”委员评选活动，广大政协委员立足岗位作贡献、争当

先进作表率，一年来，评选“六好”委员52名，进一步增强委员履职的责任感、荣誉感，激发了全区政协委员履职尽责的饱满热情。省市新闻媒体多次报道我区政协组织和政协委员开展主题活动的情况，进一步宣传了委员事迹，扩大了政协影响。

三、坚持固本强基，自身建设明显加强

一是切实强化学习培训。加强政协委员集中学习。落实常委会议集中学习制度，邀请专家、教授进行中共十九大精神的专题辅导；创新开展政协常委、委员授课制度，组织常委、委员就健康知识、税务知识等开展集中学习。组织部分政协委员赴厦门大学开展学习培训，进一步提高委员的综合素养和履职能力。在政协机关创建“政协委员学习室”，加强委员学习阵地建设。提升政协工作者业务水平。举办政协工作者业务培训班，邀请省市政协工作专家，就人民政协基本知识、政协提案、反映社情民意信息等开展专题辅导，全面提升政协工作者的业务素养和工作水平。加强政协理论研究。积极参与省市政协开展的政协理论研讨活动，组织委员向省市政协提交8篇理论研讨成果，认真研究探讨新时期人民政协工作的新路径、新方法。

二是加强政协机关建设。切实抓好党建工作。以政治建设为统领，切实加强政协组织思想作风建设和党风廉政建设，重视加强机关党建工作，扎实推进政协机关“两学一做”学习教育常态化制度化。丰富以“和谐、凝聚、向上”为核心内容的政协文化内涵，健康向上、开拓创新、民主团结、和谐共进的氛围更加浓厚。完善制度建设。研究出台关于加强调研工作和反映社情民意信息工作的实施办法，推动调查研究、社情民意信息工作更加规范、有效。印发规范全区政协委员履职行为的文件通知。完善政协机关办文办会、公务接待、财务管理等日常管理制度，覆盖全面、执行严格、管理科学的制度体系基本形成。加强信息化建设。顺应人民政协工作新形势、新要求，切实加强政协信息化建设，建立“岳麓区政协”微信公众号，升级改版区政协门户网站，搭建18个涵盖线上线下的“智慧政协委员工作室”，引导委员运用省政协“政协云”平台积极履职。

三是夯实政协基层基础。发挥专委会的基础作用。认真落实专委会联系街（镇）联络处和界别工作制度，坚持重大决策和重要工作部署充分听取专委会意见建议，专委会联系、协调和参谋、助手作用得到更好发挥。加强对联络处的工作指导。通过区政协主席会议和各委（室）的支持、指导，各街（镇）联络处着力健全工作制度、规范服务管理，务实开展、创新推进各项履职活动，街（镇）联络处政协工作水平得到整体提升。发挥政协界别的积极作用。创新界别工作机制，开展界别协商、集体提案、大会发言、调研报告“四个一”履职活动，有效调动界别履职的积极性、创造性，界别工作“四个一”活动得到市政协的充分肯定。在区政协全年各项履职活动中，更加注重界别委员参与的力度和广度，界别作用充分发挥，界别工作亮点纷呈。

各位委员，回顾一年来的履职实践，我们深切体会到：中共岳麓区委的坚强领导、区人大常委会和区人民政府的大力支持以及各部门各单位的积极配合，是做好政协工作的根本保障；各民主党派、工商联、无党派人士、各人民团体以及各界人士的积极参与，是做好政协工作的力量源泉；广大政协委员忠实履职，是做好政协工作的主体力量；各级政协组织和政协工作者的联动协作，是做好政协工作的重要支撑。这里，我代表区政协常委会，对各个方面的关心支持，对全体委员的辛勤努力，表示衷心的感谢！

我们也清醒地认识到，我区政协工作还存在许多不足，主要是：协商民主的内容有待进一步拓展，民主监督的力度还需进一步加大，参政议政的质量有待进一步提高。我们真诚希望广大政协委员对常委会工作提出宝贵意见，共同把政协工作做得更好。

2018年工作部署

2018年是全面贯彻落实中共十九大精神的开局之年，是改革开放40周年，是实施“十三五”规划承上启下的关键一年。区政协工作的指导思想是：以习近平新时代中国特色社会主义思想为引领，深入学习贯彻中共十九大精神，在中共岳麓区委的坚强领导下，牢牢把握团结和民主两大主题，紧紧围绕建设“知识岳麓”“创新岳麓”的战略目标和产业融合、产城融合、城乡融合的发展路径，深化“争当‘六好’委员、建设美丽岳麓”主题活动，认真履行职责职能，充分发挥社会主义协商民主重要渠道和专门协商机构作用，为推动岳麓转型创新发展贡献智慧和力量。

一、坚持正确政治方向，巩固团结奋斗的思想政治基础

学习宣传、贯彻落实中共十九大精神，是当前和今后一个时期的首要政治任务。全区各级政协组织、政协各参加单位、广大政协委员和政协工作者，要按照中共中央关于学习宣传贯彻中共十九大精神的要求，着力在学懂、弄通、做实上下功夫，迅速掀起政协系统学习中共十九大精神的热潮。要坚持读原著、学原文、悟原理，通过专题讲座、辅导报告、学习研讨、网上学习等多种形式，深入开展学习活动，广泛凝聚思想共识，努力把思想和行动统一到中共十九大精神上来，把智慧和力量凝聚到落实十九大提出的重大战略部署和各项重大任务上来，进一步打牢团结奋斗的共同思想政治基础。要认真学习贯彻中共十九大报告对人民政协工作提出的新论述、新要求，坚持用中共十九大精神指导和推进政协工作，自觉把中共中央和省、市、区委的决策部署，融入政协履职的全过程，贯彻到政协履职的各方面，始终坚定政协工作正确的政治方向。

二、始终围绕中心大局，服务全区经济社会发展

扎实开展调研工作。大兴调查研究之风，紧扣建设“知识岳麓”“创新岳麓”的战略目标，围绕产业发展、社会和谐、民生改善等工作重点，坚持目标导向、问题导向相结合，组织引导委员深入基层、深入实际开展调查研究，积极为区域经济社会发展建诤言、献良策。按照区委要求，区政协认真组织开展加强全区物业管理工作的重点调研。

认真组织专题视察。围绕区委区政府关注、人民群众关切、社会各界关心的热点难点问题，认真开展专题视察。就全区重点产业项目、“大科城”环境综合整治情况和水利工程、中小学校、公共卫生中心项目建设等工作，认真组织委员开展专题视察活动，为推动产业项目发展、城市建设管理、公共事业发展献计出力。

务实推进提案工作。坚持把提升质量摆在提案工作的突出位置，加强提案审查、立案、督办工作，确保政协提案提得准、办得实、效果好。继续坚持区委书记、区长批办重点提案制度，切实发挥重点提案办理的示范带动作用。进一步加强承办单位与撰写提案委员之间的沟通、协调，加强提案督办工作，增强提案办理实效。

积极反映社情民意。发挥社情民意信息“直通车”作用，加强反映社情民意工作。优化社情民意信息员队伍，拓宽社情民意来源和渠道，提高信息质量。规范反映社情民意工作流程，加强与有关部门和反映社情民意委员的联系沟通，及时衔接、反馈领导批示落实情况，促进社情民意信息意见建议的转化落实。

三、坚持团结民主主题，推进政协协商民主建设

营造政协协商民主的良好氛围。认真贯彻中共中央关于加强政协协商民主建设的文件精神，充分发挥人民政协作为社会主义协商民主的重要渠道和专门协商机构作用，全面加强与社会各界的沟通交流，支持各民主党派、工商联、无党派人士、各人民团体和各界人士，参与重大决策部署的协商讨论和履行职责的各项活动，广纳群言、广集民智，营造平等协商、民主议事、真诚沟通的良好环境，浓厚有事好商量、遇事多商量、众人事情由众人商量的民主政治氛围。

深入贯彻协商民主建设实施办法。把协商民主贯穿政治协商、民主监督、参政议政全过程，寓于政协重点调研、专题视察、提案督办等各项履职活动之中。精心筹划政协全体会议、常委会议、主席会议协商，深入推进界别协商、对口协商，进一步规范协商形式、丰富协商内容、把握协商密度、优化协商流程，做到协商更加充分、意见更加统一、团结更加广泛，努力使协商工作取得实在成效。

认真落实协商与监督工作计划。坚持区委、区政府、区政协共同制定年度协商与监督计划，提高政协协商和民主监督的计划性和权威性；坚持党政所需、人民所盼、政协所长的选题方向，使协商选题更加契合大局、符合实际。重点围绕食品安全、长效财源建设和重点提案办理等工作开展专题协商；就社区矫正、大科城创新创业平台建设、盈利性培训机构的规范整顿、社区群众文化建设、小微企业培育发展、乡村道路维护管理等工作开展界别协商；加大对重要协商意见采纳运用情况的督办力度，推动更多协商成果转化运用。重点对后湖、龙王港黑臭水体整治后续管理和养护工作，优化营商环境工作和区人民政府2018年度民生实事工程进行民主监督，在监督中支持和促进相关工作的推进和落实。

四、深入推进主题活动，更好发挥委员主体作用

不断深化“六好”委员主题活动，切实发挥委员主体作用，组织引导广大委员在能力素质提升上有所学、有所思、有所进，在服务岳麓发展上有所动、有所为、有所成。

提升履职能力。履职能力建设是政协工作取得成效的重要保障。广大委员要把“懂政协、会协商、善议政”作为自己的价值追求，勤于学习、善于思考，内悟于心、外化于行，着力提高政治把握能力、调查研究能力、联系群众能力、合作共事能力，始终坚定正确政治方向，切实增强建言献策实效，充分发挥桥梁纽带作用。上半年，组织部分政协委员赴高校开展提升履职能力的学习培训。

增强履职动力。政协委员是政协工作的主体，调动委员履职的积极性和主动性是一项基础工程。切实尊重和保障委员的各项民主权利，努力为委员履职尽责创造更好条件。完善委员联络制度，充分发挥政协各界别、专委会和街（镇）活动组等联络服务委员的积极作用。进一步完善委员履职考评办法，加强委员履职管理考评，不断激发委员履行职责的内生动力。

增添履职活力。政协工作的活力在委员，作用发挥靠委员。拓宽委员履职载体，把“六好”委员主题活动与深入推进政协各项履职工作相结合，与落实区委“三服务”一线工作相结合，与开展“下基层、进网格、听民声、解民忧”活动相结合，组织引导广大政协委员找准履职尽责的切入点和着力点，不断激发委员履职活力。

五、从严要求夯实工作基础，不断加强政协自身建设

进一步加强分类指导。完善政协专委会工作制度，加强专委会之间的联动、协作，着力发挥专委会在调研视察、协商议政、团结联谊等方面的基础作用。进一步加强政协界别工作，完善界别工作的组织、服务和保障机制，深化界别工作“四个一”活动，更好地发挥界别作用；加强对街（镇）政协活动组的工作督促和讲评，促进各活动组之间的横向联系、互动交流，进一步提升基层政协工作的整体水平。

进一步加强服务管理。开展经常性的联系走访活动，认真听取委员意见建议，积极为委员排忧解难。落实规范委员履职的有关要求，增强委员履职意识，规范委员履职行为。以深化巩固、拓展延伸、加强保障为重点，与运用省政协“政协云”平台履职相结合，切实加强“智慧政协委员工作室”建设。进一步健全委员服务、管理工作机制，积极为委员履职尽责搭建平台、建立机制、提供保障。

进一步加强机关建设。坚持以政治建设为统领，全面推进党的政治建设、思想建设、组织建设、作风建设、纪律建设，努力营造政协机关、政协组织风清气正的政治生态。按照区委的部署要求，认真组织开展“不忘初心、牢记使命”主题教育活动。加强政协门户网、微信公众号建设，开展“委员讲堂”活动，发挥委员学习室的阵地作用。深化以“和谐、凝聚、向上”为核心内容的政协文化建设，积极组织开展委员文体活动。

各位委员，新的时代、新的征程，新的目标、新的使命。让我们紧密团结在以习近平同志为核心的中共中央周围，在中共岳麓区委的坚强领导下，同心同德，群策群力，锐意进取，开拓创新，不断开创我区政协工作新局面，为奋力建设“知识岳麓”“创新岳麓”作出新贡献！

大事记

1月

3日，岳麓区环境保护委员会、区应急办启动重污染天气蓝色预警。

4日上午，国务院食安办、中央综治办、国家食品药品监管总局、教育部、公安部、住建部组成的督查组在省食药局局长肖策群、副局长吴公平及市、区分管领导陪同下，检查岳麓区梅溪湖街道食品安全工作。

同日，湖南省住房和城乡建设厅总工程师易继红率队调研岳麓区物业管理工作。

同日，副区长刘雄辉率队到梅溪湖街道调研三个新社区办公用房情况。

6日上午，湖南省民政厅副厅长李劲夫一行到岳麓区咸嘉湖街道荷叶塘社区调研社会组织培育工作，参观社区一站式服务大厅、社会组织活动室、文体活动中心等阵地。

同日，政协长沙市委员会第十二届一次会议港澳委员一行16人到岳麓区视察湘江财富金融中心。市、区相关领导陪同视察。

11日，国家农业部畜禽产品质量安全监督检验测试中心（重庆）到岳麓区开展2017年畜禽产品质量安全监测抽样工作。

同日，岳麓区召开“六五”普法依法治理表彰暨“七五”普法依法治理动员大会。

同日，岳麓区召开国地税办税服务中心提质升级现场会，区委常委、常务副区长蔡锋主持会议。区财政、国税、城管、规划、统计、工商、政务中心等部门负责人参加会议。

12日上午，张家界市民族宗教委员会主任李林率队，长沙市民族宗教事务局局长、党工委书记刘佳勇陪同，参观指导岳麓区梅溪湖街道阳明山庄社区民族宗教工作。

同日，区委召开五届五次全委（扩大）会议暨经济工作会议，部署全年经济工作。

同日下午，区政府召开岳麓区环境保护委员会第一次全体会议暨“春雷”行动工作调度会议。

13日上午，区政府召开岳麓区2016年度“六个走在前列”大竞赛暨绩效考核述职测评大会。

15日上午，2017年长沙“迎春花市”启动仪式在岳麓区莲花镇爱格花卉基地举办。长沙市人大常委会副主任芮英姿，副市长李蔚，省林业厅产业办主任龚树立，市政府副秘书长戴建文，市林业局局长夏文斌，岳麓区委副书记、区长刘汇等领导出席仪式。全区社会团体、企业等相关单位代表500余人参加本次活动。

同日，区委副书记周凡、区政府副区长张永久一行到天顶街道，调研航天社区提质提档工作。

16日，区委、区政府召开全区离退休干部区情通报会。

同日下午，岳麓区召开“洁净大河西 快乐迎新春”环境综合大整治工作部署会。

17日，区长刘汇率队到观沙岭街道石岭塘社区、望岳街道七里营社区调研提质提档工作。

同日，区委副书记、区长刘汇带队观摩全区社区提质提档工作，并召开社区提质改造工作会议。

19日，区委常委、政法委书记张铁炎一行到岳麓街道走访慰问困难户，为他们送去慰问物资及慰问金，表达党和政府的深切关怀和春节祝福。

同日，长沙市政协主席文树勋到天顶街道、望城坡街道和雨敞坪镇开展春节前走访慰问活动，市委常委、宣传部长高山参加慰问，区委书记周志凯陪同慰问。

20日，区委书记周志凯率队慰问政法、城管一线工作人员。

同日，岳麓区召开区校合作座谈会，共商区校合作大计，

同日，区委、区政府举办岳麓区迎新春干部群众文艺晚会，区委书记周志凯致辞。

同日，区委书记周志凯率队到观沙岭街道检查安全生产工作，并慰问困难群众。

22日上午，长沙市人民政府副市长陈中率队检查麓山景区春节前安全生产工作。

22至26日，岳麓区开展全区安全生产消防大检查。

22日，区委召开常委会议。

同日，湖南省委常委、长沙市委书记易炼红到湖南湘江新区梅溪湖国际文化艺术中心，检查安全生产工作。

同日，湖南省纪委常委、长沙市纪委书记蔡亭英调研望岳街道安全生产工作，区委副书记、区委刘汇等陪同调研。

23日，区委召开常委班子2016年度民主生活会。

25日，区委书记周志凯陪同省市领导看望慰问坚守岗位的一线劳动者。

同日，长沙市委常委、宣传部部长黎春秋到坪塘街道走访慰问“中国好人”夫妻谢海华、谢芳夫妇和全国道德模范廖月娥。区委书记周志凯陪同慰问。

26日，湖南省委副书记、省长许达哲到岳麓区看望慰问坚守一线工作岗位的信访、交通、环卫等干部职工，并检查食品安全和春运安全等工作。区委书记周志凯陪同慰问。

1月，洋湖湿地获批为“国家湿地公园（试点）单位”。国家林业局下发文件，洋湖湿地等134处湿地公园正式成为国家湿地公园（试点）单位。

2月

3日，区人大常委会主任、梅溪湖街道联点领导胡杰夫召开春节后梅溪湖第一个工作会议。

4日，区委书记周志凯率队调研大学科技城建设，现场查看二里半、麓山南路。

6日，区委、区政府召开全区负责干部会议。

7日，区委召开常委会议，研究党风廉政建设和反腐败等工作。

9日，邵阳市北塔区人民政府组团来岳麓区考察学习棚改工作。

10日，区纪委召开五届第二次全会。

13日，区委召开常委办公会议，研究中汽公园6号地块合作开发相关问题和金星大道提质改造工作。

同日，区委书记周志凯调研岳麓科技产业园工作。

同日，湘江新区举行2017年重大项目开工动员会，梅溪湖国际健康城、洋湖再生水厂（二期）、梅溪湖西片区综合管廊及配套道路项目正式开工。

14日，岳麓区召开区属党（工）委书记抓基层党建工作述职评议会议。

15日上午，国家住房和城乡建设部住房保障司司长曹金彪一行10余人考察岳麓区麓谷锦和公租房项目及三汊矶棚改项目。省住房和城乡建设厅副厅长宁艳芳、长沙市副市长廖建华等领导陪同考察。

同日，区委副书记周凡带队调研社区提质提档工作，查看润泽园、龙王港、湘仪、航天等社区公共服务中心、文化活动中心、办公服务用房、小区花园等建设情况。

同日，湖南湘江新区领导调研岳麓山国家大学科技城建设。区委书记周志凯陪同调研。

同日，区政协召开街（镇）联络处主任、界别召集人年度工作务虚会。区政协主席会议成员参加会议。

同日下午，区委书记周志凯带队调研全区城市管理工作。区委常委、区委办主任杨利成，副区长张永久参加调研。

16日，国家环保部水司督查专员周政宪一行16人调研岳麓区坪塘砂石综合配套转运基地。

同日，湖南省委常委、宣传部部长蔡振红调研文化产业发展。区委书记周志凯陪同调研。

同日下午，区委书记周志凯率队调研岳麓区城市建设投资工作。

17日上午，国家民政部副部长高晓兵率队到咸嘉湖街道督查退伍士兵安置和权益保障工作。同日，区委书记周志凯实地调研城市管理工作。湖南省民政厅厅长唐白玉、省民政厅复员退伍军人安置处处长刘勇，长沙市民政局局长陈昌佳，市民政局复员退伍军人安置处处长邹炼，岳麓区区长刘汇，区人武部政委龙斌，副区长刘雄辉等陪同督查。

19日，区委书记周志凯，区委副书记、区长刘汇等调研大学科技城。

同日，长沙市委副书记、市长、湖南湘江新区党工委书记陈文浩率队调研岳麓山国家大学科技城（东核）整治建设情况。

21日，区委副书记、区长刘汇调研银盆岭街道英才园社区提质提档造绿项目。

同日，雨花区政协主席冯聪龙一行10余人到区政协考察交流，区政协主席袁精华陪同考察并参加交流座谈会。

22日，湖南省科技厅副厅长鲁先华率队调研岳麓科技产业园高新技术产业发展工作。区委书记周志凯陪同调研。

同日，区委召开常委会议，研究2017年区人大、区政协工作要点、财政预算编制、项目征拆计划等工作。

23日，国务院国资委企业改革局局长白英姿率队调研岳麓区望城坡街道长华社区社区建设和退休人员社会化管理工作。省、市国资委，市企改办、核工业湖南矿冶局等相关部门负责人陪同调研。

同日，区政府召开2017年度

全区财政系统党风廉政建设暨作风建设工作会议。

同日，区委召开常委办公会议，研究社区提质提档和三年造绿大行动等工作。

24日，湖南湘江新区管委会副主任凌勤杰率队调研岳麓山国家大学科技城项目东核及过渡区，区委书记周志凯、区长刘汇陪同调研。

28日至3月2日，岳麓区纳税人学校2017年第一季度国地税联合培训正式开讲。

2月，岳麓区举办2017“梦想岳麓”图书馆总分馆阅读推广系列活动——“闹元宵·猜灯谜”。共有灯谜3000余条，1000多群众参与活动。

3月

1日，岳麓区全面推行“一窗一人办税”服务模式。即一个窗口人员同时拥有国税和地税系统操作权限，让纳税人进一个厅、取一个号、在一个窗口、一份资料、办两家事，不再有“国税、地税窗口”之分。

同日，区委召开中心组（扩大）理论学习，邀请国家发改委宏观经济研究院副院长、首席专家陈东琪作“深入推进供给侧结构性改革”专题报告。

2日上午，区委书记周志凯研究产业发展工作。

同日，波兰参议院副议长兼议会波中议员小组主席格热戈什·柴莱伊一行到橘子洲景区参观。

同日下午，区委书记周志凯组织召开城市管理工作专题调研会议，副区长蔡锋、区委办主任杨利成，副区长张永久等领导参加会议。

3日，区委召开全区党务工作暨绩效考核总结讲评大会。

同日，区政协召开五届二次常委会议暨集中学习。

同日，区政府召开村（社区）“两委”换届选举工作座谈会。

4日，岳麓区召开2016年度“六个走在前列”绩效考核通报讲评暨2017年度项目建设和征拆工作推进大会。

5日，美国圣地亚哥湖滨区联合教育局代表团到岳麓区访问，区教育局与美国圣地亚哥湖滨区联合教育局签署《教育交流合作协议书》。

6日，区委书记周志凯率队参加后湖片区综合整治项目用地指标工作对接。

同日，区委召开常委会议，听取村（社区）“两委”换届选举工作情况汇报，研究办公室、组织、宣传、统战、“三服务”一线工作。

7日，长沙市副市长刘明理率队调研岳麓区垃圾分类工作和有机生活垃圾微生物处理工作。

同日，湖南省委常委、长沙市委书记易炼红一行到岳麓区天顶街道看望并慰问“全国三八红旗手”、“全国巾帼建功标兵”、长沙生殖医学医院党委书记宁联芳及医院全体妇女同胞，为她们送上节日问候和祝福。市、区相关领导陪同慰问。

8日，区委召开全区党务工作会议。

9日，溆浦县考察团到岳麓区考察交流。

10日，区委书记周志凯、副书记周凡，区政协主席袁精华、宣传部长吴江，参加2017年“绿色岳麓‘森’呼吸 青山绿水‘林’距离”春季义务植树大行动。

13日，区委书记周志凯率队到麓山景区爱晚亭后坪参加长沙爱绿护绿志愿大行动暨麓山认植认养活动启动仪式。

14日上午，区政府召开区长办公会，研究2017年环保工作。

同日，区委副书记周凡，区委常委、区委办公室主任杨利成一行到区网格化社会管理服务指挥中心调研。

同日，北京金融证券、文化传媒、医学科技界企业家观摩团到岳麓区西湖街道先锋社区参观、考察社区居家养老工作开展情况，副区长刘雄辉及区相关部门负责人陪同参观。

15日上午，区人大常委会主席胡杰夫率区人大常委会主任会议成员开展“三湘环保世纪行”水环境视察工作。

同日，区委召开常委会议，研究常委会工作要点、政法工作、村（社区）“两委”换届选举等工作。

同日，区委书记周志凯调研公安工作。

16日上午，湖南省两型委工委副书记、管委会常务副主任易春阳，管委会副主任周上游一行到咸嘉湖街道考察咸嘉新村社区“两型”示范创建工作，省、市、区相关领导陪同考察。

同日，区委书记周志凯调研区法院工作。

16—17日，区委举办全区学习贯彻党的十八届六中全会精神和习总书记系列讲话精神培训班。

17日，区委书记周志凯调研检察工作。

20日，区委常委、纪委书记贺赤兴，区领导华良到银盆岭街道银太社区调研指导社区（村）换届选举工作。

同日，湖南省旅游发展委员

会党组书记陈献春一行到裕湘纱厂考察。

21日下午，区政府召开2017年城市管理暨拆违控违工作推进大会，区长刘汇主持。区委书记周志凯，市城管执法局局长邓鹏宇，区委常委、宣传部部长罗予武，区人大常委会副主任林俐俐，区政府副区长张永久，区政协副主席彭首志等出席会议。

21至22日，区政协召开五届二次全体会议。

21至23日，区人大召开五届二次全体会议。

22日上午，区政协召开常委会议，听取各组讨论常委会报告、财政工作报告有关情况；审议《关于区政协五届常委会工作报告的决议（草案）》《区政协五届二次会议政治决议（草案）》。

同日，国家第三督查调研组到阳明山庄社区督查调研开展民族团结进步创建活动情况。

同日，湖南省法院副院长刘庆富率队到岳麓区法院调研信息化建设工作。

同日，国家民委监督检查司巡视员宋全率国家第三督查调研组到梅溪湖街道阳明山庄社区督查调研民族团结进步创建活动。区委书记周志凯陪同调研。

23日上午，人大召开第五届人民代表大会第二次会议。

同日，长沙市委副书记、市长陈文浩调研岳麓山国家大学科技城项目建设。

同日，湖南省委副书记乌兰率队调研中南大学、湖南师大、学堂坡社区。区委书记周志凯，区长刘汇等陪同调研。

24日，区政府召开全区军队退役人员座谈会。

同日，湖南省高院立案信访局副局长刘海洲、长沙中院副院长周芳乐、诉讼服务中心主任杨桅，浏阳法院、宁乡法院负责人一行9人到岳麓区法院调研多元解纷工作。

同日，区委常委、统战部部长黄军其一行到天顶街道调研湖南凌云电子商务有限公司、湖南领众信息科技发展有限公司（海梦岛双创基地）和长沙梅溪湖三真康复医院等创新创业型非公有制企业经济发展情况。

27日，区委召开常委会议，听取中央环保督察迎检工作、信访工作和安全生产工作情况汇报，研究《关于开展“两访两查两报告”加强一把手“八小时以外”活动监督管理的实施意见》及干部违纪问题。

28日，长沙市委副书记徐宏源到岳麓区调研社区提质提档服务保障工作。

同日，区委书记周志凯一行到石岭塘社区兴安区小区，开展“走访慰问抗战老兵 送上节日真切关怀”活动，为95岁的抗战老兵刘建伯送去慰问品和美好祝福。

29日上午，区委、区政府召开2017年党员领导干部廉洁从政警示教育大会。

同日，河南省鹤壁市淇滨区政协组团到岳麓区考察交流。区政协副主席曾高杰等陪同参加座谈。

同日，内蒙古阿拉善左旗环卫局局长赵德峰一行到岳麓区学习考察市容环卫工作。

30日上午，区长刘汇率队调研区法院工作。

同日下午，区政府召开岳麓山国家大学科技城建设协调工作会。

31日上午，区政府召开全区混凝土搅拌站安全生产紧急调度会。区长刘汇、副区长刘雄辉、邹刚出席会议，区直相关部门负责人、17个街道（镇）行政正职和分管城建副职及辖区内13个混凝土搅拌站主要负责人参加会议。

3月2日 至4月13日，2017“梦想岳麓”“我们的节日”百姓大舞台群众文艺团队展演历时一个半月，完成17场展演。

4月

1日，区委书记周志凯、区长刘汇、区委副书记周凡、常务副区长蔡锋、区政法委书记张铁炎等领导到岳麓区检察院调研检察工作。

5日，“一键举报”平台正式在区局微信公众号与纳税人见面，诚邀广大纳税人对岳麓国税干部职工在工作作风、廉洁自律和税收执法方面进行全面监督。

6日，全国政协常委、国家旅游局原局长何光晔一行到岳麓区调研长沙红色旅游工作。

同日，湖南省地方税务局局长张云英率队到岳麓区地方税务局调研。长沙市地税局局长方志平陪同调研。

7日，卓越集团和万豪国际集团在深圳卓越总部举行长沙卓越浅水湾万豪行政公寓管理合同签约仪式，将华中首家万豪行政公寓落户长沙梅溪湖。

同日，长沙市政协副主席朱建军率队调研岳麓区优化非公经济发展环境工作。区政协主席袁精华等陪同调研。

同日下午，岳麓区召开棚改工作调度会。区委书记周志凯，区长刘汇，区领导周凡、蔡锋、罗予武、杨利成、黄军其、邹刚出席。各棚改项目指挥长、常务副指挥长、区棚改办、区征收办等单位负责人参加会议。

同日，湖南省社区戒毒（康复）工作研讨交流会在岳麓区岳麓街道召开。湖南省戒毒管理局副局长张军等领导及诸多专家、业内人士参加研讨交流会，纷纷点赞麓枫社区戒毒（康复）工作站的工作成效。

10日，湖南省委常委、统战部部长黄兰香、副部长汤新华率队来岳麓区考察指导“58众创”发展工作。58集团负责人陪同考察。

同日，区人大常委会主任胡杰夫率常委会主任会议成员调研岳麓街道经济社会发展工作。

11日，区委书记周志凯调研观沙岭街道。

同日，区人大常委会主任会议成员到桔子洲街道调研。

同日，区政府召开全区财税工作调度会。区委副书记、区长刘汇出席会议并作重要讲话。

同日下午，湘江新区领导调研岳麓山大学科技城工作。区长刘汇陪同调研。

同日，中国气象局主办，湖南省气象局、湖南省气象学会、长沙市气象局承办“流动气象科普万里行——走进湖南”科普进社区活动第一站到咸嘉新村社区。省、市、区相关领导出席，有小学生和居民群众共300人参加活动。现场正式授牌咸嘉新村社区“全国气象科普教育基地基层防灾减灾社区（乡镇）”。

同日，长沙市委常委、湖南湘江新区管委会主任曹立军、副主任凌勤杰，区委书记周志凯、区长刘汇等调研岳麓区中南大学科技园研发总部、锦绣潇湘文化园、后湖国际艺术区、西湖文化园。

同日，云南省景东彝族自治县学习考察团来岳麓区考察交流。

同日，湖南省地方税务局税收执法督查检查组到岳麓区地方税务局督察检查税收执法工作。

12日，长沙市委常委、宣传部部长高山到望城坡街道长华社区，调研文明创建工作。区委书记周志凯陪同调研。

同日，全国第一个“纳税服务日”。岳麓区国家税务局、地方税务局和志愿者联合组成税收宣传服务队，开展税收宣传、政策咨询和纳税辅导。

13日，区委召开常委会议，研究岳麓山国家大学科技城东核及过渡带整治建设相关工作，听取群团组织工作汇报。

同日，区政府召开常务会议，研究经济型人才引进、促进现代服务业发展若干政策、产业引导基金设立等工作。

14日，湖南湘江新区党工委副书记、管委会主任曹立军率队调研高新区重点项目及岳麓山国家大学科技城西核建设。

同日下午，长沙市住房保障服务局局长周飞率队调研岳麓区在建公租房项目。

17日，国务院副总理刘延东，省、市、区相关领导到岳麓书院出席“一带一路”青年创意与遗产论坛开幕式。

18日，岳麓区召开棚改工作督查会议，区委副书记、区长刘汇主持，各项目指挥长、常务副指挥长、各项目办公室主任、区直相关部门、街道等主要负责人参加会议。

同日上午，湖南省环境监督中心站检查组对岳麓区所辖地表水水质自动监测站进行质控抽查，抽查站点为坪塘水质自动监督站。

同日上午，禹州市人民政府副市长李清河一行9人到岳麓区考察学习，现场考察三汊矶棚改项目。

同日下午，区委书记周志凯专题调研环境保护工作。

同日，区委召开常委会议，听取一季度经济运行情况汇报，传达学习长沙市落实党委（党组）意识形态工作责任制推进会精神。

同日，长沙市副市长陈中调研学士街道三环绿带二期暨岳麓农趣谷建设工作。区委书记周志凯陪同调研。

19日，区委书记周志凯，区委副书记、区长刘汇，区委常委吴江、杨利成等调研莲花镇、桔子洲街道经济社会发展情况。

同日，区委书记周志凯率队到西湖街道，组织召开党校社区全面提质提档工作座谈会。湖南省委党校、行政学院常务副校（院）长严华、副校（院）长李巍及相关负责人出席会议，区领导袁精华、张永久等参加会议。

20日上午，岳麓区人大常委会召开评议区卫计局、区发改局工作动员大会。

同日上午，区政府召开常务会议，研究环境保护、房屋产权办证工作，审议《岳麓区人民政府部门公共服务事项目录》、《2017年度地质灾害防治方案》等。

同日，区委书记周志凯调研学士街道。

21日，耒阳市房地局党组书记、局长谷峰一行6人到岳麓区学习考察棚改征收、拆迁补偿相关工作。

同日，长沙市司法局及山东潍坊县司法局负责人调研岳麓区望城坡司法所矫正工作和人民调解工作。

24日上午，区人大常委会主任胡杰夫，副主任林俐俐、曾跃平等调研咸嘉湖街道基层人大工作。

同日，区委、区政府召开迎接中央环保督察工作动员会，区委书记周志凯、区长刘汇及四大家领导、区直37个职能部门和17个街镇主要负责人参加会议。

同日，区委书记周志凯调研麓山南路整治建设。

同日，湖南省司法厅领导到岳麓区调研公共法律服务志愿点建设工作。

同日下午，区政府召开全区卫生计生工作会议。

25日上午，长沙市人民政府副市长廖建华率队调研岳麓区棚改项目进展情况。区长刘汇、副区长邹刚陪同调研。

同日，区人大常委会主任胡杰夫率区人大常委会主任会议成员调研望城坡街道经济社会发展及人大工作开展情况。

同日，区委书记周志凯实地督察排污口截污相关工作。

26日，区委召开常委会议，研究《岳麓区配合中央环境保护督察总体工作方案》和房产办证处遗留问题，听取党校、机关工委、老干部、史志档案工作情况汇报。

同日，台湾文创推广协会理事长唐国泰一行到岳麓区58众创，希望加强文化创意产业方面沟通与合作。

同日，江西省上饶市信州区总商会一行10人到岳麓区考察交流学习。

同日，区委常委、常务副区长蔡锋到区地方税务局调研提质改造工程。

27日上午，岳麓区第五届人大常委会举行第三次会议。

同日上午，长沙市人大常委会副主任刘新程率队调研岳麓区棚改工作。

28日，长沙市委副书记徐宏源来岳麓区调研社区全面提质提档服务保障工作。区委书记周志凯陪同调研。

同日上午，区委书记周志凯，副书记周凡，区委常委、区委办主任杨利成及区直相关部门负责人到咸嘉湖街道调研“三服务”一线及楼宇经济服务站工作。

同日下午，“喜迎十九大中国少年说”全国初中生演讲、辩论大赛（长沙站）启动仪式在岳麓区长郡梅溪湖中学举行，来自长沙市30所学校领导和学生代表参加启动仪式。

30日，湖南商学院大四学生徐守宝在橘子洲营救落水父女事迹被《长沙晚报》5月2日版刊登，原省委常委、长沙市委书记易炼红对此作出批示。

4月，岳麓区地方税务局创新国地税建安行业联合征管模式，联合区财政、国税，开发房地产建安行业税务管理软件，整合三方涉税信息，实现数据有效监控。

4月，湖南省委政研室（省委改革办）到岳麓区调研集体土地拆迁新规定实施情况，刊发《全面实施拆迁新规 实现征拆工作零上访——岳麓区推行拆迁新规的情况调查与思考》一文，推介岳麓区“6·30”拆迁新规。

4至11月，在长沙市第九届运动会上，岳麓区代表队获得金牌112.83枚，总分3305.5分，参赛成绩名列全市第二，获“体育道德风尚奖”。

5月

1日，湖南省妇联主席姜欣一行到全国文明单位、全国巾帼文明岗——长沙生殖医学医院看望慰问医疗服务一线医务工作者。

2日，北京市通州区考察组到岳麓区考察学习望城坡街道长华社区文明创建工作。市、区文明办相关负责人陪同考察。

3日，岳麓区召开纪念建团95周年暨岳麓青年服务产业发展动员大会。

同日，区人大常委会主任胡杰夫率队调研望岳街道经济社会发展及人大相关工作。

4日，长沙市人大常委会主任会议成员，岳麓区委书记周志凯，副书记周凡等调研潇湘大道综合提质改造项目、后湖综合整治项目、锦绣潇湘文明创意产业园。

同日，橘子洲景区联合央视《朗读者》节目录制组，开展“五四青年说”朗读活动。

同日晚8点，区政府副区长潘旺明率队对天顶街道娱乐场所噪音扰民问题进行专项督查。

5日，区政府召开全区村（社区）“两委”换届选举工作推进会。

6日上午，区委书记周志凯率相关部门负责人到坪塘、望月湖街道调研经济社会发展情况。

7日上午，区委书记周志凯率队调研洋湖街道经济社会发展工作。

8日上午，岳麓区“光明相伴健康共享”眼健康社区行志愿服务活动启动仪式在咸嘉湖街道维也纳酒店举行，区人大常委会主任胡杰夫等领导出席。长沙湘江爱尔眼科医院院长张勇，医院眼科专家团队、人大代表及居民代表300余人参加活动。

同日，区委书记周志凯率队调研岳麓街道经济社会发展工作。

9日上午，全国第二届“万步

有约”职业人群健走激励大奖赛岳麓赛区启动仪式在西湖文化园举行。省、市卫计委相关领导，省、市疾控中心和岳麓区相关负责人出席，各参赛队全体队员参加。

同日上午，长沙市委常委、宣传部长高山到咸嘉湖街道咸嘉新村调研社区换届选举工作。区委书记周志凯及区、街相关负责人陪同调研。

同日，长沙市委常委、组织部长张宏益到岳麓区调研社区全面提质提档工作。区委书记周志凯陪同调研。

10 日，长沙市委副书记徐宏源到岳麓区调研造绿复绿项目建设工作。区委书记周志凯陪同调研。

同日，广西良庆区政协副主席李伟一行到岳麓区考察交流文化保护和传承等方面工作经验。

同日，区人大常委会主任胡杰夫率区人大常委会主任会议成员调研天顶街道经济社会发展及基层人大工作开展情况。

同日，由中国残疾人联合会主办的“2017 首届全国残疾人轮椅马拉松健身赛”在橘子洲景区举办。

11 日上午，湖南省妇联副主席王邵刚一行到岳麓区咸嘉湖街道白鹤咀社区，就社区依托社会组织开展妇女儿童工作进行考察。

同日，区人大常委会主任胡杰夫携区人大常委会主任会议成员一行到学士街道调研人大工作和产业发展与项目建设情况。

12 日，全国第九个“防灾减灾日”，湖南省减灾委、湖南省应急委在岳麓区洋湖湿地公园举办“减轻社区灾害风险，提升基层减灾能力”为主题的集中宣传活动。省减灾委副主任黎咸兴主持活动仪式，省减灾委副主任、省民政厅厅长唐白玉宣读防灾减灾倡议书，长沙市副市长李蔚作表态发言。岳麓区委书记周志凯，区长刘汇等出席活动。

同日，乌兰察布市集宁区工商联一行 26 人到岳麓区考察交流学习。

13 日，区政府召开 2017 年岳麓区产业发展推进大会 。

同日，区委召开常委会议，研究绩效考核“两学一做”学习教育、“河长制”等工作。

14 日，2017“欢乐潇湘 品质长沙”、第七届“激情岳麓”社区文体暨岳麓区“区校共建”文化志愿服务走基层活动在岳麓区麓山剧场举行。区直机关、各街道（镇）相关单位负责人，文化志愿者和社区群众代表 300 余人参加活动。活动中，对全区 2016 年度群众文体团队管理 38 个先进单位和 16 名文化志愿者先进个人予以通报表彰。

15 日，“遇见幸福——长沙市残障人士集体婚礼暨助残学雷锋志愿服务活动”在岳麓区王府井广场举行，12 对残障新人喜结连理。

15 至 19 日，岳麓区在谷山乐园和麓谷锦和 9 个公租房小区开展消防知识讲座、有奖问答以及消防实战演练活动。

15 至 20 日，区人大常委会组成人员赴全国人大深圳培训基地，参加为期 6 天的“人大代表履职能力提升班”培训学习。

16 日上午，区长刘汇率队调研园区检验检测工作。

17 日下午，区政府召开常务会议，研究退役士兵安置工作、含浦街道社区卫生服务中心建设等事宜。

同日，深圳市司法局组团到岳麓区考察社区矫正工作。

18 日，江西省广饶县政协戚德仁副主席带队到岳麓区考察交流学前教育发展、文化遗产保护等工作经验。

19 日，长沙市委副书记、市长、湖南湘江新区党工委书记陈文浩到岳麓区调研岳麓科技产业园。区委副书记、区长刘汇陪同调研。

20 日，中南大学科技园总部基地项目正式开工。

21 日，岳麓区 2017 年度公开选聘中小学名优校长和教师 135 人。

23 日，区政府召开围而未建地块实体围墙整治工作调度会，区委副书记、区长刘汇，区委副书记周凡出席会议。

同日， 国家工信部中小企业发展促进中心副主任张晓峰一行到岳麓区考察调研 58 众创。58 众创负责人陪同调研。

同日下午，市领导调研湖南大学机器人学院。区委副书记、区长刘汇陪同。

24 日上午，市领导调研科技创新工作。区委副书记、区长刘汇陪同调研。

同日，湖南省委常委、长沙市委书记易炼红到岳麓区博奥医学检验所、赛恩斯环保科技园调研科技创新工作。区委书记周志凯陪同调研。

25 日，湖南省委书记杜家毫到岳麓区，到“两山一湖”双创基地、中南大学科技园（研发）总部，考察岳麓山国家大学科技城提质升级和科技创新情况。

26 日上午，湖南省妇联副主席王邵刚、鲁华带领各市州妇联主席、分管组织工作副主席、组织部长 200 余人到咸嘉湖街道白鹤咀社区，就社区“妇女儿童之家”依托基层社会组织开展工作情况进行考察。长沙市妇联副主席周小春、岳麓区妇联主席刘湘等陪同考察。

同日，岳麓区举行“牢记期望书我心 童心向党传美德”2017年度传统文化艺术展示活动暨六一表彰大会。

同日上午，区委召开区文明委全体（扩大）会议。

同日下午，区政府召开全区棚改工作调度会。区长刘汇主持，各项目指挥长、常务副指挥长、区棚改办、区征收办等相关单位主要负责人参加会议。

27日上午，区政府举行“行走岳麓 倡导文明 洁净靓城”启动仪式。

同日，区委常委、纪委书记贺赤兴调研银盆岭街道银桥社区老鸦冲小区提质提档工作。

同日，岳麓区检察院在长沙市一中岳麓中学学会举行“防治校园欺凌，护航未成年人成长”为主题的检察日开放活动。

同日下午，岳麓区主办“远离有害出版物，多读书读好书”——岳麓区“绿书签2017”系列活动启动仪式，表彰“美丽岳麓·绿书签2017美术作品征集大赛”获奖人员，现场展出获奖作品。

28日，区委召开常委会议。

6月

1日，长沙市人大常委会副主任赵建强率队到岳麓区天顶街道航天社区调研社区提质提档工作。

6日上午，区委副书记、区长刘汇带队检查梅溪湖街道长郡梅溪湖中学高考考点筹备情况。

同日，长沙市人民政府副市长陈中率队到咸嘉湖街道调研润泽园社区提质提档工作。区长刘汇，区领导刘雄辉等陪同调研。

同日，区委副书记、区长刘汇率队督查防汛工作。

同日下午，郑州市委政法委副书记、综治办主任李华云一行来岳麓区咸嘉湖街道智慧服务中心，观摩考察基层平安建设、社会治安防控体系建设等工作。

7日下午，区政府召开迎接安全生产巡查工作动员会。

同日，区政府召开区长办公会，研究“个转企小升规”等工作。

同日，湖南省委副书记乌兰到岳麓区洋湖实地考察文化旅游项目建设情况。省委常委、长沙市委书记易炼红，市委副书记、市长陈文浩等领导一同考察。

同日，浏阳市工商联一行32人到岳麓区考察交流学习。

8日，长沙市人大常委会主任程水泉来岳麓区调研莲花镇林业工作。

同日，张家界市委宣传部常务副部长、市创建办常务副主任黄卫红率队考察岳麓区文明创建工作。长沙市、岳麓区文明办相关负责人陪同考察。

9日上午，广东省阳江市委副书记、政法委书记黎泽林率阳江市政法系统培训班70余人到岳麓区咸嘉湖街道考察“智慧咸嘉”治安防控工作，长沙市委常委、政法委书记钟钢，岳麓区委政法委书记张铁炎等陪同考察。

同日，区政府召开全区内部审计工作会议，区内17个街道、镇和21个内部审计工作重点部门、国企主要负责同志参加会议，区委常委、常务副区长蔡锋出席会议并讲话。

10日，全国首个“文化和自然遗产日”，岳麓区文管所围绕“一带一路”新舞台·文化遗产活起来为主题展开宣传，参观浏览群众上万人次。

13日，湖南省委常委、市委书记易炼红到岳麓区赵洲港排渍泵站检查防汛抗灾工作。

同日下午，湖南省妇联一行50余人到咸嘉湖街道白鹤咀社区考察学习“妇女儿童之家”工作。

15日，区政协主席、党组书记袁精华率队调研桔子洲街道、岳麓书院。

17日，国家教育部教育管理信息中心副主任曾德华到岳麓区调研教育信息化工作。

19日，长沙市委常委、湘江新区党工委副书记、管委会主任曹立军到岳麓区望城坡街道箭弓山社区调研社区全面提质提档工作。

同日下午，青海省西宁市城北区政协副主席杜青珍率青海大学等单位政协委员一行8人到岳麓区考察“水生态治理与保护”工作。

20日，佛山市司法局局长廖宗耀一行45人到岳麓区调研观摩天顶司法所基层司法工作。长沙市、岳麓区司法局相关负责人陪同调研。

同日，岳麓区大学城片安置小区项目接受全市建筑工程安全生产标准化现场观摩，省、市建安系统相关领导出席。

21日上午，桂林象山景区和长沙麓山景区工作经验交流座谈会在岳麓山召开，双方正式建成友好合作联盟。现场签署《共建精品旅游景区友好合协议》。

同日，珠海市司法局组团到岳麓区望城坡司法所考察学习。

同日，岳麓区人武部政委龙

斌一行调研银盆岭街道银星社区阳光新城小区提质提档工作。

22日，岳麓区政协召开五届四次常委会议暨（扩大）集中学习。邀请区政协常委、医学博士、教授文志斌作健康知识专题辅导；审计《岳麓区政协协商民主建设实施办法（草案）》；协商决定有关事项。

23日上午，全国妇联主席、书记处书记谭琳率队到岳麓区咸嘉湖街道白鹤咀社区调研基层妇联改革工作。湖南省妇联主席姜欣、副主席王邵刚，长沙市委副书记徐宏源，岳麓区委副书记周凡陪同调研。

24日上午，岳麓区委副书记、区长刘汇率楼宇经济专题调研组到中盈广场洋湖总部企业服务中心视察调研。

同日，区委召开常委会议，听取市对区绩效考核指标运行情况汇报，研究《麓山南路综合整治工作实施方案》等事项。

25日，中央政法委专家组调研岳麓区基层社区矫正工作及社区矫正立法基层需求。

27日，湖南省人大常委会副主任王柯敏率队到岳麓区学堂坡社区调研华侨权益保护工作。长沙市人大常委会主任程水泉等领导参加调研，区委副书记、区长刘汇陪同调研。

同日，区政府召开社区全面提质提档工作推进会议。

27至29日，长沙市新三年造绿大行动现场观摩活动涉岳麓区潇湘大道。

27至29日，区委书记周志凯调研桔子洲街道经济社会发展情况、麓山南文创科技产业园等。

28日，长沙市委书记易炼红率市四大家领导班子及市直部门、区县（市）、园区负责人到岳麓区现场观摩金星路“六位一体”综合提质改造工程。

同日，区委常委、区纪委书记贺赤兴率队调研银盆岭街道基层党建工作，慰问困难党员。

同日，副区长李舜调研望城坡街道“三服务一线工作法”群众工作落实情况并现场办公，望城坡街道相关负责人陪同。

同日下午，厦门市政协副主席黄国彬率队到岳麓区咸嘉湖街道咸嘉新村社区，考察学习推进社区治理能力现场化工作。

29日，娄底市组织全市财政系统预算绩效管理人员到岳麓区考察学习。

同日，区政府召开信访积案百日攻坚誓师大会。

同日下午，区委副书记、区长刘汇率队慰问困难党员。

30日，岳麓区人民检察院首批员额检察官宣誓。

7月

1日上午，区政府召开岳麓山国家大学科技城整治建设动员大会。

同日下午，国家民政部领导视察灾情。区长刘汇、副区长刘雄辉陪同视察。

1–18日，全区干部、职工、群众奋力抗洪抢险。

2日，区委副书记、区长刘汇到含浦街道指导抗洪救灾工作，并召开工作部署会。

3日，区政协机关全体人员参与洋湖街道防汛救灾工作。

同日，区委常委、统战部长黄军其，区人大常委会副主任曾跃平到天顶街道清水社区巡查龙王港水情，现场指挥调度防汛抗灾工作。

5日，湖南省委常委、市委书记易炼红督导洋湖街道柏家洲防汛工作。

同日上午，湖南省委常委、市委书记易炼红率队检查指导岳麓区洋湖街道柏家洲防汛工作。长沙市委常委、湖南湘江新区管委会主任曹主军，岳麓区委书记周志凯、区长刘汇陪同检查。

同日下午4：30，区委副书记、区长刘汇率队到咸嘉湖街道查看白鹤咀社区沁园春·御苑小区15栋南面护坡垮塌情况及处治方案。

6日，区委书记周志凯现场指导学士街道东山湾防汛救灾工作。

同日下午，国家防总工作组组长、长江委水政与安全监督局巡视员袁宏泉率工作组到岳麓督查指导防汛抗灾工作。湖南省防指工作组 成员，岳麓区委副书记、区长刘汇，区政协主席袁精华，区委常委、宣传部长罗予武及相关单位负责人陪同督查。

7日下午，区政协主席袁精华率领西湖街道办事处主任吴卫及西湖建筑集团，省胸科医院部分企业代表到含浦街道进行慰问，为他们送去14万元慰问物资。

同日下午，区人大常委会主任胡杰夫带领区人大班子成员、部分常委会委员及达嘉维康、蓝天集团等企业慰问岳麓区防汛一线工作人员，为他们送去慰问物资。

8日，区人大常委会主任胡杰夫一行到岳麓区梅溪湖街道、学士街道、坪塘街道视察防汛工作。

9日，区政府举行“洪水无情人间有爱”岳麓区2017年洪涝灾害第一批慈善捐款仪式。

11日上午，区人大常委会主任胡杰夫率队到含浦街道含泰社区调研，指导灾后重建工作。

12日下午，区政府召开常务会议，研究灾后恢复重建等工作。

同日，湖南省戒毒管理局局长曾启尚一行到岳麓区洋湖街道新生社区牛力家园项目现场，调研指导项目建设工作。

13日，长沙市第十九中学由湖南师大附中博才实验中学全面管理，更名为岳麓区博才中学大学科技城校区。

17日下午，国家统计局湖南调查总队队长赵太想率队到岳麓区梅溪湖街道阳明山庄社区视察文明创建工作。

19日，区委书记周志凯实地调研全区灾后重建工作。

20日，长沙市副市长陈中调研岳麓区望岳街道八方小区A区暑期免费开放游泳馆安全生产工作。长沙市政协副主席、体育局局长李平、岳麓区副区长潘旺明等陪同调研。

同日，区委书记周志凯率队调研岳麓山国家大学科技城麓山南路综合整治工作。

21日下午，区委召开书记专题会议，听取大学科技城相关工作情况汇报、全区灾后重建工作情况汇报。

24日，区委书记周志凯率队调研“9+2”峰会线路环境保障、大科城市容环境秩序整治、社区提质提档工作。

25日上午，区政协召开重点提案办理协商会。区政协主席袁精华，区委常委、常务副区长蔡锋出席并讲话。

同日下午，长沙市警备区领导到岳麓区调研相关工作。区长刘汇、副区长蔡锋陪同调研。

同日13点35分左右，麓山南路690号一楼楼顶外墙疑似电线起火，引发二楼红雨舞蹈用品仓库发生火灾，过火面积约七八平方米，消防队迅速赶至火灾现场控制火势，于14点将火扑灭。13点40分左右，麓山南路569-577号户外出现疑似电线起火情况，导致沿线部分门店断电。两起火灾均无人员伤亡。

26日，湘江基金小镇正式授牌。

同日，区委召开常委（扩大）会议，研究2017年上半年经济形势，部署全区下半年经济工作。

27日，湖南省水利厅检查组对岳麓区水务行业开展安全生产大检查。

同日上午，岳麓区政协在梅溪湖街道阳明山庄社区现场视察并召开“弘扬传统文化，打造书香家庭”界别协商会。区政协主席袁精华出席并讲话。

同日，湖南省地方税务局督查组一行四人到岳麓区地方税务局开展整改工作落实情况和党建暨基层党支部标准化建设情况专项督查。

28日上午，区人大常委会主任胡杰夫出席莲花镇、雨敞坪镇代表小组的区“一府两院”2017年上半年工作通报会。

同日，国务院食安办一行6人到岳麓区观沙岭街道渔人码头督查食品超市、餐饮服务食品安全工作。省、市、区相关领导陪同督查。

同日，岳麓区举行“喜迎十九大，颂歌献给党”合唱公益专场音乐会，300余人观看。

同日下午，区长刘汇，副区长蔡锋、刘雄辉“八一”建军节慰问驻区部队。

29日，长沙市委常委、宣传部部长高山一行到岳麓区天顶街道调研指导文明创建工作。

29至30日，“长房杯”2017中国长沙赛艇挑战赛在橘子洲景区沙滩公园西侧航道举行。来自国内外名校20支队伍进行大学男子及女子8人艇1000米预、决赛。

8月

1日，区委召开常委会议，研究文明创建国检、意识形态等工作。

3日，湖南省委组织部副部长、省委“两新”工委书记蔡建和到望岳街道恒华社区调研。

同日，长沙市人大常委会党组书记、主任程水泉一行到岳麓区天顶街道青山新村社区开展群众工作调研。区委书记周志凯陪同调研。

8日，长沙市委副书记、市长、湖南湘江新区党工委书记陈文浩、管委会主任曹立军一行调研岳麓山国家大学科技城建设情况，市、区相关领导陪同调研。

9日，湖南省委常委、市委书记胡衡华率队调研湖南省检验检测特色产业园建设及项目入驻情况。区委书记周志凯陪同调研。

同日，湖南省人民检察院第二巡视组到岳麓区检察院进行专项巡视。

10日上午，区人大常委会主任胡杰夫率队视察重大项目建设情况。

同日，长沙市委常委、组织部部长张宏益到岳麓区，调研基层党建工作开展情况。

11日，区人大常委会主任胡杰夫一行调研区公共卫生中心项目。

12日，湖南省委常委、统战部长黄兰香等省市领导，驻港澳代表团等调研岳麓书院。

14日，区委副书记、区长刘汇率队赴岳麓街道麓山南路社区山语林居现场督查指导处险工作。

同日，长沙市人大常委会主任会议全体成员调研市四医院社会保障工作。

15日，长沙市委常委、湖南湘江新区管委会主任曹立军就梅溪湖片区综合提质改造工作进行现场督查。岳麓区区委书记周志凯、副区长张永久等陪同。

16日，区委书记周志凯到观沙岭街道为基层党员讲党课。区委常委、区委办主任杨利成、街道机关全体党员、村（社区）“两委”成员共120人参加。

同日上午，区政协组织部分委员对望城坡枢纽经济商圈进行专题视察。区政协主席袁精华、副区长李舜，区政协副主席喻英姿、刘平、卜茂荣、彭首志和秘书长杨国春参加视察活动。

同日，长沙市委常委、统战部部长谭小平到岳麓区调研宗教场所安全工作。区委书记周志凯陪同调研。

同日下午，岳麓区政协副主席曾高杰和代表西城建设有限公司、楷林（长沙）置业有限公司、湖南长峰电力集团股份有限公司等8家单位的3位区政协常委，到宁乡县双凫铺镇慰问，送去抗洪赈灾资金30万元。

17日下午，湖南省委常委、市委书记胡衡华率队到岳麓区荷叶塘社区王府井楼宇和白鹤咀社区高鑫麓城小区党群服务站调研咸嘉湖街道基层党建工作。岳麓区委书记周志凯，区委常委、组织部长彭利芝，区委常委、区委办主任杨利成等陪同调研。

18日上午，区政府召开常务会议，审议岳麓山国家大学科技城核心区PPP项目SPV公司组建方案及项目合同、《岳麓区灾后重建三年行动计划实施方案》。

同日，区委召开常委会议，传达学习习近平总书记和杜家毫书记的讲话精神，研究城市基层党建等工作。

19日，区委书记周志凯调研岳麓山国家大学科技城建设项目：“8个保障”助力岳麓山国家大学科技城建设。

21日，区委书记周志凯督查全区安全生产工作。

22日上午，区委书记周志凯率队调研岳麓区生态环境保护工作，对麻田磷矿尾矿、西湖文化园及步步高广场垃圾站问题进行现场调研。

23日上午，区人大常委会主任胡杰夫率队对全区《农产品质量安全法》贯彻执行情况进行集中视察和执法检查。

同日，区委召开常委会议，传达学习全市科技创新大会精神，研究迎接全市区县（市）领导班子运行情况调研准备工作和当前重点工作。

同日下午，湖南省住房和城乡建设厅住保处副处长姜琦率株洲市房产管理局副局长左皓等3人，对岳麓区结转公租房项目现场进行交叉检查。

24日上午，岳麓区第五届人大常委会举行第五次会议。

同日上午，区委副书记、区长刘汇率楼宇经济专题调研组一行到中盈广场洋湖总部企业服务中心视察调研。

同日，2017年喜迎十九大——“欢乐潇湘 激情岳麓”全民健身广场舞大赛活动在西湖公园举行，共有17支广场舞队参赛，现场演员和观众2000余人。

同日，区委书记周志凯率队深入“9+2”峰会梅溪湖片区，调研市容秩序与环境综合整治工作。

同日，副区长潘旺明率队到天顶街道，调研街道教育事业发展和新建学校、幼儿园建设情况。

25日上午，日本鹿儿岛市代表团到岳麓山爱晚亭参观交流。

同日，岳麓区召开全区意识形态领域分析研判暨工作推进会。

同日，湖南省文物安全大排查督查工作组一行在省文物局局长陈远平带领下，督察岳麓区岳麓书院和湖南大学早期建筑群文物安全情况。督察组一行对湖南大学、岳麓书院开展自查整改工作和属地文物行政部门排查督察工作给予充分肯定。

同日，岳麓区举办首届中国岳麓科教创新与成果转化2017高峰论坛，国家教育部信息中心副主任曾德华出席并致辞。

29日上午，区政协组织委员对区“两馆”（文化馆、图书馆）建设工作开展专题视察。区政协主席袁精华、副区长潘旺明参加。

同日，区委书记周志凯率队到观沙岭街道钰龙社区、西湖街道格林生鲜农贸市场调研国家食品安全示范城市创建工作。

同日，长沙市2017年喜迎十九大——“欢乐潇湘 品质长沙”全民健身广场舞大赛活动在中南林业科技大学体艺馆举行，岳麓区群众文艺协会《诚信人生金不换》获金奖、望月湖街道办事处老小孩艺术团《唱起来跳起来》获银奖。

30日下午，湖南省委组织部副部长蔡建和带领全省各市州组织部长到咸嘉湖街道观摩基层党建工作。长沙市委常委、组织部长张宏益，岳麓区委书记周志凯，区委常委、组织部长彭利芝等市区领导陪同观摩。

31日上午，区长刘汇现场调研大科城环境综合整治工作。

同日，岳麓区召开残疾人联合会第五次代表大会。

9月

1日下午，湖南省总工会副主席钟小汨率队到岳麓区洋湖街道新生社区湘江欢乐城项目，开展“清凉一夏·关爱同行”主题慰问活动。

4日，中央政治局常委赵乐际，中组部副部长姜信治一行到桔子洲景区参观指导。湖南省委常委、组织部部长王少峰，省委副秘书长罗海燕，长沙市委书记胡衡华，市委秘书长夏建平，岳麓区委书记周志凯等陪同参观。

同日，区委书记周志凯调研网格化指挥中心。

同日下午，区委副书记、区长刘汇率队到西湖街道调研白云路提质改造工作。

5日，中残联辅具中心主任李晞在省、市、区残联领导陪同下，到桔子洲街道学堂坡社区肢体残疾人家庭、视力残疾人家庭走访调研，了解残疾人的辅具适配使用情况。

同日上午，区委副书记、区长刘汇率队到坪塘街道调研项目拆迁安置建设情况，区委常委、统战部长黄军其、副区长邹刚等人陪同调研。

6日上午，区委书记周志凯率队督查全区市容环境工作，调研园林绿化工作。

同日下午，湖南省副省长隋忠诚一行到岳麓区调研现代农业工作。长沙市副市长李蔚，岳麓区委书记周志凯，区长刘汇，副区长刘雄辉等陪同调研。

7日，岳麓区举行庆祝第33个教师节暨教育工作大会。表彰优秀教师、优秀班集体。

同日下午，广西壮族自治区区委办公厅组团到岳麓区西湖街道党校社区考察党建工作。

同日下午，安徽省委宣传部副部长、省社科院党组织书记、省“扫黄打非”领导小组副组长刘飞跃率队到岳麓区荷叶塘社区交叉检查“南岭工程”“扫黄打非”工作。湖南省、长沙市、岳麓区相关领导陪同检查。

8日，香港湖南联谊总会暨港湘青年交流考察团考察岳麓书院、橘子洲头等。省委常委、统战部部长黄兰香等陪同。

同日，区委书记周志凯率队调研岳麓街道、梅溪湖街道、学士街道西二环交通改善工程、含浦大道、莲坪大道等工程项目。

同日，岳麓山国家大学科技城“麓山杯”创新创业挑战赛暨长沙市（岳麓赛区）第二届科技创新创业大赛在岳麓山国家大学科技园举办。7名专家评委、从初赛中脱颖而出的中小微企业组和初创团队组各十五强选手、岳麓区10家众创空间和孵化基地的入驻创业者代表等150余人观赛。

10日，岳麓区召开“十九大”特护期信访维稳工作会议。

11日，湖南省社会主义核心价值观原创广场舞“我们都来跳”网络评选，岳麓区选送的《唱起来跳起来》获长沙地区网络评选第一名，进入省级决赛。

12日，区委召开常委会议，传达学习上级文件精神和关于安全生产、卫生计生、司法等工作的新要求新任务，研究2017年泛珠三角区域合作行政首长联席会议服务保障等工作。

12至13日，全国人大与各国议会联盟合作举办的“发展中国家议员研讨班”学员到岳麓区考察，现场参观岳麓书院、橘子洲头等。

13日，区委书记周志凯调研全区城市基层党建工作。

同日，长沙市委常委、宣传部长高山率队走访联点重大项目大学科技城后湖景区建设情况。区委书记周志凯陪同走访。

14日，区委书记周志凯调研区财政局、区国税局、区地税局相关工作。

同日，岳麓区召开新生水泥厂棚改项目征收工作动员大会。

同日，岳麓区委副书记、区长刘汇一行调研望城坡街道社区提质提档工作。

同日下午，区政府召开常务会议，安排部署党的十九大前安全生产大检查等工作。

15日上午，湖南省委党校乡镇书记进修班一行50人到岳麓区梅溪湖街道阳明山庄社区调研观摩。

16日，区委书记周志凯调研岳麓山国家大学科技城综合整治建设工作。

17日，长沙市委副秘书长、办公厅主任曹再兴率队调研岳麓区金峰公园建设情况。

18日，区委书记周志凯到区地方税务局检查指导工作。

同日，区委召开常委会议，传达学习中共长沙市委第十三届五次全会精神和全市区县（市）领导班子建设座谈会精神，研究部署当前重点工作。

同日，区委书记周志凯督查

“9+2”泛珠三角区域合作行政首长联席会议筹备工作。

同日，长沙市市长陈文浩调研桔子洲街道重点项目，二里半、机器人学院、书香坪、后湖等。

同日，湖南省司法厅党组书记、副厅长范运田，长沙市委常委、湖南湘江新区党工委副书记、管委会主任张迎春到大王山旅游度假区现场调研项目开发建设。区委书记周志凯陪同调研。

20日，岳麓区召开全区经济工作会议。

同日，全国政协副主席何厚铧一行到橘子洲景区参观指导。长沙市政协主席文树勋、岳麓区政协主席袁精华陪同参观。

同日下午，区政协主席袁精华到西湖街道检查安全生产工作。

同日下午，长沙市人民政府副市长刘明理带队调研“9+2”泛珠三角区域合作行政首长联席会议市容秩序与环境综合整治工作。

21日上午，区委书记周志凯率区直相关部门主要负责人到西湖街道金星社区调研文明创建迎接国检的各项工作进度。

同日上午，由全国优质服务示范社区服务中心组成的考核组，到岳麓区西湖街道社区卫生服务中心进行现场复核评估。

22日，郑州市金水区政协组团到岳麓区桔子洲街道考察岳麓书院、锦绣潇湘。

同日上午，区人大常委会主任胡杰夫带队检查梅溪湖街道安全生产工作开展情况。

23日下午，国家新闻出版广电总局新闻报刊司副司长赵秀玲率队到咸嘉湖街道荷叶塘社区检查“扫黄打非”工作。

25日，区委书记周志凯率队督查绿地湖湘中心建筑工地、文明创建工作。

26日下午，区委书记周志凯率队到西湖街道调研白云路提质改造工作。

27日，区委书记周志凯调研岳麓山国家大学科技城建设项目。

同日，区人大常委会主任胡杰夫率队到含浦街道含泰社区视察调研灾后恢复重建工作和社区公共服务中心建设情况。

同日，长沙市召开全市美丽乡村建设观摩推进会。岳麓区农趣谷作为全市两个现场观摩点之一，迎接由市美丽乡村建设领导小组、各区县相关负责同志及相关镇、村负责人150余人组成的观摩团的实地考察。

同日下午，长沙市人民政府副市长陈中带队检查麓山景区国庆、中秋节前的安全生产情况。

28至29日，岳麓区住房保障局联合区消防、质监、安监、城管等部门对全区所有公租房小区进行安全检查。

29日上午，区政协召开“争当‘六好’委员、建设美丽岳麓”主题活动推进会。

10月

3日，区委召开常委会议，传达学习省委常委、长沙市委书记胡衡华调研岳麓山国家大学科技城整治建设时的讲话精神。

4日，曲靖市麒麟区组团到岳麓区考察交流。

9日，区长刘汇一行实地察看麓山名园小区绿化提质改造项目。

10日，区政府召开“十九大”特护期信访维稳工作会议。

13日，区委书记周志凯调研全区城市基层党建工作。

16日，区委书记周志凯率队调研望月湖岳龙社区党建工作。

17日上午，山东省寿光市政协副主席魏广利一行到咸嘉湖街道白鹤咀社区考察城市管理工作。

同日，湖南大学党委书记蒋昌忠、校长段献忠，岳麓区委书记周志凯、区长刘汇调研岳麓山国家大学科技城综合整治工作，现场查看登高路、天马忆街、潇湘大道提质改造现场、后湖片区综合整治现场、麓山南路等。

18日，区委召开常委会议，传达学习中共长沙市委第十三届五次全会精神和长沙市区县（市）领导班子建设座谈会精神，研究部署当前重点工作。

19日，区委书记周志凯率队调研全区灾后重建工作，看望慰问部分受灾群众。

20日，区人大常委会主任胡杰夫率队视察岳麓区城乡规划管理工作情况。

同日，中国教科文卫体工会主席章国贤一行到岳麓区实验小学调研考察，指导基层教育工会工作。

同日，湖南省司法厅离退休人员管理服务处主任周桥率检查组到岳麓区天顶街道司法所检查验收省级模范司法所工作。

同日，区政府召开2017年全区第一次总河长会议。

22日，湖南省司法厅检查组到天顶司法所复查省级模范司法所工作。

23日上午，岳麓区开展“城市管理 你我同行”活动。

同日，区政府举行“行走岳麓”、“路长制”启动暨“城管教育实践基地”授牌活动。

同日，区委召开常委会议，传达学习湘江新区建设协调领导小组筹备工作务虚会精神和湘江新区招商引资工作大会精神，听取落实长沙市人才新政22条工作情况汇报，研究《中央环保督察反馈意见岳麓区整改工作方案》。

同日，长沙市委副书记、市长、湖南湘江新区党工委书记陈文浩调研湖南湘江新区金融中心建设。

24日上午，岳麓区第五届人大常委会召开第六次会议。

同日，长沙市市长陈文浩调研教育系列问题，区长刘汇陪同调研。

25日，湖南省科技厅全体领导调研岳麓山国家大学科技城建设。岳麓区区委书记周志凯陪同调研。

同日，区委书记周志凯调研社区提质提档工作。

同日，湖南省政协副主席、科技厅厅长赖明勇率队就长株潭自主创新科技产业园展示中心选址事宜及岳麓山国家大学科技城建设情况进行考察调研。区委书记周志凯、区长刘汇陪同调研。

26日上午，区政协主席袁精华到西湖街道调研社区全面提质提档工作。

同日，区委书记周志凯率队调研含浦街道灾后重建工作，看望慰问部分受灾群众。

27日上午，云南省玉溪市综治办专职副主任陈凡一行到咸嘉湖街道考察学习综治中心和“雪亮工程”建设工作。

28日上午，区委副书记、区长刘汇率队到洋湖街道拆迁安置指挥部慰问参与一线拆迁的工作人员。

31日上午，岳麓区政协召开五届五次常委（扩大）会议，集中学习贯彻党的十九大精神。

31日，湖南省委常委、常务副省长陈向群到岳麓区调研湖南金融中心建设。

10月，《岳麓年鉴2016》出版发行。

11月

2日，湖南省委书记杜家毫率队到岳麓区调研机器人学院。

3日上午，区政府召开大气污染防治工作紧急调度会议。

同日，湖南省委常委、长沙市委书记胡衡华调研岳麓山国家大学科技城建设工作。

同日，区委书记周志凯率队调研全区“网格化管理”工作，实地走访咸嘉湖街道、望城坡街道网格化管理中心。岳麓区委书记周志凯、区长刘汇、区委副书记周凡、区委办主任杨利成及区政府相关部门负责人陪同调研。在街道智慧服务中心，现场查看公安“天网”“地网”监控系统，观看“智慧咸嘉”建设宣传片，了解街道三级网格划分情况和网格化管理工作情况。

同日，区政协主席袁精华率领政协委员视察岳麓科技产业园项目建设。

6日下午，湖南省政府金融办组团到岳麓区调研湖南金融中心和基金小镇工作。

同日下午，区委书记周志凯带队调研咸嘉湖街道城市管理品质工程建设情况，实地查看润泽园社区经过提质改造的润泽碑、润德路、红润园、润廉壁及社区公共服务中心，听取相关工作情况汇报。区长刘汇、副区长蔡锋陪同调研。

7日上午，区政府召开全区三季度绩效考核工作推进会。

同日，区政协主席袁精华一行视察岳麓区梅溪湖街道金茂社区中海梅溪湖壹号小区党群服务站工作。

8日，湖南省司法厅基层处处长周桥、市司法局副局长骆正平带队调研岳麓区“矛盾纠纷多元化解体系”建设。

8至9日，岳麓区组织对全区所有公租房小区进行安全检查。

9日，区委书记周志凯率队调研望岳街道恒华社区党建工作，区委副书记周凡，区委常委、组织部部长彭利芝、区委办主任杨利成，全区各街道（镇）工委书记及相关负责人参加。

10日上午，岳麓区举行智汇湘江 科创未来——湖南师范大学桃子湖文化创意产业园暨师生优秀创业项目路演活动。

同日，区委召开岳麓区城市基层党建工作集中观摩暨讲评会。

11日，长沙“文明从排队礼让开始”市民素质提升主题活动启动仪式在岳麓区望城坡街道西中心广场举行。

13日，区委召开常委会议，研究全区信访存量化解等工作。

14日，中南大学党委书记高文兵、校长田红旗率队调研岳麓山国家大学科技城建设。

同日上午，区委书记周志凯带队到咸嘉湖街道银谷国际社区湖南瑞翼能源股份有限公司调研非公经济发展工作。

15日上午，岳麓区召开水利建设动员暨冬春农业生产工作会议。市水务局党委书记、局长李增加出席并讲话。区委书记周志凯，区委副书记、区长刘汇，区领导刘雄辉、江南、戴德泉、彭首志等出席会议。

同日，区政协主席袁精华率主席会议成员及政协驻干子村灾后重建指导工作组到含浦街道干子村，视察该村灾后重建工作。

16日，区委书记周志凯调研观沙岭街道。

同日，区政府召开岳麓区信访积案百日攻坚和十九大信访维稳工作总结暨信访存量化解攻坚动员大会。

17日上午，区委副书记、区长刘汇一行到雷锋大道尖山安置小区以南就拟建枫林苑限价商品房项目建设进行调研。

同日，区委书记周志凯调研城市管理源头治理工作。

同日，区委中心组学习，专题学习党的十九大精神及习近平新时代中国特色社会主义思想。

18日，区委书记周志凯调研岳麓山国家大学科技城综合整治建设工作。

19日，举办麓山景区开园60周年暨2017中国（长沙）第十一届麓山红枫节。

20日下午，长沙市市长陈文浩率队调研长株潭自主创新示范区展示中心选址工作。区长刘汇、副区长蔡锋、李舜陪同调研。

21日，岳麓区举行“学习践行十九大·凝心聚力岳麓行”启动式暨“同心·创业日”活动。

同日,岳麓区“健康杯”羽毛球、乒乓球比赛，在梅溪湖桃花岭健怡羽毛球馆开赛。

25日，区委召开常委会议，传达学习上级有关文件精神，研究城市管理体制理顺等工作。

同日上午，岳麓区召开岳麓区城管工作暨梅溪湖片区“百日整治行动”会议。市委常委、湖南湘江新区管委会主任张迎春，副市长刘明理，市城管执法局局长邓鹏宇，区委书记周志凯，区长刘汇等出席会议。

29日上午，长沙市委副书记徐宏源、副市长廖建华率队到岳麓区西湖街道龙王港社区宣讲党的十九大精神、调研社区提质提档工作。岳麓区委书记周志凯，区委常委杨利成、副区长刘雄辉陪同调研。

同日下午，长沙市人大常委会副主任黄佳惠率队到咸嘉湖街道督查人大工作，区人大常委会主任胡杰夫、副主任江南等陪同督查。

30日，区委召开常委会议，专题研究深化监察体制改革试点工作。

同日，区委书记周志凯、区委副书记周凡，常务副区长蔡锋一行调研岳麓山大学科技城。

12月

1日，区委书记周志凯调研全区城市污染源头整治工作。

同日，白沙液街城市设计初步成果及白沙液街相关地块控规修改专家审查会议获得通过。

2日，区委书记周志凯带队到银盆岭街道调研创新治理工作情况，区委常委、宣传部部长罗予武，中南大学社会学系主任、中国社会学会理事、湖南社会学会副秘书长潘泽泉等参加调研。

6日，区委书记周志凯调研区交警大队。

同日下午，岳麓区委书记周志凯率队到洋湖街道调研洋湖片区交通工作，区委常委、政法委书记张铁炎等参加调研。

7日上午，国家食品药品监督管理总局副局长尚勇率队调研长沙食品安全工作，到咸嘉湖街道了解基层食药监管所建设和工作情况。湖南食品药品监督管理局局长刘湘凌，长沙市人民政府副市长陈中，市食品药品监督管理局局长郭埗等陪同调研。

8日，长沙市委常委、宣传部部长高山，宣传部副部长龙钢跃，岳麓区委书记周志凯，区委常委、组织部部长彭利芝，区委常委、宣传部部长罗予武一行到58众创指导工作并召开宣讲会。

同日，湖南省高级人民法院党组成员、立案信访局局长李立新，湖南省司法厅副厅长方华堂一行到岳麓区法院调研指导律师调解工作。

11日，区委召开常委会议，传达学习上级相关会议精神和重要文件精神，研究党管武装等工作。

同日，国家发改委领导，岳麓区委副书记、区长周凡，副区长李舜等调研后湖国际艺术区、两山一湖等。

12日，区政协党组书记、主席袁精华率队调研望城坡街道全年工作开展及社会发展情况。

14日上午，岳麓区第五届人大常委会举行第八次会议。

同日下午，全国人大常委会法工委副主任张勇一行到咸嘉湖街道荷叶塘社区调研家庭教育指导服务站工作，湖南省妇联家庭和儿童工作部部长黄兰香、长沙市人大常委会副主任王国海，岳麓区人大常委会主任胡杰夫等陪同调研。

15日上午，区政协党组书记、主席袁精华率队调研社区提质提档工作情况，实地视察施家港、润泽园、龙王港社区，详细了解提质改造内容和工程质量情况。

18日，全国旅游资源规划开发质量评定委员会决定从即日起恢复桔子洲景区为国家AAAAA级旅游景区质量等级。

同日，湖南省委常委、市委

书记胡衡华，市委副书记、市长、湖南湘江新区党工委书记陈文浩率市项目建设流动观摩团了解中南大学科技园（研发）总部项目建设进展情况，观摩西湖街道旧貌换新颜的龙王港社区，现场听取市民意见、建议。区委书记周志凯陪同观摩。

19 日上午，岳麓区第五届人大常委会举行第九次会议。

20 日，长沙市人大代表岳麓区代表联组成员视察麓山南路综合整治项目岳麓山大学科技城。区委书记周志凯，区长周凡，区人大常委会主任胡杰夫陪同视察。

同日，省、市驻岳麓区人大代表组视察新民路、二里半、麓山南路等。

同日下午，国家环保部宣教司副秘书长白志军、省环保厅法宣处副处长贾建旺、省环保宣教中心主任张东风一行六人到洋湖再生水厂，就省级环境教育基地举行公众环保开放日活动情况进行实地调研。

21 日，区委书记周志凯调研大王山片区重大项目。

22 日上午，湖南省重点办副主任胡建生一行到岳麓区洋湖街道实地考察省重点建设项目建设工作。

同日上午，区人大常委会主任胡杰夫率队视察含浦街道灾后重建情况。

同日，湖南省林业厅总工程师桂小杰率省核查验收组对岳麓区 2017 年河长制工作进行核查。

同日，区政协召开五届六次常委会议，听取区人民政府关于区政协五届一次会议以来提案办理情况的通报，审议通过《关于召开政协长沙市岳麓区第五届委员会第三次会议的决定》等事项。

23 日下午，一女子不慎坠入雅河中，情况十分危急。现场一名 80 后小伙唐波闻讯，毫不犹豫冲入冰冷的河水中，成功救起落水女子。

25 日，区委书记周志凯调度蜂巢化工相关工作。

同日，共青团湖南省委副书记仇怡一行到岳麓区实验小学调研少先队工作。

同日，岳麓区召开 2017 年度党风廉政建设责任制检查考核暨述责述廉大会。

26 日，湖南省社会体育指导服务中心、岳麓山风景名胜区管理局举办，橘子洲景区承办的 2017 长沙红色半程马拉松赛在橘子洲开赛，来自全国各地 5000 余名跑步爱好者参赛。

同日，国家卫计委基层卫生司副巡视员刘利群一行考察望月湖街道社区卫生服务中心家庭医生签约情况。

27 日，区人民武装部政委龙斌、部长马运山一行调研望城坡街道网格化管理工作。

28 日，区委召开常委会议，传达学习省委、市委主要领导关于岳麓山国家大学科技城整治建设批示精神，研究区委五届六次全委（扩大）会议报告、2018 年全区建设项目投资计划等工作。

同日，岳麓山大科城核心区 PPP 项目举行签约仪式。市委常委、湘江新区党工委副书记、管委会主任张迎春，湖南湘江新区管委会副主任凌勤杰、岳麓区委书记周志凯等出席仪式。

29 日，区委召开五届六次全委（扩大）会议暨经济工作会议。

同日，长沙市住房保障服务局局长周飞一行到岳麓区巡查新诚小区和谷山乐园公租房提质提档项目情况。

31 日，岳麓区举行麓山景区开园 60 周年庆典暨第一届“麓山美”文艺晚会。

岳麓区概览

自然地理

【区域位置】岳麓区因境内国家AAAAA级旅游景区岳麓山而得名，位于长沙市湘江西滨，北纬27° 58′ 30″ ~28° 27′ 65″，东经112° 36′ 17″ ~112° 57′ 21″，东与长沙市开福区、天心区隔湘江相望，南与湘潭县九华乡、龟头镇相连，西与宁乡县道林镇、花明楼镇、夏铎镇接壤，北与望城区白箬铺镇、黄金镇、星城镇毗邻。辖区东西最大直线距离35.3千米，南北最大直线距离33.5千米，总面积558平方千米。其中，陆地480.9平方千米，占86.2%；水域77.1平方千米，占13.8%。区治位于金星北路一段517号。

【地貌资源】 境内大部分为岗地丘陵区，地势略为西高东低、南高北低，地面高程一般在海拔60～80米，最高点稽家山海拔474.9米，最低点洋湖垸海拔21.6米。境内矿藏资源有灰岩、石英岩、砂岩、黏土、铁矿、锰矿、煤矿，主要分布在坪塘街道及雨敞坪镇。

【水文气候】 境内有四条主要河流：湘江、靳江、龙王港、八曲河。湘江是湖南省最大河流，为长江主要支流之一。发源于广西兴安县南部白石乡境内海洋山脉的近峰岭，干流全长856千米，流域面积9.466万平方千米，流经岳麓区境内34.2千米。靳江为湘江下游一级支流，发源于宁乡县白鹤山寨子冲，于岳麓区柏家洲注入湘江。干流全长85.0千米，平均坡降0.55‰，全流域面积781平方千米，流经岳麓区全境内长26.5千米，流域面积320平方千米。龙王港为湘江下游一级支流，发源于望城区南角岭，流经岳麓区溁银桥汇入湘江。全流域面积17.3平方千米，河长31.0千米，主河道坡降0.84‰，岳麓区境内长11千米，流域面积75平方千米。八曲河是一条防洪排涝的骨干河道，属湘江二级支流，发源于岳麓区雨敞坪镇甑皮岭，于望城县高塘岭胜利村与沩水河汇合后流入湘江，流域总面积331平方千米，干流全长53千米，岳麓区境内长12.7千米。岳麓区属亚热带季风性湿润气候，特点是：气候温和，四季分明，热量充足，雨热同期。2017年年平均气温18.4℃，年内最高气温39.9℃（7月26日），最低气温0℃（12月18日），年降水量1558.1毫米。

建置·区划

岳麓区区域，春秋时期属楚地。秦始皇时期属长沙郡。自汉至民国初期属长沙、荆州、潭州等地域。民国23年（1934年）设区，民国26年（1937年）撤区设太平、黄兴两镇。民国33年（1944年）撤镇改区。1949年10月成立城西区人民区公所，1951年9月撤区公所设西区人民政府。1956年水上区并入西区。1975年原岳麓区并入西区。1996年撤西区设岳麓区。2008年原望城县坪塘镇、含浦镇、莲花镇、雨敞坪镇划归岳麓区。2017年，岳麓区辖岳麓、橘子洲、望月湖、银盆岭、观沙岭、西湖、望城坡、望岳、咸嘉湖、梅溪湖、天顶、坪塘、洋湖、学士、含浦15个街道办事处，莲花、雨敞坪2个镇，共17个乡级政区；有90个社区居民委员会、58个村民委员会，1个管区。

人口·民族

【人口】2017年年末，全区公安户籍人口73.20万人，比上年增加4.57万人，户籍人口城镇化率为82.6%。按性别分，男性36.01万人，女性37.14万人；按年龄结构分0～17岁16.16万人，18～34岁18.16万人，35～59岁27.16万人，60岁及以上11.72万人。全年人口出生率为21.4%，死亡率为17.5‰，自然增长率为3.9‰。

【民族】岳麓区境内人口以汉族为主，占总人口的96.7%；土家族8053人，占1.1%；苗族5128人，占0.7%；侗族、蒙古族、回族、白族、瑶族等46个少数民族10981人，占1.5%。

经济发展

2017年实现地区生产总值1016.7亿元。其中，第一产业增加值18.6亿元；第二产业增加值428.3亿元；第三产业增加值569.8亿元。第一、二、三产业增加值占地区生产总值的比重分别为1.8%、42.1%、56.1%，第三产业比重比上年提高1.1个百分点。第一、二、三产业分别拉动地区生产总值–0.13个、4.54个、4.79个百分点，三次产业对地区生产总值贡献率分别为–1.5%、49.4%、52.1%。按常住人口计算，人均地区生产总值12.05万元，比上年增加1.09万元。全年完成一般公共预算收入92.05亿元。地方一般公共预算收入29.75亿元，其中，国税收入8.61亿元，地税收入9.86亿元，财政部门收入11.28亿元。一般公共预算支出合计56.8亿元，区本级一般公共预算支出44.3亿元。

农业。全年完成农林牧渔业总产值24.55亿元，其中，农业产值16.91亿元，林业产值6422万元，畜牧业产值4.84亿元，渔业产值1.43亿元，农林牧渔服务业产值7289万元。全年粮食总产量81103吨，出栏肉猪14038吨，肉禽出笼65.52万羽，水产品产量8113吨。

工业和建筑业。全年实现工业增加值340.81亿元，其中，规模以上工业实现增加值292.48亿元。在规模以上工业企业中，按轻重工业分组，轻工业实现增加值42.72亿元，重工业实现增加值249.75亿元；按经济类型分组，国有经济实现增加值2039万元，股份制企业实现增加值273.21亿元，外商及港澳台投资企业实现增加值18.91亿元，其他经济类型企业实现增加值1487万元。总计中，国有控股企业实现增加值138.50亿元，非公有制企业实现增加值153.46亿元。

全区实现建筑业增加值88.02亿元。全年具有建筑业资质等级的独立核算企业共66家，全年完成建筑业总产值447.14亿元。房屋建筑施工面积3216万平方米，房屋竣工面积583万平方米。

固定资产投资。全年完成固定资产投资862.51亿元，同比增长16.1%。计划总投资超过5000万元非房地产项目完成投资438.43亿元，占固定资产投资总额的50.8%。在固定资产投资中，第一、二、三产业完成投资分别为2.72亿元、168.67亿元、691.35亿元。

全年完成房地产开发投资355.62亿元，商品房销售面积371.3万平方米，销售额381.62亿元。其中，住宅销售面积为298.8万平方米，销售额为297.48亿元。国内贸易。全年实现社会消费品零售总额361.14亿元，其中，批发、零售、住宿、餐饮实现零售额分别为31.46亿元、295.60亿元、4.73亿元、29.34亿元。总计中限额以上企业实现零售额192.05亿元。

对外经济和旅游。全年进出口总额（海关口径）9.97亿元，同比增长32.3%。其中出口总额8.14亿元，进口总额1.84亿元。全年共实施内联引资项目42个，其中新投产项目6个，新审批外资项目17个，协助办理外资项目4个。全年实际到位省外境内资金119.23亿元，其中区属67.93亿元；引进市外境内资金形成固定资产314.48亿元，其中区属230.98亿元；外商直接投资实际到位资金8.65亿美元，其中区属3.81亿美元。

全年共接待国内旅游者1528.9万人次，旅游总收入173.91亿元。接待国内旅游者1515.3万人次，旅游收入167.36亿元。接待入境旅游者13.6万人次，旅游收入6926.85万美元。

社会事业

教育和科学技术。全区有区属中学16所，在校学生16979人；小学76所，在校学生60143人；幼儿园151所，其中公办幼儿园35所，在园幼儿32090人。小学适龄儿童入学率100%，小学升初中入学率100%。全区共投入学生免费入学和资助经费1886.6万元，义务进行教育阶段149109人次学生全部享受免杂费、免“一费制”（含课本费、教辅资料费和作业本费）入学。全年共接收外来务工人员子女17000名，占全区中小学生人数的22.0%，全部享受免杂费、免“一费制”入学。全年新建和启动新建学校16所（其中楼盘配套学校15所），扩建学校7所，提质建设维修改造60余所中小学运动场及校园。

全区共有科学研究开发机构（省部级）57个，全年专利申请总量14439件，授权专利5428件，其中，授权发明专利2115件，签订技术合同797项，成交金额6.87亿元。全年高新技术企业完成总产值1645.13亿元，实现增加值397.38亿元，占地区生产总值的比重为39.1%。

文化、卫生和体育。全区拥有群众业余文艺团体240个，文化馆8个，公共图书馆15个，街道、镇文体站17家。农村有线电视用户达20418户。共有晨晚练点255处，全年开展全民健身项目150余次，全民健身运动参加人数50.16万人。公共文化服务不断完善，建有87个农家书屋、63所社区未成年人绿色网吧、133个示范性社区文体活动中心。

全区共有各类医疗卫生机构642个，其中，一级以上医院52个，疾病预防控制机构1个。卫生技术人员12089人，床位9205张。全年出生婴儿男女性别比为105.4:100，计划生育免费技术服务到位率100%。

环境保护和安全生产。全年空气质量优良率，以PM10计为95.6%，以PM2.5计为73.5%。湘江饮用水源保护区水质稳定优良，4个地表水监测断面地表水达标率100%。区域环境噪声平均值为53.3分贝，稳定达标。全区建成绿地面积达3669公顷，全年新增158公顷，其中，公园绿地1698公顷，全年新增125公顷。全区绿化覆盖率达49.5%。

全年共发生安全事故8起，各类安全生产事故死亡8人，其中工矿商贸事故死亡2人、经营性道路交通事故死亡6人。

交通。全区农村公路里程1542.9千米，硬化里程4066.1千米。其中，省道15.4千米，硬化15.4千米；县道158.5千米，硬化156.6千米；乡道114.9千米，硬化114.1千米；村道1254.2千米，硬化780.1千米。共有农村公路桥梁174座，长度2424.9延长米，其中，大中桥35座，长度为1076.3延长米；小桥139座，长度1348.6延米。全区拥有客运站4个，其中一级客运站1个，简易客运站3个。共有渡口6个，其中，民渡5个，义渡1个。

人民生活和社会保障。全区城镇居民人均可支配收入49862元，同比增长8.6%。其中，工资性收入30208元，经营净收入7152元，财产净收入4504元，转移净收入7998元。城镇居民人均消费支出37030元。其中，食品烟酒消费9600元，衣着消费2063元，居住消费6766元，生活用品及服务消费2539元，医疗保健消费3527元，交通通信消费5298元，教育文化娱乐服务消费6902元，其他用品和服务消费335元。城镇住户平方每百户家庭拥有家用汽车61.2辆，计算机125.6台，其中，接入互联网的计算机107.5台，城镇居民人均自有现住房面积37.2平方米。

全区有敬老院4家，床位500张，入住老人232人。拥有各类社区服务设施480个，街道社区服务中心15个，社区公共服务中心106个。全年发放城乡居民最低生活保障金4554.6万元，居民得到政府最低生活保障12.87万人次，其中，城市居民最低生活保障47654人次，农村居民最低生活保障81031人次。城市和农村低保对象月人均发放保障金分别为400.1元和258.1元。

全年城镇登记失业率为2.84%；全年新增城镇就业人员6886人，失业人员再就业4969人，就业困难人员就业1843人，农村劳动力转移就业700人；城镇零就业家庭实现动态就业援助达100%。

全区参加企业职工基本养老保险人数9.75万人，基本养老金社会化发放率100%；参加城乡居民养老保险人数11.40万人。参加城镇职工基本医疗保险人数32.00万人，参加区本级城乡居民医疗保险人数28.75万人，基本医疗覆盖率达98.5%。

中国共产党长沙市岳麓区委员会

书　　记　周志凯
副 书 记　刘　汇（女）
　　　　　周　凡
　　　　　喻志军（挂职）
常　　委　贺赤兴
　　　　　彭利芝（女）
　　　　　蔡　锋
　　　　　吴　江
　　　　　罗予武
　　　　　张铁炎
　　　　　杨利成
　　　　　黄军其
　　　　　龙　斌
区委办公室
主　　任　杨利成
副 主 任　李思远
　　　　　程　勇
　　　　　宾哲强
　　　　　蒋卓源（12–）
区纪委驻区委办
纪检组长　席文诗
区委机要局
局　　长　石　健（4–）
副 局 长　阳　卿
区委政研室
主　　任　王　军
区委督查室
主　　任　潘雄健
区委改革办
主　　任　杨利成
常务副主任
　　　　　王　军
副 主 任　刘海岸
　　　　　周丽娟（女）

【区委五届五次全体（扩大）会议】 1月12日，召开区委五届五次全体（扩大）会议，会议的主要任务是深入学习贯彻习近平总书记系列重要讲话精神，全面贯彻落实中央、省委、市委经济工作会议精神，总结2016年工作，部署2017年经济工作。区委书记周志凯强调，一是敏锐研判大势，坚定乘势而上的信心决心；二是聚焦重点领域，强化转型创新的任务举措；三是焕发实干激情，提升领导经济工作的能力水平。

【区委五届六次全体（扩大）会议】 12月29日，召开区委五届六次全委（扩大）会议，会议的主要任务是，高举习近平新时代中国特色社会主义思想伟大旗帜，全面贯彻落实中共十九大和中央、省委、市委经济工作会议精神，总结2017年经济工作，部署2018年经济工作，动员和号召全区上下求真务实，真抓实干，奋力推进“知识岳麓”“创新岳麓”建设，用实绩书写岳麓贯彻落实中共十九大精神的光辉篇章。区委书记周志凯强调，一是以中共十九大和中央、省委、市委经济工作会议精神为指引，坚定发展信心，积极主动作为；二是深刻把握2019年经济社会发展的总体趋势，攻坚克难、乘势而上，促进经济社会持续健康发展；三是坚持和加强党对经济工作的领导，切实提高驾驭新时代经济建设的能力和水平。

【区委常委会议】 2017年，区委共召开常委会议26次。1月11日下午，召开区委常委会第五届十次会议：研究2017年建设项目投资计划、2017年产业发展工作，听取关于麓谷街道析置工作情况汇报、关于区级领导联系街道、镇情况汇报和关于党委序列议事协调机构人员调整情况汇报，研究干部人事问题和当前有关工作。1月22日下午，召开区委常委会第五届十一次会议：听取全区绩效考核相关工作情况和全区征拆指挥部调整情况汇报。2月7日下午，召开区委常委会第五届十二次：研究党风廉政建设和反腐败工作、岳麓山国家大学科技城创新研发核心区整治建设工作、环境保护工作、恩瑞万豪项目产业扶持有关工作和干部违纪问题。2月22日下午，召开区委常委会第五届十四次：研究2017年区人大工作要点、区政协工作要点及协商计划、2017年财政预算编制工作、2017年项目征拆计划,听取区第五届人民代表大会第二次会议和区政协第五届委员会第二次会议筹备工作情况、2016年绩效考核工作和观沙岭街道工作情况汇报。3月6日上午，召开区委常委会第五届十五次：听取村（社区）“两委”换届选举工作情况汇报，研究办公室、组织、宣传、统战、“三服务”一线工作。3月15日下午，召开区委常委会第五届十六次：研究区委常委会工作要点、政法工作、村（社区）“两委”换届选举有关工作，听取白沙液街规划设计情况汇报，研究干部人事问题。3月27日下午，召开区委常委会第五届十七次：听取中央环保督察迎检工作情况汇报、信访工作情况汇报和安全生产工作情况汇报，研究《关于开展“两访两查两报告”加强一把手“八小时以外”活动监督管理的实施意见》以及干部违纪问题。4月13日下午，召开区委常委会第五届十八次：研究岳麓山国家大学科技城东核及过渡带整治建设相关工作，听取群团组织工作情况汇报。4月18日上午，召开区委常委会第五届十九次：会议听取一季度经济运行情况汇报，传达学习全市落实党委（党组）意识形态工作责任制推进会精神。4月26日上午，召开区委常委会第五届二十次:研究《岳麓区配合中央环境保护督察总体工作方案》和房产办证处遗问题，听取全面深化改革、党校、机关工委、老干部(关工委)、史志档案工作情况汇报。5月13日下午，召开区委常委会第五届二十一次：传达长办发电〔2017〕15号文件精神，研究绩效考核有关事项、区委巡察机构设立工作、2017年全区“两学一做”学习教育工作、深化城区街道管理体制改革工作、全区围而未建地块实体围墙拆除工作、全区“河长制”工作、干部人事问题和当前有关工作。5月28日下午，召开区委常委会第五届二十二次:传达学习省委杜家毫书记调研岳麓山国家大学科技城时讲话精神和市委常委（扩大）会议精神,听取岳麓山国家大学科技城东核整治建设相关工作情况汇报，研究了麓山南路规划设计工作。6月24日下午，召开区委常委会第五届二十四次：听取市对区绩效考核指标运行情况汇报，研究《麓山南路综合整治工作实施方案》《岳麓山国家大学科技城市容环境秩序综合整治工作实施方案》《岳麓山大学科技城区校合作共创工作实施方案》，传达中办发电〔2017〕13号文件精神。8月1日下午，召开区委常委会第五届二十六次：研究文明创建迎国检工作、意识形态工作，听取区委巡察办筹备工作情况汇报，研究了干部人事问题。8月18日上午，召开区委常委会第五届二十七次：传达学习习近平总书记在省部级主要领导干部专题研讨班开班仪式上的重要讲话精神和杜家毫书记在全省市州领导班子建设工作座谈会上的讲话精神，研究城市基层党建工作、《长沙市建设创新创业人才高地的若干措施》文件精神落实工作、岳麓山国家大学科技城PPP项目实施方案、中央环保督察组交办问题整改落实工作、区纪委派驻机构改革工作和干部人事问题。8月23日下午，召开区委常委会第五届二十八次：传达学习全市科技创新大会精神，研究迎接全市区县（市）领导班子运行情况调研准备工作和当前重点工作。9月12日下午，召开区委常委会第五届二十九次：传达学习上级重要文件精神和上级关于安全生产、卫生和计生、司法等工作的新要求新任务，研究了2017年泛珠三角区域合作行政首长联席会议服务保障工作，听取防范和处理邪教工作情况汇报，审议了《岳麓区楼宇经济发展调研报告》和《湖南金融中心建设发展调研报告》。9月27日下午，召开区委常委会第五届三十一次：专题研究国庆中秋“两节”期间全区安全生产、社会稳定和党风廉政建设工作。10月18日下午，召开区委常委会第五届33次：传达学习中共长沙市委第十三届五次全会精神和全市区县（市）领导班子建设座谈会会议精神，研究部署当前重点工作。10月23日上午，召开区委常委会第五届三十四次：传达学习湘江新区建设协调领导小组筹备工作务虚会精神和湘江新区招商引资工作大会精神，听取落实长沙市人才新政22条工作情况汇报，研究了《中央环保督察反馈意见岳麓区整改工作方案》。11月3日上午，召开区委常委会第五届三十五次：传达学习省委常委、市委书记胡衡华调研岳麓山国家大学科技城整治建设时的讲话精神。11月13日下午，召开区委常委会第五届三十六次：会议研究全区信访存量化解工作，传达中央以及省委相关文件精神，听取区“两会”筹备工作相关情况汇报，审议《岳麓区政协协商民主建设实施办法》和《关于岳麓山国家大学科技城建设的调研报告》。11月25日下午，召开区委常委会第五届三十七次：传达学习上级有关文件精神，听取“两会”筹备工作情况汇报，研究城市管理体制理顺工作、2017年预算调整方案、区级补缴党费留存部分使用方案和当前重点工作。11月30日下午，召开区委常委会第五届三十八次：会议研究深化监察体制改革试点工作。12月11日下午，召开区委常委会第五届三十九次：传达学习上级相关会议精神和重要文件精神，研究党管武装工作、人事问题和当前重点工作。12月28日下午，召开区委常委会第五届四十一次：传达学习省委、市委主要领导关于岳麓山国家大学科技城整治建设批示精神，研究区委五届六次全委（扩大）会议报告、2018年全区建设项目投资计划、2018年全区主要经济指标预期情况和2018年全区财政预算编制工作。

【参谋辅政工作】紧扣中心大局，当高参、提建议，力求参在点子上、谋在关键处，真正为区委领导科学决策提供高效服务。一是以文辅政出精品。紧紧围绕领导思考的重点、岳麓工作的特点、群众关注的焦点谋篇布局，努力发现新问题、想出新点子、提出新建议。全年高质量撰写和审核、把关各类材料200余篇，出色完成了区委经济工作会议、区委全会、党务工作会议等一系列重要报告和讲话材料，获得区委领导高度肯定和各界一致好评。二是脚踏实地勤调研。把建设“决策参谋型”办公室作为一项重要工作来抓，找准政策理论与实际工作的结合点，多层面、多角度、多方面思考问题，做到能参大事、会参难事、敢参新事，力求参之有度、谋之有方、谏之有策。围绕大科城整治建设、湖南金融中心建设、检验检测产业发展、城市管理、基层社会治理等全区重点工作，按照“围绕中心、贴近实际、深入调查、多出精品”的思路，高标准、严要求，精雕细琢，精心打磨，全年在《人民日报》《湖南日报》《省委改革简报》等权威刊物刊发文章37篇。其中，《态度正不正，结果大不同》在《人民日报》刊发，《全力建设岳麓山国家大学科技城，精心打造湖南创新创业高地》在省委办公厅的《要情汇报》上刊载并获家亳书记、衡华书记重要批示。三是狠抓信息强耳目。按照时间上“全天候”、空间上“全方位”、内容上“无禁区”的要求，及时报送对领导有参考作用、对全区有借鉴作用、对基层有指导作用的信息。全年编报《岳麓要情》27期，为全区各级领导掌握岳麓社会经济动态提供一手信息。向中央、省、市上报各类信息500余条（篇），被省委办公厅《要情汇报》《湖南信息》采用78条（篇）、专报1篇，被市委办公厅《长沙要情》采用219条（篇）、专报2篇。

【督促检查工作】围绕区委中心工作，从推动各项工作落到实处的高度，充分发挥督查督办职能作用，营造抓落实的浓厚氛围，形成抓落实的有效机制。一是着力创新抓督查。完善了督办归口、分解立项、回访复核、通报报告、督办问责、成果运用等6项制度，实施“表格式”管理、“一线式”推进、“立体式”督办，明确目标任务、质量标准、时间节点，按照“任务到人，负责到底”的要求，全程跟踪问效，严格责任追究，并将督查结果与考核、与奖金、与奖惩挂钩，切实增强了抓落实的效果。二是突出重点抓督查。紧紧围绕上级及区委、区政府确定的重大事项、重要决策以及领导批示、项目推进、产业发展、作风建设等工作抓落实，重点督查关联发展全局，关系群众利益，关乎稳定和谐的大事、难事、急事，全面提升工作执行力。全年组织开展重要督查活动47次，编发《岳麓督查》《查办报告》《督查专报》等58期；督查办理省市区领导批示件144件，迎接省市专项督查25次，累计督促落实任务分解598项，有效确保问题快速解决、事项落实到位。三是形成合力抓督查。坚持以问题为导向，更多采用“四不两直”方式，加强现场督查、重点督查、联合督查，着力构建“大督查”格局。联合牵头部门对岳麓山国家大学科技城整治建设、村（社区）“两委”换届选举、防汛救灾落实情况、中共十九大期间信访维稳及信访积案化解“百日攻坚”行动、环保督查迎检等重点工作，按照“登记立项、检查催办、审核报告、办结反馈、归纳存档”工作流程，实施挂号、销号管理，有效推动工作落实。

【统筹协调工作】一是联络协调更有力。积极主动向市委办公厅汇报，全力争取把全区年度工作亮点，通过办公室系统全面向市委主要领导展示。市委内情参考全年编发12期，岳麓区上稿5期，见刊率达42%。从基层党建、城市管理、产业发展、大科城建设等各个方面全方位总结岳麓区工作成绩，展示实干风采。加强与省委党校办公室、湘江新区党政综合部和高新区管委会办公室对接，支持配合程度达到史上最好水平。特别是与湘江新区平台公司办公室亲密合作，争取对全区重点片区拆迁遗留问题的支持，有效维护全区大局和谐稳定。利用大科城整治建设机遇，进一步强化与中南大学、湖大和湖师大办公室的联系，争取对大科城建设的支持，为区委中心工作顺利推进奠定坚实基础。二是办文办会更严谨。认真贯彻落实《党政机关公文处理条例》，按照“严谨、规范、细致”的要求，进一步规范办文程序，精简文件简报，把好文件审核关。全年以区委和区委办名义制发各种文件230余份，较往年继续保持下降趋势。健全党内规范性文件备案制度，建立党内规范性文件报备台账，全年向市委报备区级党内规范性文件30个，严格落实“来件必审、有件必备”的工作要求。做好区委经济工作会议、全区党务工作会议等36次重要会议会务服务工作，主动或协助筹备其他会议200余次。在常委会议方面，按照常委会抓大事议大事的要求，对议题确定、材料准备、会务组织、纪要起草等环节严格把关，有效确保全年34次常委会的顺利召开，全年编印区委常委会议纪要32次、区委常委议事协调会议纪要44次，实现区委铺排部署有抓手、有准心。三是活动安排更顺畅。全面加强区委办牵头抓总、协调各方的中枢作用，对全区重大活动进行统筹安排和组织协调。一方面精心制定活动预安排，每周制发《区领导周工作安排表》，年底制定《春节前后主要活动预安排表》，使几大家既紧紧围绕区委中心开展工作，又能积极主动安排自身的活动，几大家办公室、常委部门统筹协调服务工作高效顺畅。另一方面精心制定重大活动实施方案，强化事前现场勘查、事中跟踪服务和事后总结提升，各项活动做到井然有序、有条不紊，圆满完成全市造绿观摩、全市项目观摩等重要活动，全面展示工作实绩。四是公务接待更规范。本着热情、周到、节俭的原则，跳出“就接待搞接待”的思维模式，努力创新接待理念和方法，严格执行公务接待标准，高标准完成了中央、省、市各级领导来区调研、视察37批次，做好省内外兄弟县区到区考察的接待服务工作。五是机要值班更有序。牢固树立“值班工作无小事”的责任意识，完善应急值守工作机制，严格落实24小时值班和领导双休日、节假日带班制度，确保机关运转高效，做到无事当有事准备、遇事不乱、果断处置。大力推进机要工作规范化建设，做到机要文件按时办理。强化保密意识，健全保密制度，规范保密管理，推动保密工作实现规范化、制度化。党委信息化建设稳步快速推进，进度和标准位居全市前列。同时，以更高的标准、更严的要求，统筹做好办公室其他保障服务工作。

【归口管理工作】 对归口管理的工作，高标准高质量抓紧抓实。一是全面深化改革工作成效显著。坚持问题导向、需求导向、发展导向、民生导向，聚精会神抓改革推进，真刀真枪促改革落实，8大类、24大项、56小项改革扎实推进。城市管理、基层社会治理等一系列改革实践走在全市乃至全省前列，相关工作在中央电视台、《人民日报》、《湖南日报》等国家和省市主流媒体推介40余次。其中，《全面推行“三三制”严把党员入口关》获评第四届全国基层党建创新优秀案例，中央人民广播电台以《长沙学堂坡社区：1500名志愿者争相“学雷锋”》推介岳麓区党建改革工作；在农业部于乌鲁木齐组织召开的全国农村土地流转工作培训会议上，岳麓区就土地流转试点工作作了典型经验介绍；央视《新闻联播》以“提高养老服务，质量优先，多元供给”为题，报道了岳麓区西湖街道先锋社区老年养护中心居家养老经验；《咸嘉湖街道：基层党建“三新”模式》在新华社《湖南领导专供》刊载，并获衡华书记批示。二是“三服务”一线工作亮点突出。坚持坚守、创新推进“三服务”一线工作。一方面拓展服务内涵，深度融入区委产业发展年的重要部署，把一线工作触角延伸到服务经济发展上来，指导联点干部当好企业底数“普查员”、项目服务“联络员”、特色产业“招商员”。另一方面转变服务理念，开展“与群众交朋友，帮基层解难题”活动，推出承诺办事“金点子”958个，实现由过去收集问题解决问题的工作模式到主动发现问题解决问题的转变，群众满意度进一步提升。与此同时，统筹做好社区全面提质提档和新三年造绿工作，在市四大家集中观摩和市对区绩效考核中取得优异成绩。（阳卿）

附录

中共长沙市岳麓区委2017年文件目录

1. 岳发〔2017〕4号 转发《区委宣传部、区司法局关于在全区公民中深入开展法制宣传教育的第七个五年规划（2016–2020）年》的通知

2. 岳发〔2017〕9号 关于印发《长沙市岳麓区环境保护工作责任规定（试行）》的通知

3. 岳发〔2017〕11号 印发《关于进一步加强城市管理的若干措施》的通知

4. 岳办发〔2017〕16号 关于进一步加强城市管理工作的意见

5. 岳办发〔2017〕17号 关于加快构建现代公共文化服务体系的实施意见

6. 岳办发〔2017〕29号 印发《关于全面推进政务公开工作的实施方案》的通知

7. 岳办发〔2017〕34号 关于印发《长沙市岳麓区推进"健康岳麓"建设实施方案》的通知

8. 岳办发〔2017〕35号 关于印发《岳麓区城市主要道路"路长制"管理实施方案》的通知

9. 岳办发〔2017〕5号 关于印发《岳麓区2017年春季义务植树大行动实施方案》的通知

10. 岳办发〔2017〕12号 关于印发《2017年"激情岳麓"第七届社区文化体育节工作方案》的通知

11. 岳办发〔2017〕33号 印发《关于全面推行河长制的实施意见》的通知

12. 岳办发〔2017〕53号 关于印发《岳麓区城市污染源头整治工作实施方案》的通知

组织工作

区委组织部

区委常委、组织部部长

彭利芝（女）

常务副部长

唐南沙（女，1–3月）

何宗晔（女，3–）

副部长、区委基层办主任

何宗晔（女，1–3月）

副部长、区委基层办主任、区委非公有制经济组织和社会组织工委书记

朱　珠（女，3–）

副部长（兼）、区委老干部局局长

齐坚真

区绩效考核办主任

张　康（3–）

纪检组长

段　敏（女，1–10月）

区绩效考核办副主任

张　康（1–3月）

吴晓东（女）

区委基层办副主任

张湘君（女）

区党员干部现代远程教育管理中心主任　陈　烨

区委非公有制经济组织和社会组织工委专职副书记

包　宁（女，3–）

崔　佳（女，3–）

【概况】 区委组织部内设办公室、党建科、干部科、研究室，下辖区委基层办、区委非公有制经济组织和社会组织工委办、区绩效考核办、区远教中心、区党代表联络办5个二级事业单位，有在编干部职工25人。2017年，全区组织工作各项任务圆满完成。

基层党建。探索新力量、新阵地、新内涵城市基层党建"三新"机制，推动党建工作进小区、进楼宇、进商圈、进项目指挥部；推进小区党支部、楼宇党组织规范化建设，创新楼宇党建"1+N+1"工作模式。新建高鑫麓城、旭辉藏郡、北京御园等示范小区党支部32个，楼宇党组织31家，河西王府井楼宇党总支、学堂坡社区成为全省学习观摩典型，得到市委书记胡衡华点赞鼓励。按照"一支部一阵地"要求，建立党群服务阵地，在醒目位置悬挂岳麓基层党组织Logo，构建"1+N"党群服务阵地体系，共享各类党群服务阵地10万余平方米，实现"党员找组织，抬头就是；群众找服务，身边就是"。健全党员管理全面从严链条，党员发展"三三制"获评第四届全国基层党建创新优秀案例。加强党建引领基层治理，推行"一体四化"服务体系、小区治理"三方会商"模式、社会治理"3+"模式，促进基层善治，得到《人民日报》宣传推介。推行主题党日"3+X"模式，让基层党组织"月月有活动、次次有主题"，增强党员队伍的凝聚力与向心力，得到《人民日报》专题报道。开展"学习十九大，奋进新时代"掌上大测试活动，通过答题抽奖的形式，组织党员干部原汁原味学习中共十九大报告，总答题17万余人次，迅速推动十九大精神在全区党员干部群众中入脑入心。总结推广"三定四结合"工作法，破解组织生活不严肃、不规范，不经常等问题，得到省委深改办《改革简报》推介。

干部管理。在基层一线、项目建设中比选干部，将非定向推荐纳入每年领导班子年度考察重要内容，多渠道多领域发现、识别、储备优秀干部，加强对优秀干部的跟踪管理。全年调整5批次干部，其中提拔26人，面向全区竞争性选拔5名"90后"副科级年轻干部。撰写《岳麓区年轻干部队伍现状的调研报告》，制定《长沙市岳麓区培养选拔年轻干部和女干部、少数民族干部、党外干部五年工作规划》，加强干部队伍宏观管理。全年举办各类培训班70期，培训5530余人次，着重抓好科级领导干部、年轻干部等重点对象培训，突出党章、十九大精神等培训内容，办好产业发展班、三同培训班等重点班次。完成"三超两乱"专项整治任务。出台《岳麓区综合运用干部监督信息从严管理干部暂行办法》。审核档案信息 1489 本，审批因私出国（境）133 人次。抽查核实 130 名科职领导干部个人有关事项报告，对 10 名未如实填报个人有关事项的领导干部视情节轻重给予提醒、诫勉处理。出台《岳麓区落实市人才新政 22 条的实施方案》，全区开设 2 个人才服务专窗，设置楼宇人才服务站，推动人才新政解读宣传“进机关、进校园、进企业、进楼宇”。服务岳麓山国家大学科技城建设，实施“1+6”人才引进培育计划，采用市场化方式聘用经济型人才 18 人。

绩效考核。全区完成市委、市政府下达的年度各项指标任务，获市对区绩效考核中心城区排名第二的成绩。创新考核模式，延伸考核范围，紧扣市、区中心工作，加强全区绩效考核工作。通过考核，全区 67 个区直部门、17 个街镇评出一等班子 31 个（占 37%），二等班子 53 个（占 63%），垂直管理单位评出优质服务单位 4 个；纳入考核的 657 名领导干部，评出优秀 167 人（占 25%），称职 490 人（占 74.6%），不称职 2 人，不定等次 1 人。

“两新”组织党建工作。理顺管理机制，成立卫计、教育等行业党总支，调整西湖建筑集团党委等 8 个党组织的隶属关系。建立“两新”组织党建工作联席会议制度，建立企业自筹、党费拨返、财政支持的经费保障机制，全年财政投入 180 万元。新组建党组织 73 个，新发展党员 32 名，集中培训 300 余“两新”党组织书记和党建指导员。探索在商务楼宇中党群服务站和楼宇服务站“双站”共建，按“1+N+1”模式组建楼宇、创客党组织 8 个，新建楼宇、创客党群服务站 8 个。

【中共长沙市岳麓区委非公有制经济组织和社会组织工作委员会办公室成立】 经区机构编制委员会二0一七年第一次全体会议研究决定：成立中共长沙市岳麓区委非公有制经济组织和社会组织工作委员会办公室，为区委组织部二级事业机构，公益一类，核定全额拨款事业编制4名。

【村居“两委”换届选举工作】 落实“两推一选”工作要求，推行换届选举全程签字制度，加强工作现场指导督导，严格人选标准，严格组织把关，选优配强968名班子成员，分批分层轮训“两委”干部1000余人次，“两委”干部队伍结构得到优化。（谢思）

宣传工作

区委宣传部

区委常委、宣传部部长
罗予武

常务副部长
冯　莹（女）

副部长、区文明办主任
雷云飞

副 部 长　舒　拉（1–4月）
纪检组长　黎中华（1–9月）
副 部 长　潘振兴（8–12月）

【概况】 2017年岳麓区宣传思想文化工作全面贯彻中共十九大、十八届六中全会和习近平总书记系列重要讲话精神，紧紧围绕“四个全面”的战略布局、“五个发展”理念和“三融共进、五化同步”现代化进程，把牢方向导向，坚持创新作为，为岳麓经济社会发展提供强有力的思想保证、精神力量、道德滋养和文化条件。

意识形态工作。一是强化责任担当。区委常委会 3 次专题研究意识形态工作，召开意识形态工作述职会、推进会、专题讲座培训，签订责任书，全面压实意识形态责任。建立健全考核和责任追究机制，出台《操作流程》《考核细则》等文件，形成明责问责追责常态化，年内，通过约谈等方式处理意识形态工作不力的干部 4 人。二是守住重要阵地。聚焦互联网、户外广告等七大阵地，健全舆情监测、汇集、分析和处置机制，常态化开展专项整治行动，确保意识形态领域零事故。荷叶塘社区获评省级“扫黄打非”示范点，并推荐参评全国“扫黄打非”先进示范点。坚持责任共担、工作共商、信息共享，与高校建立联动配合机制，推动汀湘十里小区业主不当言论事件转化为弘扬抗洪精神的正面宣传。实施户外广告动态跟踪监管，建立区、街镇、社区（村）三级巡防网络，及时预防处置了法轮功传单张贴等事件。

理论学习。一是理论调研成果丰硕。全年组织区委中心组学习 7 次，累计发表理论文章 30 余篇。调研成果《关于将岳麓区建设成为我省道德示范区的建议》在《决策参考——湖南智库成果专报》刊发，向力力副省长作出批示。区委书记周志凯撰写文章《态度正不正，结果大不同》在《人民日报》等媒体刊发。调研成果《关于将岳麓区建设成为我省道德示范区的建议》在《决策参考——

湖南智库成果专报》刊发，副省长向力力作出批示。理论文章《坚持崇德向善建设道德强区》《弘扬岳麓优秀传统文化 推动核心价值观落地生根》分别在《湖南宣传》《长沙晚报》刊发。组织开展“贯彻发展新理念 转型升级补短板”调研、我为岳麓发展建言献策“金点子”征集活动，收集“金点子”100余条。二是十九大精神学习宣传亮点纷呈。邀请十九大代表、湖南师范大学党委书记李民作专题辅导，印发《关于认真宣传贯彻党的十九大精神的通知》等文件，开展“学习十九大，奋进新时代”掌上大测试，策划组织“立足岗位写华章”主题演讲比赛、“贯彻十九大 展示新作为”全区“学报告、学讲话、学党章”主题知识竞赛等活动，掀起学习宣传贯彻十九大精神热潮。三是理论宣讲活动深入基层。组织微理论·微宣讲竞赛活动、“社会主义‘有点潮’”主题征文活动，获市优秀组织奖。推荐6名选手被聘为市基层理论宣讲团成员，系人数最多区县，征文《行程万里党领航》获市一等奖。开展党的创新理论集中巡讲进网格活动18场次，受众逾4000人。

新闻宣传。一是紧扣重点，助推岳麓发展。在《人民日报》《光明日报》、中央电视台等央媒发稿133篇，在《湖南日报》、《长沙晚报》、红网等省市主流媒体发稿量位居前列。聚焦湖南金融中心、岳麓山大学科技城等重点项目，组织“最美麓山南摄影比赛”“我与大科城征文比赛”“最美志愿者评选比赛”宣传活动。《老树新枝：新挑战激活传统产业——长沙小检测创大市场》《岳麓按下发展“快车键”》《长沙版“陆家嘴”崛起湘江西岸》等报道充分展示岳麓产业发展潜力。推出“我叫岳麓”微信名片和街镇名片、“投资岳麓”、“岳麓大家谈”、成都版《岳麓》、“砥砺奋进这五年”等系列报道，社会影响广泛。二是发掘典型，弘扬岳麓力量。中央、省、市主流媒体对谢芳谢海华夫妇集中采访，推出《你一次勇敢，我一生陪伴》等报道20余篇；《长沙岳麓区突现管涌，千人接力上演防汛抢险保卫战》《“七点半书记”阎茂林：冒雨带领村干部敲锣报险情》等报道，集中展现了抗洪抢险期间强大的岳麓力量；中央电视台3次刊播《湖南：女孩落水，众游人合力相救》《段江华：向上向善，身正为范》《谢海华：不离不弃照顾瘫痪妻子》，主流媒体对橘子洲游客“脱衣结绳救人”等好人好事集中报道，进一步彰显了岳麓道德高地的形象。

文明创建。一是强化宣传，发挥示范引领作用。推荐谢海华获评全国道德模范提名奖，刘习明获评“全国最美志愿者”，李良义、周雪红获评“中国好人”，刘启后、赵卓明家庭获评“全国最美家庭”，湖南师范大学附属中学、长沙特殊教育学校获评全国文明校园，望岳街道谷山村、学士街道学华村获评全国文明村；商学院学生徐守宝等在橘子洲景区智救落水父女的见义勇为事件获省领导批示；推出以“中国好人”夫妻谢海华、谢芳事迹创作的《芳华之恋》宣传动画片。因地制宜，打造“一街一品”文明创建格局。桔子洲街道打造“三进三立”（志愿服务进社区、公益组织进社区、校园文化进社区，大学生立身、立品、立行）“街校共建”模式，获省委副书记乌兰充分肯定。梅溪湖街道阳明山庄社区成立区校共建大学生创新创业学雷锋志愿服务实践基地，实现双创成果的有效转化。二是围绕重点，积极开展主题活动。主办承办湖南省“欢乐潇湘”广场舞总决赛、“中国好人声音故事进校园、进农村”“种一棵树、绿一方土”学雷锋志愿服务，长沙市“文明，从排队礼让开始”行动启动仪式等省市重大活动100余次。组织“二十四节气·谷雨之长沙雅集暨经典诵读”等大型省市未成年人活动60余场，中国文明网、中国未成年人网报道260余次，在中国未成年人网展示刊发未成年人优秀作品1620余件。三是强化督查，创新督查方式方法。区领导带队在全区范围内进行实地督查，推出“文明随手拍”微信公众号监督不文明现象，发现问题线索600余条，整改率达100%。开发“文明岳麓”动态问题清零微信系统，实现督查工作信息化、数字化。

文创产业。一是夯实基础，加强产业支撑。跟踪服务后湖国际艺术园、湘江欢乐城、华谊电影小镇、湘军文化园等重点项目，协调解决部分实际难题。聘请中南大学文创产业研究中心首席专家欧阳有权等专家组建岳麓文创产业智囊团，举办岳麓文创高峰论坛、后湖国际艺术园项目招商发布会和名家名企后湖行活动。精心编制全区文化创意产业发展规划和行动计划，为文创产业加快发展提供行动指南。二是搭建平台，加强产业扶持。落实中央和省、市政策，组织文化企业多渠道申报产业扶持，全区18家企业获得2017年省文产专项资金扶持。做好发动宣传，吸收40家优质企业成为岳麓区文创协会会员单位，协会作用得到发挥。指导企业精心策划包装项目参与深圳文博会、中国企业500强湖南招商会等大型招商活动，后湖国际艺术园和溁湾老街项目在深圳文博会主会场发布。三是集聚合力，加强产业服务。组织街镇相关负责人前往深圳南山区学习文创产业组织管理、招商引资、项目建设经验。对接省工商银行，推介5家企业与工行岳麓山支行、金鹏支行签订中小额贷款协议。推动引进世界华人建筑师协会对后湖38栋民居进行改造和运营，引进中京合一文化传播公司等大型企业陆续入驻。服务四海通达公司“双创”平台建设，建成标准办公台席3000余个、青年创业配套精装公寓570余套，成功引进企业20家。支持谢子龙影像馆后续建设顺利实现开馆。积极参与招商引资，先后与台湾博肯美文创公司、今日头条集团分别就建设台湾文创园、湖南基地项目进行洽谈，并达成投资意向。

文化事业。一是基层阵地不断强化。全面启动区“两馆”主体建设，高标准建设岳龙等5个示范性社区综合文化服务中心，新建坪塘等4个乡镇（街道）户外全民健身中心和八方等3家24小时自助图书馆。二是精品力作不断涌现。组织“洋湖湿地”采风等采风活动50余场，编辑出版《溁湾古韵》《岳麓诗韵》等著作。广播剧《好大一个家》荣获第十三届湖南省精神文明建设“五个一”工程奖，《梅山·诀》国家艺术基金资助项目，《蒲公英》荣获全省欢乐潇湘金奖。三是惠民活动不断深入。免费送电影1600余场，送戏50余场，开展文化志愿服务100余场，受益群众超过8万余人。举办岳麓区“绿书签2017”系列活动启动仪式暨网络安全教育进课堂活动，专项整治全区文化市场1980余家次。完成曾国藩墓保护规划初稿编制和刘崐墓修缮工作。（朱梦靓）

【礼赞好人 大爱有声】 2月14日，“礼赞好人 大爱有声”中国好人声音故事进校园活动在长沙市岳麓区博才梅溪湖小学举办，全国道德模范廖月娥，中国好人代表刘习明、谢海华、李良义，湖南好人代表张运和，湖南省委宣传部副部长、省文明办主任刘进能，以及湖南卫视、湖南人民广播电台知名主持人李兵和岳麓区10所小学校长代表一同参加活动。

【岳麓区举办文化创意产业发展论坛】 8月9日，岳麓区文化创意产业发展论坛在楷林国际举行。中南大学中国文化产业品牌研究中心主任、首席专家欧阳友权等知名专家汇聚一堂，从提升文创产业品牌化水平、运营化水平、融合化水平和集约化水平等不同角度，深入剖析岳麓文创产业发展瓶颈、未来方向、产业路径。长沙市委宣传部常务副部长赵柏林，市文广新局党委委员、副局长周永康，岳麓区委常委、宣传部部长罗予武出席论坛。欧阳友权及湖南省非物质文化遗产专家委员会委员孙文辉、湖南师范大学美术学院院长李少波、湖南文化创意产业研究室主任郑自立、湖南省广告协会会长曾小明 等5位专家受聘为岳麓区文创产业发展顾问团首席导师，湖南卫视主持人李锐受聘为岳麓区文创产业协会顾问。

【“艺湖一世界”长沙文创名企名家后湖行】 12月17日，由岳麓区委、区政府和长沙晚报报业集团主办的“艺湖一世界”长沙文创名企名家后湖行活动在后湖脚手架艺术馆举行。市委常委、宣传部部长高山出席活动并讲话。在活动现场，中南大学副校长陈春阳、湖南大学副校长徐国正、湖南师范大学副校长廖志坤、省作协主席王跃文、省美协主席朱训德等汇聚一堂畅谈后湖“老长沙的味道，新省城的气质”，畅想后湖国际艺术园的发展。100余名知名文产企业负责人参加活动。

【社科专家服务团岳麓行】 6月9日，湖南省社科联组织开展“社科专家服务团岳麓行”活动，岳麓区集聚全社会向善力量、以道德立区的做法得到了专家学者们的赞誉。调研中，来自省委教育工委、省民政厅、省文明办以及湖南大学、湖南师范大学的专家学者来到街道、社区和敬老院走访座谈，调研岳麓区加强道德建设的做法、效果以及面临的困难等，着重了解该区立足大学城优势、着力进行区校共建打造大学生道德高地的经验，并就建设全省道德示范区提出了建议。

（朱梦靓）

统战工作

区委统战部

部　　长 黄军其

常务副部长

胡　斌

副部长、工商联党组书记

张　祥（1–8月）

副部长、台办主任

陈　忠（女）

区侨联主席

曾琼柳

台办副主任

曾志勇

区侨联副主席

黄友良

【概况】中共长沙市岳麓区统一战线工作部是区委主管统一战线工作的职能部门，内设办公室。现有工作人员13人。主要工作领域是：民族工作、宗教工作、非公有制经济人士工作、党外知识分子工作、无党派人士工作、党外人士工作、调查研究和信息工作、民主党派、港澳同胞和海外经济统战工作。

党外队伍建设。举办2017年统一战线专题培训班，全区党外代表人士及统战干部共120余人参加培训，不仅加强了统战业务知识学习，更进一步凝聚了共识；动态更新党外干部信息库，并进行密集走访。据统计，区内有国家干部身份的党外在岗工作人员共211人，为制定全区党外干部培养选拔五年规划奠定了坚实的基础；区党外知联会召开了第一届理事会全体会议，吸收了80名新理事会员，补选常务理事23人，全面做好党外知识分子联谊会工作。认真做好区政协委员、常务委员增补调整工作。

调研走访。为全面了解全区非公经济发展现状，区委书记周志凯深入走访非公企业并开展座谈会，听取了相关意见建议；召开了全区非公经济调研与街镇商会建设工作、优化和发展非公有制经济、全区行业协会代表人士等座谈会，实地走访了100余家非公企业，积极为非公企业解难题、出思路、谋发展；引导民主党派和无党派代表人士围绕区校合作、外商投资、商业地产、农村社区教育、大学科技城、“6+1”产业和休闲农业7个方面在全区深入开展基层调研，为促进区域发展贡献智慧和力量。

搭建主题活动新平台。深入推进统一战线凝心聚力“十三五”行动，聚力大学科技城建设、聚力产业发展、聚力民生实事，通过“一同三助”、“三聚三促”、“双晒双赛”，推动岳麓区品质提升、合作共享、创新创业。2017年11月21日，在民主党派之家集中开展“学习践行十九大·凝心聚力岳麓行”启动式暨“同心·创业日”活动，省市区以及驻区高校领导等共计300余人参加活动，社会影响广泛。2017年12月14日，组织召开了“同心·家庭教育日”活动，各民主党派区工委、区党外知联会在民主党派之家积极开展家庭教育指导服务，深受社区居民欢迎。

探索区校合作新方式。充分发挥高校统战理论研究会高校联合研究中心平台优势，《基层统战工作品牌化构建路径》等理论文章被列入市级重点理论课题目录，其中，《引导党外知识分子在意识形态领域发挥正向作用问题研究》被推荐为全省统战理论政策研究创新成果；加强与驻区高校统战部紧密合作，先后与中南大学、湖南商学院召开了区校合作共推科技创新座谈交流会，就科技成果转化、校企合作等方面达成一致意见；联合湖南中医药大学共同举办区校共建港澳台侨学生工作座谈会，共同探讨台湾青年创新创业；民盟中南大学湘雅二医院支部深入莲花镇开展“两学一助”义诊活动，深受当地老百姓欢迎。

促进非公经济发展。紧紧抓住“产业发展年”战略机遇，大力促进非公经济发展，组织全区街道（镇）、相关部门、行业协会、非公经济代表人士开展座谈交流会20余次，广泛听取了社会各界相关建议意见，形成了《岳麓区非公有制经济发展情况调研报告》，并作为“两会”资料印发；选送了一批优秀非公企业代表人士参加“创新长沙—新思维新动能新突破非公企业负责人高级研究班等培训活动；区工商联获评全国“五好”县级工商联。

加强民族宗教工作。加强爱国宗教团体建设，召开了全区民族宗教工作会议，落实宗教工作三级网络两级责任制，共明确180名宗教工作联络员负责日常监管，并积极开展了民间信仰场所和清真食品经营场所自查工作；协助提供《长沙宗教文化》历史资料，积极做好宗教领域矛盾纠纷的排查化解工作，确保民族和谐、宗教和顺。

对台工作。深化对台宣传和涉台教育，区台办联合区直机关工委主办“机关党员大课堂”，联合开展台海形势教育进机关活动；扩大对台联络和对台交流，热情接待台湾文创推广协会考察区文创产业；积极发挥涉台教育基地作用，打造泛岳麓山海峡两岸交流基地；深入走访台资企业，健全维稳联动机制，依法维护台商台企和台胞权益，切实做好团结引导工作。

凝聚海外力量。中国侨联法

顾委、香港金轮集团在岳麓区进行调研；市委常委、统战部长谭小平一行赴侨资企业考察调研；广泛发动侨台资企业及侨界人士积极牵线搭桥，开展沙龙、座谈会、推介会等多样形式，努力形成合力，共同打造招商引资引智平台；开展侨资企业专题调研，现场解决长沙鹏润莲花生态谷农业综合开发有限公司关于青苗补偿等难题，确保企业顺利开工；组织开展了“千侨帮千户”系列活动，投入共计10万余元用于社会各项公益事业。（李世雷）

区直机关党的工作

区直机关工委

书　　记　熊颖佳（女）

副 书 记　张文联

区纪委驻机关工委纪检组长

邓世东

【**概况**】2017年，区直机关工委在区委、区政府的正确领导下，打造“示范党建、人本党建、开放党建”，以党建带群建、党建带关建，推动全面从严治党向纵深发展。区直机关妇工委获评全市“巾帼文明岗”，区直机关团工委获评全区“五四红旗团委”称号，获评全区“六五”普法依法治理先进集体称号，全区“无偿献血先进单位”称号。

组织制度建设。制定《机关党建工作程序对照检查表》，从内容、程序、方式等方面对“三会一课”、民主生活会、组织生活会、民主评议党员、“主题党日”活动、“双述双评”、发展党员、换届选举等工作进行详细解读，强化指导。编印《2017年机关党支部工作记录本》，强化痕迹管理。完善《区直机关党员积分管理办法》，提升党员积分管理实效。建立《区直机关党建工作定期提示日制度》，确定每月1号为提示日，确保党建督导有部署、有节奏、有章法。制定“支部书记责任清单”和“支部委员责任清单”，推动党建责任具体化、明晰化。制定《关于加强机关支部建设开展“双联双创双评”活动的实施方案》，全面推行“主题党日”活动，充分发挥工委领导职能，确保区直机关各基层党组织的活动开展，规定动作务实到位、自选动作各有特色。坚持“月提示、季督查、半年交叉检查、年末考核讲评排名”工作机制，开展集中业务指导2次，交叉检查1次，现场观摩3次，推进会2次。建立机关党建指导员制度，12名机关党建指导员组成六个督查组，采取查阅资料、实地查看、座谈交流等方式，对区直机关51个党委、总支、支部党建工作每半年交叉检查一次。创办《岳麓区直机关推进“两学一做”常态化制度化工作简报》，刊发21期。做好“全国党员管理信息系统”的常态维护和管理，完成党组织和党员信息采集、入库工作，完成机关1569名党员基本情况的年报统计工作。

思想教育建设。首次举办区直机关党务干部异地培训班，组织机关基层党组织负责人赴杭州市委党校学习，通过理论教学、实务培训、实地考察等形式学习沿海地区党建工作先进经验，实地观摩学习杭州建德市国税局、杭州市余杭区机关工委、余杭区市场监督管理局等基层党建示范点。严把党员入口关，培训入党积极分子39名，按照党员发展“三三制”管理办法，发展新党员11名，审批预备党员转正10名。组织99名机关支部书记、党建专干参加区直机关党务知识大测试。提升“机关党员大课堂”品质，全年组织专题学习教育4期，首次将《台海形势报告》带进机关，激发机关党员干部历史责任感、民族自信心和时代担当力。组建“机关宣讲队”，开展区直机关“喜迎十九大·我身边的好党员”演讲比赛。安排600余名机关党员干部参加抗洪救灾并组建一支60余人的党员突击队，赴橘子洲景区支援灾后清淤行动，为橘子洲景区顺利开园贡献力量。应急抽调100余名机关干部，完成文明创建迎国检任务。组织150余名机关党员志愿者踊跃参与无偿献血，超额完成既定任务28%，获评“先进单位”。

党风廉政建设。全年专题研究党风廉政建设工作7次，研究制定《2017年区直机关党风廉政建设工作要点》。注重党风廉政教育，组织学习习近平总书记全面从严治党新思想，贯彻落实区纪委五届二次全会精神，结合主题党日活动，组织学习《党章》《条例》《准则》等党纪党规，切实提升党员干部廉洁意识。紧盯“四风”问题新形式、新动向，全年开展联合督查行动34次，发现疑似问题要求写出情况说明1起，提醒约谈2个单位4人次，调查处理违纪党员1名。

群团组织建设。统筹凝聚机关联合工会、妇工委、团工委、关工委等群团组织力量，组织策划“永葆成长的魅力”、“岳麓新声蓓蕾班”、“幸福成长”亲子夏令营、“喜迎十九大·激昂橘子洲”等主题活动，相关媒体对

每次活动开展进行跟踪报道。机关妇工委获评全市“巾帼文明岗”称号。（陈瑶）

【全市机关党建工作现场交流观摩会在岳麓区召开】 4月25日，以“创新是深化推进机关党建工作的生命线”为主题的全市机关党建工作现场交流观摩会在岳麓区召开。现场参观学习岳麓区人民法院、区城建投、区委老干局等单位的党建工作，省、市相关领导对岳麓区创新激活机关党建工作的经验给予高度评价，《创新是深化推进机关党建工作的生命线》的一文在省直工委《机关党建》、市直工委《长沙机关党建》刊物发表。

【首建区直机关党建指导员制度】 为防止机关党建“灯下黑”问题发生，充分发挥区四大办及常委部门带头抓党建的示范引领作用，成立区直机关党建指导领导小组，由区委常委、区委办主任任指导组组长，四大办及常委部门常务副职或分管党建副职、机关工委委员任指导员，建立定期联系、分组督导、精准指导机关基层党组织制度。

【首次举办区直机关党务干部异地培训班】 8月25日至9月1日，举办2017年区直机关党务干部提升业务素养培训班，首次组织机关基层党组织负责人赴杭州市委党校学习，通过理论教学、实务培训、实地考察等形式学习沿海地区党建工作先进经验，实地观摩学习杭州建德市国税局、杭州市余杭区机关工委、余杭区市场监督管理局等基层党建示范点。

【区直机关妇工委获评全市“巾帼文明岗”称号】 区直机关妇工委以搭建活动为载体，不断丰富区直机关女干部职工的机关文化生活，组织策划庆三八趣味运动会、“永葆成长的魅力”、“凝心聚力”金秋拔河比赛，观看《大火种》《建军大业》等系列主题活动，反响强烈，被市妇女竞赛活动领导小组办公室授予“巾帼文明岗”称号。

机构编制工作

区机构编制委员会办公室

主　　任　王阳清（女）
副 主 任　李昕彤（女）
事登局局长　何喜春

【概况】 2017年，区机构编制委员会办公室在岳麓区委、区政府的正确领导下，在长沙市机构编制委员会的具体指导下，创新思路，攻坚克难，较好地完成了全年各项工作任务，在2017年度岳麓区绩效考核中被评为一类单位。9月，根据岳编委发〔2017〕9号文件，成立区机构编制电子政务中心，为区机构编制委员会办公室下属二级机构，公益一类。

深化“放管服”改革。一是推进园区行政审批制度改革。加强赋权强园，下放16项区级行政权限至园区，整合经济管理权限共计67项，形成“一枚印章管审批、一支队伍管办理、一个平台管信用、一张网络管服务”的“四个一”园区审批管理架构。打造园区服务“岳麓样本”，在长沙市所有省级园区当中，岳麓区率先建立500平方米的园区企业服务中心，设置业务办事窗口16个，为园区范围内企业提供一条龙优质服务。二是推进商事制度改革。推行“四十三证合一”，简化审批流程，降低准入门槛，2017年岳麓区商事主体成“井喷式”增长，新增企业、个体工商户等市场主体2.72万户，较上一年增长45.86%。开展“个转企”，“小升规”，帮助个体工商户和小微企业成长与转型，增强市场竞争力，已完成“个转企”129户、“小升规”59户。三是推进政务服务标准化建设。建设“互联网+政务服务”一体化平台，重新梳理区级行政许可事项，进一步精简申报材料、削减审批流程、缩短审批时限，持续推动行政审批提速增效，2017年岳麓区政务服务中心接待群众176384人次，办结各类许可、服务事项160260件，审批流程比法定期限提速50%以上。四是推进减证便民专项行动。精简群众办事创业申办材料，经多轮摸底、逐项审核、征求各相关部门意见后，拟取消涉及人民群众生产生活的“奇葩证明”“循环证明”等各类不合理证明57项，切实解决群众办事难问题，降低制度性交易成本。

体制机制改革。一是深入开展城区街道管理体制改革。成立岳麓区深化城区街道管理体制改革领导小组，在一类街道望城坡街道、二类街道咸嘉湖街道开展试点工作，出台《深化岳麓区城区街道管理体制改革的实施方案》，拟定《关于城区街道管理体制改革试点街道机构编制调整的通知》，提升基层治理水平，真正解决服务群众“最后一公里”的问题。二是配合推进派驻纪检体制改革。紧密配合区纪检监察组织，切实做好派驻纪检体制改革的机构编制保障工作，全区共设置纪检组9个、巡察组3个，并核定了领导职数、调整了编制，成立了区委巡察工作领导小组办公室和区纪检监察信息中心，派驻纪检组监督范围覆盖全区61家单位，实现了纪检监察全覆盖。三是配合推进监察体制改革试点。做好相关的机构编制保障工作，出台《关于监察体制改革试点工作相关机构编制事项的通知》，完成了全区检察机关转隶编制划转工作，人员和职数划转工作正在进行中。四是配合推进全区其他体制改革。配合推进全区城市执法体制改革、公务用车改革、新机关养老保险改革、景区体制改革、食品安全管理体制改革、卫计系统管理体制改革等多项改革工作。

机构编制管理。一是坚持机构编制动态管理机制。贯彻并坚持机构编制实名制管理，确保数据库的实时动态更新和完善。从全区经济社会发展大局着眼，建立机构编制有增有减的动态管理机制，2017年召开2次大编委会，按照编委会安排调整了多项机构编制事项。二是运用大数据提升工作效率。为进一步加强“互联网+”创新成果与机构编制业务的深度融合，成立区机构编制电子政务中心，将当前实际工作与机构编制各电子平台有机结合，极大地提升了工作效率。三是扎实开展控编减编工作。严把机构编制审批关，严格执行行政首长负责制度、编委会主任“一支笔”审批制度；严格执行机构编制管理与组织、人社、财政管理的综合约束机制。巧做机构编制“加减法”，坚持将有限的机构编制余量向促进经济社会发展和关系重大民生问题的领域倾斜，2017年，全区调整机构15个，调整编制487名，通过科学调配机构编制资源，较好地发挥了机构编制资源效益。四是全面完成事业单位法人登记工作。2017年，对16家事业单位法人进行了设立登记，受理变更登记47项，注销登记4项，全区事业单位年度报告书公示率100%，所有事项均通过岳麓区人民政府门户网站和区编委办网站予以公告。完成了2017年度全区事业单位法人公示信息抽查工作，按照2%的抽取比例，随机抽查了古塘小学、千子幼儿园等6家单位执行《事业单位登记管理暂行条例》的情况。

队伍自身建设。一是营造浓厚学习氛围。深入学习贯彻习近平新时代中国特色社会主义思想和中共十九大精神，通过主题党日、专题讨论会、实地参观、参加省市演讲比赛和征文比赛等多种方式，深切领会精神实质。制定学习计划，通过领导干部带头领学，有计划、有步骤地学习和掌握新思想新理论，紧密联系机构编制工作实际，达到以学习指导工作的目的，做到天天有学习、天天有提高。二是加强党风廉政建设。落实“一岗双责”，多次召开作风建设讲评会、主体责任讲评会，解决存在的问题，推进工作落实。坚持把党风廉政建设与业务工作一起部署、一起落实、一起检查，确保党风廉政建设责任制落到实处，全办党员同志讲规矩守纪律，展现出团结务实、风清气正的良好氛围。三是提升干部队伍素质。加强区机构编制委员会办公室工作力量，注重发挥帮、传、带作用，以老带新，传授工作方式方法，安排干部职工有针对性地参加各类培训，干部队伍整体理论修养和能力素质不断增强。四是密切联系人民群众。2017年，区机构编制委员会办公室在网格、社区共走访接待群众180余户，为群众解决各类问题20余件；划拨4万元经费至社区为民办实事；走访慰问困难群众7户及商学院困难学生4人，并发放慰问物资。（罗茜）

区委巡察工作

区委巡察办公室

主　任　喻春晓（女）
组　长　张　祥
　　　　曾　伟
　　　　吴俊良
副主任　陈　洪
副组长　雷敏飞（女）
　　　　彭红辉（女）
　　　　程庆荣

【概况】 2017年8月,根据《关于建立中共长沙市岳麓区委巡察制度的意见》、《长沙市机构编制委员会关于设立中共长沙市岳麓区委巡察工作领导小组办公室的通知》和《长沙市岳麓区机构编制委员会关于设立中共长沙市岳麓区委巡察工作领导小组办公室等有关机构编制的通知》精神，经区委研究决定，设立区委巡察工作机构。按照“1+1+3”的架构模式成立以区委常委、纪委书记为组长，区委常委、组织部部长为副组长的区委巡察工作领导小组，下设区委巡察办和3个巡察组。中共长沙市岳麓区委巡察工作领导小组办公室（以下简称巡察办），为中共长沙市岳麓区委巡察工作领导小组的日常办事机构。巡察办为区委工作部门，设在中共长沙市岳麓区纪律检查委员会，机构规格为正科级。巡察办设主任1名，副主任1名。主要负责全区巡察工作的综合协调、政策研究、制度建设、文档管理、后勤保障等工作。3个巡察组机构规格均为正科级，每组配组长1名、副组长1名，工作人员3名，承担具体巡察工作任务。

队伍建设。区委以“巡察机构常设化、巡察工作常态化”为基本要求，摒弃临时拼凑思想，坚持高起点谋划、高标准定位。2017年，区委共开展两轮常规巡察，每轮配齐6名正副组长，在全区纪检、组织、政法、财政、审计等部门及已退休或退二线的领导干部中选调政治素质好的会计、审计、法律专业人才参与巡察工作。第一轮选调8人，第二轮选调7人，做到每个组“满员出征”。建立巡察组长负责制，健全组务会制度，加强对巡察干部的日常的教育、管理和监督，教育引导巡察干部牢固树立“信任不能代替监督、监督者更要接受监督”的意识和“巡察用我、用我必胜”的信心。强化纪律约束，列明巡察工作10条禁令、7项承诺，健全回避制度和保密规定，人人签订承诺书。实行巡察评价制度，在巡察结束后，巡察组对抽调人员在巡察期间的工作情况做出书面评价，由巡察办报送领导小组和抽调人员所在单位，并存档备查。

思想建设。始终坚持从讲政治的高度认识巡察工作，切实承担起政治巡察的主体责任，先后召开区委专题常委（扩大）会和全区巡察工作动员部署会议3次，深入研究部署巡察工作，全面、广泛、深入地开展巡察宣传和思想发动。突出“三个坚持”，强化政治站位。在深入学习贯彻市委巡察工作动员部署会的基础上，区委始终坚持将开展巡察工作作为对全体党员干部“四个意识”牢不牢的客观审视，作为对各级基层组织“管党治党”严不严的系统检验，作为对全区党风政风“群众满意度”高不高的全面体检，真正做到在思想行动上始终与中央和省委、市委关于政治巡察的要求保持高度一致。突出“三个重点”，聚焦突出问题。在市委要求紧盯“三大问题”、紧扣“六项纪律”、紧抓“三类重点”的基础上，结合岳麓区实际，研究确定每轮巡察的重点，即重点检查被巡察单位是否落实管党治党政治责任、牢固树立“四个意识”、严肃严格执行党的政治纪律和政治规矩；重点检查被巡察单位是否深入贯彻中央省市区各级重大决策部署，研究贯彻区委五届党代会精神及提出的建设“西引擎、西高地”和构建国家中心城市的具体措施；重点检查被巡察单位是否全面落实党风廉政建设“两个责任”、深入开展“雁过拔毛”式腐败问题和“不作为、慢作为”等专项治理工作。

制度建设。结合岳麓区实际，通过建立健全巡察工作一系列制度规程，初步形成较为完善的制度体系，为巡察工作规范有序开展提供制度保证。制定《岳麓区委巡察机构内部规章制度汇编》和《关于建立中共长沙市岳麓区委巡察制度的意见》，作为全区巡察工作纲领性文件；制定《区委巡察工作领导小组工作规则（试行）》《区委巡察办工作规则（试行）》《区委巡察组工作规则（试行）》，从区委巡察工作领导小组、区委巡察办、区委巡察组三个层面，明确相关制度规定，着力增强工作合力，推动形成统筹联动、各负其责、整体“一盘棋”的大巡察格局。制定收集和提供有关情况的暂行办法、被巡察单位配合巡察组开展工作的暂行办法、巡察发现问题线索处置办法、信访工作办法、区委巡察成果运用办法、巡察工作档案管理办法、巡察工作人员守则、巡察工作保密制度、巡察保密承诺书等9项制度，为各巡察组开展工作提供政策依据。编制巡察工作流程、巡察组进驻有关事项、常规巡察公告模板、巡察工作要点、巡察工作动员会、巡察工作汇报会、受理信访举报、巡察反馈、督促整改、阅卷归档等工作流程和文书模板。编印《2017年区委巡察工作手册》，印发各巡察组和相关成员单位参照使用，确保巡察推进有序、运转规范、工作有效。

培训学习。巡察工作开展前，按照“实用、实战”的标准，选派巡察骨干力量参加全市巡察工作业务培训班；区委对参与巡察的同志组织了两轮巡察业务培训，邀请市相关领导及区纪检、党建、财会、审计等部门的专业人员对培训工作进行指导和授课。

宣传工作。在岳麓新闻网、岳麓区门户网站和《岳麓纪检监察》等平台，及时报道巡察工作动态，全面解读巡察工作政策法规，广泛宣传全区巡察工作动员部署会精神，深入报导巡察工作开展情况；在被巡察单位及其下属二级单位各集中办公点、各社区大型活动场所，张贴发布纸质公告，悬挂巡察工作意见箱；在岳麓新闻网、指尖岳麓微信公众号、红网岳麓手机报、门户网站、被巡察单位微信公众号发布巡察公告和巡察动态，公示各巡察组举报电话、举报邮箱和电子信箱，畅通群众反映问题渠道，营造良好的巡察氛围。

组织巡察。2017年8月初，区委三个巡察组同步进驻区水务局、区卫计局和洋湖街道开展第一轮常规巡察，9月中旬，区委专项巡察组进驻天顶街道开展专项巡察，11月中旬，三个巡察组同步进驻区司法局、区农林畜牧局、区机关后勤服务中心开展第二轮常规巡察。巡察期间，各巡察组坚持把问题导向贯穿始终，按照“聚焦问题、发现问题、整改问题”的思路，积极创新方式方法，精准发现问题，迅速取得突破。在第一轮巡察中，巡察组通过谈话、走访、问卷调查、查阅资料、民主测评、接待群众来信来电来访等方式,共发现突出问题106个，其中问题线索25个。借鉴第一轮巡察工作经验，第二轮巡察紧盯重点人、重点事，共发现突出问题65个，其中问题线索12个，分别按程序移交相关部门。

【巡察工作大联动】一是巡察保障大联动。区委主要领导高度重视关注巡察工作，亲自研究解决组建巡察机构、配齐巡察力量、健全巡察机制、强化巡察保障等相关事项，明确区纪委、区委组织部、区委编办、区财政局、区机关后勤服务中心等部门在人员配备、编制保障、办公场地、办公经费、设备设施等方面的具体责任、时间节点，实行全方位、大联动保障，确保巡察工作保障有力、准备充分、按期入驻。二是内外协同大联动。理顺巡察机构与相关区直部门和被巡察单位的协同配合职责，对内明确巡察办与巡察组统筹、协调、指导关系，巡察组与巡察组支持、配合关系；对外针对巡前问题收集、巡中人力支持、巡后线索移交、督促整改等事项，建立巡察机构与纪委、组织、政法、财政、审计等相关部门的协作联动机制，变“单线作战”为“协同作战”，确保各方面力量整体协同、形成合力。三是落实责任大联动。着眼构建“大巡察”工作格局，明确区委巡察工作领导小组、区委巡察办、区委巡察组“三级职责”，建立区委巡察工作联席会议制度，明确区委办、区纪委、区委组织部、区委政法委、区委宣传部、区政府办、区审计局、区财政局等成员单位责任，实现优势互补、无缝对接，推动形成统筹联动、各负其责、整体“一盘棋”的大巡察格局。

（李景涛）

党校工作

区委党校

常务副校长

邓　晖（女）

副 校 长 黄林峰

办公室主任

王　敏（4–）

教研室主任

王　敏（1–3月）

杨　登（4–）

【概况】 2017年，区委党校深入贯彻落实党校工作会议精神，不断增强党校姓党的政治自觉和责任担当，以“争创城区一流党校、服务岳麓创新发展”为目标，求实创新，主动作为，着力增强干部教育培训实效，提升科研咨政能力，深化社区教育品牌，开创党校工作新局面，连续第三次获评两年一次的全省党校行政学院系统科研工作先进单位、连续四年获全市党校行政学（院）校系统理论研讨会优秀组织奖，获评市文明标兵单位，区绩效考核一类单位，课题成果《推进湖南金融中心建设的建议》获市委副书记、市委党校校长徐宏源亲自批示。

干部教育培训。2017年共举办各类培训班38期次，理论宣讲进网格20期次，培训轮训4500余人次。一是突出培训重点，在“实”字上下功夫。坚持理论教育和党性教育的主业主课地位，开展学习贯彻中共十九大精神集中轮训班等，及时推进党的重大理论创新成果、重大决策部署入脑入心。坚持以服务区域发展、干部成长为主线，结合全区中心工作开展干部教育培训，开展换届后新任社区（村）干部的任职培训，统一基层干部思想，凝聚发展合力。二是整合教学资源，在“优”字上下功夫。创新合作办学渠道，与湖南大学经贸学院合作举办“2017年岳麓区产业发展专题培训班”，与江西省委党校、石家庄市委党校合作举办新任科职干部、纪检监察干部理想信念教育，与杭州市委党校合作举办区直机关党务干部培训班，与龙山县委党校合作举办青年干部“三同”实践培训班。加大名师大师和区委常委上党校讲台的力度，聘请教育部青年长江学者、中央党校陈曙光教授、中国综合开发研究院城市经营研究中心主任研究员李津逵、上海光华城市发展研究院执行院长马种会等专家到区委党校授课。全年区委常委共20余人次到党校授课，干部教育培训实效性和吸引力进一步增强。三是创新教学方式，在“活”字上下功夫。广泛运用案例式、研讨式、现场教学、异地教学等深受学员喜欢的教学方式。根据不同班次的特点，分别组织学员到洋湖街道山塘社区、桔子洲街道学堂坡社区、梅溪湖街道润龙社区、雨花区中航国际社区等地开展现场教学，用现实案例触动人。组织青年干部到龙山县开展“三同”实践体验教学，与基层群众同吃、同住、同劳动，用亲身体验影响人。

科研咨政。实施“科研兴校”战略不动摇，坚持科研本土化不动摇，坚持科研为教学服务、为区委、区政府决策服务的价值取向不动摇，一是科研成果层次进一步提升。《推进湖南金融中心建设的建议》等2个市级课题顺利结项，“岳麓区检验检测产业发展研究”“基于大数据的智慧政府建设调查与研究”2个省级社会科学规划课题成功立项。9篇论文在省、市党校系统理论研讨会获三等以上奖励，区委党校连续获评两年一次的湖南省党校行政学院系统科研工作先进单位，连续四年获全市党校行政学（院）校系统理论研讨会优秀组织奖。二是决策咨询功能进一步凸显。紧紧围绕区域发展的中心大局、重点项目开展区情调研，着力解决区域发展的实际问题。《推进湖南金融中心建设的建议》课题研究成果在市委党校2017年第10期《呈阅件》刊发，并呈送市委领导参阅，市委副书记徐宏源亲自批示并要求市金融办向省政府反映课题组的相关建议。积极开展“岳麓山国家大学科技城背景下的产业注入研究”课题研究，为推进大课程建设出谋划策。三是科研工作合力进一步增强。组建科研团队，加强与区委办、区政府办、区金融办等部门合作，聘请市委党校专家担任课题顾问，深入滨江公司、区科技产业园调研、岳麓区大学科技园开展调研，找准问题，合力攻关，提升实效。

社区教育。2017年，在全区新建立并认定40个社区（村）学习中心。截至2017年底，在全区共建成96所社区（村）学习中心，全区社区（村）一级社区教育阵地覆盖面70.5%，社区（村）级阵地覆盖面位列全市10区县之首；指导创建1个全国社区教育示范街镇，新建立并认定5个区级优秀社区学习中心，3个市级示范社区学习中心；全年送课到社区1024场次，广受社区居民好评。

教师队伍建设。区委对党校队伍建设和人才使用更加重视，原教研室主任任办公室主任，在党校教师中提拔教研室主任1名，进一步优化了班子建设。1名优秀年轻教师调入区政协，在区教育系统中选调1名教师到党校工作，人员结构进一步优化。加大教师培训力度。全年共安排15人次分别到人民大学、省市委党校等单位参加十九大精神、师资班等培训，到沈阳、成都等地学习社区教育经验。坚持以赛促训，积极组织教师参加市教学竞赛、“三微一大”活动、“微理论微宣讲”等活动，为青年教师成长成才搭建平台，全年两人次获得市级二等奖奖励。

校园文化建设。积极建设文明、和谐、美丽、安全的校园环境。2017年，建设了主题突出、特色鲜明的党员学习室，新建了设施先进、实用的多功能情景教学室，添置了全彩电子显示屏，对部分教室、走廊墙壁进行了维修改造，进一步完善办公室、教室及其他功能室工作制度，加强校园绿化工作，办学条件得到整体优化，校园环境更加舒适。大力推进校园文化建设，充实了图书室、阅览室，更新理论宣传长廊、“讲文明树新风”道德教育长廊，校园文化凸显鲜明的党校特色，育人氛围愈加浓厚。组织开展工间操等各类 活动，丰富校园文化生活，营造和谐向上的良好氛围。

机关党建。强化机关党建，按要求进行了换届选举，增强了党建工作力量。认真落实“三会一课”“两学一做”制度化、常态化工作要求，组织开展“不忘初心、继续前进”“结对共建聚合力，服务基层促发展”“走访慰问暖人心，救灾帮困显本色”等主题党日活动8次。为结对的坪塘街道红桥村捐赠了一批图书，安排党建经费1万元，联合开展美丽乡村清洁行动。到联点单位雨敞坪镇泉水湖村慰问受灾群众和企业，安排2万元支援灾后重建。定期到连点网格清水社区开展“三服务一线”及群工站工作，联合开展社区党员培训，安排3万元支援社区建设，解决社区垃圾清运等实际问题，深受基层好评。

（雷航）

党史地方志档案工作

区史志档案局
局　　长　喻剑平
副 局 长　周义娟（女）

【概况】 2017年，史志档案局围绕全区中心工作，抓好业务工作，按照年初制定的工作目标，开拓进取，圆满完成各项任务。

党史工作。一是编撰《岳麓故事》。全年共编辑《岳麓故事》60期，刊发党史等各类文章306篇。7月，开辟抗洪救灾特辑，刊发文章，鼓舞斗志；开办建军90周年专刊和秋收起义专栏，产生强烈反响；新辟“湖湘文化”专栏，刊登以毛泽东为代表的早期党的创始人的革命故事。《岳麓故事》单篇文章阅读点击量最多达7000人次，固定订阅用户过3000户。二是党史宣教。加强与街镇部门联系，挖掘党史资源，使红色文化彰显地方特色。如古塘湾党支部，位于天顶街道清水村山枣铺，是土地革命时期在长沙建立的中国共产党支部之一。雨敞坪镇抗日时期县政府遗址，学士街道的刘崐文化挖掘整理等，都已引起有关部门重视。三是组织撰写改革开放实录系列课题研究成果。全年共完成《岳麓区发展战略及实现》《“三服务”一线工作法打造基层治理“岳麓模式”》《梅溪湖蝶变》《岳麓科技产业园转型创新发展增添新速度》《岳麓教育与城市一同发展》等五个市级课题，共7万字。在省委党史研究室主编的《湘潮》杂志上印上“‘以史铸魂，学史励志’岳麓区史志档案局赠阅”字样，免费发放到参训的党员干部手中。

区志工作。一是出版发行《岳麓年鉴》。2016年8月启动年鉴编写工作，经过征稿、修改和评审，于2017年10月出版发行《岳麓年鉴（2016）》《岳麓年鉴（2017）》完成定稿交付出版社编辑出版。二是编撰《岳麓区街道（镇）简志》。2016年8月启动《岳麓区街道（镇）简志》编写工作。此书上溯至有文字记载，下限为2015年底，详近略远。编辑部多方查证资料，六易其稿，在2017年9月通过初审、修改，11月将修改稿送至省市地方志办。三是完成市志资料组稿工作。5月，完成《湖南年鉴》《长沙年鉴》的组稿任务和彩版采集。6月，完成对全区“年度人物”、“年度事件”的推荐参评工作。10月，《长沙市志·人物篇》，岳麓区撰写上报9人。

档案工作。一是宣传档案法律法规。全年多次开展法律法规宣传活动。为提高档案执法水平，选派人员参加全市档案执法检查。11月，组织对全区档案检查，对档案管理薄弱的单位进行现场指导。坚持在门户网站和宣传栏解读档案法律法规，订购《档案时空》杂志，免费发放到区直各单位，加强干部群众的档案意识。二是提高档案业务水平。注重档案岗位培训，组织区直部门档案员参加省、市档案局主办的业务培训班，提高新任档案员业务水平。年内，落实全区各部门制定档案8号令，对各部门制定上报的《机关文件材料收集范围和保管期限表》进行逐项审核、批复，为各单位档案归档提供依据。三是推进民生档案工作。专款支持西湖街道、施家港社区民生档案室建设，为梅溪湖街道的几个社区配置档案柜和档案用品。配合全区土地确权工作，多次赴村进行土地确权档案业务指导；督促婚姻档案、公证档案信息化处理工作。四是开发利用档案资源。注重档案种类齐全，在档案检查中重点强调业务档案的收集和整理，收集各种类型档案以丰富馆藏；加快到期档案的进馆工作，坚持拍摄全区建设新貌。全年提供知青档案利用65人次，乡镇企业档案利用301人次，文书档案利用514人次，婚姻档案查询4893人次，出示证明4512次，公证档案提供利用107人次。　（陈志云）

【《岳麓年鉴》出版发行】 2017年10月，《岳麓年鉴（2016）》正式出版发行。全书分为21个部分，全面记载2015年岳麓区政治、经济、文化等75方面工作，配置有图片、附录，共计443千字。

老干部工作

区委老干部局
局　　长　齐坚真
副 局 长　邓星萍（女）
　　　　　　周娴静（女）

【概况】 2017年，区老干部工作认真贯彻落实上级文件精神，坚持为党和人民事业增添正能量的价值取向，服务、凝聚、引导老干部为岳麓建设长沙“西引擎、西高地”汇集智慧和力量。

落实老干部待遇。一是尊老敬老氛围浓厚。区委常委会2次听取离退休干部工作情况，多次召开区情通报会、老干部代表座谈会，组织副县级实职以上老干部参观莲花美丽乡村和岳麓科技产业园等重点项目建设，邀请老干部代表参加政府工作报告征求意见座谈会、人大及政协两会和干部推荐大会。区级领导主持召开老干部工作调度会4次，听取离退休干部党建、老干部工作、关工委工作情况汇报，专题调度解决老干部大学场地、人员编制、经费等问题。二是强化部门联动协作。从2017年起，区委组织部将离退休干部党支部党费按照80%比例返还给离退休党支部；区财政局在离退休干部生活待遇、工作经费方面给予优先支持；区人社局在离退休干部待遇政策、医疗养老等方面给予倾斜保障。区民政局春节前夕拨付9万元用于慰问困难老干部；区委宣传部依托岳麓新闻网和手机报对老干部工作进行报道，推介“五老”典型事迹和经验做法；在区直机关工委指导下，打造“五彩家园”党建品牌，迎接全市机关党建观摩。三是抓重点工作的落实。5月12日，区委书面批复同意成立区委离退休干部工委。6月26日，以两办名义下发《关于进一步加强和改进离退休干部工作的实施意见》（岳办发〔2017〕27号）。6月29日召开区委离退休干部工委成立大会。4月，经区委常委会同意，区编委、区人社局研究会商，对老干部大学、老干部活动中心阵地建设及相关编制问题作统筹安排。7月，区机构编制委员会同意增加老干部大学管理办公室全额拨款事业编制1名。

思想组织建设。一是健全组织保障。完成区委离退休干部工委的组建和成立工作，按要求配备专职副书记，进一步明确工委、成员单位职责。出台区级《关于进一步加强和改进离退休干部工作的实施意见》，将离退休干部党建工作纳入全区党建工作考核内容；按离退休费总额的2%核拨党组织工作经费，列入每年财政预算；从2017年起，离退休干部党支部党费返还比例提高至80%,用于离退休干部党组织活动;离退休干部党组织书记工作补贴按600元/支部·月的标准发放到位。二是夯实基础堡垒。评选35名优秀党员和党务工作者并进行表彰。加强意识形态工作，推动“互联网+党建”，用好红星云、智慧党建APP，组建岳麓区“银龄e支部”“岳麓老干”微信群，及时发布会议、活动通知、工作动态，召开微信视频会议，发挥支部堡垒作用。指导家长里短帮帮团、大爱无疆扶贫帮困促进会等2个社会组织成立以老党员为核心的党支部。将离退休支部书记、委员培训纳入全区党务工作培训计划，6月，组织全区离退休干部党组织建设交流活动。12月中旬，对离退休干部党组织进行换届，调整6名身体相对年轻、热心党务工作的老党员到支部班子，指派1名在职党员兼任离休支部书记。三是学做结合带队伍。通过班子成员领学、专家授课、观看专题片、送学上门等形式，在离退休干部中开展“永远在路上”、“说不尽的毛泽东”、规范党员干部网络行为、十九大精神等涉及形势政策、党风廉政等方面的学习教育，围绕“做全面从严治党的坚定支持者和模范践行者”等主题，开展支部书记讲党课及大讨论活动，推进“两学一做”学习教育常态化制度化。按照“主题党日”活动要求，结合老党员实际，完成“读党章、交党费、学党规”并精心策划“心向军旗升起地 革命薪火代代传”、“击鼓传花”党建知识问答、“喜迎十九大 建言新农村”等主题党日活动，引导广大老同志不忘初心、思想常新、信念长存。坚持“四必访”，提倡以支部为单位开展党内互助，开展送学、送资料、送温暖上门活动。在防汛救灾中，区直机关160多位老干部自发捐款4万余元支援灾后重建，发挥老党员先锋模范作用。

开展活动。一是主题学习竞赛活动。通过“讲、学、写、谈、晒”系列活动，组织引导广大老同志建言十九大，为经济社会发展点赞助力。举办2017“五彩家园”老干部文艺展演、“我的家风故事”和“点赞长沙新变化，献策创建国家中心城市”主题征文、“点赞新变化，添彩新岳麓，喜迎十九大”微宣讲赛课、“炫彩乐龄·添彩岳麓”摄影比赛、“精彩到岳麓 喜迎十九大”书法剪纸作品展，得到老同志们的积极响应。中共十九大期间，老同志们积极收看开幕式，及时了解会议盛况，微信晒图、发表感言、撰写心得，表达对十九大召开的喜悦之情和美好期待。十九大召开后，局班子专程走访长期卧病在床、身体不便的离休干部，为他们送去十九大学习资料，组织老同志开展十九大专题培训，迅速掀起学习宣传贯彻十九大精神的热潮。二是金牌讲师活动。35位区“五老”金牌讲师围绕党史国史、家风政风、十九大等内容，全年开展宣讲400多场次。特别是环保达人张运和全年在大中小学、社区开展讲座100多场，每天在朋友圈分享志愿活动、环保心得、自创民谣等，影响带动一批老同志加入到“绿色营”项目，被评为2017年度“省最美志愿者”。老教授吴献成在人民网发表感悟、

家风、理论类博文50多篇，在网上弘扬主旋律、传递正能量。“五老”讲师彭德球撰写讲稿20多篇，生病期间坚持宣讲十九大，让与会的党员干部深受感动。三是典型示范创建活动。以系列示范创建活动为抓手，在全区挖掘培育推介先进团队（示范点），营造比学赶超的氛围。局党委退休干部四支部通过创建省市“五好”离退休干部党支部，支部积极性得到进一步激发，在市委离退休工委结对共建、“提质改造我值班‘两学一做’见行动”、“我的军旅生涯”座谈会等活动的推动下，支部凝聚力得到有效提升，成为其他支部竞相学习的榜样。按照“一年一申报、一年一验收”的原则，每年评选30个区级“五老”团队，并择优推选5个创建为市级发挥“五老”作用示范阵地。老年教育网络课堂收看工作成为常态，全区17个街镇、40个社区纷纷组织收看网络课堂，先后培训学员6万余人次，有6个站点成功创建为市级“网络课堂示范站点”。探索开展关心下一代特色活动立项制，首批评选出“未成年人反家庭暴力”蒲公英项目、“父母变形记”社区家庭教育公益项目等7个项目。全年区级财政下拨示范阵地（站点）和特色项目经费52万元。

强化自身建设。一是抓学习教育。组织全局工作人员相继参加十九大精神、老干部政策、党务、宣传、办公室工作等方面专题培训，举办1次全区老干系统专干培训，不断提升干部队伍的综合素养和业务水平。为推动“两学一做”学习教育常态化，将每周一下午定为工作例会日或机关学习日，传达学习最新精神，分享推荐书目，交流感悟心得，策划“环保宣讲进网格”“向廖俊波同志学习”“五老党课进基层”等主题党日活动。二是抓日常服务。局机关11名工作人员（含临聘2名）直接服务近300名离退休干部以及老干部大学3000多人次学员的教务管理工作，当好老干部的勤务员和贴心人。参照市级标准发放离退休干部一次性生活补贴，并要求全区各街镇、部门参照执行，进一步规范全区老干部生活补贴标准，化解因管理层级、财力等因素带来的标准不一、待遇不同问题。按政策落实离退休干部生活、政治、医疗待遇，利用春节、七一、重阳等节日共计走访慰问生活困难老干部及遗孀遗属200余人次，送去慰问物资15万余元；落实老干部80、90岁生日祝寿制度，为老同志送去组织的关爱；组织老同志参观李自健美术馆、学士农趣谷等新项目，让老同志体验区域发展变化。召开“畅谈伟大梦想 共建五彩家园”新退休干部谈心谈话会，送上联心卡和暖心礼物。三是抓作风建设。按照“谁主管、谁负责”的原则和“一岗双责”的要求，严守财经、公务接待、公车管理等方面纪律要求。深入开展“一推行四公开”、“三服务”一线工作，3名班子成员每月28日按时下网格，接待走访群众，搜集民情民意，化解矛盾纠纷，充分发挥部门优势，指导联点社区开展老年教育网络课堂及“五老”发挥作用工作，为社区送去保健、环保、党课讲座，与社区开展诗词书画、文艺活动交流，在群众中树立机关干部良好形象。

【创建离退休干部党员“五彩家园”品牌】 牢牢把握为党和人民事业增添正能量的价值取向，扎实推进离退休党支部组织建设和离退休党员干部思想政治建设，创建离退休干部党员“五彩家园”品牌特色。一是以党建促服务，开辟绿色通道。支部设置因地制宜，“三会一课”、民主评议、党费收缴形成常态，亲情关怀温暖人心，老干部心齐气顺，队伍和谐稳定。二是强班子抓队伍，打造蓝梦团队。选优配强支部班子，培训增强服务能力，在职人员担任联络员协助支部工作，着力打造为离退休干部党员服务的蓝梦团队。三是定信念葆本色，凝聚红心向党。坚持每月3天的集中学习制度，为行动不便的老同志送学上门。10个单位离退休干部党支部创建为全市“五好”离退休干部党支部。四是建平台显优势，争当银发先锋。创新打造的30个“五老”团队工作室参与社会管理创新。96户直管老干部在窑坡山棚户区改造工程中带头签约、“发挥五老作用，推进群众工作”巡回报告团开展18场全区巡回宣讲、编辑出版《五老群英谱》一书，心系发展、服务大局的先进典型事迹在各级媒体报道传颂。五是丰载体学乐为，助力金色人生。区老干部大学全年开班80余个，学员3000余人次。每周四40个社区（村）站点组织老同志同步收看直播课程。节庆日主题活动丰富，涉老协会活动经常，建立多支兴趣团队助力老有所为、乐享晚年。“五彩家园”品牌的创建，广泛激励了老同志的工作热情，丰富了老同志的退休生活，积极为岳麓区建设事业发挥余热。

【区离退休干部工委成立】 按照

中办发〔2016〕3号、湘办发〔2017〕21号和长办发〔2017〕39号文件要求，参照省市模式，成立区委离退休干部工委，做到机构、人员、机制、保障“四到位”。6月29日，岳麓区举办离退休干部工委成立大会。区委常委、组织部长彭利芝出席活动，区委离退休干部工委全体成员、各街镇党（工）委副书记，区委老干部局党委离退休干部全体党务工作者，各街镇、区直有关部门离退休干部党支部书记、老干专干等100余人参加了成立大会。

【召开离退休干部区情通报会】 1月16日，区委、区政府召开全区离退休干部区情通报会。区直机关离退休干部，各街镇、区直各战线离退休干部代表等300余人齐聚一堂，共话区域发展，喜迎新春佳节。区领导周志凯、刘汇、周凡、彭利芝、杨利成、王剑鸣、曾高杰等出席会议。区委副书记周凡主持会议。

区委副书记、区长刘汇通报了全区2016年工作情况及2017年重点举措。区委书记周志凯发表了热情洋溢的讲话，向全区离退休老同志致以新年的美好祝愿。

【“五彩家园”老干部文艺展演活动】 3月30日下午，“点赞新变化、添彩新岳麓、喜迎十九大”2017“五彩家园”岳麓区老干部文艺展演活动在岳麓区文化馆麓山剧场隆重举行。市委老干部局副局长唐安石，区委组织部、区委宣传部、区文明办、区直机关工委、区民政局、区文体新局、区文化馆等部门领导和联点网格天顶街道川塘社区、结对共建单位坪塘街道狮峰山村的两委成员、文艺爱好者以及离退休干部、老年大学学员代表共260余人一同观看了演出。区委组织部副部长、老干部局局长齐坚真为这次活动致辞。除了文艺节目展演，活动中还设计了两轮知识抢答，把活动气氛推向一个又一个高潮，大家争先恐后积极抢答，对建设幸福岳麓、喜迎中共“十九大”胜利召开等相关知识进行了分享和普及。

【“点赞新变化 添彩新岳麓 喜迎十九大”微宣讲赛课】 6月26日，岳麓区成功举办“点赞新变化，添彩新岳麓，喜迎十九大”微宣讲赛课活动。区关工委班子成员、区青少年思想道德教育讲师团成员，全区各街镇、区直有关部门老干专干，全区“五老”团队工作室负责人等100余人参加活动。市委老干部局、区委组织部、区委宣传部、区直机关工委、区民政局等负责同志出席活动并担任评委。15位来自街镇、区直战线推荐的“五老”选手们通过广泛查阅资料、精心撰写讲稿、制作PPT课件，以一组组鲜明对比的数据、一张张真实生动的图片、一个个感人至深的故事，让在场的听众在感受经济社会发展变化中增强了荣誉感、幸福感和责任感。根据宣讲内容、宣讲形式、语言表达、综合印象及课件制作、时间限制等方面综合表现，评选一等奖3名、二等奖6名、三等奖6名。

（高育敏 罗迎军）

长沙市岳麓区人民代表大会常务委员会

人大长沙市岳麓区第五届委员会

主　　任　胡杰夫

副 主 任　王剑鸣

　　　　　林俐俐（女）

　　　　　曾跃平（女）

　　　　　江　南

　　　　　张　淳

区人大工作部门

办 公 室

主　　任　吕　瑛（女）

副 主 任　刘　娜（女）

　　　　　赵洪卫（1–3月）

　　　　　黄 珀（4–12月）

法制委员会、内务司法工委

主　　任　彭庆余

财政经济委员会

主　　任　陈岳恒

农业农村工委

主　　任　何红兵

副 主 任　李宏兵

教科文卫工委

主　　任　文树根（1–3月）

　　　　　张双武（4–12月）

城建环保工委

主　　任　黄建成（1–3月）

　　　　　文树根（4–12月）

副 主 任　赵　宾（女）

选举任免联络工委

主　　任　彭德华

副 主 任　谌　健

【人民代表大会】 3月23日，岳麓区第五届人民代表大会第二次会议在区政府机关13栋会议中心召开。会议宣布主席团第一次会议有关决定、听取关于岳麓区2016年预算执行情况及2017年预算草案的报告、通过区财政工作报告的决议。本次大会应出席代表262名，实出席254名，符合法定人数。

【人大常委会会议】 2月23日，区人大常委会召开第五届人大常委会第二次会议。会议听取审议《长沙市岳麓区2016年预算执行情况及2017年预算（草案）》《关于长沙市岳麓区2017年预算草案的审查报告（草案）》。表决通过《长沙市岳麓区人民政府关于提请析置麓谷街道设立新的麓谷街道和东方红街道的议案》《长沙市岳麓区第五届人大第一次会议至第三次会议期间常委会工作要点（草案）》《长沙市岳麓区第五届人大第二次会议筹备工作方案（草案）》《关于提请通过长沙市岳麓区第五届人民代表大会常务委员会代表资格审查委员会主任委员、副主任委员和委员人选的议案》。听取《长沙市岳麓区第五届人民代表大会常务委员会代表资格审查委员会关于代表异动情况的报告》。听取审议《长沙市岳麓区人民法院关于提请汪样等同志职务任命的议案》《长沙市岳麓区人民法院关于提请黄胜等同志职务任命的议案》《长沙市岳麓区人民法院关于提请曹祥等同志职务任免的议案》《关于提请任命岳麓区第五届人民代表大会常务委员会各工作委员会委员（兼职）的议案》，表决通过以上人事事项，新受任同志向宪法宣誓，胡杰夫向新任命人员颁发任命书。

4月27日，长沙市岳麓区第五届人大常委会举行第三次会议。会议首先进行常委会委员履职培训，邀请湖南大学杨健觉教授和湖南省城乡规划学会常委理事黄敏对麓山南路街景整治规划设计方案和岳麓山国家大学科技城东核规划前期研究和概念规划方案进行深入、细致的介绍，让常委会委员对岳麓山国家大学科技城产生直观的认识。会议听取审议《2016年度岳麓区环境状况和环境保护目标完成情况报告》，表决通过《长沙市岳麓区人大常委会关于岳麓区环境保护工作情况的审查结果的报告（草案）》。表决通过人事事项。

6月30日，区人大常委会召开长沙市岳麓区第五届人大常委会第四次会议。会议听取审议区财政局《关于长沙市岳麓区2016年决算草案和2017年1至5月预算执行情况的报告》、区审计局《关于长沙市岳麓区2016年度区本级预算执行和其他财政收支的审计工作报告》、区人大财政经济委员会《关于长沙市岳麓区2016年决算草案的审查报告(草案)》，表决通过《长沙市岳麓区人民代表大会常务委员会关于批准2016年决算的决议（草案）》。听取审议区财政局《关于长沙市岳麓区

2016年政府性债务工作情况的报告》、审议区人大财政经济委员会《关于关于长沙市岳麓区2016年政府性债务工作情况的报告的初审意见》。会议听取审议《长沙市岳麓区人民政府关于提请4S城拆迁安置房项目纳入岳麓区国民经济和社会发展计划的议案》《长沙市岳麓区人大常委会城环工委关于对区人民政府申请将4S城拆迁安置房项目纳入国民经济和社会发展年度计划初步审查结果的报告》《长沙市岳麓区人民代表大会财政经济委员会关于区人民政府提请将4S城拆迁安置房项目纳入国民经济和社会发展年度计划初步审查结果的报告》，表决通过《长沙市岳麓区人大常委会关于同意将4S城拆迁安置房项目纳入岳麓区国民经济和社会发展年度计划的决议（草案）》。会议审议《关于长沙市岳麓区社会保障工作情况的调研报告》，听取审议《区人大常委会组成人员联系区人大代表方案（草案）》《长沙市岳麓区人民法院关于提请夏珊等同志职务任命的议案》《长沙市岳麓区人民检察院关于提请任免谭卫红等同志职务的议案》，表决通过以上人事事项，胡杰夫向新任命人员颁发任命书。会议审议长沙市岳麓区人民法院关于首批遴选入额法官的报备确认报告和长沙市岳麓区人民检察院关于首批遴选入额检察官的报备确认报告。

8月24日，长沙市岳麓区第五届人大常委会举行第五次会议。会议首先举行PPP专题讲座，邀请湖南省建筑设计院PPP咨询中心运营总监李景超对PPP基础概念及案例分析进行介绍。讲座从PPP的定义及内涵、PPP发展趋势、PPP项目案例分析、PPP操作实务4个方面对PPP模式的项目操作、政府和社会资本如何合作等内容进行系统阐释和深入解读，具有很强的专业性和操作性的同时深入浅出、形象生动，常委会委员进一步提升对PPP模式基本知识的理解，产生直观认识与思考。会议听取审议《岳麓区招商引资工作情况报告》《长沙市岳麓区人大常委会关于岳麓区招商引资工作情况的初审意见》，表决通过《关于提请调整岳麓区第五届人民代表大会常务委员会代表资格审查委员会主任委员人选的议案》。听取审议《关于提请接受陈立民同志辞去长沙市岳麓区人民法院院长职务的议案》，表决通过《长沙市岳麓区人民代表大会常务委员会关于接受陈立民同志辞去长沙市岳麓区人民法院院长职务的决定（草案）》。听取审议《长沙市岳麓区人民政府关于提请蒋志国等同志职务任免的议案》《关于提请决定任免彭轶等同志职务的议案》，表决通过任命蒋志国为长沙市岳麓区区人民政府办公室主任等人事事项，胡杰夫向新任命人员颁发任命书，新受任同志面向宪法宣誓。

10月24日，岳麓区第五届人大常委会第六次会议召开。会议先后听取岳麓区关于贯彻实施《中华人民共和国农产品质量安全法》情况的汇报，关于《中华人民共和国农产品质量安全法》执法检查情况的报告，并就人大代表们关心、人民群众反映的问题展开询问，岳麓区食药监局、农林畜牧局、商务局等部门现场逐一进行回答代表询问。会议对区人大《中华人民共和国农产品质量安全法》执法检查组执法情况的报告进行表决。10月25日，区人大常委会召开长沙市岳麓区第五届人大常委会第六次会议第二阶段会议。听取审议区人民政府《关于中华人民共和国道路交通安全法贯彻实施情况的报告》，表决通过《岳麓区人大常委会执法检查组关于检查中华人民共和国道路交通安全法实施情况的报告》；听取审议区人民政府《关于岳麓区城乡规划工作情况的报告》，表决通过《长沙市岳麓区人大常委会关于岳麓区城乡规划工作情况的审查结果的报告》；听取审议有关人事事项；书面听取大学城建设调研报告；听取审议部分区“一府两院”负责人、部分市人大代表履职报告，对区“一府两院”负责人履职情况进行满意度测评。

11月29日，长沙市岳麓区第五届人大常委会举行第七次会议。会议首先举行学习中共十九大报告专题辅导讲座，邀请长沙市委党校副校长、资深教授、理论专家刘国杰教授对十九大报告进行解读。会议听取审议《关于长沙市岳麓区2017年1—10月预算执行情况和2017年预算调整方案的报告》《关于长沙市岳麓区2017年1–10月预算执行情况和2017年预算调整方案的初步审查结果的报告》，表决通过《关于提请调整岳麓区第五届人民代表大会常务委员会代表资格审查委员会主任委员人选的议案》，书面听取岳麓区产业发展调研报告。听取审议《长沙市岳麓区第五届人民代表大会第三次会议筹备工作方案（草案）》，表决通过《长沙市岳麓区人民代表大会常务委员会关于召开第五届人民代表大会第三次会议的决定（草案）》，听取审议相关人事事项。会议决定：长沙市岳麓区第五届人民代表大会第三次会议于2018年1月10日至13日在区机关会议中心召开。建议会议主要议程：听取和审查区人民政府工作报告；审查和批准区人民政府关于2018年国民经济和社会发展计划草案的报告；审查和批准区人民政府关于2017年财政预算执行情况与2018年财政预算草案的报告；听取和审查区人大常委会工作报告；审查区人大法制委员会、财政经济委员会工作报告；听取和审查区人民法院工作报告；听取和审查区人民检察院工作报告；相关选举事项；其他。

12月14日，长沙市岳麓区第五届人大常委会举行第八次会议。会议听取审议区人民政府《长沙市岳麓区第五届人民代表大会第一次会议以来代表建议、批评、意见办理情况的报告》、区住建局《关于区人大代表建议办理情况汇报》、区水务局《关于区人大代表建议办理情况汇报》、区环保局《关于区人大代表建议办理情况汇报》和区人大常委会选举任免联络工委《长沙市岳麓区第五届人民代表大会第一次会议以来代表建议、批评和意见办理与督办工作情况的报告》。听取审议《关于提请依法补选长沙市岳麓区第五届人民代表大会代表的议案》，表决通过《长沙市岳麓区人民代表大会常务委员会关于依法补选岳麓区第五届人民代表大会代表的决定（草案）》。

12月19日，长沙市岳麓区第五届人大常委会举行第九次会议。会议听取审议、表决通过刘汇、周凡的人事事项。会议听取审议并表决通过《长沙市岳麓区人民代表大会常务委员会关于建立与完善审计查出突出问题整改情况向区人大常委会报告机制的意见（草案）》；听取审议区审计局、区财政局、区交通局和西湖街道办事处《关于2016年度区本级预算执行和其他财政收支审计工作报告指出问题的整改情况和处理结果的报告》，表决通过区审计局《关于2016年度区本级预算执行和其他财政收支审计工作报告指出问题的整改情况和处理结果的报告》，对区财政局、区交通局、西湖街道审计查出问题整改情况进行满意度测评。

【人大监督】2017年，区人大机关继续深入开展“项目建设岳麓行”活动。实时跟踪项目进度，协助处理项目推进过程中的困难、障碍，助力全区产业发展。悉心组织评议发改工作。组织常委会委员、部分人大代表进行集中视察，邀请相关单位及项目负责人召开座谈会，采取网上匿名调查，全面评估服务对象对区发改局工作的知悉情况和工作满意度。组织区人大财经委委员和熟悉财经知识的代表提前介入政府及部门预算草案编制工作，提出预算编制工作中存在的不足和修改意见、建议。仔细核查财政部门每月报送的报表材料，及时掌握全区预算收入和支出情况。为保证决算审查工作质量，探索制定《长沙市岳麓区人民代表大会常务委员会关于建立与完善审计查出突出问题整改情况向区人大常委会报告机制的意见》，督促审计局认真制定审计工作方案，保障审计工作依法有力开展。严把债务监督关。开展政府性债务专项调研，妥善处理存量债务、依法科学管理使用新增债务等方面建议意见。针对防汛工作中所暴露的问题，积极组织部分人大代表实地调研，撰写水利设施受灾情况调研报告，为政府编制水毁工程修复实施计划提供翔实资料。依照农村土地承包法，深一步对我区农村土地流转工作进行视察，监督政府在规范农村土地流转、建设都市休闲农业工作上再发力，再部署，再投入。听取社会各界人士对区卫计工作的了解、看法和意见，严格依据法律法规，开展对区卫计局的工作评议。组织开展《中华人民共和国道路交通安全法》执法检查、《中华人民共和国农产品质量安全法》执法检查及专题询问。针对执法检查中发现的问题和人民群众关心的问题，组织开展专题询问。组织法制委委员及部分代表参加市人大组织的《长沙市养犬管理条例》《长沙市城市生活垃圾管理条例》等6部法规的立法调研工作。加强民主、行政和司法监督。跟踪监督“七五”普法工作，深入开展法治宣传教育。加大宪法宣传力度，继续完善向宪法宣誓制度，增强宪法权威。继续做好规范性文件备案审查工作。继续以庭审评议工作为抓手，强化对法院、检察院案件办理情况的监督。现场监督我区首批员额法官、检察官向宪法宣誓。开展全区水环境质量视察活动，对施家港高排口、西湖文化园、后湖国际艺术园黑臭水体整治工作进行实地调研。开展“环保世纪行活动”，学习水污染治理和农村垃圾分类等先进经验。开展全区非煤矿山整治视察活动，督促矿山资源管理相关法律法规的有效落实。

【服务全区发展】区人大机关紧紧围绕全区工作大局，坚持依法履职，主动监督。依法行使重大事项决定权和人事任免权。审议通过政府关于提请析置麓谷街道设立新的麓谷街道和东方红街道的议案。审议通过政府关于提请望新片区正圆棚户区改造纳入岳麓区国民经济与社会发展年度计划的议案和关于提请4S城拆迁安置房项目纳入岳麓区国民经济与社会发展年度计划的议案。依法做好常委会人事任免工作。审议《区人民政府关于长沙市岳麓区环境保护工作情况的报告》，扎实维护公众环境权益。认真审议《区人民政府关于长沙市岳麓区规划工作情况的报告》，促进我区城乡规划工作更好地服务民生需求、服务产业发展。根据区委的安排部署，区人大成立课题调研组，历时六个多月，形成《岳麓山国家大学科技城建设调研报告》。调研报告向区委提出6个大项、16个小项的建议意见，得到区委高度肯定。

【履职尽责】区人大机关以打造“代表之家”为抓手，把扩大代表参与、发挥代表作用贯穿于各项工作之中，努力为代表履职拓宽渠道、创造条件。不断探索代表工作的新思路、新方法，以“一年一个主题”构建富有浓郁岳麓特色的人大代表活动。制定《区人大常委会组成人员联系区人大代表方案》，主任会议成员对所联系的代表实现走访全覆盖。不断完善代表议案建议办理、督办工作机制，通过培训、指导、服务等环节，着力帮助代表提高建议质量。为推进代表意见建议办理工作，通过集中交办、重点督办、现场督办三种方式，有效地增强督办工作的针对性和实效性，提高代表建议办理质量，合力解决一批关乎人民群众切身利益的难点问题。突出实用性，高标准建设代表活动平台，截至日前已建成街道代表活动室18个，社区、村代表活动站34个。建立代表联系微信群，既方便了代表与常委会的联系，不定期推送岳麓区经济社会发展的重要资讯，保障代表的知情权。积极推动代表履职信息和活动管理数字化建设，启动网上代表履职平台、代表建议办理平台建设，通过信息化手段不断推升代表履职服务保障水平。

【自身建设】区人大机关始终把自身建设放在重要位置，以自身建设提升，助推机关全面工作提升。修订完善《长沙市岳麓区人大常委会议事规则》，研究制定《长沙市岳麓区人大常委会组成人员守则》，切实维护法律庄严性和人大工作严谨性。建立常委会会前培训制度。建立邀请代表列席常委会制度，根据安排，常委会会议每次邀请五名代表旁听，保障届内所有代表均能至少列席一次以上常委会议。以“四型人大”为指引，组织机关干部职工深入学习中共十八大、十九大全会精神以及习近平总书记治国理政的新理念新思想新战略及其系列重要讲话精神，树牢政治意识、大局意识、核心意识、看齐意识。扎实开展“两学一做”学习教育，带动和促进了机关干部作风的转变和机关效能的提高。大力支持机关党支部、工会工作，组织机关党员干部参观省党史陈列馆、雷锋故居，重温入党誓词；组织人大代表、人大工作者开展首届岳麓区人大“健康杯”羽毛球、乒乓球赛，增强了凝聚力和向心力。认真贯彻落实中央18号文件、省委26号文件、市委14号文件精神，结合岳麓实际，主任会议成员深入18个街镇调研人大工作，细致调查摸底，逐步解决制约街镇人大工作和建设的重点难点问题，街镇人大工作力量逐步配齐配强，有效激发基层人大工作活力。注重工作能力提升，全年组织人大工作人员参加培训30余人次，召开街镇人大工作座谈会4次，交流街镇人大工作经验，不断提高全区人大工作整体水平。　（黄珀）

长沙市岳麓区人民政府

区委副书记、代区长
刘　汇（女）
区委副书记、代区长
周　凡（12–）
区委常委、常务副区长
蔡　锋
副 区 长 潘旺明
李　舜（女）
谭应林
刘雄辉
张永久
邹　刚
区政府办公室
区政府办主任
郑　平（女，1–6月）
蒋志国（8–）
区政府办副主任
杨　懿（女）
龚　常
许　博
顾　虎（1–8月）
舒　平
易　佳
钟昭华（8–）
区政府办副主任、法制办主任
李明清
法制办副主任
陈丽娟（女）

【政府常务会议】 3月25日，区第五届人民政府召开第三次常务会议，研究安全生产工作。4月13日上午，区第五届人民政府召开第四次常务会议，研究经济型人才引进工作、研究促进现代服务业发展若干政策、研究产业引导基金设立工作，审议《岳麓区政务信息资源共享管理暂行办法》，研究党员干部违纪处分事宜。4月20日上午，区第五届人民政府召开第五次常务会议，研究环境保护工作，审议《岳麓区人民政府部门公共服务事项目录》《2017年度地质灾害防治方案》《关于进一步规范用地管理秩序的通知》，研究房屋产权办证处遗工作、“签约未腾”申请非诉执行工作，审议《国有土地征收范围内房屋拆除工程安全生产管理指导性意见》《国有土地上单位房屋征收操作指导性意见》《渣土扬尘污染综合整治工作实施方案》。5月17日下午，区第五届人民政府召开第六次常务会议，研究退役士兵安置工作、含浦街道社区卫生服务中心建设资金缺口事宜，审议《岳麓区“新生儿耳聋基因芯片筛查”项目实施方案》，研究青山中心小学改扩建工程超概算事宜、岳麓科技产业园出资筹建湖南大数据交易中心事宜。6月15日下午，区第五届人民政府召开第7次常务会议，听取岳麓区配合中央环保督察阶段性工作情况汇报，审议《岳麓山国家大学科技城拆迁安置方案》。6月22日晚上，区第五届人民政府召开第八次常务会议，审议《麓山南路综合整治工作实施方案》《岳麓山国家大学科技城市容环境秩序综合整治工作实施方案》，研究《岳麓山国家大学科技城区校合作共创工作实施方案》。7月12日下午，区第五届人民政府召开第九次常务会议，研究灾后恢复重建工作、区产业引导基金设立相关事宜，审议《岳麓区妇女儿童发展规划（2016—2020年）》。8月4日上午，区第五届人民政府召开第十次常务会议，研究安全生产工作、禁毒工作、岳华新苑农民安置用地项目有关问题，审议《莲花镇、雨敞坪镇土地利用总体规划（2006至2020年）2016年调整完善方案》。8月18日上午，区第五届人民政府召开第十一次常务会议，审议岳麓山国家大学科技城核心区PPP项目SPV公司组建方案及项目合同、《岳麓区灾后重建三年行动计划实施方案》。9月14日下午，区第五届人民政府召开第十二次常务会议，安排部署党的十九大前安全生产大检查工作，研究《中央环保督察反馈意见岳麓区整改工作方案》。11月16日上午，区第五届人民政府召开第十三次常务会议，审议岳麓山国家大学科技城核心区PPP项目SPV公司组建方案及项目合同、《岳麓区灾后重建三年行动计划实施方案》，听取2017年1至10月预算执行情况和2017年财政预算调整方案汇报。12月26日，区第五届人民政府召开第十四次常务会议，研究《岳麓区2018年建设项目投资计划》《岳麓区2018年市重大项目投资计划》编制工作《政府工作报告（送审稿）》《关于长沙市岳麓区2017年国民经济和社会发展计划执行情况及2018年国民经济和社会发展计划草案的报告（送审稿）》2018年度财政预算（草案）编制工作及《关于长沙市岳麓区2017年预算执行情况2018年预算草案的报告（送审稿）》。

【参政服务】 一是抓好文字综合服务。认真做好综合调研、文稿起草、信息报送等工作。高标准完成政府工作报告、经济形势分析报告等各类重要文字材料的起草撰写，及时准确上报工作信息。高质量起草材料160余篇，领导署名文章6件。二是抓好上级决策落实。紧紧围绕上级及区委、区政府确定重大事项，严格按照“五个落实”要求，实施“表格式”管理、“一线式”推进、“立体式”督办，加强现场督查、重点督查、联合督查，全面提升工作执行力。全年共办理省市批示件112件，迎接省市专项督查23次，得到省市充分认可和好评，没有被省市通报批评的情况。全年累计督促落实任务分解213项，组织集中督查20余次，印发督查通报10期，办理市长信箱信件400余件，区长信箱信件1500余件，全部做到按时回复。三是抓好建议提案办理。办理各级议和提案203件，高效办理人大建议73条，政协提案98件，确保办复率、见面率、满意率100%。其中，完成2件省人大代表建议、1件省政协提案会办工作，按时按质按量完成。

【综合协调保障】 在保证工作质量的前提下，注重协调配合，加快工作节奏，提高工作效率。一是机要工作严谨高效。严格做好文件登记、制发、报送保存等各项工作，切实加强印信、文件档案管理等工作。全年共登记收文4016件、发文375件、纪要152件、群众来信42件、上级转办161件、区领导交办3185件、台账8本、归档文件1701件。二是协调职能充分发挥。立足单位实际，牵头抓好实事工程，全年完成省市“为民办实事”指标任务23项，及时、准确报送月进度数据，其中自来水户表改造、新增城镇就业和住宅小区老旧电梯安全技术评估等6项指标超额完成年度任务。三是后勤保障务实到位。认真抓好日常财务管理，坚持勤俭节约原则，做到各项保障工作有序到位，确保工资发放、医疗保险金、住房公积金缴纳等工作按时到位，全力保障好干部职工权益。四是电子政务成效显著。不断优化和升级政务外网、内网办公平台，据统计，2017年，岳麓区政府门户网站用户访问量达70万余次，发布各类政务信息35000余条。其中，政府信息公开目录信息11200余条，部门信息公开目录信息12800余条，政务公开工作要点栏目信息3600余条，确保全区电子政务办公稳定高效。

【专项工作统筹】 一是总部经济培育富有成效。全区共有总部企业75家（全国性总部5家），楼宇项目达到52个，商务办公面积308.5万平方米，已招商面积80.6万平方米，已完成迁转企业48家，其中，总部企业2家，引进了全通教育、中铝视拓、世联行等总部企业31家，楼宇企业627家。全年亿元楼宇2栋，5000万楼宇4栋，共设立楼宇党建服务站12个，政协联络点2个。二是金融证券工作稳步推进。通过多种方式搭建政府、银行、投融资机构与企业对接平台，广泛深入推介正规合法的融资渠道，普及有关投资理财知识。组织召开2017年湘江金融发展峰会和成功举办“湘江基金小镇授牌暨私募基金发展论坛”，共引进51家基金管理机构和基金，其中，基金管理机构34家，基金17家，基金管理规模929亿元。多元拓宽资本市场直接融资渠道，全年实现融资为96.7亿元，平均融资成本控制在5.5%。三是政府应急能力明显提高。进一步健全和完善领导机构、预案体系和应急平台建设，严格实行领导干部24小时带班和工作人员24小时应急值守制度，确保政令畅通和及时有效处置突发事件，全年无因突发事件处置不及时或处置不力造成严重后果的情况发生。四是爱国卫生运动深入开展。以城乡环境卫生整洁行动、病媒生物防制等工作为重点，带动和促进卫生创建等各项工作的深入开展，进一步改善城乡环境卫生状况，加强对有害生物防治（PCO）公司的考核和监督，广泛发动群众开展爱国卫生运动工作，做好洪涝灾害后卫生防疫工作，进行灾后防疫宣传，创建垃圾分类减量示范村，提升城乡居民的文明卫生意识和健康水平，为全区经济社会协调发展创造良好的卫生环境。五是法制工作扎实有效。积极参与区审改办对全区行政职权的清理工作，对全区各部门行政职权的合法性、合理性进行严格审查。共受理行政复议案件67件，共接到市政府行政复议答辩通知书18件，按时完成答辩18件，以区政府为被告的行政诉讼案件58起，暂无一起案件在诉讼过程中败诉。共对政府3份规范性文件进行了审查备案，审查政府合约50多份，参与处理重大事项近20多起，为各重点工程建设严把法律关。六是禁毒工作成效显著。全力抓好禁毒工作落实，确保全民禁毒大格局的形成。在区禁毒委的领导下，多次召开禁毒工作会议，不定期到各街道（镇）抽检社区戒毒台账的建立情况、任务完成情况，及时研究调度帮助解决工作中的实际困难和问题，狠抓工作落实，确保了禁毒工作的有序开展。全年共制作、印发各类禁毒宣传手册18万余份，策划、组织各类禁毒宣传教育活动1000余场次，张贴禁毒宣传海报2万余张，出动流动宣传车200余车次，悬挂禁毒横幅2000余条。活动覆盖17个街道（镇）,共有8万余名禁毒志愿者、热心群众参与到活动中，受教育群众达50万余人次。完成省部督目标案件各一起，捕诉涉毒犯罪嫌疑人136人，缴毒23547.82克。

【党建工作】 一是抓好党建责任落实。政府办机关党支部结合自身实际制定年度工作计划，不定期研究部署党建工作。11月严格按程序进行支部换届选举，选出支部书记1名、副书记1名、组织委员1名、群工委员1名、宣传委员1名，健全组织体系。围绕2016年机关党支部书记述职评议的问题和承诺事项，明确整改责任、措施和时限，确保问题整改落实到位。二是抓好党建基础工作。坚持“三会一课制度”，全年，召开支部党员4大会，召开支委会12次，每个党小组按规定召开党小组会议，每季度安排一堂党课。结合中共十九大精神，作“学习贯彻十九大精神，在服务中心工作、加强党建工作争当表率、彰显作为”专题党课。从5月开始，每月确定一个主题，开展丰富多彩的主题党日活动。认真组织全体党员干部观看党的中共大开幕会，学习习近平总书记报告讲话精神。11月26日，组织支部全体党员赴韶山开展党员活动，在韶山毛泽东铜像广场集体重温入党誓词，并参观毛泽东同志纪念塔、滴水洞等红色教育基地，党员们的党性意识进一步提升，支部集体凝聚力进一步增强。及时办理党员党组织关系结转手续，细致做好党费收缴工作。深入抓好党务公开和党员分类积分管理工作。经常与党员谈话谈心。三是抓好服务群众工作。支委成员模范执行联系服务群众有关规定，联系服务望岳街道府后路社区，定期开展走访帮扶活动，为社区建设排忧解难。全体党员耐心热情做好群众接访工作，并按时到所在社区或所联系社区报到，积极开展慰问、帮扶、志愿服务等活动，为群众解决实际困难。为应对7月的洪涝灾害，组织全体党员积极响应区委、区政府的号召，积极捐款，为莲花镇送去价值2万元的慰问物资。（唐志勇）

【法制工作】 法制工作按照“以人为本，复议为民”的办案宗旨，行政复议依法受理率达100%。全年共受理行政复议案件68件，其中，2件驳回，36件撤回申请，12件维持原具体行政行为，15件不予受理，15件移送。接到市政府行政复议答辩通知书18件，按时完成答辩18件，复议决定维持率100%。

行政应诉。建立案情研讨会制度，推进涉案部门参加庭审制度，对专业性较强或是涉及民生需要调解的案件，责成涉案部门派人参加庭审，此举一方面有利于我方充分阐明合法性及合理性，另一方面有助于涉案部门规范行政行为、避免法律风险。2017年区政府为被告的行政诉讼案件共104件，其中一审61件，二审39件，再审4件。行政负责人出庭应诉已达6次，积极参与应诉工作。

规范性文件管理。健全合法性审查机制，落实相关程序规定，推进备案审查常态化、合法性审查精细化、建议审查实效化。按照“有件必备、有备必审、有错必纠”的原则对报备的文件进行合法性审查，认真落实规范性文件有效期制度，定期对现行规范性文件进行清理。完成规范性文件清理工作，处于有效期内的规范性文件均在区政府门户网站上公布。严格执行“三统一”制度，2017年新增发布3件，按时向市政府及区人大常委会备案。

具体行政行为合法性审查。区政府在作出涉及土地征收、环保、政府投资、招商引资等方面重大决策，区相关部门组织开展社会稳定风险评估，区政府法制办从合法性、适当性、可行性及法律后果等方面进行法律审查和论证，确保行政行为合法有效，避免了决策的盲目性和违法性。2017年审查政府合同58件，为区领导专题协调会、批示件等提供法律意见建议36次，出具各类征求意见答复67件。

行政执法监督及培训。继续

贯彻落实行政执法人员持证上岗和资格管理制度。依据省政府及市政府关于行政执法换证的工作要求，积极组织各执法单位进行新一轮执法资格清理。对全区具有行政处罚权的单位，开展行政处罚案卷集中评查活动。通过案卷评查，进一步规范行政执法行为，提高行政执法水平。组织全区行政执法人员进行行政执法证的网络模拟答题，更新全区行政执法人员的知识库，提高行政执法人员的执法水平。　（宋先）

附录：

2017 年长沙市岳麓区人民政府主要文件目录

1. 岳政发〔2017〕3 号 关于公布《岳麓区人民政府部门（单位）公共服务事项目录》的通知

2. 岳政发〔2017〕5 号 关于印发《岳麓区妇女儿童发展规划（2016 至 2020 年）》的通知

3. 岳政发〔2017〕6 号 关于2016 年度征兵工作考核结果的通报

4. 岳政发〔2017〕9 号 关于调整岳麓区部分行政区划的通知

5. 岳政办发〔2017〕6 号 关于印发《岳麓区政务信息资源共享管理暂行办法》的通知

6. 岳政办函〔2017〕3 号 关于调整岳麓区森林防火指挥部和岳麓区重大动物疫病防治指挥部成员的通知

7. 岳政办函〔2017〕4 号 关于做好 2016 年政府信息公开年度报告编制工作的通知

8. 岳政办函〔2017〕5 号 关于成立岳麓区困难群众基本生活保障工作领导小组的通知

9. 岳政办函〔2017〕7 号 关于开展基层应急管理规范化建设的通知

10. 岳政办函〔2017〕9 号 关于举办第二届“万步有约”职业人群健走激励大奖赛的通知

11. 岳政办函〔2017〕13 号 关于印发《长沙市第九届运动会岳麓区工作方案》的通知

12. 岳政办函〔2017〕19 号 关于 2016 年度建议提案办理工作考核情况的通报

13. 岳政办函〔2017〕22 号 关于印发《岳麓区两型社会建设综合配套改革 2017 年工作要点》的通知

14. 岳政办函〔2017〕31 号 关于成立岳麓区集体土地扫尾工作领导小组的通知

15. 岳政办函〔2017〕32 号 关于调整岳麓区中央省市企业办社会职能分离移交工作领导小组的通知

16. 岳政办函〔2017〕34 号 关于调整岳麓区物业管理指导协调领导小组成员的通知

17. 岳政办函〔2017〕35 号 关于印发《长沙市岳麓区 2017 年暑期政府购买服务向中小学生免费开放体育场所工作方案》的通知

18. 岳政办函〔2017〕37 号 关于成立岳麓区“路长制”工作领导小组的通知

19. 岳政办函〔2017〕41 号 关于印发《承接部分市级经济社会管理权限事项下放工作方案》的通知

20. 岳政办函〔2017〕45 号 关于进一步加强政府机关使用正版软件管理工作的通知

21. 岳政办函〔2017〕48 号 关于调整岳麓区去存量土地专项工作领导小组成员的通知

22. 岳政办函〔2017〕49 号 关于成立岳麓区质量强区工作领导小组的通知

23. 岳政办函〔2017〕50 号 关于区政府办公室领导班子工作分工的通知

24. 岳政办函〔2017〕51 号 关于成立岳麓区社会信用体系建设领导小组的通知

25. 岳政办函〔2017〕52 号 关于成立岳麓区文物保护管理委员会的通知

26. 岳政办函〔2017〕59 号 关于成立长沙市岳麓区农村自来水普及工程指挥部的通知

27. 岳政办函〔2017〕64 号 关于印发《长沙市第九届运动会开幕式岳麓区组织方案》的通知

28. 岳政办函〔2017〕71 号 关于印发《岳麓区 2017 年老旧小区居民家庭餐厨油烟净化综合治理工作实施方案》的通知

29. 岳政办函〔2017〕74 号 关于成立长沙市岳麓区公平竞争审查工作联席会议制度的通知

30. 岳政办函〔2017〕79 号 关于印发《2017 年“在新时代奔跑”红色半程马拉松赛组织工作方案》的通知

31. 岳政办函〔2017〕81 号 关于做好 2018 年度全区无偿献血工作的通知

民族宗教和外事侨务工作

区民族宗教和外事侨务局

局　　长　张　选（1–3月）
　　　　　　梁　鼎（4–12月）
副 局 长　邓　薇（女）
　　　　　　裴国恩

【概况】 2017年，区民族宗教和外事侨务局认真贯彻执行党和国家关于民族宗教和外事侨务的方针、政策和法律、法规、规章，当好区委、区政府在民族宗教和外事侨务工作方面的参谋助手，组织开展区民族宗教和外事侨务工作。圆满完成区委、区政府及上级业务主管部门交办的其他工作任务。

民族事务。区政府专题研究民宗外侨工作，对工作进行科学部署、统筹安排、重点推进。区政府、区委统战部领导加强对民族工作调度、督办，提高相关部门及街镇负责人的重视程度。开展“民族宗教政策法规宣传月”“民族团结进步宣传月”活动，促进民族团结。推进民族团结进步创建工作，重点打造梅溪湖街道阳明山庄民族团结进步创建示范社区，3月，国家民委第三督查组到岳麓区阳明山庄社区开展民族团结进步创建活动督查调研，对社区的民族团结进步创建工作给予高度肯定，12月，阳明山庄社区正式被批准成为全国民族团结进步创建示范单位。与各职能部门、街镇通力合作，开展少数民族流动人口管理和服务工作。与少数民族来长务工人员协会定期对接，及时发现和了解情况。5月，对全区34家拉面馆重新摸底调查并进行走访登记。全年为全区77名少数民族考生办理了高考加分初审，为8名群众办理了少数民族成分更改，帮助多名少数民族到长沙务工人员子女就近入学。

宗教事务。把增进团结、促进发展和维护稳定作为做好民族工作的根本目的，多形式开展具有少数民族特色的主题活动，进一步促进全区各民族和睦相处。岳麓区民族联谊会和岳麓区少数民族服务站，为少数民族群众提供法律咨询100人次、社区帮扶113人次、就业指导104人次、义工服务54人次，解决少数民族群众就业7人，有效地帮助到长沙少数民族群众更好地融入城市生活。督促宗教活动场所完善管理制度，抓好区佛教协会班子建设，督促全区5个佛教寺院住持完成换届选举，提升宗教场所民主管理建设。组织宗教教职人员15人次参加统战、民宗系统举办的学习和培训，每季度对宗教场所进行走访交流，提升宗教教职人员的思想认识和法治意识。加强宗教法规知识宣传教育，提高信众对宗教活动、民间信仰活动、封建迷信活动的识别能力。认真开展宗教活动场所消防、房屋建筑、防范渗透等安全隐患排查工作。加强网络舆情稳控，对全区6个宗教场所开设的网站、微信公众号进行备案管理，做好重点监控。开展非法传教情况排查，防止宗教地下渗透、私设聚会点、宗教信仰“极端化”等现象发生查处一起民间团体在辖区湘江河堤违规组织宗教放生活动，消除宗教领域的负面影响。对全区未登记的民间信仰场所实行摸底备案，实行分类管理，落实属地管理责任。开展和谐寺观教堂和“四型”场所创建活动。2017年，麓山寺、灵瑞寺被市民宗局评为创建工作先进单位。积极引导各宗教团体、宗教场所参与社会公益事业，组织区宗教场所和信教群众参与抗洪救灾行动，全年各宗教活动场所为社会累计捐款捐物折合人民币70余万元。推荐3名宗教教职人员分别担任区人大代表和政协委员，积极带动广大信教群众为区域发展建言献策。

外事侨务。1月和8月，涉外参观点学堂坡社区接待两批共55人的国外参观考察团。带领岳麓实验中学16名师生出访韩国京畿道新一商务高中，促成两校缔结姊妹学校。协助岳麓区教育局与美国圣地亚哥市湖滨区联合教育局签订《教育交流合作协议书》。配合市外侨办成功承办2017年海外华裔青少年“中国寻根之旅”夏令营（湖南营）。坚持帮扶慰问，关心困难侨属。对困难归侨侨眷进行走访登记，向上积极争取慰问资金，2017年春节期间，区委、区政府走访慰问老年归侨侨眷37户，较好维护侨界和谐稳定。省人大常委会副主任王柯敏6月调研华侨权益保护工作，对岳麓区工作开展情况给予充分肯定。强化归口管理，妥善处理涉外事件。从严控制因公出国（境）人员批次数量。将加强涉外管理与提供优质服务有机结合，展示良好的岳麓形象，2017年，服务因公出国（境）7批次10人，无违反外事纪律要求的行为发生。协调学士街道办事处妥善处理华侨曾朝晖、侨眷谢林英反映拆迁问题的信访件，为基层组织化解矛盾，为侨务对象疏导情绪，保障侨眷合法权益。（曹娟）

政务公开和政务服务

区政务服务中心

党组书记、主任

李扬波

党组副书记、副主任

刘孙成

党组成员、副主任

陈　涛（女，1–9月）
欧阳娟（女，1–9月）
吴　广

党组成员、纪检组长
李哲鹏（1–9月）
党组成员 李哲鹏（10–）
党组成员、副主任
谭水清（12）

【**概况**】2017年，区政务服务中心紧贴区委、区政府工作大局，进一步加强服务中心基础设施建设，优化政务服务工作环境。全年接待群众176384人次，办结各类许可、服务事项160260件。2017年在区年度绩效考核评比中，被评为绩效考核党群政务类一类单位。

行政审批。一是精心组织编制流程清单。对照部门权力清单，组织园区和区直相关部门按要求对政务服务事项流程清单进行实时更新。协调区发改局、区住建局、区卫计局等11个部门按照规范程序、精简环节，详细、准确梳理事项审批全过程，编制投资项目审批流程清单34项。组织区直相关部门按要求编制行政许可、行政确认、行政给付、其他职权、公共服务事项共五类政务服务事项服务指南和流程清单。推进“互联网+政务服务”工作建设，制发《关于进一步做好政务服务事项目录清单（权力清单）和实施清单（办事指南）填报录入工作的通知》，督促指导相关部门将行政许可、公共服务事项指南和流程录入省一体化平台。二是扎实推进网上办理和网上咨询。以“三张清单”为基础，以信息技术为支撑，开发集行政审批、网上办事、电子监察于一体的“互联网+政务服务”新平台。依托全区网上政务服务和电子监察系统，推动实体政务大厅向网上办事大厅延伸。充分发挥网上办事大厅在线咨询、资料预审功能，让数据多跑路，办事群众少跑腿。三是进一步深化商事制度改革。政务大厅推进工商登记注册便利化，营造更加宽松平等的准入环境，推行企业登记“五证合一、一照一码”登记制度和个体登记推行“两证合一”登记制度。2017年，个体登记20788户，企业登记8991家。积极推进“四十三证合一”改革，政务中心工商局“多证合一”综合服务窗口负责统一受理，“四十三证改革”工商审批时限为2个工作日，并联审批部门时限最长不超过5个工作日，总时限不超过7个工作日。

服务市民热线。一是全面推行所有成员单位行政“一把手”工单批阅制度；二是以街镇为重点推行热线业务专题培训和工作推进会议常态化；三是建立对成员单位主要负责人定期走访和协商通报制度；四是完善定期会商、调度与专题汇报、工单现场交办相结合的工单处理机制；五是坚持对疑难工单实地调查、派单跟踪督办机制。通过以上举措进一步确保办单效果，2017年，全区签收热线工单13934件，按时签收率、按时办结率100%，市级回访工单12131件，满意率96.36%（比2016年度94.11%上升2.25个百分点），信息库信息更新录入590条。

信息公开办理。全年通过政府网站主动公开政府信息35430条，受理依申请公开政府信息128件。对受理的申请公开件都进行严格的审查与处理，建立登记台账，均在法定期限给予答复。因政府信息依申请公开答复引起的行政复议11件，诉讼10件，无败诉。

党建工作。中心党支部结合当前形势变化，探索支部活动新模式，丰富党性教育形式，如支部开展“亮身份、强服务、争先锋”主题活动与主题党日、中心各项活动相结合，创新活动形式，提升党员的服务意识，发挥先锋引领作用；结合学习廖俊波先进事迹，争做合格党员，做群众贴心人活动；开展政务服务窗口相关制度内容知识竞赛，进一步提升政务服务水平；充分利用“两学一做”学习教育主题党日开展系列活动；积极组织党员观看学习十九大报告，传达十九大会议精神，深化窗口服务工作。（任颖）

人力资源和社会保障

区人力资源和社会保障局
党组书记、局长
李学军
党组成员、副局长
李　晔（女）
党组成员、纪检组长
朱能文（1–9月）
党组成员 朱能文（9–12月）
党组成员、副局长
康景洋
崔　凯

【**概况**】2017年，区人社局在区委、区政府的正确领导和市人社局的精心指导下，围绕“民生为本，人才优先”的中心工作、统筹推进就业创业、社会保障、人事人才、劳动关系等各项工作，全力以赴、奋力拼搏，圆满完成了全年工作目标任务。

就业创业。一是落实扶持政策。开展形式多样的就业创业惠民政策宣传活动，将就业创业信息传递到群众手中；举办基层业务培训，不断提升工作人员的经办能力和业务水平，规范经办程序；二是搭建供需平台。依托“就业援助月”“春风行动”“民营企业招聘周”“高校毕业生服务月”等专项活动，举办现场招聘会30场，达成就业意向3358人，服务到企业、岗位到基层、政策到群众扎实有效。三是提供精准帮扶。开展离校未就业毕业生实名制帮扶工作，通过主动走访、建档立卡，实施就业帮扶293人；根据长沙市对接贫困县劳务协作深度洽谈会的安排，对接郴州市四个贫困县，先后举办数场招聘会，促进当地困难人员就业；对口帮扶龙山县，在龙山县举办为期一周的以酒店、餐饮行业为主要内容的就业技能培训班，提高求职者的就业技能。四是推动创新创业。牢牢把握“双创工作”新机遇、新要求，积极推动大众创业、万众创新，全区有29家单位获得市级示范项目扶持，17家单位获得区级示范街道、示范社区、示范基地项目资金扶持，择优推荐麓山南路社区、湖南星投信息服务有限公司申报省级示范街道、社区及“双百工程”。2017年，岳麓区新增城镇就业6886人，新增创业主体7682户，带动城乡就业13162人,失业人员再就业4969人，就业困难对象就业1843人，农村劳动力转移就业700人。

社会保障。一是严格退休审批，确保待遇发放。全区1.6万余名企业离退休人员、3000余名机关事业单位退休人员的养老金待遇全部按时足额发放，发放率一直保持在100%。二是开展便民服务，优化社保卡办理。自区社保卡管理服务中心成立以来，已制卡33.1万张，领卡24.9万人；为方便较偏远乡镇群众办理社保卡，在雨敞坪、莲花、含浦和坪塘四个街（镇）增设了四个社保卡服务点实现就近办理；为方便因特殊情况不能现场办理的群众，成立社保卡流动服务小组，提供上门办卡服务。三是全力配合重点项目建设，做好被征地农民社保工作。认真审核每一位被征地农民的身份性质，确保“不漏一人，不错一人”，切实维护被征地农民的合法权益。四是落实省市要求，推进退管服务。成立退休人员社会化管理服务工作小组，在全区范围内开展退休人员社会化管理示范点评选，评选出望岳街道七里营社区等11个企业退休人员社会化管理示范点。五是加强双控管理，保障基金安全。始终严格执行《社会保险财务制度》、《社会保险基金会计制度》及《社会保险稽核办法》，进一步完善财务管理制度，认真把好基金“入口关”和“出口关”。随着养老保险基金结余过亿元，为保障基金的安全，除按省厅的要求将个人账户基金金额按时上解到指定账户外，其他结余均按基金保值原则进行双控存定。

人事人才管理。一是做好了公务员日常管理、考试录用以及培训考核等工作。办理94名工作人员的流动调配手续、完成25名公务员(含参公管理)的日常登记;选调公务员类（含参公管理的事业单位工作人员）16人，考试聘用事业单位工作人员83人；对全区机关事业单位6510名非领导职务工作人员进行了考核。二是严格执行工资福利政策，做好工资福利待遇的审批工作。完成6201人次的晋档（晋薪）、425人次的晋级工作，根据省市津补贴调整的要求，完成了全区津补贴补发及调标工作。三是严格落实专业技术人员职称评审政策，完成专业技术人员初级职称评审179人、中级职称评审5人、副高职称评审2人。四是组织实施2017年岳麓区市场化选聘经济型人才工作，选聘18名经济型人才，为“知识岳麓、创新岳麓”建设提供人才支撑。

劳动关系不断改善。一是加强劳动监察，化解劳资纠纷。采取日常巡查、专项检查和举报投诉专查等形式，严格执法，全年主动监察用人单位184家，涉及劳动者2.5万余人，处理举报投诉案件99起，帮助624名劳动者追讨工资918.4万元。及时化解群体性上访事件12起，其中，岳麓区青山小学改扩建工程、长沙星城园林景观绿化有限公司渔人码头项目等，涉及上访人数300余人，工程款1100万元，追回农民工工资340万元，依法维护了劳动者合法权益。二是大力宣传劳动保障法律法规，有效提高劳动者的维权意识和用人单位规范用工行为的意识。三是不断提高仲裁调解水平，提升争议仲裁的调解效能。处理劳动人事争议案件346起，立案受理231起，不予受理、撤诉115起，共涉及劳动者维权的标的额970余万元。（丁媚）

信访工作

区信访局

党组书记、局长

曹志武

党组副书记

周国界

副 局 长 鲁爱华（女）

刘　忠
程宇标
党组成员　黎　明

【概况】 2017年，区信访局紧紧围绕“三融共进、五化同步”的战略目标，着力加强日常信访基础工作、畅通信访渠道有效化解信访积案、开展季度讲评、加大网上信访宣传，不断提升信访工作科学化、规范化水平，为创建平安岳麓营造和谐稳定的社会环境。全年接待到区上访群众871批3653人次，其中，集访132批2502人次，办理群众来信210件，受理群众网上信访788件，办理上级交办案件17件，复查复核案件61件。区信访局信先后获湖南省信访局颁发的“信访工作基础业务‘百佳业务’规范单位”奖和长沙市委办公厅、市政府办公厅颁发的“信访工作目标管理考核优秀单位”奖。曹志武、周昌林被市委办公厅、市政府办公厅评为信访工作优秀个人，欧阳立斌被省信访局评为信访工作基础业务“百佳业务能手”。

信访培训。采取轮流培训和集中培训方式，分别对各街（镇）及区直部门信访专干进行培训，并邀请省、市信访部门的专家进行专题授课。2月20日，召开全区信访业务培训暨工作部署会议，区信访局领导班子及各科室负责人、各街道（镇）及区直有关部门信访专干参加会议。11月22日，由长沙市信访局安排，岳麓区信访局承办，在区委党校2楼教室举办岳麓区信访积案录入操作专项培训，会议由长沙市信访局督查督办处处长贺清泉主持，湖南省信访局督办处副处长张兵受邀出席并作专题授课。岳麓区17个街道（镇）、13个重点区直部门以及宁乡县信访局、高新区信访局负责信访信息录入工作的信访专干共50余人参加了此次培训。

信访接待。按照中央、省、市关于落实信访工作领导责任制的要求，区委、区政府决定2017年继续实行区级领导信访接待日制度。3月28日，印发《2017年区级领导信访接待日安排的通知》（岳办〔2017〕14号），每月安排两名区级领导到区信访局公开接待来访群众。7月，按照市信访联席办要求，对区领导信访接待日进行调整，7月1日至12月31日，每个工作日安排一名区级领导、每月安排一名党政正职在区信访局公开接待来访群众。各街道（镇）党政干部参照区级领导模式落实接访制度。2017年，全区区级领导共接待来访群众104批524人，现场解决信访问题56个。

积案办理。7至9月，按照市委、市政府召开全市信访积案化解百日攻坚誓师大会要求，全区开展信访积案化解“百日攻坚”行动。区委书记周志凯先后6次组织召开信访积案化解百日攻坚专题调度会议，要求全区上下务必提高政治站位，牢固树立“信访责任重于泰山，稳定压倒一切”的意识，切实做好信访积案攻坚化解工作。截至10月9日，100%实现清零，超额完成市对区考核目标。（蒋娟）

【区委常委会专题研究信访工作】 3月27日，区委书记周志凯主持召开区委常委会，专题研究信访工作，研究通过《岳麓区信访工作季度讲评方法》。周志凯充分肯定2016年全区信访工作取得的成绩，对2017年全区信访工作进行部署，强调要着力从抓源头、防风险，减存量，控增量入手，突出源头治理、加大信访积案化解力度、高度重视初信初访化解，压实信访工作责任，为党的十九大胜利召开营造和谐稳定的环境。11月13日，区委召开常委会议，在总结信访百日攻坚经验基础上，专题研究全区信访存量化解工作进行专题研究。（蒋娟）

信息中心工作

区信息中心
主　　任　葛建武

【概况】 2017年，区信息中心认真履行工作职责，积极统筹、协调全区电子政务工作，圆满完成电子政务保障任务。

网络建设。一是完善政务外网。以原城域网一二期光纤线路及设备租赁项目服务到期为契机，启动区城域网光纤线路及设备租赁（2017至2022）项目建设，梳理原城域网一二期裸光纤线路，更换核心及汇聚交换机、机房UPS、集中式光电转换器、光模块等设备，优化网络结构，提升办事效率。二是管好政务专网。结合省市政务专网建设相关文件精神，进一步强化政务专网建设与管理，2017年2月，区政府门户网站获评“2016年度湖南省优秀政府门户网站”。2017年，完成全区10余处政务专网点位的新增、迁移及关闭等工作，保障发改、教育、财政、审计、信访等线业务数据系统高速、稳定运行。三是建设政务内网。根据省市政务内网建设相关文件精神，政务内网一期项目于2016年底建设完成。2017年，重点完成政务内网机房屏蔽壳体自检、项目初验及终验（顺利通过国家保密局测评中心检测）等事项，政务内网已投入使用，运行状态良好。作为试点单位，2017年6月，接待省部分州市机要局及电子政务办等单位到岳麓区考察观摩政务内网建设工作。

网站服务。一是推进政务公开。严格贯彻落实《政府信息公开条例》等相关规定及文件要求，主动、全面、及时、准确公开全区重要方针政策、重大决策部署。根据《2017年政务公开工作要点》要求，结合实际细化区政务公开工作要点。切实抓好政策解读，对全区重要政策、法规性文件实施细致解读并公开发布。重点加强政府网站信息发布规范性、时效性及信息保密审核工作。全年区政府门户网站累计发布各类政务信息27900余条次。政务微博、微信等新技术应用推送各类政务信息1500余条。二是强化政民互动。印发《关于进一步做好“区长信箱”信件办理工作的通知》，明确工作目标及职责，细化工作要求及流程，规范“区长信箱”“咨询投诉”等互动栏目建设，及时掌握和处理公众反映强烈的热点和敏感问题。全年“区长信箱”等互动栏目累计收到各类有效信件900余封，回复率100%。三是深化办事服务。结合公众办事需求，将行政审批、行政确认等共250余项办事事项集中到统一的网上服务窗口办理。全年“办事服务”栏目受理办事事项12514条，办结12514条。开展以“环保绿化”“企业开办”“工程建设”等主题为重点的一体化服务建设。坚持以用户为中心，结合依申请公开、办事服务、互动交流三个栏目建设，打造个人资料、我的办件、我的信件、我的申请、个人中心专属主页。

系统应用。一是推进平台建设。根据市区两级部署，2017年，以社区综合信息服务平台建设为契机，以打造“智慧岳麓”为主题，完成全区52个单位社区综合信息平台一期项目建设。平台一期项目运行稳定，各单位综合窗口均利用系统平台受理、办理业务，为推进项目二期建设打下了坚实基础。二是强化系统整合。配合区一线办对网格化一期项目系统实施升级改造，更换、维修老旧设备，更新软件系统。结合网格化一期项目系统升级，按照《岳麓区政务信息资源共享管理暂行办法》要求，对网格化一期项目各子系统数据进行梳理、整合。积极开展网格化数字化认证及第三方机构测评，确保网格化系统正常运行。三是开展业务培训。依据国家、省、市政府网站建设与管理相关文件要求，结合实际开展政府网站后台操作技能培训，确保网站建设力量。组织为期两天的社区综合信息服务平台一期项目建设单位综合窗口人员开展系统操作培训。2017年，组织各类技能培训2次，培训学员120余人。

技术保障。一是强化项目管理。对全区电子政务项目实施协调指导和归口管理，开展项目技术审查、评审。2017年，重点完成了区教育局城域网运维外包项目、区妇幼保健所免费孕前优生健康智能服务辅助系统项目、区卫计局健康助手服务平台项目等近10个项目方案的技术评审，确保电子政务项目建设规范、高效，健康有序。二是细化运维管理。采取运维外包，对区政府机关大院（一办、二办）网络、终端、服务器、业务系统等基础设施实施运维管理。据统计，2017年，共受理IT运维事件1500余件。其中，终端及辅助设备等运维1000余件，网络运维300余件，服务器运维40余件，应用业务系统运维20余件，机房基础设施运维40余次，其他运维20余件，保障了全区电子政务办公的高效开展。三是提供会务支撑。强化各类会议技术支撑，2017年，两办会议设备使用支持、会议会标制作及视频播放约150余次，保障了两办各类会议有序开展。党委、政府两线省、市视频会议保障40余次，区级大型会议活动技术保障10次。完成2017年区政府工作报告PPT图片采集、制作、播放等事项，确保了各类会议及重大活动的顺利开展。

安全防护。一是完善安全防范机制。结合相关文件精神，先后制定并完善了网络与信息安全防范、应急处理和信息安全保障等制度。严格按照安全管理制度执行，防御网络攻击和数据篡改，杜绝各类网络及应用系统安全事故的发生，确保网络安全防护有制可依。二是实施安全等级保护。完成安全防护设备采购集成一期项目建设，采购使用下一代智能防火墙、堡垒机、安全日志审计等新设备，对政务外网、政府门户网站及信息数据等实施安全等级保护。依托华中测评中心安全技术力量，对全区网络及数据实时7×24小时安全防护，确保网络及数据信息安全。三是细化网络运营监管。加强区数据中心机房的运营监管，坚持“每周检、每月检、年中检、年终检”，发现问题及时整改。细化各汇聚机房

管理，指导各街道（镇）及时做好与社区（村）的光纤连接及线路维护等工作，确保全区政务网络的高效畅通。（梁子君）

机关事务管理

区机关后勤服务中心
主　任 彭国宏
副 主 任 刘定见
邓志勇
欧阳均

【**概况**】2017年区机关后勤服务中心突出安全主线，立足服务主题，把握管理核心，从细节入手抓安全，从提升质量抓服务，从规范制度抓管理，圆满完成各项工作任务。继续保持机关物业管理“国家级示范大厦”，机关大院省、市级“园林式单位”，机关食堂长沙市“食品卫生A级单位”荣誉。

节能工作。按照“公共机构节能，政府先行示范”的原则，在全区公共机构范围内倡导绿色建筑、绿色环境、绿色办公、绿色用能，不断创新合同能源管理模式，对湖南师大附中博才实验中学、长沙市中小学素质教育实践基地岳麓营地、咸嘉街道办事处机关和咸嘉新村社区的照明和路灯进行了节能改造。其中，莲花镇的东塘村和云集村的太阳能路灯新建共6个项目获市里资金批准且改造完成。

物业监管。按照区委、区政府工作部署，落实机关大院和湘麓金座物业管理工作，严格按照《机关物业考核办法》对两个物业公司进行严格监督管理，量化考核。全年完成大小会议服务2397场次，组织机关人员、物业公司员工安全培训2次，各类物业服务满意率99.5%。加强保洁力度，保障干净舒适的办公环境。不断加大人防技防力度，充实安保力量，完善机关大院、湘麓金座监控系统，做到人防、技防和物防三位一体，机关内重点部位实行24小时专人值守，坚持执行白天进入办公楼登记、夜间凭卡出入。全年房屋和公用设施完好率98%，设备完好率97.5%，维修合格率99%以上。做好机关大院空调换季检修、日常维护、维修、空调水循环水质处理等工作，全年完成实施、评审、结算工程项目82个。全年实现无刑事案件、无食品安全事故、无交通事故、无重大火灾、无重大破坏案件、无重大盗窃案件的目标，保证了机关大院良好的办公环境。

食堂管理。继续实施“文明餐桌行动计划”，机关食堂、湘麓金座食堂通过张贴宣传画、摆放提示牌等方式营造“文明用餐”的浓厚氛围。不断提高员工素质，提升服务水平，组织员工进行业务培训、知识竞赛、到专业酒店学习、食品安全培训等。实行日常食品24小时留样制度，设立台账，专人记录，让安全事故可以追溯到源头，菜品、菜式不断创新，干部职工满意度进一步提升。

公务用车管理。按照省、市公车改革要求，加强公务用车的管理，成立岳麓区公务用车服务管理中心，负责对全区公务用车的管理和服务，对纳入平台集中管理的100台车辆实施集中管理、集中停放、集中调派，提高车辆使用效率，公务出行得到充分保障。

其他工作。进一步完善人口网格化信息管理系统，为流动人口提供生殖健康状况检查，为机关女同志代买计划生育保险；按照公安部门的要求，为职工办理集体户口；认真做好机关办公电话新装移机等通信业务；对机关内国有资产情况进行清理、统计；合理调配湘麓金座西栋办公单位办公家具；继续落实党政机关办公用房清理腾退工作，对办公用房面积不足的单位和新成立部门办公用房进行调剂分配；在“三服务一线”“一推行四公开”等群众工作中，除落实好每月28日群众接待日外，另委派一名干部长期驻村，为群众提供便捷服务。全年区机关后勤服务中心为藕塘村解决节能工作经费4万元，为“三服务一线”驻点村解决修村级公路经费3万元。及时排除留香园基础设施安全隐患，完善了安置小区绿化。修复金星路藕塘村部路口交通信号灯，消除了安全隐患。

队伍建设。严格落实班子成员“一岗双责”，推进各项工作协调开展。配合做好区委巡察工作，如实反映情况，认真整改存在的问题。进一步完善各项规章制度，严格执行各项财务管理和资金使用制度，严控“四费”开支，严格政府采购、充分发挥资金使用效率。全年未发现有违法违纪问题。（康利民）

政协长沙市岳麓区委员会

政协长沙市岳麓区第五届委员会

主　　席　袁精华

副 主 席　曾高杰
喻英姿（女）
刘　平
卜茂荣
彭首志

秘 书 长　杨国春

常务委员　丁　刚
王　敏
王如民
王国梅（女）
文志斌
宁联芳（女）
刘　湘（女）
刘世雄
刘红艳（女）
刘国才
李　杰
李万安
李蜜心（女）
杨正龙
吴小宁
吴松祥
张　浪（女）
张湘华
陈　念（女）
周　立（女）
郑明方
胡　斌
禹明华（女）
禹海慧
饶　艳（女）
徐　平（女）
唐南沙（女）
唐湘辉（女）
盛文硕
崔康乐
彭志军
释演法
曾　斌
谢　芳（女）
谭　旭
魏志波

区政协工作部门

办公室主任
范　璐（女）

副 主 任　成应时

经济科技委员会主任
盛文硕

文教卫体委员会主任
王　敏

群团联络委员会主任
徐　平（女）

副 主 任　陈正文

提案法制委员会主任
刘红艳（女）

人口资源环境委员会主任
杨正龙

【政协全体会议】 3月21–22日，区政协召开五届二次全体会议，主席袁精华代表区政协五届常委会作工作报告，副主席刘平代表区政协五届常委会作关于五届一次以来提案工作情况的报告；政协委员分组讨论审议《关于政协长沙市岳麓区第五届委员会常务委员会工作报告的决议》《政协长沙市岳麓区第五届委员会常务委员会第二次会议政治决议》，协商讨论《区2016年财政预算执行情况与2017年财政收支预算（草案）的报告》。召开区政协五届三次常委会议，通过《关于区政协五届常委会工作报告的决议》《区政协五届二次会议政治决议》。

【政协常委会议】 3月3日，区政协召开五届二次常委会议暨集中学习。会议邀请区政协委员、湖南湘翔税务师事务所有限责任公司董事长刘帅作税务知识辅导；协商通过《区政协2017年工作要点（草案）》《区政协2017年度协商计划（草案）》《关于召开区政协五届二次会议的决定》《区政协常委会议工作报告（草案）》，以及区政协五届二次会议议程、日程安排、大会秘书长、副秘书长建议名单；协商关于析置麓谷街道设立新的麓谷街道和东方红街道事宜；传达学习省、市政协全会精神。3月22日，区政协召开五届三次常委会议。会议听取各讨论组讨论常委会报告、财政工作报告的有关情况；审议《关于区政协五届常委会工作报告的决议（草案）》《区政协五届二次会议政治决议（草案）》。6月22日，召开区政协五届四次常委会议暨（扩大）集中学习，会议邀请区政协常委、医学博士、教授文志斌作健康知识专题辅导；审议通过《岳麓区政协协商民主建设实施办法（草案）》；协商决定有关人事任免事项。10月31日上午，岳麓区政协召开五届五次常委（扩大）会议，集中学习贯彻党的十九大精神。会议邀请长沙市委党校副教授李丽纯作关于学习中共十九大精神的辅导报告，协商通过有关人事任免事项。12月22日，区政协召开五届六次常委会议，会议听取区人民政府关于区政协五届一次会议以来提案办理情况的通报；审议通过《关于召开政协长沙市岳麓区第五届委员会第三次会议的决定》、大会议程（草案）、日程（草案）、大会秘书长、副秘书长建议名单、政协长沙市岳麓区第五届委员会常务委员会工作报告（草案）、政协长沙市岳麓区第五届委员会常务委员会关于五届一次会议以来提案工作情况的报告（草案）、《政协长沙市岳麓区委员会2018年度协商与监督工作计划（草案）》、区政协优秀提案、“六好委员”建议名单；协商决定有关人事任免事项。

【政治协商民主监管】 认真落实《岳麓区政协协商民主建设实施办法》，研究制定年度协商工作计划，精心组织协商活动，积极有序开展民主协商工作，为全区经济社会发展建真言、谋良策、出实招。区政协主席会议先后对区人民法院执行工作、美丽乡村建设、重点提案办理、半年度财政预算执行情况等开展专题协商，及时将协商意见向区政府及相关职能部门进行反馈。高度重视界别协商，切实加强界别协商工作的研究部署和具体指导，组织引导各界别紧扣党政所需和群众所盼，围绕“基金小镇建设”“弘扬传统文化，打造书香家庭”等八个协商议题，扎实有效地开展界别协商活动。

【参政议政】 一是深入开展重点调研。认真落实区委的指示和要求，把湖南金融中心建设和楼宇经济发展作为重点调研课题。按照“请进来、走出去、沉下去”的工作要求，以专家座谈、外出考察、实地调研为主要形式有序展开，形成《发挥优势，精准发力，合力推进湖南金融中心建设发展》《做强楼宇经济，助推转型升级，奋力打造区域经济新的增长点》两篇调研报告，为促进湖南金融中心建设和楼宇经济发展，提出了很多有见地、有价值的对策建议，为区委、区政府科学决策、民主决策提供了重要参考。调研报告得到省市政协的充分肯定，获评省政协优秀调研成果一等奖、三等奖。二是认真组织专题视察。紧紧围绕区委、区政府工作重点和人民群众关心关注的热点，先后对金星大道提质改造、区两馆（图书馆、文化馆）建设、望城坡枢纽经济商圈发展、中南大学科技园研发总部建设、社区提质提档工作等开展主席会议专题视察，为委员深入基层、知情明政，凝聚共识、献计出力作出了积极努力，为推动相关工作、促进区域发展提出了务实、管用的意见、建议。三是创新推进提案工作。以重点提案办理为突破口，探索实施“区委书记、区长批办重点提案”制度，确定由书记、区长批办的重点提案4件。坚持主席、副主席督办提案工作制度，主席会议成员按照联系分工对提案办理进行全面督办。提案工作机制更加健全，强化培训、深入调研、积极撰写、认真办理的提案工作新格局基本形成。区政协五届一次会议以来共收到委员提案195件，立案、交办并办复98件，切实发挥政协提案推动区域经济社会发展的重要作用。四是扎实开展议政建言。重视发挥大会发言参政议政的积极作用，区政协主席会议对大会发言工作进行专题部署、广泛动员，委员们精心选题、深入调研，围绕大科城建设、总部经济发展、都市农业发展、健康岳麓建设等关乎我区转型创新发展和民生事业改善的重要议题建睿智之言、献务实之策。区政协五届三次会议中，全区政协组织和广大政协委员共提交大会发言材料36篇。扎实推进社情民意信息工作，全年，委员们共反映社情民意信息150多条。《管控“舆情”应严控“娱情”》《加强对消毒剂的管理刻不容缓》等10多条社情民意信息被省市政协采用，促进了相关问题的妥善解决。社情民意信息工作获评全市政协系统一等奖。五是积极参与中心工作。按照区委统一安排，区政协主席、副主席深入街镇一线、深入项目现场，了解工作情况，协调解决问题，促进了所联街镇、所联项目相关工作的顺利进行。曾高杰、刘平、彭首志3位副主席积极参与未来科技城、望月湖有机棚改、麓山南路综合整治集体土地等项目征收拆迁安置工作。一批政协委员积极参加项目拆迁建设工作，为全区项目建设与经济发展贡献了辛劳和汗水。全区政协组织和广大政协委员积极投身防汛抗灾工作，主动参与和组织抗洪救灾活动130余次，捐款捐物160多万元，在战胜历史罕见的特大洪水面前体现了政协作为。按照区委统一部署，区政协成立专门工作组，精心指导、帮扶含浦街道干子村灾后重建工作，组织政协机关干部和部分政协委员为干子村灾后重建工作筹集资金60多万元。积极协助区委区政府做好信访维稳工作，主动协调解决上访群众反映的困难和问题，区政协主席、副主席认真落实信访维稳问题包案责任制，切实负起信访维稳和包案责任。

【继续深化主题活动】 一是加强活动动员部署。区政协主席会议成员分别深入各街（镇）联络处、各界别，以把握主题内涵、增强活动实效为重点，对主题活动的深化和拓展进行再动员、再部署。各街（镇）联络处、各界别认真落实部署、要求，结合自身实际，紧扣主题、发挥优势、凸显特色，开展一系列有影响、有成效的履职活动。二是拓宽委员履职载体。为深化“六好”委员主题活动，扎实组织委员参与“下基层、进网格、听民声、解民忧”活动，广大政协委员积极参与扶贫帮困、捐资助学等社会公益活动，以实际行动体现政协委员的社会责任和良好形象。全区政协组织和广大政协委员推动解决人民群众关心、关切的问题112个，联系帮扶困难群众286名，举办公益慈善活动40余次，捐款捐物共计210多万元。坚持“六好”委员主题活动与区委“三服务”一线工作法相结合，区政协机关科级干部和一批政协委员定期深入一线、深入群众，进网格、进社区，认真听取意见和呼声，及时反映群众诉求，积极化解矛盾纠纷，切实帮助基层群众排忧解难，促进社会大局和谐稳定。三是发挥典型示范作用。开展“六好”委员评选活动，广大政协委员立足岗位作贡献、争当先进作表率，全年，评选“六好”委员52名，进一步增强委员履职的责任感、荣誉感，激发全区政协委员履职尽责的饱满热情。省市新闻媒体多次报道我区政协组织和政协委员开展主题活动的情况，进一步宣传委员事迹，扩大政协影响。

【强化队伍自身建设】 一是切实强化学习培训。加强政协委员集中学习。落实常委会议集中学习制度，邀请专家、教授进行中共十九大精神的专题辅导；创新开展政协常委、委员授课制度，组织常委、委员就健康知识、税务知识等开展集中学习。组织部分政协委员赴厦门大学开展学习培训，进一步提高委员的综合素养和履职能力。在政协机关创建“政协委员学习室”，加强委员学习阵地建设。提升政协工作者业务水平。举办政协工作者业务培训班，邀请省市政协工作专家，就人民政协基本知识、政协提案、反映社情民意信息等开展专题辅导，全面提升政协工作者的业务素养和工作水平。加强政协理论研究。积极参与省市政协开展的政协理论研讨活动，组织委员向省、市政协提交8篇理论研讨成果，认真研究探讨新时期人民政协工作的新路径、新方法。二是加强政协机关建设。切实抓好党建工作。以政治建设为统领，切实加强政协组织思想作风建设和党风廉政建设，重视加强机关党建工作，扎实推进政协机关“两学一做”学习教育常态化制度化。丰富以“和谐、凝聚、向上”为核心内容的政协文化内涵，健康向上、开拓创新、民主团结、和谐共进的氛围更加浓厚。完善制度建设。研究出台关于加强调研工作和反映社情民意信息工作的实施办法，推动调查研究、社情民意信息工作更加规范、有效。印发规范全区政协委员履职行为的文件通知。完善政协机关办文办会、公务接待、财务管理等日常管理制度，覆盖全面、执行严格、管理科学的制度体系基本形成。加强信息化建设。顺应人民政协工作新形势、新要求，切实加强政协信息化建设，建立“岳麓区政协”微信公众号，升级改版区政协门户网站，搭建18个涵盖线上线下的“智慧政协委员工作室”，引导委员运用省政协“政协云”平台积极履职。三是夯实政协基层基础。发挥专委会的基础作用。认真落实专委会联系街（镇）联络处和界别工作制度，坚持重大决策和重要工作部署充分听取专委会意见建议，专委会联系、协调和参谋、助手作用得到更好发挥。加强对联络处的工作指导。通过区政协主席会议和各委（室）的支持、指导，各街（镇）联络处着力健全工作制度、规范服务管理，务实开展、创新推进各项履职活动，街（镇）联络处政协工作水平得到整体提升。发挥政协界别的积极作用。创新界别工作机制，开展界别协商、集体提案、大会发言、调研报告“四个一”履职活动，有效调动界别履职的积极性、创造性，界别工作“四个一”活动得到市政协的充分肯定。在区政协全年各项履职活动中，更加注重界别委员参与的力度和广度，界别作用充分发挥，界别工作亮点纷呈。

（董彦宏）

中共长沙市岳麓区纪律检查委员会

区纪委、区监察局

区委常委、纪委书记

贺赤兴

区纪委副书记、监察局局长

万　千

区纪委副书记

盛文硕（1–4月）

张晨阳（5–12月）

许文杰

区纪委常委、监察局副局长

刘　波（女）

区纪委常委

黄继承

喻春晓（女）

张卫名

赵权峰（女）

区监察局副局长

冯　熙（女）

【概况】 区纪委、区监察局在区委、区人民政府和市纪委、市监察局的双重领导下进行工作，履行党的纪律检查和政府行政监察两项工作职能。区纪委（监察局）机关共有编制26名，其中行政编制25名，工勤编制1名；现有干部职工26人，党员25人。设立二级事业机构，纪检监察信息中心，核定全额拨款事业编制3名，实有干部职工1人。归口管理区委巡察办，行政编制3名，实有干部职工3人。全区共有基层纪检监察组织30个，其中街镇纪（工）委17个，区纪委派驻区直单位纪检组9个（综合监督67家区直单位），区纪委派出区直机关单位纪工委1个，景区、园区、城投纪检组织3个；设立社区（村）纪检小组151个，全区所有社区（村）均明确纪检员；全区共有纪检监察干部100余名。2017年是全区纪检监察系统的改革之年，全区纪检监察组织聚焦主责主业，努力干事成事，全区党风廉政建设和反腐败工作取得新成效，在全市2017年度党风廉政建设责任制检查考核中位列城区第二名。

落实两个责任。一是以上率下，强化责任担当。区委切实担负党要管党、从严治党的政治责任，区委书记主动担当“第一责任人”责任，全年10次主持召开区委常委会研究党风廉政建设工作。协助区委出台《长沙市岳麓区2017年党风廉政建设主体责任和监督责任清单》，条目式明确党委主体责任26项、纪委监督责任15项。分别制定区委、区纪委落实长沙市2017年党风廉政建设主体责任、监督责任清单任务分解表，确保上级要求无缝衔接并落实。区委、区政府21名班子成员签订《2017年领导班子成员党风廉政建设责任书》，形成以上率下、层层压实的责任传导格局。区纪委落实报告工作制度，主动、定期向市纪委、区委报告责任履行情况。二是多措并举，督促责任落实。继续深入落实《关于构建“九责体系”落实党风廉政建设“两个责任”的实施意见》，进一步喊醒责任、压实责任。为全区各单位领导班子成员发放《履责纪实手册》，按季度进行抽查，“点对点”发放通知提示及整改意见71次，确保履责情况全程纪实并实现痕迹化管理。每季度召开全区纪检监察系统例会，下发各单位纪检监察工作完成情况进度表，通过点评、通报等方式督促基层纪检监察组织严格履职。召开派驻纪检组长座谈会，对派驻机构改革后纪检组长的履职情况及时掌握并督促。三是动真碰硬，严格责任追究。深入贯彻落实《中国共产党问责条例》，为严肃党内政治生活、强化党内监督提供重要保障。紧紧围绕主体责任这一“龙头”,抓住“关键少数”，让失责必问、问责必严逐渐成为常态。2017年，全区共办理党内问责、党风廉政建设责任追究案件20件处理42人，其中，责令集体书面检查2件，党纪政纪处分19人，诫勉谈话5人，约谈17人，辞退1人，通报典型案例8起。

惩治腐败工作。一是从严惩治腐败问题。保持惩治腐败高压态势，2017年，全区立案查处各类违纪案件166件，同比增长64.4%，结案率100%，涉及科级以上干部22人，采取“两规”措施6人。围绕侵害群众利益的腐败行为，深入开展“雁过拔毛”“小官大贪”腐败问题专项整治。2017年，查处“雁过拔毛”式腐败问题案件49件处理89人，给予党政纪处分60人，组织处理29

人，移送司法机关10人，通报典型案例17起30人；查处“小官大贪”典型案件14起，移送司法机关8人，其中含浦街道原含浦社区主任李正军索贿受贿案剖析材料在《中国纪检监察报》刊登。特别是2017年3月至9月，区纪委根据市纪委委托授权，参与查处长沙市不动产登记中心窝案，移送司法机关6人，按照宽严相济、治病救人的原则对其他主动交代问题的80余人给予党政纪处分或组织处理，及时回应了群众关切，提升了群众获得感。该案的妥善处置得到中央、省、市纪委的高度肯定。二是改进纪律审查方式。坚持把纪律挺在前面，加大谈话函询运用力度，2017年开展函询28人次，对函询回复进行抽查核实，让“红脸出汗”成为常态。2017年以来全区各级纪检监察组织运用“四种形态”处理466人次，第一、第二、第三、第四种形态分别占比64.4%、21.2%、10.5%、3.9%。强化依纪依法安全文明办案，出台《关于开展执纪审查安全自查自纠工作的实施方案》，全年纪律审查零事故。做好纪律审查“后半篇文章”，强化以案释纪，对年度内查处的“小官大贪”典型案件做到一案一通报、一剖析，产生了广泛影响和深刻震慑作用。发挥案件查办治本作用，针对征地拆迁领域出现的违纪违法问题，督促有关部门完善制度，实现了新制度实施以来征地拆迁领域违纪“零举报”。三是治理基层信访举报。创新信访举报工作方法，灵活运用公开答复与公开评议、初信初访双向承诺、交叉办信等机制，切实将信访举报矛盾遏制在萌芽、化解在基层。2017年，全区共签订业务内实名举报初信初访承诺书10份，均在承诺时限内办结答复；组织开展公开答复与公开评议8场，化解影响广泛的疑难信访举报问题7起；开展交叉办信3起，给予党政纪处分1人，有效提升信访举报工作质效。高质量开展涉农信访举报问题专项整治，46件涉农信访举报全部在期限内办结。落实信访积案化解百日攻坚行动，2件多次越级信访举报已息访化解。充分发挥信访举报问题线索主渠道作用，2017年移交案件线索4件，成案2件，给予党政纪处分2人。

党风政风监管检查。一是推动专项整治落实落地。根据省市统一铺排，迅速反应、积极牵头抓好各项专项整治。开展清理国家公职人员违规参与涉矿等经营性活动专项整治，在全区7452名国家公职人员（含退休人员）全部自查到位的基础上，联合工商、税务等部门进行专项核查，未发现有党员干部违规参与涉矿等经营性活动行为，但发现党员干部违规经商办企业、参股、入股类问题线索25个，其中函询22个、交办3个，正在调查处理之中。开展违规征订中小学教辅资料专项整治，发现问题线索5个，组织处理2人，其他4条线索正在核实中。开展农村危房改造项目腐败问题专项整治，发现问题线索3个，立案2件，组织处理7人。开展农村水利资金专项整治，对7个街道（镇）和8家企业2014—2016年农村水利资金情况进行专项检查，发现问题线索36个，立案处理2人。推动“互联网+监督”工作常态化，全区共录入129项民生资金、132个民生项目、467248条个人发放数据，涉及各类民生资金2.8亿元，处理群众投诉举报2条。二是保持作风建设狠劲韧劲。拓宽监督渠道，开展党风政风监督员换届工作，新选聘来自社会各界党风政风监督员15名，充分发挥外部监督作用。围绕落实中央八项规定、省委九项规定和市委“两规定一办法”精神，紧盯元旦、春节、中秋、国庆等重要节点，瞄准区内作风建设薄弱环节和重点领域，深入开展明察暗访，全年共抽调人员71名、组成暗访组22个、开展暗访69次。结合省、市部署的违规公款购买消费高档白酒问题专项整治、违规操办“升学宴”“谢师宴”等专项整治，驰而不息纠“四风”、治陋习，不断巩固作风建设成果。2017年，全区查处违反中央八项规定精神、“纠‘四风’、治陋习”等作风问题88件处理210人，给予党纪政纪处分36人，通报批评131人，辞退3人，书面检查7人，诫勉谈话12人，约谈4人，通报典型案例19起34人。三是提升制度建设常态长效。创新出台《开展“两访两查两报告”加强一把手“八小时以外”活动监督管理的实施意见》，对一把手“八小时以外”活动提出“八严禁”“五倡导”要求，采取“两访两查两报告”的形式进行监督管理。工作开展以来，全区各单位一把手均填报了自查报告，区委、区政府班子成员、区纪委工作组分别以各种形式开展家访和走访，强化党内监督与组织关怀。该项工作在《湖南日报》《长沙晚报》等媒体上进行宣传推介。继续深化巩固作风建设“九项行动”创新成果，印发《关于开展2017年元旦春节期间纠正“四风”和“一查四规范”财务专项监督检查的通知》，对34家区属单位、区级指挥部、二级机构及街道（镇）开展财务专项监督检查，发现问题线索16个，约谈15人，责令清退违规发放的资金190余万元。

廉洁教育。一是严明纪律规矩“高压线”。提高政治站位，增强“四个意识”，把维护党的政治纪律规矩，落实到对中央、省委、市委、区委重大决策部署执行情况的监督检查中去。严肃开展村（社区）“两委”换届风气监督，对在换届选举工作中，因工作疏忽导致不良影响的13名责任人进行组织处理。对中央环保督察组交办问题及时快速启动问责机制，共问责10人，其中约谈3人，诫勉谈话7人。认真开展抗洪救灾纪律执行和款物管理使用情况监督检查，下发“八不准”纪律要求，对9名违反防汛工作纪律的人员给予党政纪处分。严把政治关廉洁关，开展党风廉政意见回复1300余人次，防止“带病提拔”“带病评优”。二是实现纪律教育“多样化”。以“3·23廉洁从政警示教育日”为契机，开展廉洁警示教育月活动，3月7日组织区内各单位一把手的配偶开展“争当廉内助·倡导好家风”活动。3月29日召集全区600余名负责同志开展党员领导干部廉洁从政警示教育大会，集中观看警示片《永远在路上》《迷失》。5月19日开展“清风岳麓·你我同行”之我看《人民的名义》党员廉洁教育大课堂主题教育活动，纪律教育实现由入耳入眼、到入脑入心的常态化、渗透式转变。将党章党规党纪教育纳入区委中心组理论学习，在11月17日召开的区委中心组（扩大）理论学习上，为全体人员发放《中国共产党章程》《中国共产党廉洁自律准则》并予以解读。发动全区党员干部参加全市党纪条规知识网上竞答活动，参与人数居内五区第一，获得“优秀组织奖”。三是弘扬廉洁文化“正能量”。以“喜迎十九大·涵养好家风”为主题，自制并展播《一封举报信》《局长“摊”上事》等廉洁微电影，策划音诗画《家风颂》、音乐情景剧《牵手》等廉洁文艺节目，征集了一批廉洁书画、廉洁家书、家风故事，以更加贴近干部群众的方式弘扬廉洁正气。深入挖掘本土廉洁文化资源，选取桔子洲街道学堂坡社区、洋湖街道山塘村、博才梅溪湖小学等廉洁文化示范点开展“微信H5”展览。提升廉洁宣传的影响力，坚持主动发声，全年在《中国纪检监察报》、《中国纪检监察》、《湖南日报》、湖南经视、《长沙晚报》等市级以上媒体推介区党风廉政建设工作300余篇。

体制改革。一是扎实开展国家监察体制改革试点工作。坚持精准对标、稳步推进，成立由区委书记任组长的区深化监察体制改革试点工作小组，召开3次区委常委会议、1次工作小组会议、5次工作小组办公室会议专题研究。对标省、市要求，第一时间出台《岳麓区深化国家监察体制改革试点工作实施细则》，实现挂图作战、精准施工。各责任单位严格落实“日沟通、周报告”制度，同步推进各项工作，确保区深化国家监察体制改革试点工作按时按质、高效圆满完成。二是深入推进区委巡察工作。成立区委巡察工作领导小组，设立区委巡察办，组建3个区委巡察组，选优配强一支政治素质好、年龄结构优、学历素质高的巡察干部队伍。推动巡察工作规范化、制度化，建立机构层面的“1+3机制”、工作操作层面的“九项制度”、内部运行层面的“七项流程”。深化政治巡察，坚持问题导向，紧盯“三大问题”、紧扣“六项纪律”、紧抓“三类重点”，开展2轮常规巡察和1次专项巡察，共巡察7家单位，发现问题106个，充分发挥震慑、遏制、治本作用。三是全面完成派驻机构改革。区委高度重视，于9月30日前圆满完成派驻机构改革，设立9个派驻纪检组实现对61家区一级党和国家机关的派驻监督全覆盖，选优配强9名派驻纪检组长，9个派驻纪检组各配备4名行政编制。充分保障派驻机构履职，区委书记主持召开专题大会，向派驻纪检组长正式授牌，区纪委班子成员分别牵头到被监督单位召开派驻纪检组进驻工作会议。制定《岳麓区纪委派驻纪检组工作规程（试行）》《岳麓区纪委派驻机构干部管理办法（试行）》，强化派驻机构日常管理。委局领导班子成员分别联系指导1个派驻纪检组，区直各单位明确党风廉政建设分管负责人，进一步理顺派驻机构工作体制，确保充分发挥“派”的权威和“驻”的优势。

自身建设。一是提升能力素质。把思想政治建设摆在首位，推进“两学一做”学习教育常态化，机关支部每月开展主题党日活动，特别是围绕传达贯彻中共十九大精神，开展讲党课、座谈会、写心得等活动。充分运用集中培训、以案代训、跟班锻炼等方式，提升纪检监察干部综合素质和业务能力。选派2名委局干部参与省委巡视、省纪委办案工作；组织2名纪检干部参加中纪委培训、32名纪检干部参加市纪委工作实务培训及重点村（社区）纪检业务培训；自主开展全区镇（街道）纪（工）委书记、派驻纪检组长“重走赶考路”培训班；组织全区纪检监察干部参观长沙廉政警示教育基地，集中观看《永远在路上》《打铁还需自身硬》。二是加强内部监督。继续开展纪检监察系统“五查五访”，落实纪检监察干部行为规范、个人重大事项报告、外出报备等制度，对全区60余名区直单位纪检组长和镇(街道)纪（工）委书记、副书记2016年度的个人重大事项报告表进行收集、审核，全区纪检监察干部外出报备40余人次，动态化加强对纪检监察干部的日常监管。在执纪审查组成立临时党支部，充分发挥战斗堡垒作用，切实防范执纪审查期间的廉洁风险、纪律风险。制作“岳麓区纪委(监察局)办案回访表”，将办案工作人员行为是否廉洁、是否依法依规等情况纳入回访内容，使对纪检监察干部的监督成为执纪审查工作的“保障工程”。三是健全内控机制。认真开展监督执纪专项巡察整改，先后5次召开专题会议研究部署整改工作，根据“问题清单”建立整改台账，每半月更新整改进度，对市委专项巡察第三组反馈的13个问题全部整改到位。用好用活专项巡察成果，注重常态长效，编制新版《中共长沙市岳麓区纪委监督执纪工作手册》，明确线索处置、谈话函询、初步核实、立案调查、审理等各个环节“流程图”，全过程规范监督执纪工作程序和文书，促进执纪权力规范阳光运行，有效防止“灯下黑”。（刘建）

【召开中共长沙市岳麓区第五届纪委第二次全会】 2月10日，中共长沙市岳麓区第五届纪委第二次全会在区机关十三栋会议中心召开，会议深入学习贯彻习近平总书记重要讲话精神和中央、省、市纪委全会精神，总结2016年全区党风廉政建设和反腐败工作，研究部署2017年工作任务。区委书记周志凯作重要讲话，区委副书记、区长刘汇主持会议。区委常委、纪委书记贺赤兴作《保持政治定力，强化责任担当，推动全面从严治党向纵深发展》的工作报告，全面总结2016年纪律检查工作，部署2017年任务。周志凯充分肯定全区2016年党风廉政建设和反腐败工作取得的成效，认为全区各级党组织和纪检监察组织以旗帜鲜明的态度严纪律，以驰而不息的韧劲抓作风，以抓铁有痕的决心反腐败，解决了一批过去认为不可能解决的问题，刹住了一些过去认为不可能刹住的歪风，全区反腐败工作压倒性态势已经形成，不敢腐的目标初步实现，不能腐的制度日益完善，不想腐的堤坝正在构筑，得到干部群众的广泛认同。

【举行“争当廉内助，倡导好家风”主题活动】 为深入贯彻落实中共十八大精神，充分发挥广大干部家属在干部廉洁自律和党风廉政建设方面的特殊作用，提高家庭成员在反腐倡廉中的自觉性、主动性和责任感，区纪委、区妇联在三八国际妇女节来临之际，于3月7日上午组织由全区40余名区直单位和街道镇“一把手”的配偶们参加的“争当廉内助，倡导好家风”活动，邀请她们参观长沙市廉政警示教育基地，并发放倡议书。区纪委常委、纪委书记贺赤兴同志、区妇联主席刘湘同志参加活动。

【迎接市委专项巡察】 2017年6月27日，市委专项巡察第三组开始对岳麓区纪委（监察局）开展为期15个工作日的监督执纪专项巡察。6月27日上午，市委专项巡察第三组在岳麓区召开动员会，市委专项巡察组第三组组长、市旅游局纪检组长罗晓群作动员讲话，区委常委、纪委书记贺赤兴作工作汇报和表态发言，区纪委副书记、监察局局长万千主持会议。贺赤兴对区纪委（监察局）2015年以来履行党风廉政建设监督责任、行使监督执纪权的情况作了全面汇报并表态：将以高度的政治自觉、强烈的责任担当和严肃认真的态度，主动接受巡察，全力配合工作。贺赤兴要求区纪委（监察局）全体机关干部要深化思想认识，坚决贯彻巡察工作部署；要严守纪律规矩，主动配合巡察监督检查；要把握巡察机遇，全面提升监督执纪水平。

【创新开展“两访两查两报告”加强一把手“八小时以外”活动监督管理】 坚持打好作风建设攻坚战、持久战，按照作风建设每年一重点、一创新的思路，出台《开展“两访两查两报告”加强一把手“八小时以外”活动监督管理的实施意见》，对一把手“八小时以外”活动提出“八严禁”“五倡导”要求，采取“两访两查两报告”形式进行监督管理。“两访”即进行家访和走访；“两查”即对相关问题线索视情形进行谈话函询核查或调查；“两报告”即一把手个人对

“八小时以外”活动情况进行年中专题报告和年度综合报告。

【启动区委巡察及区纪委派驻改革工作】 2017年，按照上级党委、纪委的工作部署，岳麓区全面启动区委巡察工作，5月13日、8月1日区委两次召开常委会对有关工作进行研究，8月5日下发《关于建立中共长沙市岳麓区委巡察制度的意见》，决定成立区委巡察工作领导小组，由区委常委、纪委书记贺赤兴担任组长，设立区委巡察工作领导小组办公室和3个区委巡察组，明确区委巡察办为区委工作部门，委托区纪委进行管理。8月，区委巡察机构人员编制、办公场所、工作经费等均配备到位，完善相关文件制度和内部工作流程15项，并对区内3家单位正式启动第一轮巡察。按照省、市纪委的要求，区纪委启动2017年深化派驻机构改革工作，8月18日区委常委会专题研究并通过相关改革方案，严格落实省、市纪委关于机构设置、职责权限、管理保障以及人员编制等方面的要求，9月底以区委办名义印发《关于加强区纪委派驻机构建设的实施意见》，设立9个派驻纪检组实现对61家区一级党和国家机关的派驻监督全覆盖，10月27日，召开区委巡察工作暨区纪委派驻机构改革工作部署会议，区委书记周志凯对派驻机构改革工作作强调部署，区纪委九名派驻纪检组长于9月底正式到岗开展工作。

【深化监察体制改革试点工作】 照党中央关于全面推开国家监察体制改革试点工作省区市党委担当主体责任、纪委负专责的要求，岳麓区成立区深化监察体制改革试点工作小组，周志凯担任组长，贺赤兴担任副组长，胡杰夫、彭利芝、张铁炎、王剑鸣、谭应林、谢勇以及区法院党组书记、院长担任成员。改革试点工作小组办公室设在区纪委机关，负责试点方案的组织实施和具体落实，万千担任办公室主任，相关部门负责同志担任成员。办公室下设综合指导组、纪法衔接机制组、监司衔接工作组、后勤保障组、组织组、宣传组，组员由区纪委、区委办、区委组织部、区委宣传部、区委政法委、区委政研室（改革办）、区编委办、区人大机关、区法院、区检察院、区司法局、区财政局、区人社局、区机关后勤服务中心、区公安分局等单位相关同志组成。

（刘建）

人民团体

岳麓区总工会

区政府副调研员、区总工会主席
华　良
副　主　席　王莲霞（女）
王德生
正科级干部
雷飞燕（女）
办公室主任
张超群（女）

【概况】 至2017年末，全区共有工会组织3334家，工会会员65159人，其中农民工会员16213人。

基层工会建设。一是以非公企业为重点，推进工会组建和发展会员工作。2017年，新增工会组织401家，发展会员人数17067人，在物流（快递）企业、家庭服务业等领域成立工会8家。二是开展工资集体协商工作，区总工会、区人社局、区工商联联合下发《关于开展2017年度工资集体协商“春季要约行动”的通知》，并举行2017年岳麓区“春季要约行动”暨工资集体协商启动仪式。长沙王府井购物中心有限责任公司、湖南微力量艺术教育传媒股份有限公司等5家企业的企业方和职工方首席代表进行了工资集体协商现场签约。全年区总工会完成工资集体协商和职代会任务744家，其中单独协议84份，区域性协议46份，覆盖企业587家；行业性协议6份，覆盖企业73家。三是抓“小三级”（区级、街镇级、社区级）工会建设。重视社区提质提档后的工会工作，以模范职工之家建设为目标，推进社区工会工作管理规范化、服务常态化、功能多元化、工作品牌化。在模范职工之家创建工作中，坪塘、咸嘉湖、桔子洲、银盆岭、西湖、天顶、梅溪湖、望月湖、观沙岭、含浦、洋湖、雨敞坪等街道（镇）工会指导村（社区）联合工会和企业创建了14家区级模范职工之家。区建筑行业工会联合会、望岳街道金星新村社区联合工会委员会、望城坡街道长华社区联合工会委员会、湖南微力量艺术教育传媒股份有限公司工会委员会、区博才洋湖小学工会委员会被评为2017年度长沙市模范职工之家。天顶街道工会指导梅溪湖创新中心联合工会委员会成立岳麓区首家楼宇工会，促进楼宇经济发展。

农民工权益维护。一是组织农民工入会。聚焦建筑项目、物流快递业、餐饮酒店、物流管理、家政服务、农业专业合作组织等重点领域、重点行业和重点企业，采取推广工会服务卡、工作督查等措施推进工会组织建设，动员农民工入会，全年成立家政、劳务服务工会组织2家、物流1家、互联网1家、新业态组织6家，发展农民工会员1513人。共有24家建筑工地成立了项目工会，有农民工会员16213人。二是创新服务方式。全国工会创新服务农民工研讨会召开后，根据会议精神，区总工会把服务农民工工作和新时期产业工人队伍建设改革相结合，促进农民工融入城市，稳定就业。区总工会、区建筑行业工会在湖南岳麓山建筑集团有限公司办公综合楼项目工会举行“农民工入会 工会送好礼”活动启动仪式。先后在湖南岳麓山建筑集团有限公司办公综合楼、湖南省西湖建筑集团有限公司坪塘北片安置小区、湖南湘荣建筑工程有限公司新城国际花都、湖南西城实业有限公司中房瑞致4#地块第一标段等项目工会开展“扫码入会 工会有礼”活动，为千余名农民工发放入会礼品。指导项目工会开展电工、砌筑工、抹灰工劳动竞赛，安排150名农民工参加免费体检，开展“工会关爱农民工、健康服务到身边”义诊进工地活动；组织全区100名建筑企业“三类人员”（企业负责人、项目负责人、安全管理人员）参加安全培训班。中华全国总工会党组书记、副主席、书记处第一书记李玉赋到长沙考察工会工作时，对岳麓区总工会在创新农民工入会服务链式推进工作法、建筑工地项目工会建设、农民工扫码入会、农民工会员备案登记制等工作，给予高度评价。中华全国总工会举办的中工网、湖南工人报对这项工作进行了专题报道。

工会服务工作。一是完善服务职工实事项目制度。职工医疗互助工作持续深化，全年有711

名职工申报了医疗互助金，申报金额43.8万元。协调企业解决职工部分工资，缓解劳资矛盾。对近10个月未能领取工资的某“湖南有限公司”近100名职工，区总工会及时上门进行安抚和慰问，与企业负责人进行沟通和协调，使他们在春节前领到部分工资。二是实施职工技能提升计划。推动职工书屋建设，帮助职工提升思想道德素质和科学文化素养。岳麓街道麓枫社区、观沙岭街道岳华村被评为2017年度市级职工书屋示范点。完善“培训、练兵、比武、晋级”四位一体的职业技能发展机制，指导基层工会开展职工职业培训，组织参与第四届全省职工职业技能大赛、长沙市职业技能竞赛及相关行业技能竞赛，充分发挥劳模创新工作室的集聚效应，提升职工职业能力和技能素质。观沙岭街道工会推荐的东方雨虹洛迪公司硅藻泥产品及工艺改进项目荣获长沙市第五届职工科技创新奖三等奖。三是加大对困难职工的帮扶力度。开展元旦、春节“两节”慰问。筹集送温暖资金56.2万元，对384个单位和部门的1154名一线职工、困难职工、困难农民工和劳动模范进行走访慰问。将18.6万元的防暑降温物资，发放到建筑、环卫、园林、市政、地铁等40多家奋战在高温一线岗位的企事业单位职工手中。金秋助学活动中，筹措帮扶资金7.6万元对19名困难职工子女进行了资助。对24名困难职工实施了大病救助，发放救助资金18.8万元。四是丰富基层工会职工文体活动。为迎接中共十九大胜利召开，进一步丰富机关干部职工文化生活，区总工会与区直机关工委、区文体新局联合在桔子洲举办“喜迎十九大·激昂桔子洲”主题文体活动。本活动活跃工会职工的文化生活，激发干部职工干事创业热情，也让大家感受了岳麓的魅力，享受到生活在岳麓的幸福与美好。五是做好工会宣传工作。全年发送各类信息728条，并举办禁毒知识、安全知识答题有礼活动。

工会自身建设。一是加强调研，密切联系职工群众。把握职工队伍的结构特征、变化特点、发展趋势。制定区总工会领导干部联系基层和职工制度，推动机关领导干部下基层、进企业、访职工、抓调研、办实事常态化制度化。2017年区总工会对17个街道（镇）、建筑行业工会联合会进行了走访调研。二是加强教育培训，提升业务水平。开展工会经费使用与管理、企业工会主席岗前培训等专题培训，不断提升教育培训工作实效。在区委党校举办了工会财务管理培训班，区直机关、各街道（镇）及建筑行业工会主席、工会专干、工会工作者，共96人参加了培训。在湖南微力量传媒有限公司举办2017岳麓区企业工会主席岗前培训班。三是开展基层工会经费使用管理专项督查。根据市总工会关于开展基层工会经费使用管理专项督查的文件精神，成立督查工作领导小组，制定督查工作计划，明确督查重点单位，采取听取情况汇报、查阅账本、个别谈话等方式，围绕贯彻落实《中华全国总工会办公厅关于加强基层工会经费收支管理的通知》和《湖南省总工会办公室关于贯彻落实〈中华全国总工会办公厅关于加强基层工会经费收支管理的通知〉的若干意见》，对工会企事业单位是否建立独立账户、工会经费使用管理过程中是否存在违反“八个不准”等主要内容，对区属12个基层单位工会经费使用管理情况进行了督查。（周磊）

【抗洪抢险及灾后慰问重建】 岳麓区汛情发生后，区总工会迅速下发《关于迅速组织各级工会和广大职工积极参与抗洪救灾工作的紧急通知》，紧急购买近8万余元救灾物资，送抵麓山、橘子洲两个景区防汛指挥部及一线工作人员手中，筹款20万元对200户受灾特困家庭进行帮扶，向卫生系统等重灾单位拨付救灾资金7万元。争取省总工会拨款30万元，支援橘子洲景区灾后重建开园工作。区建筑行业工会在工会主席杨映红的带领下组织20余家建筑企业工会成立800余人抗洪抢险突击队参加抗洪抢险。

【麓山景区劳模创新工作室授牌】 5月19日，由岳麓区总工会、麓山景区管理处共同主办、岳麓区旅游局协办的“文明旅游 向我看齐 劳动模范进景区文明劝导活动暨麓山景区劳模创新工作室授牌仪式”在岳麓山“云驿露营基地”启动。市总工会党组书记郑耀频、副主席朱余华，文明办副主任丁德喜，市旅游局副局长曾卫军等出席仪式，区属20名劳动模范代表，景区97名岗位服务明星、优秀党员等参加。长沙市岳麓山景区管委会周竹平、高春波劳模创新工作室被评为2017年度长沙市示范性劳模和工匠人才创新工作室。市总工会副主席朱余华为“周竹平、高春波劳模创新工作室”现场授牌。（周磊）

共青团岳麓区委员会

书　　记　谈玉璜（女）
副 书 记　魏镇男（女）

【概况】 2017年共青团长沙市岳麓区委员会围绕建设长沙西引擎、西高地的战略定位，深入开展“三大行动、十项重点工作”，团结和带领广大青年为建设“知识岳麓”“创新岳麓”贡献青春力量。2017年全区有基层团委33个，其中，区直部门团委7个、街道、镇团工委17个，两新组织团委（团总支）9个。

服务中心工作。一是服务产业发展。紧扣“产业发展年”主题，召开纪念建团95周年暨岳麓青年服务产业发展动员大会，向全区青年发出“四讲四比”服务产业发展、争做时代先锋的倡议，组织青年学习贯彻周志凯书记五四讲话精神，引发广大青年热议。在“六大功能组团”、岳麓山国家大学科技城等片区指挥部广泛成立服务产业发展青年突击队，组织青年投身棚户区、城中村改造和重大项目征拆，助力岳麓新城建设。二是致力精准扶贫。发动5家单位创建市级青年文明号，实施青年文明号“百号联百户”精准扶贫工程，全年共开展结对扶贫活动20次，送出扶贫资金和物资15万余元。三是实施人才驱动。开展“百名大学生岗位练兵”实习活动，为全区各区直部门、街镇、企业单位定向推荐优秀大学实习生97人。积极宣传“人才新政22条”等政策红利，主动走进高校、走进园区，发放新政宣传折页900多份、《政策汇编》400多份。联合相关部门开展“人才新政进校园”巡讲、演讲比赛等系列活动，选拔和培养“美丽岳麓”学生宣传骨干35名，助力政府用政策留人、服务留人、事业留人。四是组织参加抗洪救灾。倡议组建“岳麓青年抗洪抢险志愿服务队”倡议，指导学士、含浦等受灾严重的街道团工委组建青年突击队、志愿服务队30余支，承担“急、难、险、重”任务。发动区青年联合会、市青年企业家协会会员捐款捐物，筹集爱心款1.8万余元、救灾物资价值20万余元。发动青年文明号，参与“守护长沙，抗洪救灾”青年志愿者行动，募集爱心物资及款项3万余元。发动爱心单位捐赠赈灾物资价值130万元。

组织活动。一是主题教育活动。用主题活动引领全区各级团组织开展十九大文件专题学习10余次，撰写学习心得50余篇。先后开展“岳麓青年看5年”、庆五四“朗读者”声音故事征集、“新时代中·新青年·新征程”青春中国梦文艺创作、庆六一“喜迎十九大——我向习爷爷说句话”、“10.13”少先队礼仪风采展示等系列活动，创作主题绘画、手抄报等文创类作品400余幅。二是传承推荐先进典范。举行全区五四表彰，评选优秀团委、团支部35个，优秀团干、优秀团员、优秀青年志愿者100名。围绕“六大主导产业”“六大功能组团”，评选表彰了10名“岳麓创业之星”创业之星。评选10名区级青年岗位能手，举办了优秀青年岗位能手示范引领宣讲会，弘扬敬业奉献精神。推报湖南省五四红旗团委1个，省五四红旗团支部1个，省优秀团干1个，省级优秀“青少年维权岗”1个，推报5名“最美中学生”。推荐优秀青年参与“湖湘青年英才”评选，获扶持金10万元。开展了“文明随手拍”、十佳优秀团干部评选、我最喜欢的基层团建品牌评选、十佳青年岗位能手评选等活动。“青春岳麓”微博全年共发布博文681篇，累计粉丝人数7588人。“青年之声”总浏览540万次，问题总数6783个，回答总数9158个，点赞数三万余个。“青春岳麓”微信公众号发布文章147篇，总阅读量48万余人次，粉丝人数3万余人，在长沙市共青团区县级微信公众号排名中11次排名第一，被团省委授予“青媒奖最具影响力微信”（全省区县级微信平台唯一获奖）。三是参与社会管理。实施“共青团搭桥、服务共推、基地共建、嘉奖共评”的区校共建志愿服务新模式，中南大学微尘义诊队、师范大学暑期“三下乡”等传统品牌持续深化，湖大“融城计划”等新品牌蓬勃发展。激励大学生参与社会事务，联合区委宣传部、《长沙晚报》开展“最美麓山南”征文、摄影等系列活动，组织大学生参与“跑进新时代”红色半程马拉松赛事、志愿服务活动，引导大学生积极参与区重大活动开展和重点项目建设，号召大学生为大科城建设环境维护、氛围营造、秩序管理建言献策。组织青年社会组织开展专业培训及分享交流、项目路演等沙龙活动18次。提推动政府购买服务，促进“智天使”“广惠”等项目扩大服务范围。推荐“农村残友家庭团结经济互助计划”获省第二届青年社会组织公益创投大赛银奖。探索打通“服务愿望”和“居民需求”的互通渠道，依托各社区、村、楼栋自治会、志愿服务站等基层组织，建立志愿服务需求采集机制，定期向社会公布志愿服务项目的具体信息。全年共推出“爱心召集令”4期，吸引了3000人次志愿者报名参与。一是搭建服务平台。深化“1+N”校地合作，联合大学科技园创业服务中心等相关单位深入开展青年创业行动，推进政策宣传、资金帮扶、技能培训的落实。指导岳麓青年商会，整理汇编《岳麓青年创业指南》，为创业者获取政府支持答疑解惑。推荐13家创业团队参加团省委“创青春”创业大赛，华晨生物获得了省赛商工组二等奖。以“支持青年电商”为主题，举办“共青团与人大代表、政协委员面对面”活动，并通过他们向“两会”提出议案、提案，集中呼吁、反映青少年普遍利益诉求。《推动岳麓青年跨境电商创业，筑牢尝试内陆开放新高地》入选区政协五届三次会议优秀发言材料汇编。二是关注重点青少年。发挥区预防青少年违法犯罪专项工作领导小组的作用，大力推进“两法两办法”知识普及和宣传。对六类重点青少年群体分别建立台账，专册专用，分类明晰，对录入权益工作信息平台进行动态管理，共录入重点青少年信息222条。组织志愿者对重点青少年实施一对一帮扶，全年共结对帮扶70人。发动青年社会组织、青年志愿者重点关注留守儿童，开展游戏陪伴、心灵慰藉，在含泰社区、瓦灰村新建关爱留守儿童站点2家。三是帮扶困难青少年。坚持开展春节、端午、中秋走访慰问，全年共计慰问困难青少年202名，送去爱心物资及爱心款4.47万元。开展希望工程“圆梦行动”爱心助学活动，筹集和发放爱心助学金25.4万元，帮扶学生85名。对接晚安集团捐资60万元，设立晚安助学基金，制定《岳麓区希望工程“圆梦行动”晚安学子励志奖学金申请办法》，从学习成绩、参与志愿服务和社会实践等方面对学生进行考核，可连续四年为寒门学子提供每人每年5000元爱心奖学金。四是建设“青年之家”。开展“一团一队一品一家”提质提效创建活动，将是否引入青年社会组织服务、是否常态化开展志愿服务活动、是否能切实服务重点青少年作为重要的评判标准，加强“青年之家”青少年综合服务平台建设。推行精品项目“成长注资”计划，向望月湖街道岳龙社区等5个区级“青年之家”拨付建设经费5万元。目前，全区共建设“青年之家”阵地17个，新建1个市级和5个区级“青年之家”，新创建3家市级“雷锋号”志愿者工作站，创建提质稳步推进，逐步打通了服务青年的“最后一公里”。

自身建设。一是推行基层团组织标准化示范性建设，指导5家单位成功创建市级示范性基层团组织。以村（居）“两委”换届选举工作为契机，推进村（社区）团组织建设。做好智慧团建工作，全面清查摸底已建团组织机构和成员信息。加强对两新组织建团的指导，鼓励通过联合建团、楼宇建团的模式广泛建立两新团组织。新建岳麓科技产业园团工委、嘉兴世尊酒店团委等团组织20余家，以“58众创”为代表的楼宇建团新模式初现雏形。组织青联委员、青企协会员参与“新丝路”计划等创新创业、志愿服务。组建岳麓区青年足球队，在长沙市第九届“公仆杯”运动会中获得了区县第三名的好成绩。二是联系青年常态化。将每月第二周的周二固定为“团区委基层工作日”，主动到各街镇、社区（村）基层团组织进行走访调查。进一步规范和加强团干部协管工作，对区属一级团委书记、副书记任免提出意见建议，参与区属一级团委领导班子考察，指导和规划队伍建设和培训工作，协助党委从严选拔、从严管理团干部。加大对团干部政治素质和业务能力的培训，采取集中培训与分散培训相结合，线上培训和线下培训相结合，实现团干部教育培训工作全覆盖。全年组织团干培训近10次，培训时长逾100小时，培训人数200人次，团干部队伍整体素质不断增强。三是做精做细团员教育管理。认真开展“学习总书记讲话，做合格共青团员”教育实践，上好主题团课，组织开展宣讲会、报告会、培训班12次，撰写心得体会54篇，制作新媒体产品7篇。开展“不忘初心跟党走”网络主题团日、团员先锋岗（队）创建等活动，发挥和彰显团员的先进性。严格控制发展团员人数，按照发展团员调控工作的相关要求，逐步控制全区发展团员计划必须下降至合适数量，全年发展团员1330人。（郭征）

岳麓区妇女联合会

主　　席 刘　湘（女）
副 主 席 李　红（女）

【概况】 2017年，区妇联在区委、区政府的领导下，紧紧围绕区委中心工作，发挥妇联优势，整合社会资源，以社区、家庭为主阵地，上下联动，多措并举，服务大局，认真履行职责，切实维护妇女儿童合法权益，促进男女平等，富有创造性地开展了一系列特色和亮点工作，为岳麓区的经济和社会各项事业的发展做出了不懈的努力，工作取得了新的实效。荣获了省妇联系统宣传工作突出表现单位、市妇联绩效考核工作红旗单位等多项殊荣。区妇联机关内设有干部4人，下辖15个街道妇联，2个镇妇联，5个机关妇委会，53个村妇联，98个社区妇联，2个新经济组织妇联。

加强组织建设。一是抓示范点创建。2017年，创建11个区级示范“妇女儿童之家”，1个省级示范“妇女之家”(咸嘉湖街道银谷国际社区)，3个市级示范“妇女儿童之家”(望岳街道恒华社区、望月湖街道岳龙社区、学士街道白鹤社区)，3个市级“巾帼文明岗”(岳麓区机关工委、咸嘉湖党建办、望岳街道八方社区)，湖南省昱凯农业专业合作社(坪塘街道太平村)、长沙村味种植农业专业合作社(莲花镇曾家桥村)被评为市级“巾帼现代农业科技示范基地”，莲花镇塘家湾休闲农庄被评为市级“巾帼创业示范家庭农场”。二是抓基层妇联组织建设。完成全区15个街道、2个镇，98个社区、53个村妇联组织改建工作，指导岳麓科技产业园和长沙生殖医学医院成立新经济组织妇联，全区共产生社区、村妇联主席151名、副主席（含兼职副主席）352名，执委2049名，为引领妇女群众参与基层公共服务，发挥街道妇联组织联系凝聚妇女群众作用奠定了组织基础。9月，举办岳麓区妇女干部能力建设和反家暴知识技能培训班。

创新宣教方式。结合“文明家庭”“平安家庭”“两型家庭”创建，在全区深入开展寻找“最美家庭”“平安和楷模范家庭”活动，大力宣传好家风好家训，集中展示中华民族家庭美德和良好家风的时代内涵，展示妇女在经济发展新常态中拼搏进取、创新创业、崇德向善、至情至美风采。全年评选出市级“最美家庭”2户，市级文明家庭4户，区级“平安和谐模范家庭”40户。“岳麓·书香家庭”巾帼读书会开展各类主题读书活动850余场，开展读书骨干培训6次，公益读书骨干培训惠及30余个社区、400名多读书会员。与区纪委联合组织“争当廉内助·倡导好家风”为主题的廉政教育活动，组织全区40余名区直单位及街道（镇）主要负责人的家属前往长沙市廉政警示教育基地进行参观，接受廉洁教育。组织区直机关近300名女干部职工参加“庆三八”西湖健行活动。

落实帮扶措施。“春风行动”期间，举办大型专场招聘活动17场，邀请参会单位588家，提供就业岗位17459个，进场求职人数11232人，达成就业意向2572个。发放并收集企业用工情况调查问卷30份，求职者调查问卷50份，发放春风卡和各类就业宣传资料39209份。提供公共就业创业服务人数6443人；组织参加职业技能培训人数288人；提供劳动维权和法律援助人数322人。坚持“一进二访”“三服务一线”工作方法，主动联系特困单亲母亲，了解特困妇女生活状况及困难，送去不同形式的慰问及帮助。全年走访慰问46名特困单亲母亲和特困妇女代表，送去慰问金4万余元。为3624名妇女实施了“两癌”免费检查，完成率100.67%。为40名小学至初中阶段的贫困女童送去慰问金2.82万元。组织长沙市建筑协会、广东（湖南）商会企业家向洪涝灾害受灾最重的含浦街道捐赠价值约18万元的抗洪救灾物资及资金6万元。贯彻落实长沙市城乡环境卫生整洁行动方案（2016至2020），动员广大妇女投身于“洁净岳麓、河西靓城”行动，为全区城乡环境卫生整体迈上新台阶发挥妇女半边天作用。

保障妇女儿童权益。开展“三八”妇女维权周活动，展示婚姻法、妇权法，摆放宣传板报50余张，发放法律宣传资料2.3万份，覆盖人数8000人。在望月湖街道麓山才苑广场举行2017年“三八”维权周暨反家庭暴力法实施一周年普法宣传活动，演出舞台剧《剧说你我她（他）》，宣传普及《中华人民共和国反家庭暴力法》等相关法律知识。组织开展“家庭律师进社区”，宣传婚姻法和“反家暴”法律知识，增强妇女儿童自身维权能力。做好信访维权工作。全年受理信访案件16件，其中家庭暴力9件，家庭婚姻咨询2件，妇儿人身权益4件，土地权益1件；接待来电、来访婚姻家庭矛盾和妇女权益咨询63人次，信访接待处理率100%。推动婚姻家庭调解工作。坚持以构建“和谐社会”为目标，充分发挥婚调委在维护稳定的“第一道防线”作用，从源头上苗头上预防和减少婚姻家庭矛盾纠纷的产生，把婚姻家庭矛盾纠纷化解在第一时间。全年来婚姻家庭矛盾纠纷调处室接待27对夫妻矛盾调解，其中调和12对。创建全省首家“反家暴”妇女儿童隐蔽型庇护所。举办首届主题为“书香岳麓、共诵经典”家庭亲子朗诵大赛。有23个家庭入围，评选出一等奖2个，二等奖4个，三等奖6个及优胜奖11个，岳麓街道等9个单位获组织奖，受到全区广大家长和孩子们的热烈欢迎。举办家庭教育情景剧微视频比赛，评选出一等奖1个，二等奖3个，三等奖3个。开展“家庭教育精品课程”讲座下基层活动。为9个申报家庭教育课程讲座的社区送课9场，600余名家长参与，深受基层群众的欢迎。根据省、市妇联的统一部署和要求，完成《岳麓区妇女儿童发展规划（2016–2020年）》的研究制定工作，为2016–2020年最大限度地整合各方资源，形成全方位服务妇女儿童的强大合力出台了一部纲领性文件。（余祥）

岳麓区残疾人联合会

理 事 长 吴建明（1–2月）
毛远志（3–）
副理事长 曹建年（女）

【概况】 2017年，区残疾人联合会下辖17个街道（镇）残疾人联合会、51个专门协会、142个社区（村）残疾人协会，有基层残疾人专（兼）职委员159名、助残队伍42支、服务基层助残志愿者1780名，有各类残疾人3.5万人。8月，区残联召开第五次代表大会，选举产生新一届残联主席团、执行理事会及各专门协会班子，形成“政府主导、部门联动、社会参与、残疾人受益”的工作格局，区残疾人专（兼）职委员待遇进一步提高。全年举办残疾人专（兼）职委员业务培训班11期，培训503人次，有效提升工作人员业务能力和服务水平，在2017年社区残疾人协会换届选举中，6名残疾人工作者当选两委成员。组织开展“扶残助残善行四十佳”和“明星社区”创建活动，望麓社区等22个社区创建市级“明星社区”，比2016年增加23%；国网长沙供电公司获全市“十佳扶残助残爱心集体”称号、刘立获全市“十佳残疾人自强模范”称号、曾玲获全市“十佳基层残疾人工作者”称号、李秀芳获“十佳扶残助残爱心个人”称号。

基层基础工作。一是推进基础项目。开展动态更新工作，更新8115名持证残疾人的基本服务状况与需求信息数据；加强康复机构建设，打造设施完善、功能齐全、服务优质的社区康复站，完成7家已注册儿童康复训练机构的资质审核；开展残疾鉴定办证优质服务，衔接长沙市第一医院将残疾鉴定由每月2次增加到4次，全天候办理残疾证审批，全年发放残疾证992本。二是推进民生项目。开展“精准康复”活动，为193名残疾儿童提供康复训练；开展“义肢助残”活动，为11名贫困残疾人免费装配假肢；开展“光明关爱”活动，组织眼疾筛查108场，筛查患者11380人，为100名低弱视力患者验配助视器，为90名贫困白内障患者免费实施复明手术；开展“辅具适配”活动，为600名残疾人免费申请适配辅具，发放各类辅助器具710件，区辅助器具适配工作代表长沙市迎接全国辅具工作检查，得到上级部门认可；开展“居家托养”活动，为53名重度残疾人提供优质照料服务，实现“托养一人、解放全家”的目标。三是发放补助资金。全年发放残疾人生活补助和重度残疾人护理补贴688.74万元；发放残疾人机动轮椅车燃油补贴2.94万元；发放残疾人运动员、教练员训练补贴1.92万元；为33名残疾儿童申报康复补助14.16万元；为28户残疾人创业者申报补助33.39万元；办理残疾人爱心公交卡291张；发放成人纸尿裤840包、护理垫160包；为39名大学、高中残疾学生及102名残疾人家庭入学子女申报发放助学补助42.8万元。

信访维权。一是加强信访维稳。建立“区、街（镇）、社区（村）”三级联动维稳体系，对来信来访妥善处理和回复，及时帮助消除疑惑，2017年，妥善处理望城坡街道残疾人超市搬迁、望月湖街道残疾人报刊亭拆除、城开公司残疾人房产证办理、橘子洲景区残疾人游玩摔伤、四医院残疾人手术死亡等6件较大残疾人上访事件，答复残疾人信访诉求14件，全区没有发生一起残疾人进京上访事件。二是加强法律救助。发挥残疾人法律救助站和湖南高新律师事务所主阵地作用，依法维护残疾人的合法权益，全年为40名残疾朋友提供法律咨询服务，撰稿上报残疾人法律服务优秀案例1篇。三是加大无障碍设施改造。全年对1个社区和80户残疾人家庭的无障碍设施进行更新改造。配合拆迁指挥部对涉拆残疾人的安置补偿工作开展“点对点”帮扶，抽调一名副理事长参与拆迁，完成155户公房户签约腾房。

扶贫帮困。一是开展“养殖＋种植”精准帮扶。在雨敞坪镇成立“绿壳蛋鸡养殖合作社”，为

33户贫困残疾人家庭赠送1740只绿壳蛋鸡苗，每户每月平均增收600~1000元；在莲花镇成立“果树种植合作社”，联合圣峰果业公司为莲花镇28名残疾人无偿提供果苗2000株，全程指导种植，并按市场价格代为销售。二是开展慰问帮扶。开展春节慰问走访活动，全年慰问走访困难残疾人2363名，发放慰问金91.74万元；开展“抗洪赈灾”活动，联系佳兴世尊酒店、岳麓区装饰行业协会等爱心企业为含浦街道和望麓社区受灾群众送去油、米、水等救灾物资和款项6万元。三是开展就业帮扶。组织“就业上岗我能行”残疾人秋季招聘会，为100名待业残疾人提供工作岗位；联合成才教育机构为300名适龄残疾人进行就业技能培训，推荐安排164名残疾人就业；加强残疾人就业保障金核定工作，审核企事业单位89家。

宣传文化工作。一是加强典型宣传。利用网络、电视、报刊等媒体，宣传残疾人自强模范、扶残助残先进模范的感人事迹和残疾人事业的发展成就，全年发布各类助残信息209条，向长沙电视台《互动新农村》栏目推荐播出残疾人典型事迹2例，让残疾人和残疾人事业广泛“发声”。二是加强活动宣传。第二十七次全国助残日，开展全省首例“遇见幸福—残障人士集体婚礼”活动，引导广大残疾人克服心理障碍，建立幸福美满家庭。在第二十六次国际残疾人日开展“我自强，我向上”残障人士风采展示活动，增强残疾人就业信心，拓展就业渠道。三是提升工作合力。通过典型宣传和示范引领，在全社会营造“尊残、爱残、助残”的现代文明残疾人观，吸引社会资源投入残疾人事业，形成残疾人事业发展的强大合力。（何韬）

【举办第27次全国助残日活动】 5月15日，与市残联、市文明办在区河西王府井商业广场举办“遇见幸福—长沙市残障人士集体婚礼”大型活动，市委副秘书长谭慧慧、市残联理事长刘增三、区政府副区长刘雄辉等领导，以及来自岳麓区、芙蓉区、雨花区、天心区、开福区残联的理事长，还有关心和支持残疾人事业的社会各界人士、助残志愿者、爱心企业和残疾人代表及家属共500人参加了此次活动。长沙市各区县12对残疾新人在社会各界人士及家属的共同见证下，结为伉俪，建立幸福家庭。

【开展“抗洪赈灾”系列活动驰援灾区群众】 6月底至7月初，岳麓区境内遭受百年一遇特大暴雨，区残联切实履行防汛抗旱工作责任，7月2日组织人员前往含浦街道参与防汛救灾值守工作并组织社会捐资，湖南佳兴世尊酒店、长沙仁天信息技术有限公司向含浦街道受灾群众捐赠生活物资矿泉水60件、大米80袋、食用油60瓶。7月26日，组织人员前往莲花镇政府、莲花圣峰果业公司、上善助残服务中心开展赈灾慰问活动，向受灾单位捐赠大米120袋、食用油120瓶、面条300斤、矿泉水40件。7月末至8月初，组织26家爱心单位三次前往望城坡街道望麓社区开展赈灾慰问活动，向社区受灾群众捐赠餐桌椅、被子、凉席、枕头、粮油等生活物资和款项6万余元，对部分受灾严重的困难居民家庭进行免费家电门窗检修及墙面粉刷。

【召开区残联第五次代表大会】 8月30日~31日，区残联第五次代表大会在岳麓区枫林宾馆召开。大会有32家区直部门、残工委成员单位及爱心企业、爱心机构参与，参会正式代表161人，特邀代表22人，工作人员28人，陪护人员45人。市残联理事长刘增三、区委书记周志凯及区人大、区政府、区政协等部门主要领导亲临会场致辞讲话，与会全体代表按照法定程序完成大会所有议程，选举产生新一届残联主席团、执行理事会、各专门协会班子。

【中残联领导调研区残疾人辅具适配工作】 9月5日，中残联辅具中心主任李晞在省、市、区残联领导陪同下，分别前往桔子洲街道学堂坡社区1户肢体残疾人家庭及1户视力残疾人家庭走访调研，李晞一行走访了解2名残疾人的辅具适配使用情况，对区残疾人辅助器具服务工作做出的成绩给予了充分肯定。

【举办长沙市残疾人辅助性就业试点培训交流会】 12月5日，由长沙市残联、岳麓区残联主办，长沙市上善助残服务中心承办的“2017年长沙市残疾人辅助性就业试点培训交流会”在岳麓区政府党校及长沙市上善助残服务中心基地隆重举行。湖南省残联教就部部长阳庆云、湖南省慈善总会副处长刘谋益、长沙市残联副理事长任铁强、各区县（市）残联分管就业工作的副理事长、教就部长、申报辅助性就业机构负责人等出席会议。交流会通过专家讲座、座谈交流、现场观摩等

形式，对发展残疾人辅助性就业在社会发展中的重要性进行讲解和交流。（何韬）

岳麓区工商业联合会（商会）

主席（会长）、区政协副主席
卜茂荣
党组书记、第一副主席（第一副会长）
张　祥（1–7月）
副主席（副会长）
赵　俊（女）
刘有源（1–3月）
副主席、党组成员
周富强（4–7月）
刘　成（8–）
党组成员　邓余良（9–）

【概况】 区工商联是区委统战部主管面向工商界、以非公有制企业和非公有制经济人士为主体的群团组织。

2017年有各基层商会和行业商会会员1135名，有街道、镇商会17家、协会4家。获湖南省级、国家级“五好”区县级工商联荣誉称号。

非公经济调研。协同区委统战部对全区非公经济发展现状开展调研，调研会员企业100多家，召开各类座谈会10多次，倾听会员企业发展中的困难、意见、建议。综合调研，向会员企业宣传全区大发展、大开发、大建设的形势和政策，鼓励企业家抓住机遇再创新业绩，扩大会员的视野。在调查研究基础上形成《岳麓区非公有制经济发展情况调研报告》，提出推动岳麓区非公经济发展的举措和建议，供区委、区政府决策参考。

服务中心工作。组织机关干部积极参加区委、区政府部署的各项中心工作任务，安排区工商联所有在职党员进社区认领岗位任务，以“三服务一线”和“一推行四公开”工作为契机，深入基层为老百姓做实事。7月初，岳麓区发生特大洪涝灾害，区工商联第一时间发出倡议，号召全区非公有制经济人士捐款捐物，组织区工商联机关领导干部募捐。11月22日，区工商联配合区委统战部在咸嘉湖街道荷叶塘社区开展“学习践行十九大·凝心聚力岳麓行”启动式暨“同心·创业日”活动，取得良好效果，引起广泛社会影响。

会员服务工作。构建微信和短信平台，经常利用微信、短信平台报道会员企业开展的活动和好人好事，配合区政府中心工作，编发安全生产、拆迁、抗洪抢险工作短信，积极传播正能量。每逢重要节日编发短信向全区民营企业家致以慰问和祝贺，营造良好氛围。进一步完善会长定期会议制度，分享创业经验、共享资源，了解企业经营状况，交流创业经验，实现优势互补。组织会员先后参加区委统战部举办的全区发展非公有制经济调研座谈会、市工商联承办的2017中部（长沙）民营经济发展论坛和香港证券市场实务专题培训会。9月30日，组织全体区政协工商联界别委员及部分其他界别委员参加区政协关于优化岳麓区非公经济发展环境的界别协商专题会议。10月中旬，组织46名会员赴中国人民大学开展为期一周的岳麓区工商联执常委高级研修班。11月，组织执常委学习中共十九大精神座谈会。

招商引资与对外联络。全年协助并参与有关部门和街道（镇）招商工作7次，组织开展以商招商、以商联商活动13次。4月底，组织7位会员参加由长沙市工商联与长沙市岳麓区人民政府主办的珠海长沙商会成立就职典礼暨长沙市岳麓区招商推介会。先后接待上饶信州区工商联、内蒙古集宁区工商联、浏阳市工商联到岳麓区考察并进行了充分、友好的交流。11月，组织部分会员赴河南、深圳等地考察学习，与洛阳市老城区总商会结成友好商会，并参加市委统战部、市工商联在深圳举办的“迎老乡、回故乡、建家乡”招商推介大会，推介岳麓好项目。组织会员赴浏阳市考察乡村发展战略和“美丽乡村、幸福屋场”建设。组织会员参加2017年长沙园区工业地产招商展示大会。

组织建设。进一步夯实数据库建设，构建信息平台。指导基层商会对会员数据库实行动态管理，全年新增16名会员进入工商联会员数据库，12月完善会员组织数据库录入。完成“五好工商联”、“一会一品牌”“四好商会”的申报工作。

参政议政。在2017年初召开的区两会上，会员共提议案、提案11件，对岳麓区的经济和社会发展提出建议和意见，已有2件提案议案被采纳。

同心工程。立足区情，突出两型引领，做好资源整合，抓好载体建设，创建“同心园区”“同心乡村”“同心社区”，涌现出如蓝莓基地、天泉草业、迷迭香等同心项目，为岳麓区跨越赶超、和谐发展做出积极贡献。12月，组织各街（镇）商会会长、秘书长和部分会员观摩学习学士街道斑马塘社区、白鹤社区“同心社区”创建经验，形成各街（镇）“四同创建”工作你追我赶的浓厚氛围。

（张康）

法 治

区委政法委及综治

区委常委、区政法委书记
张铁炎
常务副书记、区维稳办主任
符宇星
副书记、区综治办、区创新办主任
浣中骥
副 书 记 张耀祥
副书记（兼）、区委610办主任
朱若平
驻区委政法委纪检组长
段 敏（女）
区维稳办副主任
吴沥湘（女）
张石山
李育叆
区综治办副主任
李治光
赵 赢
区河西交通枢纽综合管理办公室副主任
谷佳伟

【概况】 2017年，岳麓政法工作在区委、区政府的正确领导下，在政法战线和各级各部门的共同努力下，着力防控风险、服务发展，破解难题、补齐短板，深入推进平安岳麓、法治岳麓和过硬队伍建设，有力维护了全区大局稳定、促进了社会公平正义、保障了人民安居乐业。

维护社会大局稳定。全力维护政治安全，建立情报信息互通机制，加强重点人员、重点境外非政府组织管理监控，加大邪教组织打击和教育转化力度；多元化解矛盾纠纷，建立健全重点遗留问题长效解决机制，非法融资及楼盘遗留问题处置领导小组。通过领导包案等有力举措，化解了一大批全区重点楼盘遗留问题，稳控了全区烂尾楼盘涉及群体；强化进京非访治理，全区进京非访人数同比下降；加强维稳处突，化解处置涉军涉拆、重点楼盘、非法集资受损户等群体集访事件，预防制止跨区串联集会。

社会治安综合治理。全面落实基层平安建设责任。加强网络平台和微博、微信等新兴传播工具建设，建立"平安岳麓"微信公众平台，开展综治宣传、"平安进基层，综治大走访"活动，着力加强问题分层处理、情报信息定期分析研判、协调联动等制度落实。强化社情民意收集研判、矛盾纠纷排查调处、社会治安应急处置等环节的应用。开展联合督查，对各季度高发性案件及防控不力的社区（村）和驻区单位，通过现场办公的形式进行督办和挂牌督办，部分社区（村）防控效果得到显著提升。把打防多发性侵财犯罪工作内容量化细化，作为考核基层综治的重要指标，基本实现"发案少、秩序好、群众满意"的既定目标。成立河西交通枢纽整治办公室，明确机构、人员、职责，强化常态化管理。平安校园建设氛围更加浓厚。综治中心建设稳步推进。社区提质提档工作，高标准建好区综治中心，完成8个以上街道（镇）综治中心建设。全区所有街道（镇）、社区（村）已完成综治中心挂牌。区综治中心视联网、监控中心完成并投入使用。平安家庭创建有声有色，群众满意度明显上升。

司法体制改革。强化执法监督职能，加强执法的规范化建设。开展专项执法检查21次，评查案件1305件，纠正瑕疵案351件。区委政法委专门针对群众信访和举报的3件案件进行了专项核查，还原了事实真相。对个别退伍老兵借机闹事给予了有力回击。区公安分局法制科民警加强与联点办案所队的"一对一"监督指导，实时对各办案单位进行执法巡查，现场发现问题并指导解决，全年发执法监督通报4期。落实司法体制改革，推动规范化建设。继续深化案件繁简分流机制改革，开展刑事案件认罪认罚从宽制度试点工作。实行民事案件分流。诉前分流案件1204件，诉中分流案件65件，小额速裁案件121件。通过繁简分流提高了办案效率，有效缓解了案多人少的压力。贯彻和落实"三个规定"工作。严格贯彻落实《领导干部干预司法活动、插手具体案件处理的记录、通报和责任追究规定》(中办发〔2015〕23号)和《司法机关内部人员过问案件的记录和责任追究规定》(中政委〔2015〕10号)(简

称“两个规定”)。切实化解信访积案。全年全区政法系统接待群众来访1456件,其中重复访61件,接到来信33件。办理市委政法委和区委、区政府等上级部门交办案件3件,本委督办案件3件。

服务经济社会发展。充分调动政法各单位积极助推全区经济社会发展,切实优化发展环境。做好全区各项目指挥部不稳定因素化解处置工作,确保大科城等重大项目实施;区法院稳妥办理重点项目征拆案件,推动依法文明和谐征拆,对违法阻挠的依法强制执行。区检察院开展优化经济发展环境等专项活动;区公安分局严厉打击阻工闹事、敲诈勒索、寻衅滋事等破坏项目建设的行为,保障项目建设顺利推进;完善社会稳定风险评估机制,结合重点工作实施风险评估,从源头上预防和化解大量不稳定隐患问题。

政法队伍建设。深入开展“两学一做”学习教育,通过专题讲座、专题党课、红色教育等形式,坚定不移地抓好党的科学理论武装,切实增强政治上的坚定性、行动上的自觉性;狠抓教育培训,把提高政法干部法律职业素养放在更加重要的位置,积极探索与专业化要求相适应的教育管理模式,深化任职资格、岗位技能、专项业务等培训,加强科、所、队、庭、室等基层一线干部的教育培训工作,不断提升基层干部的工作能力和水平;坚决惩治和查处侵害群众利益的不正之风和腐败问题,对徇私枉法等问题实行“零容忍”;落实自纠自查责任,成立联合督查组,深入一线对政法系统纪律作风情况进行明察暗访,对发现的问题进行通报,限期整改;积极运营“岳麓政法”微信公众平台,强化正面宣传、主动发声、立体传播,加强重大敏感案事件舆情引导,有力提升司法公信力和政法队伍形象。 (龙帅)

防范和处理邪教

区委防范处理邪教问题领导小组办公室

主　　任 朱若平

副 主 任 杨　柳(女)

【概况】 2017年区委防范和处理邪教工作在上级防范处理邪教部门和区委、区政府的领导、支持下,领导机制被进一步强化,教育转化铺排顺利,警示宣传影响广泛,防控处置有力、迅速,促进了社会秩序稳定。咸嘉新村社区、岳南村社区被中央防范处理邪教办授予“创建无邪教示范村(社区)”,荷叶塘社区、桔洲新苑社区被省委防范处理邪教办授予“全省无邪教创建示范村(社区)”。

组织领导。区委、区政府多次听取区委防范和处理邪教办的工作汇报,区委常委会专题研究、部署防范和处理邪教工作。将防范和处理邪教工作纳入政法、综治、文明创建等工作的一项重要考核内容,中共十九大召开的特殊时期,全区防范和处理邪教工作与公安、信访、维稳等工作相互穿插、相互结合,建立起统一、高效、顺畅的调度指挥机制和信息共享机制,确保防范处理邪教工作顺利推进。

教育转化。针对教育转化工作的重要性,从以人为本的角度出发,安排工作人员深入基层走访慰问、实地查看,与邪教重点人员及其家属沟通交流,宣传党和政府的政策,给予重点人员及其家属最直接、最现实的帮助,让邪教人员感受社会大家庭的温暖,帮助邪教人员尽快回到社会大家庭中来。

警示宣传。按照市委防范和处理邪教办的要求抓落实。将反邪教警示宣传工作列入议事日程,结合区情制定2017年度的警示宣传教育工作计划。全区各级党组织把反邪教警示宣传融入日常工作中。各街道(镇)、各相关部门充分利用黑板报、宣传橱窗、纸质宣传材料等载体对“崇尚科学,远离邪教”的理念实施广泛宣传,让反邪教警示教育进乡村、进社区、进机关、进学校、进企业、进家庭,用鲜活的实例告诫人民群众,形成反邪教的良好氛围,压制邪教的生长空间,从根本上扩大反邪教警示教育的覆盖面。

防控处置。为打压邪教的蔓延,统筹综治、维稳、公安、巡防等力量对整个社会面实行全天候巡查,威慑邪教势力,压缩邪教人员的活动范围。一旦有邪教重点人员出现异常情况,在立即报告的同时采取果断措施,严控问题发生。对涉邪教违法犯罪行为严格按照法律进行处理,不给涉邪教违法犯罪行为逍遥法外的空间,坚决维护国家的社会稳定和政治安全。 (金爽)

公　安

长沙市公安局岳麓分局

区人民政府副区长、分局党委书记、局长

谭应林

党委副书记、政委
陶 述
副 局 长 刘一斌（8–）
党委委员、副局长
刘一斌（1–7月）
罗 晖
龙 江
佘朝晖
党委委员、副局长兼政工室主任
万 蓓（女）
党委委员、纪委书记兼副政委
吴向明
党委委员、副局长
张 勇

【概况】 2017年岳麓公安分局紧紧围绕营造安全稳定社会环境的工作主线，全面落实保稳定、护平安、促发展的各项举措，圆满实现“六个严防”、“四个不发生”（不发生暴恐案事件、不发生有重大影响的大规模群体性事件、不发生重大公共安全案事件、不发生重大涉警负面舆情）的工作目标，确保全区社会治安大局持续平稳。2017年有在职民警职工672人，辅警378人，内设6个科室、12个实战大队、16个行政派出所。全年共立刑事案件6123起、同比下降8.58%，立多发性侵财案件5746起、同比下降8.66%，立行政案件8152起、同比下降9.73%；破获刑事案件1412起，破侵财案件1117起，共刑事拘留957人，逮捕549人，直诉264人，取保候审318人，监视居住63人，移诉796人，治安拘留1932人。

队伍建设。开展“两学一做”思想教育活动，学习中共十九大报告、习近平总书记“5.19”、“7.26”系列重要讲话精神。贯彻落实政治巡察、党员民主评议、党性体检及主题党日活动，推行党员积分管理，实施党建工作考核，不断提高党支部标准化建设和党员管理规范化水平。围绕公安警务改革、信息化建设等工作，组织调训学习809人次。警务实战集中送教782人次。组织全体民警参加执法资格考试，执法素养和规范化执法水平进一步提高，侦破的“7.15”电信诈骗案件情况在中央电视台主流媒体报建，望城坡派出所获全市公安机关“雷锋式警队”称号，望城坡派出所副所长尚天获评全省优秀人民警察。银盆岭派出所社区民警蒋玉兰、治安二大队副大队长刘志勇、西湖派出所副所长胡辛格分别入围市局“雷锋式敬业奉献模范”、“雷锋式我最喜爱的人民警察”和“雷锋式最美女警”选拔。落实“智慧政工”管理，建立“警员全要素评估系统”，围绕德、能、勤、绩、廉5个维度，聚合办案积分、“钉钉”考勤，构建科学数据模型、实时考勤数据监督、队伍状况智能掌控、考核结果自动运用等管理措施。通过大数据研判将人、岗、责和勤、绩、能整合运用，管理效能显著提升。加强治警肃警作风建设，召开全局反腐倡廉大会，部署党风廉政建设和反腐败工作。集中观看《警徽不容玷污》《绝不饶恕》《迷失》等警示教育片，组织中层副职以上干部赴长沙监狱开展警示教育。深入开展党廉规章八项制度“回头看”，在公车管理、办公用房、婚丧嫁娶等重大事项报告等方面进行常态化监督，严格审计制度，严防“四风”问题反弹，对重点对象开展摸排帮教，主动查处原城管大队民警吴某某吸毒案，有力维护党纪法规警纪严肃性，确保队伍建设纯洁性。

维稳安保。分局将维护政治安全和社会稳定作为首要职责、第一要务，不断提升情报研判、风险排查、管控处置的流程化、专业化水平。完善重大涉稳问题情报预警、排查掌控、联防联控、快速核查、教育训诫、日报调度和应急处置七大工作机制，整合资源、畅通信息渠道。全年发布预警信息118条、摸排重点人员822人，查找失控人员83人，劝返重点人员62人。实现了十九大期间全区进京非访“零登记”。加大安保工作科技应用，市“两会”期间，警用无人机巡拍视频得到与会领导充分肯定。9月运用电子沙盘系统，将全市天网平台、酒店监控接入现场指挥部，实现大数据、物联网信息资源共享，圆满完成世界杯亚洲区中韩男子足球预选赛决赛、长沙国际马拉松赛、泛珠三角洲区域合作行政首长联席会议等重大赛事、重要会议的安全维稳任务。

服务经济建设。围绕区委、区政府中心任务，严格落实“三个到哪里”工作要求，不断深化“四个作为”理念，保驾护航区域发展。制订《关于开展“民警联项目”护航发展专项工作实施方案》，为全区改革发展的每个重点项目明确责任局领导、责任所领导、责任民警，实施责任上肩，全力护航大科城、麓山南路综合整治、恒大海花谷、华谊电影小镇等重点项目建设。协助城管执法大队、环卫局、渣土办等职能部门开展各项专项整治行动，全年处置涉及企业、重点项目各类警情320余起，处理闹事违法犯罪人员26人，调解纠纷100多起，协助查处违规渣土车350余台。针对辖区非法集资等侵财案件高发态势，集中优势警力，重拳出击，成功侦破湖南三巨投资管理有限公司、湖南青山动力新能源投资管理有限公司非法吸收公众存款案，快速侦办中联重科原财务部负责人罗某某涉嫌pos机违法套现案。推进湘江700、西海广场等房地产项目正常复工，侦破一批阻碍区域健康发展案件，破传销犯罪案2起、非法拘禁案1起，侵犯知识产权案2起、捣毁各类制假窝点4个、假货存储仓库5个、销售门店12个，收缴各类制假工具、包装近万件。

刑事侦查。启动侦查作战体系融合式改革，将原属三个刑侦片区的23名刑侦警力充实到禁毒、经侦大队和各派出所，在各派出所设立专业侦查办案队，专司侦破打击职能，实现警力配比科学化、资源集约最大化、作战效能最优化。3月10日，天顶乡柏家塘发生一起故意杀人案，分局专案组在市局相关部门支持下迅速锁定犯罪嫌疑人，于案发48小时内快速侦破。针对侵财犯罪职业化、地域化的特点，分局借鉴“分诊看病”的模式，引导全警牢固树立“专业对职业”的侦查理念，以打击职业犯罪为主攻目标，做强类案侦查中队，着力削减职业犯罪群体。7月，刑侦大队成功摧毁一个地域性盗窃电梯主板、变频器的犯罪团伙，抓获犯罪嫌疑人9名，破获系列案件20余起，追回赃物共计价值150余万元。“7.15”专案组历时五个多月艰苦侦查，在湖南、福建、广东三省五地同时收网，抓获涉案人员33名、捣毁窝点15处，彻底斩断了一条非法买卖居民身份证、银行卡用于实施电信诈骗犯罪的黑色产业链。全年共破侵财刑事案件1118起，打掉侵财犯罪团伙41个；现行命案侦破率100%，破获公安部督办毒品案件1起，破获非法集资案7起。

治安管理。严格实有人口、公共娱乐场所、特种行业管理，以推广车禁、门禁、访客系统为契机，推进企事业单位、居民小区技防物防提档升级。对“黄赌毒”等社会治安乱源，坚持“零容忍”的态度，实行常态化打击，有效净化社会风气。针对辖区高校多、涉校诈骗案高发的特点，与知名互联网公司阿里巴巴开展警企合作，将国务院联席办钱盾反诈平台安全专家“请进来”，借助高科技平台共同开展高校反“电诈”工作。自9月推出“无诈大学城”建设以来，全区电信诈骗发案同比下降21.9%，降幅排名全市内五区第一。全面落实“20+”社区防控工作法，建立健全群防群治网络和多元共治机制。望城坡派出所充分挖掘利用社会资源参与治安防控，组成一支60余人的志愿巡防队，协调辖区相关单位捐赠14台电动巡逻车在重点复杂路段开展常态化巡逻，有效震慑了违法犯罪，汽车西站地区综合治理效果明显。与全区33家易制爆危险化学品销售使用单位、8家剧毒化学品销售使用单位、4家放射源使用单位、3家爆炸物品使用临时工地、2家非煤矿山、160家烟花爆竹零售门店、1家烟花爆竹销售批发单位，逐一签订安全生产责任状，并与卫生、药监、工商、安监等部门联手，对易制毒化学品、麻醉药品和精神药品生产、运输、销售、使用各环节加强监管，防止“三品”流入非法渠道，确保民生安全，杜绝事故隐患。

警务改革。按照省厅、市局关于警务改革的决策部署，科学整合资源手段，深入推进“六三四”警务机制改革。对人员、资源、手段进行有机整合，全面规范“三个中心”运行机制，按照“三权分离”原则每月开展绩效评估。“三个中心”进入实体化运作、实战化运行之后，根据问题向导、实战牵引、重点突破、全域转型原则充分发挥核心枢纽作用，为各单位提供重点指导和信息支撑，实战效能逐步凸显。3月15日，区委书记周志凯一行专程视察分局“三个中心”，听取工作情况汇报，并召开现场办公会表示大力支持分局警务改革工作。5月11日，省委常委、省委政法委书记黄关春到分局专题调研警务改革工作，对分局党委“坚决贯彻省厅党委和市局党委要求，通过三个中心整合资源快速破获各类大小案件，统筹协调反恐、维稳、控压发案以及有效应对、及时处置舆情和推进执法规范化建设等工作”给予了充分肯定和高度评价。

抗洪抢险。受持续强降雨影响，6月底、7月初湘江长沙段水位最高达39.29米、全区多个街道（乡镇）一片汪洋。面对汛情险情异常严峻的形势，全局民警辅警在分局党委的带领下，全力以赴投入抗洪抢险，紧急疏散处置险情，全力救援服务灾民，全局先后投入抗洪抢险救灾警力5500余人次、警车1000余台次，及时疏散、救助受困群众数万名，成功转移涉险、受困车辆650余台次，稳妥处置涉灾矛盾纠纷20余起，灾情发生期间没有发生一起重大涉灾案（事）件，灾后社会治安井然有序。

专项整治。根据省厅、市局《集中打击整治突出犯罪斗争方案》，分局党委决定从12月1日起在全区开展为期近一年的集中打击整治突出犯罪斗争（简称“集打斗争”）专项行动，为确保打防效果，优化岳麓发展环境，分局“三个中心”、各派出所、实战大队加强联合，协同作战，将打击重点对准涉毒、涉枪、涉盗、涉众等多种犯罪相互关联、交叉合流的案件，集打办与情报指挥中心统筹刑侦、治安、经侦、禁毒、情报等部门，对近三年来打击处理、摸排掌握的违法犯罪人员信息和案件线索进行全面梳理，既攻坚克难破大案，又坚持不懈破小案，迅速摸清公安部督办“11.28”系列电信诈骗案42名涉案嫌疑人和“12.19”买卖居民身份证灰色产业链案60名涉案嫌疑人，为案件成功收网提供强有力支撑。集打专项斗争的深入开展，为切实做好全市“两节两会”安保维稳工作打下坚实基础。

十九大维稳安保。将做好中共十九大安保维稳工作作为压倒一切的政治任务，以打赢“政治安全保卫战、反恐防恐保卫战、社会稳定保卫战、公共安全保卫战”为总目标，全警动员、全力以赴、推进“大排查、大研判、大管控、大演练”，强化警力部署，细化工作措施，排查各类风险隐患，有效处置十九大特护期指令161条，配合驻京工作组落地查控6人，稳控重点人员597人次，办理市交办积案29起，聚焦风险风控，风控系统录入419人，录入重点行业2691家，重点场所1793处，摸排高层建筑1946栋。安保维稳工作从过去传统打击防范、管控服务转变为精准高效、科技信息深度融合，实现重大特护期信访维稳工作平稳推进。

（彭波静）

检　察

区人民检察院

党组书记、检察长

谢　勇

党组副书记、副检察长

唐悦喜

党组成员、副检察长

黄向武

陈春光（1–8月）

副检察长　卜雪凡（女）

陈春光（1–11月）

周叶芝（挂职，女）

党组成员、纪检组长

夏　忠（1–9月）

党组成员、政工室主任

陈晓东

党组成员、反贪污贿赂局局长

皮广林

党组成员、反渎职侵权局局长

谢力兵

检察委员会专职委员

彭　君

廖剑聪

【概况】 2017年，区人民检察院全面加强检察队伍建设，依法履行法律监督职能，自觉服务岳麓经济社会发展大局，圆满完成了全年工作任务。先后获“全国文明室”、“全国检察宣传先进单位”等国家级荣誉5项，“检察服务大厅建设示范院”等省级荣誉3项。

刑事检察。一是审查批捕和审查起诉。共受理提请批准逮捕案件771件1082人，依法批准逮捕557件729人；受理移送审查起诉案件1021件1361人，依法提起公诉976件1334人。其中，批捕危害公共安全犯罪、严重暴力犯罪、涉枪涉爆犯罪、“黄赌毒”犯罪和多发性侵财犯罪568人、起诉1022人；批捕阻工闹事、妨害公务、敲诈勒索、寻衅滋事、合同诈骗、扰乱市场秩序等犯罪66人、起诉112人；批捕非法吸收公众存款、信用卡诈骗等犯罪13人、起诉17人；起诉侵犯商标权、专利权等知识产权犯罪12人；起诉销售假药、危害食品安全等犯罪21人，批捕破坏环境资源犯罪1人，起诉8人；批捕破坏校园秩序的犯罪2人、起诉7人。二是落实快速办理、社会调查、附条件不起诉、回访帮教等工作机制，注重对涉罪未成年人司法保护。依法不批捕38人，附条件不起诉10人，对18名涉罪未成年人进行跟踪帮教。对无逮捕必要的犯罪嫌疑人不批准逮捕186人，对犯罪情节轻微的嫌疑人不起诉81人。坚持在办案过程中倾注人文关怀，建议司法行政机关为未成年及残疾嫌疑人提供法律援助7次。严格开展羁押必要性审查，建议变更强制措施15人。三是开展刑事和解工作，依法支持64件轻微刑事案件当事人双方自愿达成和解，减少社会对抗，注重化解社会矛盾纠纷。四是建立敏感案件排查评估机制，积极参与信访积案百日攻坚和区委信访存量化解攻坚活动，采取领导包案、协调调度、指导督促、提供支持等方法做好涉案对象的息访息诉工作。创建网上网下“检察服务大厅”，努力为群众排忧解难，被省检察院评为“检察服务大厅建设示范院”。进一步完善涉法涉诉信访机制改革，坚持检察长接待信访、下访巡访、预约接访等措施，畅通和规范群众诉求表达渠道。全年受理来信来访119件，接待来访群众274人次，办理申诉复查案件

2件、司法救助2人次，院信访接待室连续三年获“全国检察机关文明接待室”荣誉。

惩治和预防职务犯罪。一是惩治职务犯罪。全年立案侦查贪污贿赂犯罪案件11件11人、渎职侵权犯罪案件1件1人。其中，立案查办的长沙市不动产登记中心6名工作人员涉嫌受贿案，中南大学、湖南商务职业技术学院、师大附中高新实验中学等相关人员涉嫌职务犯罪案，学士街道、含浦街道等个别工作人员涉嫌受贿案，取得了良好的“拍蝇”效果。二是落实预防。坚持侦防一体，深化源头治理。结合办案开展预防职务犯罪警示教育5次。立足检察职能，为区内项目工程建设服务，深入十几个重点工程建设指挥部开展预防职务犯罪工作。严肃市场廉政准入制度，完善行贿犯罪档案查询机制，查询企业信息5195次、个人信息37877次，促进了社会信用体系建设。

诉讼监督。一是刑事诉讼监督，对应当立案而不立案的，督促侦查机关立案28件31人，对不应当立案而立案的，督促撤案7件；从疑和不构罪不批捕163人、不起诉59人；追捕犯罪嫌疑人18人，追诉36人，追诉漏罪和遗漏犯罪事实34起。坚持对公安机关承办的新类型、新罪名案件，涉众型案件等十类重大、疑难、复杂及适用法律有争议的刑事案件，主动派员介入侦查；积极完善与公安派出所分片驻所联系工作机制，对重大有影响的案件参与案情分析、交换取证意见、提出侦查建议。以审查办案同步录音录像为重点，加强对非法证据和程序违法的排查，对侦查活动中的违法行为和不规范现象，提出书面纠正意见72份。以有罪判无罪、量刑畸轻畸重等情形为监督重点，加强审判监督，提起抗诉3件3人。二是民事行政诉讼监督。综合运用纠正违法、检察建议、执行监督、支持起诉等手段，办理各类民行监督案件60件，审结56件。不断巩固多元化监督格局，提升监督质量，增强监督效果。多渠道构建协作平台，积极参与食品安全“护苗行动”、饮用水源保护等专项活动，充分履行检察监督职能。向行政执法机关发出督促履职检察建议5份，立案审查行政公益诉讼案件2件，积极落实支持起诉后续工作，40份支持起诉意见书被法院采纳。办理的张勇与湖南阳光靳江投资开发有限公司商品房预售合同纠纷再审检察建议案被评为全国基层检察院民事行政诉讼监督优秀案件。三是刑罚执行监督。全面开展社区矫正法律监督工作，推动社区矫正检察工作模式由定期专项检察向常态化检察转变，形成日常检察为主、专项检察为辅的工作格局。通过合理运用检察建议、纠正违法通知书等监督手段，不断巩固检察监督的权威。对检察发现的社区矫正交付执行、社会调查评估程序等方面的问题，向法院、司法等机关发出检察建议书32份、纠正违法通知书2份，均被采纳。在全区政法各单位的密切配合下，社区服刑人员管理规范到位，无脱管、漏管情形发生。

队伍建设。一是加强思想政治建设。深入学习中共十八大以来重要理论创新成果和十九大精神，坚决落实党组领导班子管党治党的政治责任，积极配合省检察院的集中巡视，党组各项工作得到上级检察机关高度肯定与评价。认真落实党内政治生活制度，有效发挥党组领导班子示范带头作用，以全面从严治党引领全面从严治检。在抗洪抢险中，班子成员带头上堤不分昼夜巡险排险，以实际行动践行“从我做起、对我监督”的承诺。主动汇报检察工作，争取上级支持，在区委的重视关心下，解决了一系列与干警利益息息相关的问题，理顺了思想，凝聚了力量。二是改进机关党建工作，依托“三会一课”、主题党日等活动不断深化干警思想教育，引导干警铸造忠诚、为民、担当、公正、廉洁的品格，实现了党务工作与检察业务齐头并进，为检察工作始终保持正确政治方向提供有力的思想指引。进一步夯实群团组织基础，充分发挥工会、青工委、妇委会的桥梁纽带作用，开展干警喜闻乐见的文体活动，队伍精气神昂扬向上。三是加强纪律作风建设。把强化自身监督放在与强化法律监督同等重要的位置，狠抓党风廉政建设主体责任和监督责任落实，层层递交党风廉政建设责任状，个个签订“遵纪守法、廉洁从检”承诺书。严格落实中央“八项规定”精神，严守中政委“四条禁令”、高检院“廉洁从检十项纪律”等检察工作纪律，坚持重大事项报告、述职述廉、经常性谈心谈话等制度，严格公车管理和财务审批，建立完善8小时以外相互监督促进机制，进一步强化廉洁从检思想基础和机制措施，切实加强和改进机关工作作风，树立公正廉洁检察形象。主动加强内部外部监督。坚持依法向区人大及其常委会报告工作、重要事项和案件，坚决贯彻执行区人大及其常委会的决议、决定，虚心听取、认真办理人大代表的意见建议。通过走访座谈、邀请视察、评庭议庭、员额检察官宣誓监誓等形式，密切与人大代表的联系，不断提高接受监督的自觉性。主动向区政协通报检察工作，邀请政协特约检察员参与检察工作，虚心接受政协民主监督。加强人民监督员联络和保障工作，接受人民监督员评议案件，确保检察权依法公正规范行使。召开检律联系工作座谈会，坦诚沟通、改进工作，依法保障律师的会见权、阅卷权、调查取证权，推动形成良性互动的检律关系。落实检察开放日、案件信息公开等制度，适时更新微信微博公众号内容，不断推进检务公开工作，公开案件程序性信息1482条、法律文书604份，虚心接受社会监督。坚持问题导向，紧盯司法办案关键环节，着力加强内部监督，全面落实司法责任制，深入推进统一业务系统应用，驰而不息规范司法行为，实现规范化建设向检察业务和队伍管理深层次延伸。大力提升队伍专业素能。四是开展检察队伍能力建设，通过网络课堂、公诉微课、出庭评议、案件研讨、业务竞赛等多种方式，紧贴实际开展教育培训和岗位练兵，全年选送干警参加各级各类培训350余人次。特别是在区委重视、关心下，全体干警赴西南政法大学参加业务素能轮训、到贵州遵义开展“不忘初心、牢记使命”十九大精神专题学习教育，有效提升了干警的政治素质和业务素质。积极推进检察改革创新。严格按照上级关于司法体制改革的部署和要求，全力以赴抓好各项改革措施的落地落实。在上级统筹下，稳妥完成了司法责任制改革等主要改革任务，在区人大常委会监誓下，员额检察官全部宣誓入职在一线执法办案。坚决拥护、全力支持、主动对接、搞好服务，圆满完成了监察体制改革试点各项工作，整体转隶19人。适应以审判为中心的诉讼制度改革，着力探索和推进刑事速裁、认罪认罚从宽制度试点、公益诉讼改革，努力使各项改革成果转化为推动检察工作科学发展的强大动力。（王俐）

【全省检察服务大厅建设示范院】 2017年7月，区人民检察院检察服务大厅被湖南省人民检察院授予“湖南服务大厅建设示范院”称号。建筑面积约600平方米的检察服务大厅，集控告申诉、案件管理、信访接待、案件信息查询、行贿犯罪档案查询及检务公开等功能为一体。本着畅通检察机关联系群众，服务群众渠道，完善服务场所，规范服务标准，为群众提供更加便捷、优质、高效服务的原则，通过“科学化统筹”，实现检察机关各项对外服务职能集约化管理和“一站式”服务，全面提升检察机关亲和力和人民群众的满意度。

【全国检察机关文明接待室】 2017年7月连续第三次被最高人民检察院授予“全国检察机关文明接待室”称号。区人民检察院秉持“文明接待、热情服务、息诉罢访、促进和谐”的工作宗旨，加大检务公开力度，公示接访领导信息、信访制度、流程；全面提升接待窗口软硬环境。建设律师服务室，搭建检律互动的化解社会矛盾合作平台。建立信访工作专人管理、定期清理、定期催办等工作机制，增强干警息访息诉能力，实现信访接待在文明规范上新跨越。积极推进涉法涉诉信访改革和矛盾纠纷排查化解工作，有力地维护了人民群众的合法权益和社会和谐稳定。

（王俐）

法　院

区人民法院

党组书记、院长
陈立民
党组副书记、副院长
胡　忠
副 院 长　谌晓宇
党组成员、副院长
罗中东
党组成员　李亮球
党组成员、政工室主任
罗开颜（女）
党组成员、非诉执行局局长
张卫东
审判委员会专职委员
熊　瑛（女）
曹　祥

【概况】 2017年，区人民法院紧扣岳麓“三融共进”发展战略，忠实履行宪法和法律赋予的职责，主动服务经济社会发展大局，坚持司法为民、公正司法，各项工作取得明显成效。全年受理各类案件28628件（含委派、委托调解3367件），审结21894件（含委派、委托调解2955件），同比分别增长27.3%和27.16%。

审判职能工作。一是依法惩治刑事犯罪，维护社会和谐稳定。严格落实宽严相济刑事政策，坚持惩治犯罪与保障人权相统一，受理刑事案件1077件，审结996

件。严惩严重危害公共安全和群众生命安全等恶性犯罪，审结案件297件343人。严惩非法集资、金融诈骗等经济犯罪，审结案件56件93人。严惩“两抢一盗”、聚众斗殴、寻衅滋事等危害社会治安犯罪，审结案件521件755人。严惩毒品犯罪，审结案件105件125人。依法对贩卖毒品的刘煌、唐斌等一批罪行严重、社会危害大的毒品犯罪分子判处重刑。严惩贪污贿赂、渎职侵权等职务犯罪，审结案件8件15人。审理了长沙晚报社原社长张可夫受贿案，湖南省委党校后勤服务中心办公室原主任科员曹婕贪污、挪用公款案，深入推进反腐败斗争。坚持教育为主、惩罚为辅的原则，妥善处理未成年人犯罪，审结案件37件61人，封存24名未成年人轻罪犯罪记录。二是妥善化解民商纠纷，服务经济社会发展。积极发挥司法职能作用，围绕大局服务民生，受理民商事案件13645件，审结10774件。妥善办理涉民生案件，审结劳动争议、交通事故等案件1759件。积极推动形成平等有序、充满活力的法治化营商环境，审结民间借贷、商品买卖、建筑工程施工等合同纠纷案件8318件。调解《湖南省消费者权益保护条例》修订以来的湖南首例餐厅违规收取餐位费案，引导消费者对违反该条例的经营者说“不”。保障供给侧结构性改革，审结涉土地使用权、房地产开发经营等案件2055件。服务经济发展转型升级，发挥知识产权审判服务创新发展作用，审结知识产权案件494件。审理的湖南梦洁家纺股份有限公司诉陈士丽、深圳市富安娜家居用品股份有限公司商业诋毁纠纷案，被评为湖南法院十大知识产权保护典型案例。三是有效化解行政争议，助推法治政府建设。充分发挥行政审判监督职能，受理行政案件281件，审结217件。其中，审结非诉行政执行申请50件，依法裁定准予执行31件，依法判决行政机关履行法定职责、确认行政行为违法、撤销或变更行政行为25件。力促裁判尺度统一，审理的张业发诉长沙市知识产权局、湖南省新闻出版广电局不履行法定职责案系知识产权民事、刑事、行政“三审合一”以来全省基层法院首例知识产权行政案件。立足民生权益保障，面对法律空白领域，作出责令长沙市国土资源局受理徐桃秀房屋所有权转移登记申请的判决，为群众推开一扇方便之门。加强与行政机关的良性互动，走进湖南省商务厅、长沙市住建委等10余家行政机关专题授课，引导、规范行政执法行为。四是着力破解执行难题，维护司法裁判权威。围绕“基本解决执行难”，加强和改进执行工作，受理执行案件10180件，执结6881件，兑现标的金额11.7亿余元。开展涉民生、金融案件以及涉辖区大型企业应收案款案件专项行动，执结案件2955件，收回大型设备120台，执行到位金额8.5亿余元。用足强制手段，对有履行能力而拒不履行、妨害执行的被执行人，司法拘留33人，采取搜查措施1次，罚款8人次，发布失信名单3065人，向公安机关移送拒不执行判决、裁定犯罪线索2人、判决1人。加强信息化建设，执行指挥中心运行已见成效，无人机协助执行侦查的做法获最高人民法院肯定。网络司法拍卖工作领跑全省法院，共在淘宝网挂网拍卖403件拍品，成交金额2.4亿余元。《法制日报》《湖南日报》专题推荐区人民法院网络司法拍卖工作经验。五是服务重大战略实施，助推区域协调发展。着眼全区发展战略，尝试通过非诉执行程序保障依法签订的征收协议得以履行，作出6份准予强制执行裁定，切实推进征收进程。定位安全和谐征拆，妥善审理涉桐梓坡大板房棚户区改造等重点项目征拆案件86件，打好征拆“保稳促调”攻坚战。实行“一楼一策”，配合党委政府处理烂尾楼纠纷，化解社会矛盾和不稳定隐患。加强能动司法，深入辖区重点企业走访调研，帮助企业防范经营法律风险。依法慎用查封、扣押、冻结等强制措施，为民营企业预留必要的流动资产和往来账户，促进民间投资健康发展。

聚焦机制创新。一是探索认罪认罚从宽制度，彰显司法高效公信。共适用认罪认罚从宽制度审结刑事案件570件685人，占同期审结刑事案件的57%。推动“坦白从宽”刑事政策具体化，出台认罪认罚刑事案件从宽快速办理机制实施细则，为工作开展提供制度保障。实现刑事案件繁简分流规范化、全程化，适用速裁程序审结441案497人，适用简易程序审结128案187人，适用普通程序审结1案1人，当庭宣判率100%。探索法律援助服务常态化，推行值班律师参与认罪认罚从宽制度施行，确保认罪认罚真实、自愿。二是深化多元解纷机制改革，有力化解矛盾纠纷。注重发挥诉调对接窗口功能，分流调解纠纷3367件，成功调解2089件，司法确认50件。深化专项“诉非衔接”工作，交通事故多元解纷窗口、涉保险案件联合调解室等平台作用明显，共分流调解纠纷437件。推动知识产权案件诉与非诉的衔接，与长沙市知识产权局共建湖南首个“知识产权纠纷诉调对接机制”，与湖南省知识产权纠纷人民调解委员会签订知识产权纠纷诉调对接协议。强化律师参与多元调解，率先将律师调解工作延伸至人民法庭，促进形成纠纷调解专业化、多样化的律师队伍，共分流调解纠纷306件。三是强化家事审判工作改革，促进家庭文明建设。探索符合家事审判特点的诉讼程序，共受理家事案件843件，审结715件。实行离婚意愿书面调查，尝试推行调解员、心理咨询员、调查员制度，探索家庭财产申报制度，审结的陶某某诉粟某某离婚纠纷案，因在认定夫妻财产属性上有较强指导意义，入选最高人民法院《人民法院案例选》。加强对家暴受害人人身安全保护，签发人身安全保护令10份，在施暴者与受害者之间筑起“隔离墙”。“全国首份由妇联组织代为申请且单独立案的人身安全保护令”获评湖南最具影响力法治事件。最高人民法院、全国妇联联合调研组一致肯定区法院家事审判工作，《人民日报》专程采访区法院反家暴工作。

司法为民。一是创新举措助力司法便民。严格实行立案登记制，当场立案率超过99%。诉讼服务大厅、诉讼服务网、“12368”诉讼服务热线“三位一体”，通过电话、网上预约立案115件，热线咨询答疑841起。强化巡回审判，把法庭搬到田间地头、社区学校，开进监狱、看守所，累计23场次。开展司法救助，依法为70余名经济确有困难的当事人缓、减、免诉讼费近17万元，对符合司法救助的8名当事人提供司法救助5.8万元。开启便民新路径，“夜间法庭”“夜间执行”渐成常态。加强“两庭”建设，莲花法庭落成启用，坪塘法庭完成提质改造。二是借力科技构建智慧法院。加强基础硬件建设，促进“办公现代化”。手机短信提醒可实时掌握机房动态，排队叫号机可预估排期开庭时间，电子触摸屏可查询案件流程。加强科技法庭建设，促进“庭审智能化”。在全省法院系统率先使用庭审语音智能转写系统，开庭76次。全年共有8593案开庭实现全程录音录像，使用量居全省第一。加强电子卷宗建设，促进“档案数字化”。共扫描电子卷宗28000余卷205万页，实现电子档案和纸质档案的同步化。因成效突出，区法院在全省法院工作会议上作信息化建设典型发言。三是深化公开推进阳光司法。以信息化手段为载体全面推进司法公开。在中国裁判文书网公布生效裁判文书17869份，在中国执行信息公开网公开信息11139条。运用自主开发的司法公开平台，发布开庭公告6528条，发送手机短信20960条，线上互动交流163次。以司法宣传为抓手强力推进司法公开。原创反家暴公益海报、送达漫画入选最高人民法院好作品展。“一网两微一端”新媒体格局初具雏形，官方微信3篇原创文章阅读量过万。

队伍建设。一是强化党建工作引领。切实履行党建第一责任，将党建工作与审判工作同规划、同部署、同落实、同考核。把支部建在庭上，压实庭长、支部书记党建责任，一级抓一级，层层抓落实。把党建活动载体做实做细，打造党建图书角，制作党建文化墙，编印党建宣传册，促进党建工作规范化；创建新媒体党务平台，录制微党课，拍摄公益宣传片，促进党建工作信息化；融合党建文化与法庭文化，将莲花法庭打造成党建教育基地，促进党建工作创新化。二是强化司法能力培养。统筹推进司法人员分类管理，首批52名员额法官遴选工作圆满收官。严格落实司法责任制，探索建立新型审判权运行机制，院、庭长带头办案7502件，逐步实现“让审理者裁判、由裁判者负责”。着力加强高层次人才培养，组织审判业务、综合素质培训29次124人，培养出“全国三八红旗手”刘群、“全省法院先进个人”刘军等典型人物。认真开展调查研究，6篇学术论文获国家、省、市奖项，其中1篇获最高人民法院“深化多元化纠纷解决机制改革理论研究”征文活动一等奖，2篇在全国法院第二十九届学术讨论会上分获二等奖、三等奖。三是强化党风廉政建设。认真落实党风廉政建设主体责任和监督责任，把加强党风廉政建设作为推进公正廉洁司法的重要抓手，打造廉政法院。加强制度建设，制定党风廉政建设责任清单，细化分解党风廉政建设及反腐败工作。落实“两个规定”，对领导干部和司法人员干预、过问案件情况，如实记录、登记、上报。开展专项治理，强化对重点领域和关键环节的监督确保司法队伍风清气正。

聚焦司法民主，接受各方监督。自觉接受人大监督，依法向人大及其常委会报告工作，认真落实人大及其常委会决议和决定，

及时办理人大常委会交办、转办案件和事项以及人大代表建议。建立健全与人大代表联络机制，以座谈、走访、邀请旁听庭审等形式听取代表意见。依法接受检察监督、民主监督，畅通人民群众监督审执工作渠道，人民陪审员参审案件4976件，各界人士计700余人次参观法院、旁听庭审。

（梁伟谊）

【家事审判工作获肯定】 6月14日，最高人民法院审委会专委杜万华、全国妇联权益部部长高莎薇带领最高人民法院和全国妇联联合调研组到区法院调研家事审判工作。杜万华同与会人员就家事审判中夫妻共同财产及妇女、儿童、老年人权益保障工作等情况亲切交谈。最高人民法院、全国妇联联合调研组一致肯定区法院家事审判工作。《人民日报》专程采访区法院反家暴工作。

【建立湖南首个“知识产权纠纷诉调对接机制”】 6月19日，区法院、长沙市知识产权局共同签署《关于建立知识产权纠纷诉调对接机制的备忘录》，共建湖南首个“知识产权纠纷诉调对接机制”，推进知识产权案件诉讼与非诉讼的相互衔接，探索知识产权纠纷多元解决途径。10月20日，在湖南省知识产权人民调解委员会成立仪式上，区法院与省人民调解委员会签订诉调对接协议。

【国家宪法日，首批入额法官集体宣誓】 6月30日，区法院首批入额法官面对《中华人民共和国宪法》，庄严宣誓。此次入额的52名法官中，有班子成员4名，审委会专职委员2名；有男性27人，女性25人；有法学在读博士1人，法学硕士学位（含硕士研究生）15人，本科学历35人。

【执行工作获最高院肯定】 9月12日，最高人民法院执行局专职党务干部何抒一行五人，对区法院执行工作进行巡查。巡查组实地查看了执行信访案件办理情况、执行信息化建设情况以及执行指挥中心实体化运作情况，并现场观看区法院应用航拍无人机进行执行活动演练。巡查组高度肯定区法院执行工作，认为区法院执行指挥中心工作体系完善、配套设施齐全，执行规范、数据完整，并对区法院创造性地将无人机运用到执行工作中，给予高度赞扬，并希望这一做法能得到大力推广。

（梁伟谊）

司法行政

区司法局

党组书记、局长

肖　健

副书记、副局长

谢觉敏

党组成员、副局长

周　益

陈治国

党组成员 周友良

夏弟华

党组成员、政工室主任

倪伟（女）

【概况】 2017年，区司法局认真落实区委、区政府及上级主管部门的工作部署，积极开展法制宣传教育和法律服务工作，强化队伍建设，加强基层司法所的工作力量，先后为桔子洲、银盆岭、望城坡、望岳4个司法所各增1名政法编制，学士、洋湖2个司法所各1名政法编制划转至区纪委派驻纪检组，全区司法行政系统有在职在编工作人员49人。

法制宣传。印发《转发区委宣传部、区司法局关于在全区公民中深入开展法治宣传教育的第七个五年规划（2016至2020年）的通知》和《关于在全区各级国家机关中实行“谁执法谁普法”责任制的实施意见》。组织全区6363人学法考试，学法积分合格率、参考率和考试合格率均100%。组织开展“深化农村法治宣传教育，健全基层群众自治机制”为主题的农村法治宣传月系列活动。联合市、区文明办、区教育局等单位在联丰小学开展“文明守法 爱满联丰——法制宣传进校园”主题活动。利用元旦春节假期及“3·15”“6·26”“12·4”等节点开展大型主题普法宣传活动。推进基层民主法治示范村（社区）工作，推送云麓园社区申报“全国民主法治示范社区”，谷峰村申报“全省民主法治示范村”。培育具有岳麓特色的法治文化品牌。银盆岭街道“家长里短帮帮团”获评全市法治文化十佳精品。开展法制文化“四入行动”，在六大经济板块和交通枢纽中心地段均建立法制宣传阵地。全年组织开展大型普法活动20余场次，发放宣传资料20000余份，解答法律咨询18000余人次。

人民调解。印发《关于建立和完善全区矛盾纠纷多元化解机制的实施意见》，构建全区“党委政府统一领导、综治司法牵头协调、调解组织各司其职、职能部门整体联动、社会各方共同参与”的大调解工作格局。成立区级矛盾纠纷多元化解体系指挥中心，在街镇成立由区政法委牵头，派出所、司法所合署办公的矛盾纠纷调处站，对应设立村（社区）矛盾纠纷调处室。建立由行业部门主管、司法行政指导的调处模式，在全省率先建立区法检两院涉诉纠纷调处室、婚姻家庭纠纷调处室、交通事故纠纷调处室、劳动纠纷调处室、住房和物业管理纠纷调处室、医疗纠纷调处室、消费纠纷调处室、知识产权纠纷调处室等8个行业性调处室。全区共设立各级人民调委会184个，其中，区级联合调委会1个，街（镇）调委会17个，村（社区）调委会158个，专业性调委会8个。全年排查预防纠纷1043起，调处矛盾纠纷4000余件，调解率100%，调解成功率98%以上；防止群体性上访36起，防止民转刑10起。2017年11月28日，中央改革办到区调研矛盾纠纷多元化解机制。

社区矫正。充分发挥社区矫正中心教育培训、警示训诫的功能作用，区矫正执法大队（首次在全市的区级层面成立）每月定期对17个司法所的社区服刑人员开展“三集中”的训练和管理；全面升级电子监管设备，发放人脸识别手机350余台，所有在册社区服刑人员实现电子监管。截至12月底，全区累计接收社区服刑人员1479人，累计解矫1160人，在册社区服刑人员304人，接受法院、检察院和监狱开展审前社会调查319起。另有刑释解教人员917名，均全部落实有效管控。

法律服务。组织区属律师事务所牵手重点工程、学校、中小企业等开展法制讲座、派遣法律顾问方式服务基层。在全区街镇建立公共法律服务工作站，建立村（社区）公共法律服务工作点145个，建立公共法律志愿点444个，实现有法律难题，找服务网点的工作机制。充分发挥律师值班作用，全年共接待群众3000余人次，涉法涉诉窗口接待群众咨询1309次，引导仲裁、诉讼案件23起。建立和完善律师参与和化解涉法涉诉信访案件工作制度，从全区抽调22名资深律师组建涉法涉诉法律服务团，每周定期在区法院、检察院和公共法律服务中心参与涉法涉诉信访化解工作。全年协助法院、检察院、公安分局化解信访案件6起。

法律援助。全年受理法律援助案件426件（区法律援助为民办实事工作任务目标为280件），其中，民事案件303件，刑事案件123件。受援范围涉及农民工、一般贫困者、未成年人、残疾人、老年人等弱势群体。通过案件回访，群众满意率95%以上，共为当事人挽回损失或取得利益482万余元。创建“互联网+公共法律服务”新模式，推行公共法律服务全流程、全地域网上提供，实现“最多跑一次”目标，为特殊群体开启“绿色通道”，提供“优先服务”，为行动不便等特殊人群提供上门服务20多次。建立案件办理监督“新机制”，发挥法律援助中心窗口作用，做到案件统一受理、统一审批、统一指派、统一管理，确保案件质量得到保障。加强案件回访和听庭力度，采用法律援助案件回访记录表、援助案件出庭代理质量评核表等量化标准，随时跟踪掌握援助律师的服务情况。

服务中心。一是组织防汛抗洪。6月底至7月上旬，组织全区司法行政干部职工参与防汛工作，由局班子成员带队，组建党员先锋队、律师志愿服务队等三支队伍共160人，在坪塘街道双凫村，采取三班倒蹲点值守形式，24小时值班，共值守3个防汛点位，战斗在防汛抗洪第一线。二是服务重点项目建设。引导律师及法律工作者参与重大项目建设、拆违控违等中心工作，为项目建设提供优质法律服务；从局机关抽调4人至拆迁指挥部参与拆迁工作，17个司法所均参与重大项目及拆迁的法律服务工作。三是服务基层基础工作。统筹安排3个区直律师事务所、13个法律服务所的相关从业人员到联点社区担任法律顾问，提升基层法治水平。4月，完成全区57名法律工作者的年检注册，5月，完成对61名律师的年度考核。

队伍建设。一是思想建设。深入开展“两学一做”和《不忘初心·牢记使命》学习教育，书记带头讲党课，开展“法治岳麓我争先，司法行政我率先”教育实践活动，组织党员干部深入联点的莲花镇龙台村开展志愿帮扶活动，持续开展“三联三访”和创先争优活动。学习贯彻中共十九大精神，10月30日，组织集中传达学习及动员部署会，11月10日，组织专题学习研讨会。二是业务培训。每周召开局例会，每月召开中层干部会议，9月27—29日，组织全局干部职工、村（社区）治调主任和法律服务志愿者共300余人进行业务培训，全面提升能力素质。抓责任分解定责，细化年度工作要点74项，层层签订党风廉政建设责任状。每季度末由班子成员带队，对全局工作进行一次检查考核，强化结果运用。三是宣传工作。全年发表各类信息文章120余篇，其中省市级媒体上稿50余篇；有4起经典案例参与现场调解录制，在《长沙晚报》推出《构筑好社会和谐稳定的第一道防线》。2017年，被市司法局表彰为“法润长沙”宣传工作先进单位。年内，接待深圳、佛山、潍坊、赫山、珠晖、鼎城区及长沙8个区、县兄弟单位到岳麓区交流学习。（单良）

【成立全省首个区属社区矫正执法大队】 2017年2月21日，在全省社区矫正及安置帮教年度工作电视电话会上，区司法局党组书记、局长肖健代表岳麓区宣布成立区属社区矫正执法大队，队员由面向社会公开招聘、具有大专以上学历、年龄30岁以下的20人组成，省司法厅从监狱抽调5名司法警官协助进行社区矫正社会调查和日常管理工作，充实、优化社区矫正工作队伍。选聘长沙衡岳心理咨询协会6名心理咨询师，开展心理咨询服务，开设服刑人员网上“心理诊所”。利用岳麓区高校资源，壮大矫正志愿者和社工队伍，实现志愿者“一对一”、“多对一”的帮扶，发动社区服刑人员所在单位、学校、家庭参与社区矫正工作，形成帮扶合力。区社区矫正中心占地面积390平方米，集监管、教育、帮扶指导为一体，内设矫正宣告、教育培训、视频监控、矫正执法、心理咨询等室，功能设置齐全。

【建立街镇公共法律服务工作站】 2017年，全区17个街镇公共法律服务工作站全部建立。153个社区（村）中有145个社区（村）建立公共法律服务工作点，超额完成市司法局提出的工作站（点）建成率须达到80%的要求，统一制作社区公共法律服务工作点标牌标识，打通法律服务最后“一公里”。遵循“自愿报名、择优选取”原则，完成444个公共法律服务志愿点的建设工作，宣传介绍“如法网”“12348”法律服务热线，引导群众“学法用法、爱上如法”，“有法律难题、找司法行政”。（单良）

交通警察

岳麓交警大队

大 队 长 李 泉
教 导 员 刘湘林
副大队长 黄红社
冯勇奇
张 佳
周建文

【概况】 岳麓交警大队设有11个路面勤务中队，还有突击一队、突击三队、综管中队、机动中队、处罚中队、安宣中队、法制中队、122中队、分控中心、铁骑中队、大科城停管中队共22个中队。有民警149人，其中，借调3人，辅警79人，协警（临聘）70人，劝导员（临聘）200人。2017年获“长沙市文明单位”称号。

交通秩序整治。全年开展“百日会战”“路面防控战”“中南片区联合整治”“四治四规”等一系列整治行动，组织民警参加各项专项整治行动500余次，投入警力7630人次，出动警车2400余台，共纠正道路交通违法行为62万余起，开具强制凭证6913份、机动车简易程序决定书78383份。其中，查处电动车“五类”违法2300余起，机动车乱停违法26万余起，醉驾186起，酒驾1303起，行政拘留573人；查扣电动车18891台，摩托车3661台，机动车5973台。

交通事故预防及处理。全年全区共排查道路安全隐患98起，治理62起。区交安委办公室按照“一单四制”要求下达隐患整改通知书32份。“两站两员”建设在莲花镇等六个涉农街道镇全面铺开，覆盖率100%，交通安全社会化管理进一步加强。全年接农村报警89870起。与上年同期比，交通事故四项数据均有不同程度下降，事故数减少112起，下降3.77%，死亡人数减少5人，下降4.69%，受伤人数减少61人，下降2.16%，直接财产损失减少24万，下降2.19%。未发生一次死亡3人（含3人）以上的道路交通事故。

交通警保卫。2017年完成各类警保卫任务244批593趟次。其中，一级警卫3批7趟次，二级警卫18批84趟次，三级警卫9批16趟次，其他警保卫214批486趟次，出动警力21190人次，出动警车3859台次，警卫线路总长5503.5公里，全队共加班加点37765.5小时。每次接受任务后，中队都认真制定方案。一、二级任务都提前勘查线路，合理安排任务民警，严格督查到岗履职情况，全年未发生警保卫责任事故。

交通组织优化。向上级有关交通组织优化部门上保优化整改方案60多个。在辖区施划标线8万平方米，设置标志牌2100余套，更新标志标牌760余套，完善85所学校门前交通安全设施。新设置红绿灯管控路口3个，新增路口监控80个，在城区主要路口新设置左转弯待转区56个、行人二次等待区18个，岳麓实验小学梅溪湖学校路段（2条路）、爱民路岳麓分局路段、长塘山路等4条易拥堵道路设置单行道，新增城市停车位3000多个，城区信号灯路口渠化率、标线施划率，学校、医院等周边过街、护栏等交通安全设施设置率100%。新增233路、235路、236路公交线路，改善四街两镇群众多年来出行难的问题，填补了岳麓区干子、之子、太平镇、莲花等区域的公交空白。

交通安全宣传。全年开展集中宣传活动102场次，发放和张贴宣传挂图2600余张，发放宣传资料7万余份，发放读物1200余册。派出小教员完成授课521场次，11872人次受到教育；对专业运输单位有针对性地开展交通安全宣传教育100场次，其中客运公司62场次、区教育系统校车驾驶人20场次、危爆物品运输单位10场次。发送各类交通安全提示信息1万余条。自主组织或配合支队进行媒体宣传报道395场次，完成新闻发稿810篇，其中，“醉驾上路，11名司机被刑拘”“《平安365》生死时速”“机动车不礼让斑马线酿惨剧”“长沙交警查获“因毒失驾，仍驾驶网约车”“道路通行谁优先？湖南长沙：机动车违法占道交警现场执法”“诊室遇小偷老医生带头追贼”分别被CCTV-13、CCTV-12、CCTV-2、CCTV-1等中央级媒体进行了报道。

自身队伍建设。设立岳麓大队党总支，成立五个党支队，切实提升对全队党员干部的管理，确保改作风、促工作。强化队伍执法规范化建设，增强民警、辅警执勤执法能力，不断提升岳麓交警良好形象。以创建优秀团队活动为契机，打造思想政治、业务能力双过硬的交警队伍。在中共十九大维稳安保、“泛珠9+2峰会”、文明创建“国检”、国际马拉松赛以及洪灾期间，全体队员坚守岗位、忠诚履职、无私奉献，涌现一批先进事迹和人物，其中，第十中队指导员刘杰带病坚持在岗，直到十九大安保结束才赶到医院手术治疗。（李仕生）

军 事

岳麓区人民武装部

部　　长 马运山
政　　委 龙　斌
副 部 长 王世杰
军事科长 钟　冉
政工科长 许　靖
后勤科长 卢瑞钦

【概况】 2017年，岳麓区人武部在警备区党委和区委、区政府正确领导下，认真贯彻落实习近平主席和上级决策部署，主动适应国防和军队改革的新形势，强化政治引领，聚焦主责主业，积极融合作为，务实创新发展，推动民兵预备役工作稳步发展。

思想政治建设。组织学习省军区和警备区党委扩大会议精神，分析单位建设形势，研究部署年度工作任务。拟制人武部年度理论学习计划和干部个人自学计划，抓好每个专题理论学习，每个专题做到有个人自学、有计划安排、有授课辅导、有讨论交流。开展“坚定维护核心，坚决听从指挥”主题教育和推进“两学一做”学习教育常态化制度化。抓好中共十九大精神学习，同步参加了军队和地方组织的集中辅导，每名干部认真研读十九大报告、新党章、纪委工作报告和十九大知识要点100题等重点内容，把学习贯彻十九大精神向专武干部和民兵队伍延伸，组织军队代表队参加区委宣传部“学报告、学讲话、学党章”主题知识竞赛活动，掀起学习热潮。坚持国防教育“六进”制度，利用微信群、政府门户网、电子显示屏大力加强国防教育。根据区国教委研究部署，在第十七个全民国防教育日，有针对性地开展“国防万映·家书载梦”、新兵欢送仪式、国防法规知识巡展和千人主题签名、“爱我国防”全国大学生主题演讲网络大赛等系列活动，其中在“爱我国防”全国大学生主题演讲网络大赛中，岳麓区选送的三名选手包揽了湖南省赛区前三名，并代表湖南省参加了全国网络大赛，取得优异成绩。

战备训练落实。按照人武部六项职能定位，树牢军事工作中心地位，推动战备训练物化落地。一抓军事训练。重点抓好现役干部军事素养、军事技能训练；专武干部军事理论、指挥协调训练；民兵应急队伍的应急应战基础训练。全年共组织完成7期375人次的民兵训练，选送6名新任职基层武装部长参加省军区集训，其中，坪塘街道武装部长黄炼钢、梅溪湖街道武装部长钟凯、望城坡街道武装部长黄英廓获训练表彰。人武部两名主官代表全市县、区人武部现役干部参加省军区对警备区的军事训练考核，成绩优秀。二抓战备工作。紧贴上级赋予的重要目标警戒防卫、动员支前、人民防空、保交护路、战场管制、防空作战、支援地方建设等9项使命任务，按照“实案化、系统化、具体化”要求，完成了7类战备方案预案的修订对接。贯彻上级关于改革期间作战值班有关问题的通知要求和关于报告部队重要情况信息的有关规定，节假日至少保持1名主官和50%的现役干部及90%以上的民兵应急队伍在岗在位。三抓民兵整组。认真贯彻落实省、市民兵整组工作电视电话会议精神，坚持组织布局和人员抽组与地方融合，扩大行业系统、科研院所、高等院校、高新技术产业的编兵比例，针对泛岳麓山组团、岳麓科技产业园组团高校、科研机构密集，重点编组特殊队伍，市府滨江组团、环梅溪湖组团产业发达，重点编组专业队伍，洋湖大王山组团、莲雨含组团水情、火情较多，重点编组应急队伍。坚持组织布局与地方融合，主动与湘雅三医院、市第四人民医院、湖南航天管理局和省肿瘤医院协调拓展民兵组织建设。提前介入村（社区）换届选举工作，要求村（社区）民兵营长在退役军人中产生，目前165名村（社区）民兵营长全部进入了支委。对13名新任武装部长进行考察和任职谈话，确保专武干部队伍稳定。

兵役征集工作。认真贯彻省、市征兵工作电视电话会议精神，按照《征兵工作量化考评暂行办法》要求，以“五率”量化考评推动工作落实。一是早筹划早部署。2月结合民兵整组工作，下发征兵工作通知，开展兵役登记工作，全区兵役登记率100%。4月，组织高校153名辅导员老师进行业务培训。下发1000张征兵挂图、3万余份宣传资料，充分利用电视、广播、网络、户外平面媒体等多种平台，打造多渠道、全时空、全覆盖、无盲区的宣传模式，营造征兵宣传氛围。二是严标准严把关。按照上级要求，在航天医院建立全封闭征兵体检站。严格人员配备，严密组织业务培训，严肃责任追究，落实“谁检查、谁签字、谁负责”。组织3个批次，对适龄青年和直招士官进行体检、政治考核和学历审核，严格把关。三是落实廉洁征兵。聘请100名廉洁征兵监督员，签订了34份责任状，给上站体检青年发放1258份廉洁征兵监督卡，在区政务网公布区征兵办举报电话、信箱和廉洁征兵监督员联系方法，确保征兵全过程无违法违纪行为。

严守安全稳定底线。围绕“三个根本性转变”要求，转变传统思维和习惯做法，从严管控17项管理要素。一是开展安全教育。结合元旦、春节抓节日防护教育，确保“两节”“两会”期间的安全稳定。坚持开展经常性安全管理教育，利用早交班，组织学习军委国防动员部6个管理细则和上级关于安全管理的要求，对安全管理工作进行提醒。二是规范管理秩序。修订完善正规化管理规定和一日生活考评细则，坚持每天考勤，每天交接，规范“四个”秩序。三是排查安全隐患。突出人车枪弹密的隐患排查，动员干部职工全员查问题找隐患，定期组织回头看，不打折扣落实“七查六抓”，做到阶段有计划，每月有讲评。四是配合地方做好涉军维稳工作。开展“双带双促”活动，带着感情、带着责任做好退役军人矛盾化解工作，对5户困难退役军人进行扶贫帮困。

浓厚党管武装氛围。每年区委中心组学习都安排国防教育内容，要求副科以上干部必须参加；专武干部的选拔配备严格按程序落实，基层武装部长任用由组织部和人武部共同考察、党委议定，专武干部队伍建设和全区干部的国防观念得到不断加强；区委议军会中驻区军事单位和人武部提出的工作建议和问题困难均有效解决。退役军人、随军家属安置、军人子女就学都按政策得到妥善安排。双带双促、精准扶贫工作的开展也得到广大退役创业人员的一致认可和好评。区委、区政府注重练兵、用兵相结合，积极发挥民兵队伍参建参治作用。10月，紧急拉动民兵应急分队120人，执行十九大特护期安保维稳演练和检查点验，受到省军区首长的充分肯定。民兵舟桥分队分别参与靳江河打捞落水群众和抗洪抢险行动，充分发挥了生力军、突击队的先锋模范作用，赢得了人民群众的高度赞誉。（周杰）

岳麓区公安消防大队

党委书记、政治教导员
潘　磊
党委副书记、大队长
喻伟锋
党委成员、副大队长
陈　悦
党委成员、岳麓大队参谋
徐效陵
党委成员、麓山门中队指导员
金丽青
党委成员、石岭塘中队指导员
杨松坤
党委成员、五星中队指导员
黄金洲

【概况】 2017年，岳麓区消防大队有警力134人，其中，现役官兵66名，政府专职消防员及消防文员68名。下辖3个执勤中队，共配备消防登高平台车、举高喷射车、抢险救援车、水罐消防车、水罐泡沫车14台。

2017年，共接警出动1676次，出动车辆2322辆，出动警力16367人，抢救被困人员521人，疏散被困人员490人，其中，火灾192起，死亡1人，受伤6人，直接财产损失130.06万元。与2016年比，火灾起数下降46.08%，死亡人数下降50%，直接财产损失下降16.06%。特别是在百年一遇的特大洪涝灾害中，全体官兵全力出击，连续作战4天4夜，共出动55次，调派救援官兵600余人次，冲锋舟（橡皮艇）12艘，水域救援器材200余件（套），各类救援消防车辆60余台次，成功抢救被困群众800余人，受到辖区群众的高度赞誉。

完善消防责任体系。一是落实各级政府消防安全责任。区委区政府将消防工作作为“民生工程”“政府工程”，区委书记周志凯、区长周凡多次专题听取消防工作汇报，对消防工作作出重要批示，充分肯定消防工作成效；常务副区长蔡锋，主管副区长、区公安分局局长谭应林等领导多次在节假日、重点时段带队进行消防安全检查；区政府先后组织召开全区冬春火灾防控、全区消防工作暨夏季消防检查动员部署和全区消防安全委员会联席等会议，分阶段、分类别部署消防安全工作；与相关职能部门、街道、派出所及消防安全重点单位签订《消防工作目标责任状》，量化工作标准，分解责任指标，明确奖惩措施。二是相关职能部门齐抓共管。各职能部门积极贯彻落实《中华人民共各国消防法》和《机关、团体、企业、事业单位消防安全管理规定》，建立并落实消防安全自我管理、自我检查、自我整改机制，主动抓好本系统、本单位消防安全工作，消防安全责任主体意识和自防自救能力明显增强。通过定期召开区消安委联席会议，将各类消防安全整治、建设任务、专项方案进行会商、分解和交办，工作合力得到明显提高。三是落实单位主体责任。按照“谁主管，谁负责；谁分管，谁负责；谁出事，谁负责”原则，进一步督促行业主管部门落实行业监管责任，街道落实属地责任、派出所落实监管责任，推动社会单位牢固树立“安全自查、隐患自除、责任自负”理念，严格落实“六加一”（开展消防安全评估、签订消防安全承诺书、维护保养消防设施、组织检测电气和燃气线路、清洗油烟道、集中培训员工、建立微型消防站）措施和消防安全“户籍化”管理，提升消防安全“四个能力”，打造“政府统一领导、部门依法监管、单位全面负责、群众积极参与”的消防工作格局。

优化消防安全环境。围绕中共十九大消防安保核心工作，构筑全方位、多层次的火灾防控体系。一是深化消防专项治理。依托冬春火灾防控、夏季消防检查和大排查大研判大演练大管控三大行动，开展养老福利机构、电气火灾、洗浴场所等9个消防专项整治，织密消防安全风险评估、隐患排查、标准化管理三张火灾防控网；针对高层建筑火灾防控难题，发动大队全体防火监督员、派出所民警和消防安全管理人，对全区1946栋高层建筑进行全面排查，对102名高层建筑消防安全经理人开展培训，进一步筑牢高层建筑火灾防控根基。二是强力整治火灾隐患。召开行业部门、重大火灾隐患单位约谈会，运用“一单四制”督办曝光全区3家重大火灾隐患单位，在十九大等特殊敏感期安排专人对火患一时难整改、火灾易发场所等进行死看死守，切实做到治理任务不落实不放过、隐患不消除不销号。2017年，大队共检查单位4074家，发现并整改火灾隐患8586处，下发“责令改正通知书”1958份，“临时查封决定书”92份，责令“三停”40家，依法对140家单位实施了行政处罚，罚款148.25万元，拘留18人。三是开展消防执法服务。落实市政府“只进一扇门、最多跑一次”改革方案，推广“一次性”审批，搭建投资项目在线审批监管平台，实现项目网上申报、并联审批、信息公开、限时办结等12项便民利民功能。消防大队通过定期组织消防监督员开展执法案卷自查自纠、消防受理窗口作风建设专项整治、执法和服务工作满意度调查，召开执法工作例会研究部署行政许可、行政处罚、火灾事故调查等重点执法工作，及时发现和纠正消防执法工作存在的问题和不足，消防执法规范化建设整体水平有显著提高，社会面执法工作满意率逐步提升。

消防宣传培训。继续推广政府购买消防宣教服务经验，组织全区消安委成员单位、各街道（镇）、社区（村）分管负责人和派出所基础所长、社区民警开展消防安全集中培训，推动辖区各街道（镇）新一轮大宣传大培训工作；深入辖区消防安全重点单位、社区开展消防知识讲座、灭火疏散演练和消防安全宣传；充分利用“岳麓消防”官方微信公众号、户外显示屏、社区宣传栏、宣传条幅、警示片、广场宣传咨询等形式宣传消防常识，共发布消防警讯1000余条，发放宣传资料3万余份，接待来队消防体验50余次，直接受众200余万人。区示范性综合实践基地消防安全教育馆建成并投入使用，成为全区乃至全市中小学生分批轮训必学消防知识的第一受教场所，“教育一个孩子、影响一个家庭、带动整个社会”的理念深入人心。

消防基础设施建设。加强对区政府的汇报协调，争取政府支持，稳步推进车辆装备和基础设施建设。2017年9月15日上午，区政府在麓山门消防中队主持召开办公会议，就区中心消防站、麓山门消防站、桐梓坡消防站建设（改造）等工作进行研究和部署。针对辖区基层消防基础工作薄弱的短板，区委、区政府在政力、财力和物力上给予支撑，在2016年投入52万余元的基础上，2017年再次投入专项资金60余万元，为30个社区微型消防站购买消防器材，同时鼓励街道、社区、消防安全重点单位建设微型消防站，明确建设经费、主体责任，有效推动了基础设施建设。

（王建伟）

人民防空工作

区人民防空办公室

党组书记、主任
卞劲松

党组成员、副主任
曾向阳
赵耀方（3–）

党组成员（军转）
彭海波（6–）

纪检组长 王　颖（1–10月）
邹品德（10–）

【概况】 2017年，区人防工程建设与新区建设同步发展，全年新建完成验收人防工程，累计下拨人防工程维护经费63万元，较好完成全区已建工程维护管理工作，区人防工程良好率96%，区人防办办公室主任胡玉良获“十二五”“省人民防空现进个人”称号。

业务培训。5月8–15日，举办全区人防通信指挥骨干培训班，培训对象为区人防办干部、职工和街道人防工作人员，受训人员46人。7月，选派2人代表长沙市参加省组织的人防通信指挥系统长途拉练，考核获第一名。

设施建设。3月，投入资金10万元，启动区级人防地面指挥中心提质改造，完善了中心机房电磁干扰与屏蔽设施，建立了人防战备值班室，10月投入使用。

防空演练。10月，区人防办作为全市唯一一个代表，参加省带市、市带区（县）的人民防空组织指挥演习，获得好评。11月，结合全省防空警报试鸣，承办由市组织的人民防空人员疏散演习在河西王府井商业广场举行，咸嘉湖街道荷叶塘社区居民和咸嘉博才学校师生共500余人参加。

（胡玉良）

经济管理

发展和改革工作

区发展和改革局
党组书记、局长
刘双知（女）
党组成员、副局长
周华平
李　莉（女）
党组成员、党支部书记、工会主席
虢习全
党组成员、纪检组长（派驻）
钟宏亮（9–）
党组成员、总经济师
周　明
区能源管理办公室主任
谢　承

【概况】 2017年，区发改局围绕区委、区政府工作部署，认真做好形势分析工作，力抓项目建设和年度重点任务清单的落实，履行监管职能，较好完成了全年工作任务，在全区年度绩效考核中被评为一类单位。

计划编制。一是加强监测预警和经济形势分析。对全区经济运行情况进行分析，把握经济发展中的优劣所在，提出建设性意见，为区委、区政府科学决策当好参谋助手，保障全区经济和社会发展健康稳定运行。二是编制国民经济和社会发展计划报告。对接省市区相关部门，牵头编制《关于长沙市岳麓区2017年国民经济和社会发展计划执行情况与2018年国民经济和社会发展计划草案的报告》，经区五届人大三次会议审查通过。三是谋划全区2018年工作思路。撰写《2018年国民经济和社会发展思路建议》，为区委、区政府谋划来年工作提供参谋建议。

项目投资。一是抓项目建设管理。对全区建设项目实行台账式管理，一月一调度。全区全年计划445个建设项目，其中，预备项目106个，开工339个，开工率100%，完成投资873.94亿元，投资完成率105.39%；63个涉市重大项目开工率100%，完成投资271.66亿元，完成年度计划的147.85%。二是加强政府投资管理。全年办理项目立项234个，备案42个，同比增长20%。强化公共资源交易监管，按照市优化办工作要求，开展违规招投标问题集中整治工作，对法定公开招标的项目交易进行监管，同时抓好法定限额以下项目招投标工作的实施和监管。全年办理工程项目招标备案101个，中标价约22亿元，招标率100%。三是力争上级资金。在服务交易平台、创新平台、服务业引导资金、保障性安居工程配套基础设施、战略性新兴产业、救灾应急补助专项、价调基金、节能减排等领域争取中央、省、市专项资金6000余万元。组织岳麓科技产业园成功申报为湖南省服务业示范集聚区，全力支持岳麓科技产业园、区城建投发行企业债券，组织企业申报省、市现代服务业发展专项资金。四是抓好市对区绩效考核迎考工作。由区发改局牵头负责的重大项目考核、重大观摩项目荣获一类，年度固投总量及增速列中心城区首位。

改革工作。一是持续推进“放管服”改革。下放7项职权到园区，并对下放的权限跟踪指导，明确授权范围，组织园区开展业务培训，做好工作衔接。根据长沙市投资项目在线监管平台应用工作协调会议精神及市相关文件精神，提请区政府组织相关部门召开会议，要求各部门加快梳理投资项目审批事项清单。按照省、市要求，实现企业项目备案全部在湖南省投资项目在线审批平台办理，全年共接件47项，合计总投资约44.7亿元。二是抓好全区各项改革。推进《2017年重点改革任务清单》中8项重点改革事项和《全面深化改革领导小组2017年工作要点任务分解表》8个大项15个小项具体改革任务，加快改革红利释放。牵头编写2017年经济体制改革工作要点，召集经济体制改革小组成员单位召开会议3次，积极配合区委改革办做好各项工作。

监管工作。一是加强民生价费监管。开展全区公办中小学收费、幼儿园收费、小区物业服务收费、停车收费、涉企收费和商品房明码标价检查。严格按照《价格认定规定》要求，履行价格行政确认工作。全年办理各类价格认定案件340件、价格举报630件和价格咨询1804件，有效保障有关纪检督查、司法行政工作顺利进行，实现按时办结率、群众满意度100%。建立健全价格监测台账，认真做好30种居民生活必需品、20种主要涉农产品价格定期监测报价，特别是在洪涝灾害期间，做到动态监测、及时上报，确保价格秩序稳定，没有出现任何哄抬物价行为。二是强化能源监管。强化对肿瘤医院、湖南大学等重点用能单位的节能监察，助力中南大学湘雅三医院成功获评2016年度节能示范单位，湖南冠拓科技股份有限公司的节能型氢氧催化助燃设备成功入选《湖南省节能低碳技术产品推广目录（2017年）》，有43个项目成功获批市级节能专项资金391万元。为天顶、含浦、莲花、雨敞坪等街道（镇）争取市能源局支持安装节能路灯约500盏。开展固定资产投资项目节能评估，会同区两型办举行“全国节能宣传周”暨“两型十年宣传月”主题活动。强化执法检查力度，狠抓企业主体责任和属地管理责任落实，开展“安全生产月”活动。成功举办岳麓区油气管道泄漏事故应急演练，并在全市推广，油气管道安全生产监管工作获评内五区第一。

队伍建设。一是强素质，提高干部履职能力。加强干部教育培训工作，打破培训常规，选送人员到市级单位跟班学习。增加2名事业编制，使长期以来工作力量不足的问题得到缓解。二是正作风，培养干部求真务实精神。深入重点项目、企业等服务对象进行走访调研，认真听取和收集意见和建议，逐条进行研究和分析，制定切实可行的整改方案，把整改责任、任务、时限落实到人，使反馈问题全面整改落实。主动接受区人大评议组的评议和监督，测评结果满意率100%。

（林千义）

【举办油气管道泄漏事故应急演练】 9月22日，由区政府主办、区发改局承办、中石化湖南输油管理处和含浦街道办事处协办的岳麓区油气管道泄漏事故应急演练在含浦街道芝字港村成功举行，演练检验事故应急救援预案、政企联动机制、应急救援队伍、安全生产宣传的处置能力。市能源局局长肖波亲临现场指导，长沙电视台新闻频道、政法频道、《长沙晚报》、长沙新闻广播、岳麓新闻网等媒体对演练进行了报道。

【举办节能宣传周活动】 积极开展全国节能宣传周和低碳日宣传活动。在王府井商业广场、绿地中央广场、七喜街等商场大型户外显示屏播放节能宣传画，倡导节能生活方式，向部分小学发放《节能小专家的一天》《我是节能小专家》宣传手册，引导学生树立低碳生活理念；向区直机关各单位发放《节能知识手册》，倡导机关干部带头践行节能；在政务中心大厅电子显示屏滚动播放节能宣传画，并设置展板，发放节能手册，宣传日常生活节能小窍门。6月16日，会同区两型办在咸嘉新村社区广场举行“全国节能宣传周‘暨’两型十年宣传月”主题活动，组织开展节能、两型、环保宣传，并组织节能电器集中展示，倡导社区居民关注清洁低碳、绿色两型。

（林千义）

统计工作

区统计局

党组书记、副局长

刘宏宇

党组副书记、局长

邓爱武（女）

党组成员、副局长

李　耀（女）

石　锋（女）

区统计普查中心主任

曾　敬（女）

【概况】 2017年，区统计局认真学习贯彻中共十九大精神，围绕中心、服务大局，主动作为，重点普查、“双基”建设、质量控制等多项工作走在全市前列，连续七年荣获全国统计系统综合考评先进单位，区级绩效考核一类单位，继续保持“市级文明单位”称号。

统计调查。执行国家统计调查制度，组织实施农业、工业、建筑业、批发和零售业、住宿和餐饮业、房地产开发经营业、服务业重点企业等行业以及能源、投资、居民收支、人口、劳动、社会、科技等领域统计调查和小微企业、农民工、“四众”平台等专项调查。组织全区第三次全国农业普查，完成对70户农业规模经营户、286家农业经营单位、4.99万户普通农户现场登记、数据录入、质量抽查、审核验收和评估上报等阶段性工作。承办了全省第三次全国农业普查登记首日启动仪式暨现场指导汇报会，戴道晋副省长现场指导。录制《岳麓方言版农普教学演示视频》，规范调查入户技巧和访问语言。

统计服务。构建统计数据快

速提供机制和统计分析灵敏反应机制，做到采集、加工、分析、解读、报送“五个及时”。一季度撰写《经济形势分析报告》，针对推动小微企业发展，培育经济新增长点，提出加强“个转企、小升规”建议，获区政府采纳，迅速明确责任、强力推动落实。撰写《全区R&D经费投入情况专题报告》，针对区域龙头企业R&D经费大幅下降、高等院校R&D经费增长缓慢等情况，全面分析全区R&D投入现状、存在的问题并提出了具体对策建议，助力区委、区政府抓好工作调度，实施创新驱动发展战略。编辑发布《统计公报》《统计提要》《月度简析》等常规统计产品，撰写《季度经济形势分析》《专题分析》《预警分析》等分析报告，为区委、区政府预判经济形势及科学决策提供参考依据。改版编印《经济运行月度快报》，探索政府统计综合职能，指导规范部门统计及对外数据发布，收集归口22个区直部门数据、“6+1”主导产业数据、街镇园区及各区县（市）40余项主要经济指标，按月通报进度、质量、增幅及横向对比。指导街镇打造统计产品，提升统计服务质量。监测、研判经济运行形势，针对工业、房地产市场、民间投资等领域增速回落，对经济增长支撑力度减弱的状况，向区领导呈报专题分析，为区委、区政府抓好经济工作赢得了主动；分析研究重点问题、重点工作，撰写《“四上”企业变动情况分析》《固定资产投资分析》《建筑业运行情况分析》等有效转化为区委、区政府的决策部署。撰写《2018年全区主要经济指标增长预判》，为制定年度工作目标提供依据。监测绩效考核、全面小康、重点民生实事、服务业综合考核、新型工业化考核等工作。为莲花镇、学士街道获评2016年长沙“十强十快”乡镇街道提供服务。

基层基础建设。完善《全区街镇统计工作考核办法》，统一标准规范机构设置、人员配备、报表报送、业务培训、数据质量、资料归档等，按照“强优补短”整体思路，全年痕迹化跟踪管理，全区“双基”建设水平整体提升。开展全区街镇统计工作流动观摩，通过实地查看、现场学习、经验交流，取长补短，“比学赶超”氛围浓厚，5个街镇统计站获评长沙市一、二类统计站，数量全市居首。洋湖街道在全市统计站流动观摩中喜获先进；桔子洲、银盆岭、天顶等街道基础扎实，在网格化管理、规范化建设上做细做实，效果明显；西湖、望月湖街道后发进力，进步明显，在市政府专项督查中获得好评。上半年，调研走访全区18个街镇、园区统计站，现场点评指导，推广好的经验做法，整改提升薄弱环节。

业务培训与管理。坚持连续七年的月训机制，确定每月25日为业务学习日以专业轮讲为主、邀请专家授课为辅，采取开放式授课、激励式教学，开展统计法制、联网直报、数据处理、统计分析等专题培训、提升基层统计人员查错、纠错的业务水平。采取专题教学、轮训、以会代训和派人参加专业培训等措施，全年培训不同层次的统计人员2000余人次，其中参加国家、省、市培训机构学习50人，参加统计继续教育培训432人，业务能力明显提升，有效防范统计人员因业务不熟造成的“瞒、漏、虚报”。组织开展《统计法实施条例》《统计违纪违法责任人处分处理建议办法》《关于深化统计管理体制改革提高统计数据真实性的意见》宣传活动，将常规统计阵地宣传、重点普查宣传与“9.20”统计开放日、“12.4”统计法制日宣传相结合，加强督促检查，各街镇对辖区所有“四上”企业开展“一套表”单位大清查自查，区局按不少于20%的标准双随机抽取100余家企业，重点查看企业原始资料及统计台账。银盆岭街道的棚改投资项目、学士街道的湘浦网吧管理公司圆满迎接了省统计局“双随机”执法检查。为防达规企业“漏统”，与工商、国税、地税、民政、编办等部门建立了单位行政登记信息交换机制，收集整理相关数据，形成“准四上”调查单位库。与发改、经信、商务、住建等部门密切配合，对新增“四上企业”、新开工亿元以上投资项目开展核查指导，信息共享、资源整合得到加强。

队伍建设。出台党组主体责任、纪检监督责任和科室及二级机构“一岗双责”责任清单。制定《岳麓区统计局2017年度党风廉政建设班子成员责任分解方案》。多次召开专题会议布置党风廉政建设相关工作，层层签订《2017年度党风廉政建设目标责任书》。组织全体党员学习《中国共产党章程》《中国共产党廉洁自律准则》《中国共产党纪律处分条例》等。按照“职权法定、权责一致”原则，制定主要业务工作流程图和廉政风险点及防范措施，强化监督制约，规范权力运行。清理整治国家公职人员“违规参与涉矿经营性活动”“雁过拔毛式”腐败问题整治等专项治理。严格执行中央《关于党内政治生活的若干准则》和省、市、区委作风建设的相关规定，对照反面典型，把纪律和规矩的“红线”划清、“雷区”标明。调查访问和跟踪监督18个基层统计站，全年统计系统没有发生违纪违规问题。

（黄松杰）

【农业普查登记首日现场指导汇报会】 1月1日，由岳麓区人民政府承办的湖南省第三次全国农业普查登记首日现场指导汇报会在区莲花镇圆满完成。浙江省戴道晋现场指导，《中国信息报》、《湖南卫视》、《湖南经视》、《湖南日报》、《三湘都市报》、《潇湘晨报》、湖南广播电台和红网等新闻媒体对活动进行了现场报道。

（黄松杰）

审计工作

区审计局

党组书记、局长

张武强

副 局 长 吴 文

李 盼

副科级纪检员

喻亿平

总审计师 王 霞（女）

政府投资审计中心主任

刘小曲（女）

【概况】 2017年，区审计局坚持审计质量、队伍建设两手抓，全面完成年度项目计划任务。全年完成审计项目69个，查出违规金额1.01亿元、管理不规范金额4.16亿元，促进上缴财政和减少财政拨款8882万元，核减工程造价1357.4万元，移送案件线索24条，提出审计建议39条，累计上报审计信息、论文和调研文章60余篇，公开发表和采用46篇。获评湖南省文明单位、区年度绩效考核一类单位、区“三服务”一线工作一类单位。

财政审计。对2016年区本级财政预算执行和其他财政收支情况进行审计，关注财政和各部门落实稳增长、促改革、调结构、惠民生、防风险等具体政策措施的执行和实际效果，并延伸至区交通局和西湖街道办事处。对区城建开发公司和望月湖街道办事处的财政财务收支情况进行了审计，关注上述单位管理体制、运行机制和使用效益等方面实施情况。6月，受区政府委托，向区人大常委会汇报区本级财政预算执行和其他财政收支的审计情况。区人大常委会对同级审揭示的问题和提出的建议高度重视，责成相关职能部门整改到位，并于10月专题听取整改情况汇报。

领导干部经济责任审计。全年对区属7个单位、14名领导干部实施了经济责任审计。审计过程中，关注领导干部政策执行、经济决策、财经管理和廉政建设等内容，同时延伸至被审计单位的内部控制和运营管理。

政府投资项目审计。全年开展“2017至2019”岳麓区造绿大行动2017年度建设项目、2017年度“社区全面提质提档”建设项目和岳麓区“美丽乡村”公路提质改造（一期）建设项目三个跟踪审计项目。完成工程投资审计项目53个，其中，复审区财评项目42个、中介机构评审项目10个，初审项目1个，审计金额6.35亿元，累计核减工程造价1357.4万元。

审计督查。按照市审计局要求，选派审计人员参与浏阳经济技术开发区经营发展状况审计调查，参与2017年保障性安居工程审计。完成区委、区政府交办工作，组织专人对岳麓区街道黄鹤村2014至2016年财务收支进行审计，抽调审计人员对全区37家区属单位、街道（镇）开展两节期间纠“四风”财务专项检查，参与区委巡察组对区水务局和机关后勤中心的巡察工作。

组织内部审计。6月召开全区内部审计工作会议并制定《长沙市岳麓区2017年至2020年内部审计工作发展规划》，组织各重点单位内审机构工作人员计32人次分两批赴南京审计大学开展内审学习培训。11月下旬对全区重点单位内审机构设置、人员到岗情况、2017年内审机构工作情况及2018年内审工作计划等开展督查工作。

（陈新喆）

工商行政管理

市工商行政管理局岳麓分局

党委书记、局长

李 季

副书记、副局长

谭建军

党委委员、副局长

黄 文

文国良

谭德明

纪委书记 伍 进（女）

【概况】 2017年，岳麓工商分局牢固树立新发展理念，以深化商事改革为突破口，以“产业发展年”活动为抓手，紧紧围绕简政放权、放管结合、优化服务下功夫，不断推动商事制度改革，着力营造宽松平等的准入环境、公平竞争的市场环境、安全放心的消费环境。加快构建事中事后监管体系，积极参与文明创建，为岳麓区建设成“长沙市西引擎、西高地”和长沙市创建国家中心城市添砖加力。

商事登记改革。深入推进简政放权，推进企业“五证合一”“多证合一”个体工商户“两证合一”“实行企业登记全程电子化”，推行简易注销、核审合一、实名取号。6月，“四十三证合一”的营业执照在岳麓区全面发放。8月，重新将个体登记注册工作下放到8个工商所。10月26日，分局登记发放长沙市内城五区第一本电子营业执照。全年新增市场主体27188户，较上年同期增长45.86%。其中，企业新设8156户，较上年同期增长19.1%；个体工商户新设19032户，较上年同期增长61.40%。截至12月底，岳麓区有各类市场主体131053户。其中，企业41694户，个体工商户89359户。3月，对债务关系清晰的企业实行简易注销登记，办理103户。提高后置审批办证率。2017年，市对区绩效考核是以季度为考核节点，岳麓区商事主体分发数12402户，为全市最多。一季度，岳麓区数据接受率97.44%，办理率89.74%，办证率31.0%，均为内五区第一，但办证率过低。5月18日，召开岳麓区2017年度第一次商事登记制度改革工作联席会议，要求政府相关职能部门信息推送要迅速快捷，监管执法要主动作为，绩效考核要以周保月、以月保季、分季考核，全面加强“事中事后监管”。据市商事登记平台数据统计，截至12月4日，岳麓区接受率95.73%，办理率94.85%，办证率88.70%，排名内五区第二。

区域经济服务。帮助和指导小微企业申请注册商标，扶植、指导申报湖南省著名商标。对辖区内俏皮羊生物科技有限公司申报湖南省著名商标进行指导。积极做好著名商标的回访。根据《关于组织申报2016年度长沙市小微企业商标品牌提升和集群注册公共服务补助的通知》，组织辖区内符合条件的5家企业申报2016年度小微企业商标品牌提升和集群注册公共服务补助。经市财政局和市工商局批准：湖南省柴味鱼餐饮管理有限公司和湖南沃邦环保科技有限公司分别获得著名商标3万元的扶持奖励；湖南西湖双创孵化基地有限公司和湖南中汇财集群注册托管有限公司分别获得集群注册20万元的扶持奖励。7月，分局牵头在岳麓区各街道（镇）全面开展“个改企”“小升规”工作，该项工作是长沙市先试先行，由区政府主导、部门协助、街镇为主，内容是促进个体工商户转型升级为企业，规模以下小微企业升级为规模以上企业。该项工作成果受到市发改委、市商务局的高度评价。截至12月底止，全区完成“个转企”129户，超额完成区政府下达的120户目标；申报“四上”企业93户，比2016年增加32家，同比增长52.46%；完成“个改企”的企业补缴税收176.11万元。分局8个工商所成功引导新申办个体营业执照的经营户转办成企业营业执照42户。配合区总经办和街道对全区商务楼宇及楼宇企业进行全面细致的摸底，将分局局长、各工商所长的电话公布在岳麓区十大楼宇醒目位置。启动“一联二帮三到位”服务模式（安排专门人员联系楼宇，帮助楼宇招企业、帮助企业解难题，走访沟通到位、贴心服务到位、政策扶植到位）。截至12月底，累计开展活动67次，收集各类问题138个，解决129个，走访企业近800家，其中，总部企业61家。按照湘江新区和岳麓区有关政策，对私募股权投资基金、私募证券投资基金、创业投资基金及其他投资基金等各类投资基金及管理企业给予工商注册登记、其他备案程序“一站式服务”，对于符合条件的投资基金或管理企业可在企业名称中使用“基金”或“投资基金”。全年以湖南湘投新兴产业投资基金管理有限公司为代表的54家私募股权投资、基金管理、创业投资企业成功落户湘江新区基金小镇。

信息和网络管理。通过移动云MAS短信、LED屏滚动播放、张贴年报宣传画到各楼宇电梯、移动年报工作站、送法进园区、个体年报服务外包等方式方法引导市场主体通过国家企业信用信息公示系统自主申报。截至6月30日，2016年度企业年报应报22301户，已报19630户，年报率88.02%,个体工商户应报41841户，已报25903户，年报率61.91％户，农民专业合作社应报190，已报181，年报率95.26%，全市排名第二，完成企业年报率85%以上的目标。按照3%比例随机抽取企业662户，对分局64名执法人员按照随机原则，分成32个抽查组进行年报抽查，并从专项经费中列支9.8万元，以服务外包方式委托会计师事务所、税务师事务所等专业机构人员协助开展抽查工作。联合全区200余家电子商务企业负责人，建立岳麓区电子商务微信群和QQ群，积极宣传《中华人民共和国广告法》、《网络交易管理办法》、《中华人民共和国反不正当竞争法》等法律、法规，解答经营者的法律咨询。7月17日，分局召开网络经营者行政指导会议，组织学习网络经营法律法规，并上门指导。企业主动删除违法商品信息98条次。对32个未主动改正的网站责令整改。积极引导网络经营者履行市场主体责任，全年有154家公司网站申请电子连接标识，向消费者亮明身份。全区全年新增网络经济户口1226个，现有网络经济户口31000个。以网络经济户口管理为切入点，扎实开展网剑红盾专项整治行动。立案查处网络交易违法案件25起，罚没42.20万元。依照《长沙市岳麓区政府部门涉企信息统一归集公示工作实施方案》，按照“谁产生、谁提供、谁负责”的原则，督促市场主体履行信息公示义务，指导全区31个涉企信息部门将各部门产生的行政许可、行政处罚、抽查检查和企业实施信用约束公示的“黑名单”等企业信息通过国家企业信用信息公示系统归集于企业名下，依法向社会公示，对信息的真实性、准确性、及时性负责。企业信息归集率99%，公示率100%，准确率高于98%。全年录入行政许可信息18523条、行政处罚信息413条、抽查信息9条、小微企业扶持信息60条。将各类有关工商信息制作成“岳麓工商”微信公众号，包括办事指南、企业查询、创客空间、消费咨询、法律法规、企业年报、网上办事、党风廉政建设等栏目，向广大经营者和关注者进行推送，指导广大经营户办照办事。该微信公众号现有关注用户1.3万人。2017年10月、11月，分局获得“全国工商及市场监管部门微信公众号传播影响力排行榜”之“城市工商及市场监管部门公众号”第十名和第十四名。

市场监管执法。行政执法办案按照分局2016年提出的“三个转换、四个集中”思路，继续从大办案向办大案转变，以群众反映的热点问题为突破口，整合行政执法资源查处损害市场公平竞争秩序的重大案件，对重大案件和典型案例通过企业信用信息网向社会公示。全年立案256件，结案162件，罚没入库206.93元，公示132件。一是围绕医药购销、扶贫领域、政府采购、网络虚假广告、对校讯通网络及校园IC卡、医院IC卡发行等企业借助行政权力强制交易、滥收费用、给付相关单位和个人好处费用的垄断和不正当竞争行为进行查处。中南大学湘雅三医院使用未取得生产许可证的集成电路卡案，处罚款10万元。湖南长沙科福科技开发有限公司商业贿赂案，处罚款30万元。二是查处以会议营销方式销售保健、医药、家居、教育等产品及服务的虚假宣传行为，对两家公司立案查处。三是打击烟草购销领域中的违法行为。科、所联动，打击烟草行业中侵权、假冒及无证经营等违法经营行为，全年查办烟草案件40件，罚没入库48269.55元。四是开展服装、玩具、家具、电气、轮胎等网络商品和流通领域的商品抽检工作。抽检37家经营户的114个商品（批次），发现不合格商品（批次）15个，均立案查处，罚没入库14.166万元。五是积极查处虚假违法广告行为。对违法投资融资、危害未成年人身心健康的非法涉性、游戏娱乐、格调低下广告、有关非医学需要选择胎儿性别广告、食品药品、医疗、医疗器械广告、教育培训类广告进行重点查处。查办广告类案件29件，罚没入库50.53万元。根据区委、区政府统一部署，对以投资理财名义从事金融活动的行为进行排查和整治，重点是非法集资广告、投资理财类企业的虚假宣传。整治期间，分局根据文件精神暂停办理企业名称或经营范围中含有“投资”“金融”“资产管理”等字样的投融资类企业的设立登记和增加此类经营项目的变更登记。6月1日，分局在绿地广场开展以“拒绝高利诱惑、远离非法集资”为主题的现场宣传活动。7月开始，分局派5名执法人员全力配合区金融办、银盆岭街道常驻“绿地楼宇工作站”开展“非法投融资清查”“异地企业清查”“教育培训一条街培育”行动。清查投融资企业176家，将两家合法的湖南基金分公司由非独立核算转为独立核算，将“中合农信”的南方片十省的高管约90人的个人所得税落地岳麓区。对违反广告法的湖南普天众投互联网金融信息服务公司及长沙市希赛信息技术有限公司分别罚款8万元和5万元。注销投融资企业33户，纳入经营异常名录149户。联合区公安局、区商务局及相关街道、物业部门开展清理整治行动。对涉嫌非法投融资的梅溪湖创业中心、湖南建信互联网科技股份有限公司、长沙希赛信息技术有限公司等单位利用网络虚假宣传行为立案查处，并移交区金融办依法处理。全年清查异地企业50家，变更营业执照迁入岳麓区19家。重点组建“万润集团”“蓝河营养品”企业及迁入岳麓区的“湖南浦达科技发展有限公司”“长沙诺民医疗科技有限公司”等利税大户。

对32家年收入过2亿，但税收为零的非营利性教育培训机构进行企业化改造，为其中8家办学机构湖南总部迁入岳麓区办理迁入手续。开展打击传销整治行动，印发《长沙市岳麓区2017年打击传销整治传销集中行动实施方案》，对“异地资本运作”型传销活动，要求各重点街道制定清理整治方案。对重点地区、重点对象、重点人员，全面调查摸底，“端窝点、摧网络、打团伙”，精准打击不留盲区和死角。针对“1040”传销组织利用岳麓区风景名胜区部分景点作为传销活动宣讲场所问题，协同区公安分局、岳麓区风景名胜管理局成立橘子洲打击传销办公室，联合中南大学打击传销指挥部，开展日常巡查，发现一处，查处一处，压缩传销活动生存空间。9月2日，由副市长邱继兴带领的全市打击传销专项行动在梅溪湖街道进行，当日分局出动执法人员36人，捣毁传销宣窝点17个，抓获涉传人员53人。全年分局受理传销案投诉举报24起；开展“防传销进校园、进市场”等活动15次；针对打着“电商”“微商”消费投资“爱心互助”等名义的新型传销活动，发布专题预警4次；发放、张贴宣传资料3万份；悬挂、发布宣传标语280条；在全区LED显示屏滚动播放打击传销宣传资料2万次。在学士、岳麓、梅溪湖、望岳、观沙岭街道等重点区域组织开展专项打击传销行动340次，对830名传销分子进行“反洗脑”教育，遣返传销人员516人，查办传销案件52起，罚没入库77.65万元，冻结账款150万元，移交公安机关刑事立案2件，刑拘11人，取保候审8人，监视居住3人，法院依法判决2人，录入传销违法人员库信息305条次。根据区委、区政府《关于印发开展城市污染源头整治工作实施方案的通知》精神，成立由工商、城管、环保、公安、街道等部门组成的综合执法队，对全区的187户无照经营的木材场、石材场和废品回收店以及散煤藕煤制售行为进行拉网式逐街道排查和整治。下达整改责任清单，提出整改要求，设立整改台账，实行销号管理。全年下达整改通知书121份，取缔无照经营的木材场51家、石材场7家、废品回收店21家，散煤藕煤制售经营店8家。整顿集贸市场经营秩序和校园周边环境整治。一是持之以恒整治集贸市场“脏、乱、差”现象。年初对市场内经营户过期证照进行统一更换；成立市场执法队，每月开展4次集中整治行动，对照“文明创建”标准严抓整改。2017年全国文明指数测评工作，左家垅市场、银馨市场、湘仪市场作为必检点，顺利完成迎检任务。二是积极防控H7N9禽流感。根据省、市精神和区政府工作部署，分局于2月7日、3月17日、4月8日三次对全区25家集贸市场下发《关于关闭活禽交易活动的通知》，专人巡查督促市场方落实禽类区域“一天一清洗，一周一消毒，一月一休市”制度，配合街道、卫计部门对农贸市场内活禽经营户进行关停，督促活禽经营户从2月7日休市至4月30日，全区在防禽流感期间无一人感染H7N9禽流感病毒。三是6月至7月初，湘江罕见高水位防汛期间，加强农贸市场监督管理力度，确保市场环境卫生、价格稳定、诚信经营、稳定有序。四是对照《全国文明城市测评体系》的要求，在全区33个农贸市场、8个工商所窗口、校园周边营造文明创建宣传氛围。张贴“中国梦”“培育和践行社会主义核心价值观”“讲文明、树新风”“遵德守礼”“诚信经营”“严禁向未成年人销售烟酒”等宣传标示、标牌3.2万份。五是保持校园周边整治力度。各工商所每周2次以上对校园周边经营户开展清理整治，全年收缴“牙签弩”“王者武器”等凶器玩具230个，“三无产品”165件。

维权工作。在营商诚信环境构建上，结合“3·15”活动主题，举行“崇德尚信 诚实守信”主题教育实践活动暨岳麓区2017年诚信经营示范点创建活动，邀请网店代表、实体店代表、居民代表参与，同步开展线上线下诚信经营活动。经评比验收，授予平和堂中国有限公司长沙奥克斯广场分店等6家企业“诚信经营示范店”牌匾。9月28日，在市消委指导下，分局联合区政府相关部门，在红星美凯龙岳麓商场主办“喜迎十九大，2017年绿品实价诚信经营暨新《湖南省消费者权益保护条例》赠书仪式”活动，活动现场成立长沙市家首支家居行业诚信监督队，300多商家代表现场庄严承诺：杜绝各种欺诈行为，共同营造诚信经营的市场环境。按照“有诉必接、有接必办、有办必果”的要求，推行“信息催办、跟进督办、马上就办、办就办好”的工作理念和做法，充分利用12315“五进”QQ群，努力在第一时间、第一现场化解消费矛盾，保障消费者的合法权益。全年全局经市工商局12315系统受理投诉2144件，举报528件；消费者通过全国12315互联网系统向分局投诉举报1060件（符合受理条件的433件，含投诉372件、举报61件）。以矛盾纠纷调委会名义办结消费者投诉2275件，从中发现办案线索予以“诉转案”39件，为消费者挽回经济损失695万元。办结举报案件504件。制定《12345市民服务热线工单办理工作方案》，规定该项工作由分局“一把手”亲自抓，各科、所长是“第一责任人”，纪检监察室在工单完成后2日内回访。全年接收12345市民服务热线工单726个，其中，申请不予立案75个，办结620个，回访满意率98.13%。

队伍建设。一是制度建设。结合目标管理考核和绩效考核，继续完善考勤、请（休）假、值班局长（所长）制度，严格落实着装规定和会议（学习）纪律。在机关和各工商所安装指纹考勤系统，每月实地督查、统计考勤情况，在内网0A系统上通报。二是作风建设。开展“纠四风、治陋习”“雁过拔毛”“小官大贪”整治；清查“升学宴”和“谢师宴”；清查国家公职人员涉矿涉企等经营性活动，全局党风和作风水平继续提升。三是廉政建设。全年开展党风廉政例行廉政谈话114人次，其中，局领导对科所长廉政谈话80人次，科所长对一般干部廉政谈话34人次。全年有10人次上交纪检监察室拒礼拒贿的现金1.31万元，香烟4条。当面拒礼金（未接受）50余人次，拒礼4.7万余元，拒请吃67人次。开展赈灾。7月10日，分局机关党委和区个体劳动私营协会党支部组织安利湖南分公司党支部、湖南西湖双创孵化基地有限公司（猪八戒网）、湖南本草纲目和长沙绿盾征信公司到洪涝重灾区学士街道白鹤社区慰问，送去850件矿泉水和40件食用油，价值近4万元。全局干部职工向市局工会和岳麓慈善会捐赠抗洪救灾款3.21万元。（夏可政）

安全生产监督管理

区安全生产监督管理局

党组书记、局长
徐　勋

党组副书记、副局长
杨育才

副 局 长　徐　纹（女）
尹异凡（12–）

党组成员　邓德辉
臧金冠

总　　工　李建钢

【概况】 2017年，区安全生产监督管理局，依照区委、区政府及上级职能部门工作部署，落实安全生产监督管理责任，组织协调全区安全生产工作，加强安全生产管理和安全知识的宣传教育。严格安全执法，较好地完成了全年的工作任务。全年直接监管企业187家,其中非煤矿山2家,危险化学品生产经营储存企业81家,烟花爆竹销售门店34家(无烟花爆竹生产企业)。2017年共发生安全生产事故8起,较上年下降61%。各类安全生产事故死亡8人(其中工矿商贸事故死亡2人,经营性道路交通事故死亡6人),较上年下降112%。亿元GDP生产安全事故死亡率为0.0078人，工矿商贸企业从业人员十万人生产事故死亡率为0.5人。

安全生产。区委、区政府高度重视安全生产工作，区委常委会、区政府常务会议多次专题研究安全生产工作，先后出台《岳麓区深化务实创新举措健全安全生产“三大体系”实施方案》《区委区政府领导安全生产工作责任清单》，形成“横向到边、纵向到底”“管行业必须管安全、管业务必须管安全、管生产经营必须管安全”的安全生产责任体系。区主要领导和局领导班子成员带队检查安全生产工作已形成常态，全年共组织区委、区人大、区政府、区政协领导带队检查4次，组织检查组72个，检查生产经营单位209家。各街道（镇）和相区直相关部门也按要求开展领导带队检查安全生产工作。及时传达学习上级文件会议精神。按照要求组织相关部门、相关单位人员参加国务院、省、市安全生产工作会议，召开专题会议认真传达上级会议精神。各街道（镇）相关部门按照“四不两直”要求，各司其职、上下联动，检查过程中严格执行领导干部带队检查督查“六有”规定。完善目标管理考评机制制定考评实施细则，组织考评并向区绩效办提供考评结果，作为领导班子和领导干部绩效考核、干部考察、评优评先、经济社会发展考核的重要内容。以日常考核为主，加强日常工作调度，健全日常考核台账，严格落实工作制度。采取警示通报督导约谈、挂牌督办等形式强化了目标管理考评工作。

体系建设。一是隐患清单体系建设。牢固树立责任意识，结合重大事故隐患“一单四制”，健全全区各个层面的各类事故隐患的排查、登记、建档、报备、整改、责任、时限、督办、销号等清单式、闭环式体系。逐步实现发生安全事故后的查处向事前防控、代替企业排查隐患向督促企业自觉排查主动整改隐患两个转变。二是安全责任体系建设。严格落实安全生产“党政同责、一岗双责、失职追责”和“管业务必须管安全、管行业必须管安全、管生产经营必须管安全”的责任规定，按照同领域、同行业、同区域、同类型、同责任“三责五同”原则，出台《长沙市岳麓区人民政府有关部门及有关单位（机构）安全生产工作职责分工暂行规定》《岳麓区委区政府领导安全生产工作责任清单》，健全安全生产全过程全方位的责任体系。三是长效管理体系建设。强化安全生产监管的过程化管理、精细化管理、法治化管理的常态化模式，促进全区安全生产监管方式由行政管理模式向依法治理机制转变，由运动式集中整治向常态化监管执法转变。逐步构建安全生产长效管理体系。

安全执法。开展餐饮甲醇燃料安全隐患专项整治，对全区甲醇燃料经营进行全面排查。在安置小区、商住小区、物流市场、废旧厂房仓库“四类场所”设立危险告知牌，接受周边群众监督举报。提请关闭2家非煤矿山企业。全面开展试点工作，加强安全风险分级管控、隐患排查、应急救援三道防线建设，在健全责任体系、风险分级管控、隐患排查治理、依法治安、基层基础和应急管理等方面取得了新的突破。推广购买安全技术服务，引入规范高效的安全技术咨询服务机构开展安全现状评估、安全专项检测和隐患排查治理等工作，为推动企业落实安全生产主体责任、确保企业本质安全提供可靠的专业技术支撑。2017年，全区组织执法行动1629次，出动执法人员21782人次，检查企业9865家次，排除发现隐患4213处，共责令企业停产整顿35家，取缔非法生产窝点23家，提请关闭企业5家，经济处罚606.85万元。区安监局取缔3处非法储存经营危险化学品的窝点，扣押甲醇4吨，转运油漆2吨，注销危险化学品经营许可证2家，暂扣安全生产许可证2家，立案处罚5起，罚款22万元。

安全教育。一开展“落实企业安全生产主体责任年”活动。年初出台《岳麓区“落实企业安全生产主体责任年”活动方案》，召开工作部署会。开展全区重要企业负责人专题培训班，共计培训企业负责人1563人次。二对全区企业发了一封公开信，发放2万多份；组织以“落实企业安全生产主体年”为主题的“安全生产月”宣传教育活动，发放相关宣传资料5万余份。组织岳麓山索道应急救援演练。协助市安监局举办全市的安全生产知识竞赛活动。发放企业安全生产主体责任读本5000本。开展“三个第一课”及谈心对话活动，由主管副区长约谈重要部门和重点单位负责人26人。建立安全生产诚信“黑名单”制度，开展企业安全生产诚信评价。每月通过区政府门户信息公开平台、长沙岳麓安监微信公众平台、区政务中心显示屏开展“警示教育”活动，全年开展警示教育10次。

安全巡查。2017年6月7—28日，市安委办对岳麓区进行了为期22天的安全生产工作巡查，对17个被抽查的区安委会成员单位进行巡查，抽查企业26家，发现问题45条，下达市安委办督办函6份。（陈灿鹏）

食品药品监督管理

区食品药品监督管理局

局党组书记、局长
晏应龙
局党组副书记、副局长
沈建明
副 局 长 谭 葵（女）
戴世文
局纪检组长
杨辉宇
区食品安全委员会办公室专职副主任
颜铁坚
局党组成员
袁 蕾
李建红
张红光
区食品药品稽查大队大队长
彭志军

【**概况**】2017年，食品药品监督管理局以创建国家食品安全示范城市为主线，以提升人民群众满意度为目标，扎实推进各项工作，圆满完成省市区“两会”、“三考”、2017年全国中小学生武术锦标赛、2017年国侨办“科创委员和海外博士走进长沙侨梦苑”、2017年泛珠三角区域合作行政首长联席会议、第13届泛珠三角区域省会城市市长联席会议等重大活动食品安全保障任务，高质高效承接和完成全市创建国家食品安全示范城市工作现场观摩会、2017年湖南省（长沙）国家示范性食品安全Ⅱ级事故应急演练等重大工作任务，全区食品安全工作呈现稳定可控、持续向好的良好局面，未发生食品安全事故和重大食品安全舆情事件，人民群众对食安工作的知晓率、支持率、满意度持续提升，创建工作成效日益凸显。在市对区食品安全管理评估绩效考核中获内五区第一名，获评湖南省食品安全先进区县。

落实党政同责。一是区委、区政府将食品安全作为各级党委、政府一项政治任务，以最严标准、最严监管、最严处罚、最严问责，切实保障人民群众“舌尖上的安全”，全力打造岳麓区食品安全“金字招牌”。二是推进食品安全创建活动。3月2日、6月24日、11月14日先后3次召开全区性创建工作部署推进会议，总结分析全区创建工作任务落实情况。3月4日，召开全区2016年度“六个走在前列”绩效考核通报讲评暨2017年度工作推进会，区委、区政府主要领导亲自动员和部署创建工作。3月10日，召开区长办公会，对创建工作中的具体困难和问题逐一研究解决。6月6日，召开食品安全专题政府常务会议，动员部署食品安全八大专项整治工作。8月29日，区委书记专题调研创建工作，在实地查看的基础上，召集各创建责任单位进行座谈，对全区创建工作提出“四个聚焦”要求。年内，区人大、区政协分别对食用农产品质量安全、校园食品安全组织执法检查和专题调研。全区上下食品安全创建工作稳步推进。

夯实基础工作。一是落实职能部门监管检查与社区（村）日常巡查“双巡查双覆盖”工作制。区食药监局对全区食品生产经营单位、区农林畜牧局对全区食用农产品种养殖企业、区工商分局对全区农贸市场、区教育局对全区中小学校、区质监分局对全区食品相关产品生产企业加强监管检查，统筹实现“六个到位”(要点检查到位、文书制发到位、指导整改到位、量化分级到位、信息公示到位、台账记录到位）。规范街道（镇）、社区（村）两级食品安全隐患排查、协助执法、信息报送等工作，制作《食品安全现场巡查记录表》、《食品安全现场巡查信息台账》、《食品安全现场巡查突出问题及重大隐患执法查处建议书》，要求各社区（村）每季度落实一轮对本辖区食品生产经营单位全覆盖巡查，对问题和隐患及时发现、及时报告、及时处置。二是抓业务培训。全年组织食品安全监管业务培训18期，累计培训监管人员2610人次。选送193人次参加国家、省、市组织的业务培训。组织新招录14名工作人员及36名街道（镇）食安办工作人员参加省“行政执法证”培训与考试；食药监局监管执法人员（含辅助执法人员）年度参加培训均累计80小时以上，街道（镇）、社区（村）食安工作人员年度参加培训均累计50小时以上。

坚持严格监管。一是严把许可审批关。进一步规范全区食品经营行政许可，推进事权一体，开展便民服务，在全市率先将经营面积150平方米以下（含）的食品经营许可和全部小餐饮经营许可事权下放至各监管所，各街道（镇）均增配专职工作人员，设置许可办事窗口，17个基层食药监所均能独立办理行政许可事宜。全年办理食品类许可证10224本，分发商事登记后置许可任务8882起，接收8419起，核减退回463起，办证5470起，办证率85.32%，办证总数居内五区第一。二是强化检验检测。实行“下有保底、上不封顶、实报实销”的检验检测经费保障政策，2017年，市局明确岳麓区食品安全检验检测年度定量检验约束性任务1600批次，定性检测非约束性任务11900批次，实际完成定量检验1819批次，定性检测12109批次，定量检验合格率98.46%（2016年约为97%），实现检验检测全品种、全区域、全时段覆盖。对上级交办、外地移送、区本级抽检的不合格报告检测核查后处置100%。三是开展专项整治。贯彻落实上级指示精神，制定逐项整治方案，结合区情实际，开展对食品生产加工小作坊、小型餐饮、网络订餐和农村集体聚餐及幼儿园、民办教育培训学校、托管机构及工地食堂食品安全等专项整治。区创建领导小组、各相关职能部门和街道（镇）共召开专项整治动员、部署、调度、讲评等会议64次，组织区级专项整治督查7次，发放、张贴、悬挂专项整治内容的海报、宣传单、横幅、标语等20余万份（条、册），组织专项整治行动176次，监督检查各类食品生产经营单位6600余家次，指导整改1324家次，取缔关停135家。将案件查办与专项整治紧密结合，案件查办任务指标具体到了每项整治内容、每个责任单位、每个时间节点。如7月13日，在市局指导下，由区食药监局局长晏应龙任总指挥，市局稽查支队流通大队大队长高泽勋、区公安分局治安一大队副大队长易勇任副总指挥，抽调60余人组成10个行动小组，对分布于岳麓区、雨花区、芙蓉区、长沙县的13个制售假冒伪劣调料的黑窝点进行打击取缔，查封扣押生产原料4552千克、成品9270千克，涉案金额近20万元，打击行动取得圆满成功，政法频道等新闻媒体全程跟踪报道，社会反响很好。2017年，全区食品安全一般程序行政案件立案查处242起，结案224起，移送公安机关涉刑案件3起。区公安分局破获食品安全案件3起，捣毁违法生产、销售窝点8个，刑事拘留10人。新闻媒体正面跟踪报道区专项整治情况20余次，有效震慑了食品安全违法犯罪，弘扬了正能量。

强化共治共管。一是成立食品药品安全投诉举报应急处置机制,成立应急值班室。每月排出“值班备勤安排表”，明确每日带班领导、值班人员、执勤组和备勤组人员，落实24小时值班值守。分类建立“12331”“12345”“12315”、上级交办、外地协查、领导信箱等不同渠道的食品安全投诉举报信息，建立受理、核查、处置、回复信息台账。全年核查处置各类食品安全群众举报投诉948起，做到核查处置到位、奖励兑现到位。二是开展创建宣传进社区、进网格、进楼栋、进家庭、进校园、进企业、进门店、进工地活动。区教育局将食品安全宣传教育列入中小学校教学工作计划，落实全年不少于10课时的食品安全宣传教育，组织开展全区中小学生节假日期间“创建国家食品安全示范城市”社会调查。据市创建办2017年底第三方测评统计，岳麓区群众对创建工作的支持率99.97%、知晓率80.68%（较2016年提高37.6个百分点），对食品安全的满意度84.32%（较2016年提高38.9个百分点）。三是组织示范创建。2017年，全区创建示范单位任务分两个层面：区级示范创建任务为每个街道（镇）建成1个以上示范社区（村）、1条以上示范商业街、1所以上示范学校及校园周边。市级示范创建任务为1个示范乡镇（街道）、2~3个示范村（社区）、1条示范商业街及10个食用农产品基地和食品生产经营企业，街道（镇）创建工作纳入区对街道（镇）年终绩效考核同步验收。2017年，步步高金星路店、麦德龙岳麓商场创国家级放心肉菜示范超市，已通过省、市验收并报国务院食安办验收；师大附中博才实验中学南校区创建“湖南省2017年度食品安全示范学校”，已通过省食安办验收；天顶监管所已完成创国家级示范监管所建设，并报上级验收。重点打造登高路商业街、长郡双语校园周边、格林星城农贸市场等示范创建单位，高质高效完成市局交办岳麓区召开的全市创建国家食品安全示范城市工作现场观摩会的相关任务，全年迎接国家食药监总局、省食安办和其他兄弟省市检查调研组到岳麓区调研、观摩38次，为充分展示长沙市创建国家食品安全示范城市工作发挥了窗口作用。

民生实事建设。一是“明厨亮灶”工程建设。区财政投入“明厨亮灶”工程专项经费56万元，全区累计完成餐饮单位（含学校、幼儿园食堂）“明厨亮灶”工程建设857家，其中，建设视频厨房460家、透明厨房380家、开放式厨房17家，视频厨房中已接入市局监管信息平台220家，待接入240家，“明厨亮灶”工程已基本覆盖全区大型以上社会餐饮及学校、幼儿园食堂。二是豆制品米粉湿面冷链销售示范门店建设。加大建设资金投入，全年，区财政投入创建专项经费32万元及豆制品集中生产加工基地配套建设费100万元，通过以奖代补的方式，引导生产加工作坊向园区集中，销售流通门店自行提质改造，双管齐下，推进工作开展。2017年，市局下达岳麓区32家建设任务，截至8月已完成52家并均投入运行。加大对黑作坊、黑门店查处打击力度，坚持“严惩重处、露头就打”的高压态势，全年查处、取缔豆制品米粉湿面黑作坊、黑门店11家。三是农贸市场和生鲜超市快检室建设：市局下达岳麓区建设任务10家，区财政安排专项经费48万元，经全市统一招投标，10月启动建设，当月全部建成。（李昱）

质量监察管理

岳麓质监分局
局　　长　冯林彬
副 局 长　邓　敏
　　　　　　杨学工

【概况】 2017年，岳麓质监分局在区委、区政府和市质量技术监督局的领导下，结合辖区工作实际，充分发挥质监职能，求真务实，真抓实干，稳步推进各项工作，取得了良好的效果，获2017年度全市计量管理工作先进单位，市对区特种设备安全考核第二名，区安全生产先进单位等荣誉。

组织领导。将质量发展纳入区域发展规划，区政府出台《长沙市岳麓区进一步推进质量强区建设的实施意见》《长沙市岳麓区品牌发展培育规划（2017至2020）》《长沙市岳麓区品牌发展培育规划（2017至2020）》《长沙市岳麓区促进现代服务业发展的若干政策（试行）》等规范性文件。区质量强区领导小组全年召开研究部署市政府安排专题会议3次，明确了科技创新、品牌创新、标准化等各项政府质量奖励政策，组织质量标杆企业创建、示范活动，落实省对市质量工作考核各项责任指标。建立QQ、微信等工作平台，采取引导争创、重点帮扶、分级推进的方法，培育产业集群、突出优势产品，使品牌创建常态化。组织辖区企业参加市局组织的卓越绩效管理、企业首席质量官等各类培训班。指导圣峰果业有限公司承担的“国家水果综合标准化示范区”通过2017年度项目验收，协助市局举办长沙市第九批农业标准化示范区推进工作会议暨业务培训会议，有效推动长沙市农业标准化工作进程。区众益蔬菜基地、爱格设施农艺园等农业产业项目基础设施建设、运行和标准化创建稳步推进，形成农业标准化示范创建以点带面工作强劲势头。联合区工商分局对全区农贸市场进行全面调查摸底，组织人员到广州等地实地考察调研学习先进经验，积极探索运用“互联网+”思维，采取试点的形式，对集贸市场实行“四统一”（统一配置、统一管理、统一检定、统一维修）创新管理模式。采取政府投入的形式，为全区30家农贸市场购发新型防作弊公平秤53台。

安全管理。一是注重事前预防，加强安全隐患排查。在内五区中率先把特种设备以街道、镇为单元采取政府购买服务的方式，聘请专业人员进行精准排查并建立详细隐患清单。区安委每季度召开一次安全生产工作例会，对特种设备工作进行讲评，协调处理我区特种设备安全监察中存在的问题。落实领导带队检查制度，2017年，市局高杰书记、张庆和局长、区委书记周志凯、副书记周凡等领导亲自带队对特种设备安全工作进行现场督查约8次。二是落实安全监管。2017年，区财政在预算中安排特种设备专项经费70万元用于保障特种设备安全监察工作。我局开展春节、“两会”“春雷”“飓风”“隐患大排查”中共十九大期间安保等多项专项检查，联合安监、工商、住保、消防、街道等开展联合检查和执法行动，全年检查企业及个体单位212家，委托省特检验院技术部对16家小区、20台电梯进行监督抽查。全年处理“12345”“12365”投诉举报446起，发现和排除安全隐患100余起，下发安全监察指令书70份。6月30日，在岳麓山成功承办市级客运索道大型应急救援演练，申请省特检院对全区30余个居民小区因水灾受损的600台电梯进行免费安全检验。主动承接银洲小区电梯监管。分局出资1万元为银洲小区电梯维保聘请专业维保公司，协调岳麓区政府出资、银盆岭街道牵头对银洲小区2台重大隐患的电梯予以更换。三是开展安全宣教活动。结合3.15、6月安全生产月、9月质量月、电梯安全宣传周等节点开展专项宣传，印发宣传资料，制作宣传视频、布置舞台节目。街、镇结合本身实际开展丰富多样的宣传。如坪塘街道9月23日举办“快乐生活、从电梯开始”的电梯安全进社区活动，受到了好评。举办提升家具产品生产质量及特种设备安全管理业务培训，提高安全管理人员业务技能，全年组织培训班3期，有400余家企业相关人员参加了培训，培训特种设备管理人员近400人。下发落实安全主体责任承诺书和通知，对企业落实主体安全责任情况进行督查。按省、市质监局要求，组织企业开展特种设备安全示范创建活动。联合街镇对全区特种设备台账进行清理，重新分类建立了台账。建立安全监管责任清单和安全生产诚信体系。

专项治理。全年对水泥灌装加工点、非法水泥制品（水泥砖、水泥预制板等）、纤维制品（棉被、三件套、学生服等）生产加工、瘦身钢筋、食品相关产品、消防产品、电线电缆、生产许可证获证企业、CCC认证获证企业等重点行业生产领域开展专项执法检查行动、联合执法行动20余次，辖区内7家散装水泥加工点全部拆除，辖区内未发生行业性、局域性产品质量问题。对4家获证企业、1家未纳入办证食品相关产品生产企业实施日常监督检查，检查覆盖率100%。对3家在生产食品相关产品企业进行区级质量监督抽查，抽查4批次，结果均合格。配合市局监督处开展“你点我查”重点消费品双随机抽查工作，共发放并有效回收调查问卷50份。在区政府门户网依法公开市区两级抽查结果、专项检查情况等工作信息，及时向市局对口处室、区食安办报送有关工作信息。建立企业产品质量监管档案，严格不合格产品后处理工作，对不合格产品及时依法处置，处理率100%，全年未发现食品质量违法案件和质量安全事故。

党建工作。以“两学一做”学习教育常态化制度化为契机，全面落实“三会一课”、支部书记谈心谈话、主题党日活动等制度，全年开展各类党建专项学习讨论10余次，支部书记谈心谈话12余次，各类主题党日活动12次，分局党员干部的凝聚力和战斗力

有新提高，党建工作水平有新突破。（骆青桦）

【市第九批农业标准化推进会在圣峰果业示范基地举行】 2017年4月18日，长沙市第九批农业标准化推进工作会议暨培训会议在岳麓区圣峰果业示范基地举行。出席会议的有湖南省质监局、长沙市质监局、岳麓区政府、区质监分局、区农林畜牧局、区莲花镇政府相关负责人。会上，圣峰果业总经理黄莲花代表公司作示范基地标准化建设三期计划和工作推进情况介绍。省质监局标准化处彭处长介绍了农业标准化工作的重要性并就如何开展农业标准化作了讲话。区政府副调研员汪世震代表区政府就支持圣峰果业有限公司承建“国家水果综合标准化示范区”项目建设作了表态。会上，省市质监局领导为圣峰果业成为国家水果综合标准化示范区授牌。

【举办客运索道事故应急救援演练】 2017年6月30日上午，长沙市岳麓区客运索道事故应急救援演练在岳麓山索道举办。演练由长沙市质量技术监督局、长沙市安全生产监督管理局、岳麓区人民政府、岳麓山风景名胜区管理局主办，岳麓山景区管理处具体承办，岳麓区安全生产监督管理局、长沙市质量技术监督局岳麓分局协办。成立现场应急救援指挥部，下设现场救援组、医疗救治及安抚组、交通疏通及治安警戒组、技术专家组、后勤保障组、通讯报道组。演练自上午10时30分开始，全过程向公众现场直播。（骆青桦）

商务管理

区商务局

党组书记、局长
谢英姿（女）

党组副书记、副局长
周定友

党组成员、副局长
申利荣（女）

纪检组长 钟宏亮（1–10月）

副 局 长 林 渊

【概况】 2017年区商务局围绕区委产业发展年的目标定位，在健全体制机制上做文章，在做实产业平台上出实招，在强化借势借力上求突破，全年完成社会消费品零售总额361.14亿元，同比增长12.9%，其中限上企业192.02亿元，同比增长17.2%；完成进出口总额1.47亿美元；完成实际利用外资3.81亿美元，同比增长14.22%；引进市外境内资金形成固定资产完成230.98亿元，同比增长13.86%；新增出口实绩企业10家。圆满完成全年工作任务，获“2017年度全省‘招商引资真抓实干、马上就办’”先进集体的提名单位（长沙市中心城区唯一推荐单位），被省商务厅授予“2017年度全省市场秩序工作先进单位”称号。

产业发展。贯彻落实区委、区政府指示精神，全力攻坚“产业发展年”建设。承担产业发展领导小组办公室工作任务，牵头制定《2017年产业发展年实施方案》，编制《2017年产业发展简报》，出台《2017年产业发展专项考核细则》，深化湘江新区及平台公司、高新区、市区平台公司、区直部门、街镇及园区、楼宇开发运营商等不同招商主体间的协调对接，统筹协调产业发展日常管理工作。修订完善《长沙市岳麓区促进现代服务业发展的若干政策》，编制《政策汇编》，牵头组织对2014至2016年的产业政策申报，兑现奖励扶持资金2700余万元。引进10位专业经济型人才组建开放型经济促进中心，推进经济型人才引进工作改革。参与大科城麓山南路项目产业导入相关工作，探索区校合作共创模式，参与研究大科城政策建议等，聚焦大科城发展。

招商引资。完成省、市重大平台签约项目19个，土地摘牌落户项目17个；注册落户重点企业41家，园区检验检测项目5个。其中，引进梅溪湖亿达健康科技城等50亿元以上项目3个，引进中通华中区域总部等10亿元以上项目4个。“港洽周”、湘台经贸会、湘商大会、中国（长沙）智能制造峰会等活动节会招商，共计签约金额208.7亿元。小分队分赴京津冀、长三角等发达地区考察对接中通快递、天通控股等企业20余家。“情系岳麓·百万校友共建大科城”开启校友招商新模式。刘汇区长带队赴芬兰、瑞典、爱沙尼亚北欧三国考察世界500强瑞典宜家、沃尔沃企业总部，开启北欧国家经贸合作新起点。承办第十三届泛珠三角经贸交流会，协助开展分布式智能挑战赛发布会接待活动等，展示岳麓精彩。

商贸流通。年初“乐购岳麓”嘉年华活动为岳麓区新贡献2亿元的零售额。协助筹办渔人码头夏季啤酒节、王府井趣味篮球赛等节会活动，“消费在岳麓”深入人心。完成肉菜追溯系统2017年第二期36个任务节点的设备建设

任务。3月，作为全市肉菜溯源体系的示范区顺利通过国家商务部验收。初拟《岳麓区农贸市场标准化建设三年行动方案（草案）》。引导完成“个转企”93户，备案36户；引导完成“小升规”16户，备案76户。落实银红家居有限公司等21家产业地产、特色商街、社零增长等各类扶持资金342.82万元。协助晚安中国红木馆等27家公司申报长沙市2016年小微企业“两创”专项资金472万余元。

外经外贸。贯彻落实省、市“创新引领，开放崛起”战略，深度融入“一带一路”、长江经济带重大部署，发展外向型经济。强化重点外商投资企业和重大项目跟踪服务，为政府、中介机构和企业“三位一体”的外资综合服务体系提供条件，中通智慧物流园项目、中建国际ppp外商投资项目顺利落户。引进长沙星恒会商贸有限公司、长沙新天地供应链有限公司等外贸进出口额超过千万美元的企业3家；新增办理进出口备案登记企业68家；帮助实绩企业申报省市中小企业开拓资金逾百万元；支持湖南博深实业有限公司投资北非“中国城”项目，为企业“走出去”搭建平台。

现代服务业。2017年岳麓区“四上”服务业从业人员70980人，同比增长18.1%。全年完成电子商务交易额41亿元，完成现代物流交易额17亿元，完成年度服务外包执行额3628万美元，完成离岸外包执行额545万美元，全面完成指标任务。中通华中区域总部项目落户岳麓区科技产业园，58互联网产业园落户湖南湘江新区西湖文化园双创基地，电子商务实现突破。组织长沙市仓储与供应链商会、达嘉维康、上药九旺等企业申报市供应链体系建设试点项目，现代物流企业转型升级。组织海普信息、矿山研究院等4家企业申报了长沙市2016年度服务外包发展资金，组织长沙公信诚丰信息技术服务有限公司等6家企业申报长沙市服务外包平台，搭建服务外包平台基地。

（全奥）

服务总部经济发展工作

区服务总部经济发展办公室

主　　任　曹成文

副 主 任　刘　娜（女）

　　　　　　樊　勇

【概况】 全区有总部企业75家（全国性总部5家），楼宇项目达到52个，商务办公面积308.5万平方米。其中，已建项目35个（65栋），总面积187.5万平方米；在建项目7个，总面积41.8万平米；待建项目10个，总面积79.2万平方米。已招商面积80.6万平米，待招商面积106.9万平方米（不含街道、村级物业）。

制度建设。在反复调研及借鉴先进经验的基础上，制定《建立岳麓区楼宇服务体系实施方案》及《岳麓区总部企业认定标准及操作流程》，明确年度工作目标、工作重点、工作任务、和工作措施及，出台楼宇服务体系建设操作指南、制度汇编及楼宇招商服务手册，为全区楼宇服务体系建设提供了操作蓝本。对物业服务和工作站服务进行流程化、规范化指导；出台《岳麓区关于促进现代服务业发展的若干政策》，加大对楼宇经济扶植支持力度；启动楼宇发展规划设计和三年行动计划制定，围绕湖南湘江新区总体规划，特别是针对四大核心片区及大学科技城的整体定位，密切对接，协助新区出台总部经济政策草拟稿。

服务工作。一是优化服务模式。围绕启动“一联二帮三到位”服务模式。一联即安排“六位一体”专门人员联系楼宇；二帮即帮助楼宇招企业、帮助企业解难题；三到位即：走访沟通到位、贴心服务到位、政策扶植到位。全年累计开展活动32次，收集各类问题268个（问题回复率100%，解决率98%），走访企业近1200家（总部企业89家）。二是开展服务活动。以街道牵头、楼宇或企业为主体，区直部门参与指导，开展各类主题服务活动。与区人社局、区委组织部、区科技局相互联动，聘请律师、税务、会计等行业专家，深入中盈广场、王府井、绿地广场、缤纷奥克斯及西中心等特色楼宇，开展“特色服务暨人才政策宣讲进楼宇”主题活动8场，参与企业数1600人，广受楼宇及企业欢迎；强化“大商务”意识，协助区商务局成功举办珠海长沙商会成立暨岳麓招商推介会，泛珠三角地区“9+2”峰会、岳麓区楼宇经济工作经验交流会及湖南师大校友代表大会暨岳麓山国家大学科技城建设交流会。三是建立服务机制。围绕“优化总部企业服务，提升楼宇四率目标”（企业入驻率、税收贡献率、工商注册率及企业满意率），制定例会、走访、考核系列制度，形成完整制度体系。重点围绕区内尚没注册或注册在外企业情况，进行重点调度和跟进，截至2017年末，全区有注册建档企业300，注册建档工作仍在推进，全年已完成迁转企业48家，其中总部企业2家。着力“招大引强”，发扬蚂蟥精神推动招商工作，全年对接项目147个，引进全通教育、中铝视拓、俏皮羊、拍拍贷、中国人寿长沙分公司、世联行等总部企业31家，楼宇企业627家，超额完成年初工作任务。

平台建设。一是开发“智慧平台”。联合区商务局聘请专门团队，研发“投资岳麓”网络平台，及时发布动态信息，实现信息共享、资源互通和无缝对接。结合全区大数据中心建设工作，开发楼宇、总部经济大数据网格化管理平台，使数据更翔实，展示更生动、操作更便捷。既可以形象进行招商展示，又便于适时进行监管调度。二是强化“对外合作”。学习和引进先进地区的管理理念和方式方法，与广州总部经济协会签署战略合作协议，成立驻广招商办事处，探索组建岳麓区总部经济协会。驻广办全年拜访企业136家，赴区考察企业28家，企数标普、富力集团及帷幄科技成功签约入驻，酷狗音乐、百姓股份等数十家企业正加紧对接。组织上海张江高科技园区商务代表团到岳麓区参观考察，并与之建立友好商务联系，为后续合作奠定了坚实基础。三是做足“结合文章”。结合非公党建、文明创建、安全生产、志愿者服务等工作，组织部门服务进总部企业、进商务楼宇；结合产业招商、高峰论坛、主题会议，组织街道、楼宇、企业共同参与，强化意识，浓厚氛围；结合产业发展、项目建设及绩效考核等重点工作，将总部经济巧妙融入，实现事半功倍。2017年以来，全区共设立楼宇党建服务站12个，政协联络点2个。并成功将长沙外商协会引入西中心，开展精准招商推介活动，实现互利双赢。

党建工作。一是深化学习教育。开展专题教育学习，提升党性修养。按照“两学一做”常态化制度化要求，支部扎实开展“两学一做”学习教育活动，共组织4次专题讨论。重点学习新党章和习近平总书记在十九大上的报告精神，教育党员在习近平新时代，自觉保持共产党员的先进性。并坚持业务知识学习，提高业务水平。认真学习区委、区政府的重要决策决定及相关业务知识。二是抓好基础工作，支部建设成效明显。首先抓好党建责任落实，严格按程序进行了支部换届选举，选出支部书记1名、副书记1名、组织委员1名、群工委员1名、宣传委员1名，健全组织体系。并且抓好党建基础工作，始终坚持“三会一课制度”。从5月开始，认真组织开展主题党日活动。及时办理党员党组织关系结转手续，细致做好党费收缴工作。深入抓好党务公开和党员分类积分管理工作。经常与党员谈话谈心。同时抓好服务群众工作，全体党员干部耐心热情做好群众接访工作，并按时到所在社区或所联系社区报到，积极开展慰问、帮扶、志愿服务等活动，为群众解决实际困难，加强与社区的沟通交流。支部全体党员积极响应区委、区政府的号召，纷纷自发捐款，应对7月的洪涝灾害，多次为困难群众捐款，为莲花镇送去慰问物资。最后抓好支部活动开展。认真组织全体党员干部观看中共十九大开幕会，学习习近平总书记报告讲话精神。在韶山毛泽东铜像前集体重温入党誓词活动及在景区开展健步走活动。三是抓实业务工作，党建带动作用显著。做好综合协调服务。高标准完成政府工作报告、经济形势分析报告等各类重要文字材料的起草撰写任务。高质量起草或审核以政府、政府办公室名义印发的各类文件。抓好日常财务管理，做到勤俭节约。同时抓好督查督办工作。认真督办落实上级和区政府常务会、区长办公会等会议决议，组织集中督查20余次，印发督查通报10期，办理市长信箱信件400余件、区长信箱信件1500余件，办理人大建议73件，政协提案98件，做到件件有回音，事事有落实。并且抓好大型活动、会务等工作。全年先后举办各种大型会议20余次，尤其是圆满完成2017年泛珠三角区域合作行政首长联席等会议的组织协调保障工作，受到各级领导及与会同志的一致好评。同时抓好应急值班、法制、爱卫、金融、总部经济服务等专项工作。严格落实24小时应急值守制度，确保政令畅通和及时有效处置突发事件。按要求受理行政复议案件，按时完成行政诉讼答辩。以城乡环境卫生整洁行动等为重点，带动和促进卫生创建等各项工作深入开展。做好全区政府系统网络安全维护工作。协调全区各融资平台开展融资工作，积极促进楼宇总部经济发展。（曹成文）

工业·园区·交通

经济和信息化

区经济和信息化局
党组书记、局长
丁贵才
党组副书记、副局长
殷智勇
副 局 长 何四清
曹耀明

【**概况**】2017年区经济和信息化局严格依照区委、区政府的工作部署安排，落实职能职责，推进各项工作顺利开展。实现规模工业较快增长。经济效益稳步回升态势。全年完成规模工业增加值292亿元，同比增长10.0%，增幅稳居内五区第一。新增规模以上工业企业8家。帮助和指导企业做好项目申报工作，全年为区内企业争取省、市各类专项资金超1500万元。

创新创业凸显特色。引导已建成投入使用的创客空间提质和特色发展，提升空间品牌效应和竞争力。58众创空间列为国家发改委“双创示范基地重大项目”；引导湖南大学、湖南师范大学环桃子湖建设文创基地，西湖街道咸嘉湖社区创客空间建成投入运营，成为全省首家社区创客空间。中南大学研发总部主体竣工；蓝衫产融共享空间、海梦岛双创基地落户我岳麓区。截至年底，已建成投入使用的创客空间（基地）20个，创客空间实际使用面积超10万平方米，可接纳创业企业（创客团队）3000多个。形成多元化、特色化发展的“双创”基地。举办创业辅导、政策宣讲、项目路演等各类活动近千场次；成功举办岳麓山国家大学科技城“麓山杯”创新创业挑战赛暨长沙市（岳麓赛区）第二届科技创新创业大赛。通过海选、初赛、决赛层层选拔，最终评选出中小微企业组和初创团队组一、二、三等奖共12个。大赛的成功举办掀起岳麓区创新创业的又一个高潮。

专项工作稳步推进。一是企业办社会职能分离移交工作顺利完成。做好对接协调，细化工作措施，中央、省属企业社会职能分离移交工作按照签订框架协议、实施“三供一业”改造、整体移交程序，按时间进度稳步推进；市属企业抓管理服务，促资产移交。全年完成非经营性资产移交（房屋建筑面积）2.58万平方米。确保移交工作“接得住、交得稳、管得好”，让属地移交后的退休人员享有归属感、获得感、幸福感。二是住宅小区电力“专改公”工作实现突破。2017年有16个小区的“专改公”项目列为市对区民生实事工程考核。通过加强宣传、压实责任、定期通报等手段，工作取得突破。截至12月31日，前期协调、手续办理、资料收缴、材料购置、土建施工、户表勘测等须经岳麓区和岳麓区电力“专改公”工作领导小组协助完成的工作全面完成。正组织最后阶段的装表送电施工，其中15个小区中14个已完成装表送电（含由街道自主出资实施改造的西湖街道长沙电子技工学校宿舍）。三是清洁生产审核目标全面完成。全年市级下达岳麓区4个企业的清洁生产审核目标。通过宣传发动、对接专业咨询结构、召开动员大会、发动企业职工献计献策等措施，清洁生产审核工作进展顺利。11月，编制清洁生产审核报告，12月，已通过市清洁生产协会专家评审合格，并通过市经信委组织的现场验收。四是企业质量管理工作迈上新台阶。晚安家居公司继获得“省长质量奖”后，2017年又列为工信部质量品牌建设试点单位，并接受国家部委、省、市专家质量管理建设现场指导；航天康达塑胶公司列为“湖南省制造百户重点企业质量信誉承诺”单位。

安全生产大局稳定。严格落实安全生产“一岗双责”和班子成员带队检查制度，开展隐患排查，严守安全红线。举办规模企业和创客空间落实企业安全生产主体责任和消防安全知识培训班，提高企业安全生产意识和安全生产风险防控能力。全区工业系统安全生产形势稳定向好。

其他工作全面完成。一是优化企业发展环境。认真落实“放管服”工作目标，协助猪八戒网等创新平台取得集群注册资质，

实现企业注册线上线下同时登记办理。主动承接市经信委下放的经济管理权限，按要求全面下放到岳麓科技产业园，并做好指导和服务工作。二是主动履行部门职责。全面完成中央环保督察期间交办的工作任务。按时完成抗洪抢险工作中交办的居民电力恢复和通信保障工作任务，对受灾企业和群众进行了慰问。三是妥善化解改制企业遗留问题，耐心、细致接待原区属改制企业下岗职工来信来访，妥善解决他们在工龄认定、医保、社保费用缴纳方面的问题。（陈雯）

【鲁先华调研园区高新技术产业发展情况】 2月22日上午，省科技厅党组成员、副厅长鲁先华率队调研岳麓科技产业园高新技术产业发展情况。鲁先华一行先后到文泰能源、赛恩斯环保、中大检测、爱威科技、博奥医院检验所等高新技术企业，相关负责人详细介绍了各自企业技术特点、发展方向及产值效益，鲁先华一行参观了多个企业生产车间及办公楼，详细了解了上述企业特色产品研发、生产车间布局、产品制作流程等情况，并召开了现场办公会议。岳麓科技产业园作了园区高新技术产业发展情况的汇报，省相关处室负责人提出了各自的工作要求。鲁先华充分肯定园区高新技术产业的迅速发展及相关科技成果的成功转化，并就今后的工作提出了新的要求，强调要彰显自身特色，以园区为载体，企业为主体，面向大众、社区，打造示范基地，向省级高新技术产业开发区的方向迈进。

【区首家社区创客空间成立】 2017年3月20日，岳麓区西湖街道咸嘉湖社区创客空间启动仪式正式拉开帷幕，该活动由西湖街道、咸嘉湖社区、湖南枫树创业孵化服务有限公司联合主办，区人民政府副区长李舜出席启动仪式，市经信委中小企业处、区经信局、科技局、大学科技园和区校合作部等部门相关同志陪同参加。在启动仪式上，西湖街道咸嘉湖社区和湖南枫树创业孵化服务有限公司作为签约双方，就各自情况做了简要情况介绍，并分别签约并交换签约文件。湖南经视、长沙电视台、《湖南日报》、《长沙晚报》、红网等多家媒体进行实时报道。

【中关村领创空间赴岳麓区考察】 2017年4月7日，中关村领创空间科技服务有限责任公司董事、副总经理徐景泉一行三人赴岳麓区考察，对岳麓区产业基础及规划布局、科技优势、区校合作、创新创业等情况进行了深入了解。区经信局、区商务局、区总部经济办、大学科技园区校合作部等部门主要负责人陪同考察。徐景泉董事一行先后到楷林国际、后湖文化艺术中心、麓枫和苑、柏宁地王广场、岳麓科技产业园、大学科技园、金茂广场等单位了解项目建设情况，在岳麓山大学科技园与中南大学、湖南大学、师范大学的有关负责人座谈，了解岳麓区优质高校资源、科技研发、双创特色亮点等情况，就区校、企校合作，解决科技成果转化最后一公里的问题等情况进行了广泛交流。区经信局等部门介绍了长沙市及岳麓区在产业发展、创新创业、科技成果转化等方面的政策和措施。

【岳麓区经信局开展“进园区、下企业、送服务”春风行动】 依据《关于在全市经信系统开展进园区、下企业、送服务”春风行动的通知》（长经信发[2017]27号）文件要求和《岳麓区经信局“进园区、下企业、送服务”春风行动工作方案》，2017年4月19日上午，岳麓区经信局组织相关部门，赴岳麓科技产业园开展新一轮的“进园区、下企业、送服务”春风行动。市中小企业服务中心、岳麓区中小企业担保公司、岳麓科技产业园相关部门负责人参加了此次行动。活动以实地踏勘和召开座谈会的形式，走访调研了园区部分重点企业，了解企业具体情况，将中央、省、市、区关于大力发展实体经济的春风送到园区、企业，商讨区中小微企业服务平台建设相关工作，帮助园区建设产业发展服务体系，协助园区企业服务中心建设工作。为园区、企业提供精准、贴身和有效服务，协助园区做大做强，帮助企业摆脱资金瓶颈。

【区2家企业进入湖南省小巨人企业名单】 2017年9月14日，湖南省经信委公布了2017年认定的232家湖南省小巨人企业名单，作为引导全省中小企业转型升级的标杆和示范。岳麓区湖南航天康达塑胶有限公司、赛恩斯环保股份有限公司2家企业入围。此次认定的小巨人企业主要分布在工程机械、化工新材料、碳基材料、先进陶瓷、航空航天、中药、生物基因、农业机械等8个工业新兴优势产业链，主营业务突出，产业特色明显，具有自主知识产权和创新优势，近3年研发经费占主营业务收入比重5%以上。

（陈雯）

长沙岳麓高新技术产业开发区

党工委书记

屈志峰

党工委副书记、管委会主任

黄　燕（女）

党工委副书记、管委会副主任

刘正文

党工委委员、管委会副主任

张俊雄

管委会副主任

方胜昔（女）

舒　拉

吴清萍（女）

党工委副书记、纪工委书记

厉雅硕

【概况】 至2017年，长沙岳麓高新技术产业园区先后引进各类企业800余家，其中，规模以上企业35家，上市企业11家，拟上市企业6家，产业工人2.1万人，2017年，完成技工贸收入120亿元，固定资产投资107.8亿元，主要经济指标均实现20%左右增长。2017年，获批全国第十三个，中部地区首个“国家检验检测认证公共服务平台示范区”。

招商引资。通过“港洽周”招商会、深圳投资恳谈会、检验检测企业家座谈会等，持续拓宽招商渠道、创新招商方式。全年引进亿元以上投资项目6个，其中，投资10.6亿元的中通智慧物流园系长沙市重点招商项目，将建设中通华中区总部；引进检验检测企业、机构30家，南德检测、湘核检测、科创检测等国内外知名检测企业成功入园，“透明计算”技术成果转化项目、长沙智能驾驶研究院等新一代信息技术类项目签约，主导、特色产业的集聚效应更加明显；引进安博检测、美华科技等区校合作项目、中小科技服务企业197家。园区已集聚检测领域排名前十的SGS、intertek天祥、南德检测以及博奥检测、苏州苏试、中大检测、赛恩斯环保等国内名企、本土龙头89家，建立省级工程技术中心和实验室7个，省级院士专家工作站2个，市级院士工作站1个。

项目建设。全面融入岳麓山国家大学科技城建设，日夜兼程加快中南大学科技园（研发）总部进度，顺利实现在建楼栋全面封顶；抓紧推进检验检测特色产业园建设，实现招商中心正式运营，14栋多层基本完成装修；智能无人系统科创园赛道具备使用条件；中汽（湖南）汽车服务产业基地整体推进，中汽检测即将搬迁入驻；中通智慧物流园项目完成摘牌，部分启动建设。博奥医学检验所、岳麓汽车4S城、苏州苏试等项目陆续竣工投入使用；北京德利迅达、宏尚检测、五星汽车公园、洋湖时代酒店、中心商务岛等项目正抓紧主体建设，曾氏医疗科技园、湘核检测、金达酒店等项目陆续开工，启动建设。基础配套设施逐步完善，玉润公园、紫苑公园等城市公园建成对外开放，智谷科技广场基础工程有序推进，园区人居环境日益提升；加快推进玉赤河PPP工程建设，紫苑路、翰林路跨河桥等子项目基本完工，玉赤大道、玉赤河景观廊道（一期）等相继启动；联丰苑保障性住房（二期）招标工作稳步推进，中医药大学岳麓附属医院全面完成拆迁，研发中心启动建设，园区首家三甲医院建设工作全面启动。

特色平台创建。2017年园区重点推进了“国家检验检测认证公共服务平台示范区”、“国家检验检测高技术服务业集聚区”和“岳麓高新技术开发区”的创建工作。2017年9月，国家认监委正式批准园区为全国第十三个、中部首个“国家检验检测认证公共服务平台示范区”，园区检验检测产业正式迈入“国家队”行列；“集聚区”申报创建材料已提交国家发改委，申报工作已完成。

要素发展保障。2017年园区实现融资授信56.7亿元，到位资金40.3亿元，其中，园区含浦公司获得AA评级，其7亿元企业债系全市4支企业债之一，是园区首次面向资本市场融资的重大突破。积极探索PPN、中票等间接融资方式，进一步强化园区自身造血功能。通过盘活存量和集中安置等措施，增加建设用地指标的蓄积量，提高土地利用率。联合区城投竞拍获得365.5亩旱改水指标和194亩旱地指标，完成联东U谷503亩征地审批；签约异地流转使用安化县、溆浦县城乡建设用地增减挂钩指标，分别获得安化县320亩、溆浦县246.5亩增减挂钩节余耕补指标，有效化解园区土地瓶颈。

队伍和作风建设。推动“两学一做”学习教育常态化制度化，坚决落实“两个责任”，促进班子履行“一岗双责”，弛而不息纠正“四风”陋习。严格执行“三服务一线”工作法，坚持一线调度，深入联点企业、项目和村社区，解决困难问题。践行服务群众的理念，协助解决企业职工子女入学问题，完善接访制度，妥善处置白鹤社区60号令安置房遗留问题，全年接待群众来访120多人次。坚持用制度管人、管物、管事的原则，出台执行《印章管理制度》《公文审批制度》等管理办法，内部规范化管理有效加强。建立能上能下的灵活用人机制，完成中层干部竞争上岗和职工双向选择，选聘中层干部21人。科学调整内部管理机构，增设党群纪检绩效办公室，形成“两办六局”的管理架构。加大专业型人才的招引力度，引进检验检测产业专业人才2名，招商经理1名。

（徐玢）

【中通智慧电商物流园（湖南）项目入驻园区签约仪式举行】6月19日，中通智慧电商物流园（湖南）项目入驻园区签约仪式在岳麓区机关一栋三楼会议室区机关举行。区委副书记、区长刘汇，区委常委、常务副区长蔡锋等应邀出席签约仪式，园区党工委副书记、管委会主任黄燕与中通快递集团董事、副总裁王吉雷出席并现场签约。区商务局、区总经办及园区等相关部门负责人参加仪式。项目签约后，争取年内实现开工2018年部分投产。

【中南大学科技园招商推介会在深圳举行】6月17日上午，2017年中南大学科技园（深圳）招商推介会在深圳市成功举办。中南大学党委常委、副校长陈春阳出席并致辞，中南大学深圳研究院常务副院长刘少军主持大会。园区管委会主任黄燕，中南大学科技园（湖南）发展有限公司总经理崔康乐分别在大会上推介园区和中南大学科技园（研发）总部，中南大学深圳研究院、中南大学深圳校友会、深圳中南众创投资运营有限公司等30余家单位参加了推介会。会上，企业家代表发言热忱邀请更多的校友企业家们到中南大学科技园投资兴业，实现优势互补、产业对接、合作共赢。

【2017年检验检测项目集中签约暨重点企业座谈交流会】11月24日上午，长沙岳麓科技产业园“2017年检验检测项目集中签约暨重点企业座谈交流会”在岳麓区佳兴世尊酒店举行，来自全国各地的知名检验检测企业齐聚一堂，共话检验检测产业新发展。市人民政府副市长李晓宏，省质监局副巡视员聂磊，湘江新区管委会副主任、岳麓区委书记周志凯，湘江新区管委会经济发展局局长贺树云等出席，区领导周凡、杨利成、李舜等参加会议。当天共有12家企业、3家协会与岳麓科技产业园正式签约，达成协议携手共促中部检验检测产业品牌的跑入“快车道”。周志凯为活动致辞，聂磊为长沙岳麓科技产业园“国家检验检测认证公共服务平台示范区”授牌。南德认证检测、核工业二三〇研究所等37家企业和事业单位纷纷结合自身企业发展就检测检测新技术展开探讨。

【岳麓科技产业园与安化县签约城乡建设用地增减挂钩指标异地使用协议】12月8日，安化县副县长彭加军率队就城乡建设用地增减指标挂钩异地使用与岳麓区进行洽谈，并成功签约城乡建设用地增减指标挂钩异地流转使用协议。岳麓区副区长邹刚，岳麓科技产业园党工委副书记、管委会主任黄燕等出席签约仪式。此次城乡建设用地增减挂钩指标异地使用签约，岳麓科技产业园以近1.2亿元的价格获得安化县增加挂钩节余的320亩指标，将把节余指标用于满足区内产业发展、基础设施配套、村民安置项目建设需要，将有效破解“一边缺指标”、“一边缺资金”等限制瓶颈，实现区域资源互补、互助发展，优化耕地指标资源的优化配置，为园区解决缺耕补指标问题指明方向。既有利于安化县易地扶贫搬迁工作，解决资金缺口，又有利于缓解岳麓区城市建设用地矛盾，岳麓区将充分利用自身产业资源、信息资源等产业优势，通过产业转移、劳务合作、对口支持等多种方式，与安化县开展多角度、全方位的合作，进一步促进两地经济交往、人文交流和产业合作，为两地开辟更广阔的发展平台。

【全市项目建设流动观摩会举行】12月18日，全市项目建设流动观摩会启动，省委常委、市委书记胡衡华，市委副书记、市长、湖南湘江新区党工委书记陈文浩与各区县（市）、园区和市直部门负责人，到各产业园区、重大项目建设现场，实地观摩、督导全市项目建设推进工作。市领导徐宏源、程水泉、文树勋、张迎春、蔡亭英、夏建平、付胜华、王忠斌、黎春秋、舒行钢、谭小平等参加观摩。中南大学科技园（研发）总部项目以“总部科技大楼、高新研发区、产业孵化区”为核心，致力打造政、产、学、研、金一体化的高品质科技园区，吸引全球高精尖技术、人才纷纷抢滩，助推岳麓山国家大学科技城崛起。截至2017年12月，科技园吸引了50余家重点企业意向入驻，涉及透明计算、新材料、生物医药、轨道交通等领域的14家企业注册落户。

（徐玢）

岳麓山大学科技园岳麓分园创业服务中心

主　　任　周建华
书　　记　王友长
企业发展部部长
　　刘悦阳
企业发展部副部长
　　朱晓平
信息金融部部长
　　乌东凯
信息金融部副部长
　　肖银波（女）
规划建设部副部长
　　王国军
办公室副主任
　　翟荣军
　　严小平（女）

【概况】 2017年,科技园依托科教优势和“双创”示范平台，抓住岳麓山国家大科城建设契机，聚力企业培育、区校合作、创新创业、基地共建、平台推广等重点工作，较好完成全年工作任务。

产业发展。全年引进企业216家，新增注册资本3.24亿元，全年技术贸易合同成交额4.53亿元。建立完善的企业进驻注册体系，引进集群注册企业及团队50家。新增长沙奇玩网络科技有限公司、湖南天云软件技术有限公司、湖南湘麓新能源科技有限公司、湖南航天信息有限公司、长沙佳农农机制造有限公司5家高新技术企业。组织、指导58家企事业单位申报上级资金0.36亿元。

平台建设。成立知识产权服务中心。编制《知识产权服务中心运营方案》，举办大型专题培训活动3次。引进湖南聚颖文化传媒等10家公司，助力聚颖文化传媒进入“新四板”。与湖南网速科技有限公司合作，建立高校资源线上服务平台。一体化运作麓山科投与创业服务中心，搭建高效、优质企业金融服务平台，投资优质项目1个。

基地建设。园区共有孵化面积8万平方米。新增创业孵化面积3.5万平方米，其中与湖南师大创新创业园合作新建创业孵化面积0.6万平方米，与四海通达合作新建创业孵化面积2.9万平方米。新增创业企业102家，其中，湖南大学麓谷智汇新增创业企业21家、中南大学科技园（研发）总部新增创业企业20家、湖南师范大学创新创业园新增创业企业20家，其他基地新增创业企业41家。新增蓝杉产融共享空间、茉莉咖啡创客空间、西岸创谷众创空间、中南大学电子创客空间、长沙智能机器人研究院（一米空间）5家众创空间，与湖南商务职业技术学院合作建设湘商文化院。

区校合作。建立区校合作高层对接会商制度、日常工作对接服务落实机制，完善工作落实跟踪机制。调研高校科研资源，完善高校科研、人才、技术力量、优势项目资源库信息。牵头举办第二届“麓山杯”大学生创新创业挑战赛，朴石新材、大妈文化、景观云、华辰生物等企业斩获佳绩；在高校开展10场次创业人才新政巡讲，普及人数1万人次；下属国家级众创空间——“麓客众创”举办大型主题活动54场，辐射2000人次。组织开展“星创同行·大学生创新创业大赛”、第五届中国创新创业大赛、2017“创响中国”高校行等活动。加强高校成果产业化项目的引进。对接引进中南大学聪明计算机项目、湖南大学钨合金及金铝钻头项目、湖南师范大学物流传感器项目等。

制度建设。制定《大学生创新创业中心服务管理办法》，完善大学生创新创业中心的管理机制。制定《岳麓山国家大学科技园创业服务中心聘用人员绩效考核办法（试行）》，规范对聘用人员管理和考核。引进中皓集团和长沙知识产权中心等权威中介服务机构，进一步规范园区服务流程，提升服务能力，深化服务内涵。

（石庆丹）

交通运输

区交通运输局
局　　长　程继华
副 局 长　凌长庚
　　陈　萍（女）
　　文双红（女）
　　左　丹
党组成员　魏拥军

【概况】 2017年，区交通运输局开展干线公路、农村公路、桥梁安保工程建设工作，县乡道日常养护、道路设施及运输市场维护监管，圆满完成全年工作任务，获评2017年度农村公路目标管理考核“红旗单位”及长沙市道路运输行业统计工作“先进单位”。

农村基础设施建设。完成鹤岭至南谷公路长潭西高速长沙白泉互通与长湘高速湘潭南谷互通之间连接线长沙段1.2千米道路建设拆迁腾地工作，已启动项目路基建设。该项目计划道路时速每小时80千米，路基宽24.5米，设平面交叉1处。新建农村村组公路66.5千米；改造农村公路水毁危桥6座和农村公路危桥7座；启动鹅洲大桥、丰田大桥两座渡改桥水下工程建设，完成农村公路及桥梁投资3479.3万元。结合校车线路安全整治，对全区境内校车线路安全隐患进行全面排查，增设波形护栏7824米、警示标牌53块、反光镜42个、减速带12处、警示桩400个、护坡340米，路面维修70米，处理校车线路隐患点105处；结合美丽乡村公路提质改造，排查乡道线路隐患，加装7条16.99千米道路护栏安保设施，全年完成生命安全防护工程投资555.58万元。结合公交都市建设，改造港湾式公交站点15个，在银杉路和潇湘大道新建6.1公里大客车专用道，新增235路、380路公交线路，填补芝字港、干子、太平、莲花等区域的公交空白。

农村公路养护管理。提质改造冷金线等8条21.9千米“美丽乡村”县乡道、12条59.7千米乡村道。对莲花至花明楼公路岳麓区段的绿化和安保设施进行提质，将其打造成为2017年岳麓区文明示范路，完成投资1.69亿元。开展“四好农村路”建设活动，修复水毁路段101处、清搬土石方2700余立方米、石砌护坡2000余立方米、更换警示桩270根，全区农村公路通行能力明显增强，公路路况年末综合优良率85.1%，路面（PQI）中等路以上比例91.4%。投入1650万元修复洪涝损毁路段，组织养护公司、在建项目施工单位开展公路应急抢险，处理险情388处。

道路运输市场监管。保持强力执法力度，遏制“黑车”非法营运的势头，2017年累计收缴打非治超罚没款735万元，查扣非营车辆393台，查处超限超载货运车辆754台，查扣线路行驶牌22块，卸载和转运货物1.77万吨，改型货车栏板切除率100%，对超限车辆的处罚和卸载100%到位，道路货运车辆超限超载率长期保持在0.3%以下。推行交通安全检查常态化，加强对碳塘子、鹅洲、丰田等渡口渡船定期检查，逢重要时节、重要时段等敏感时期开展日常检查，投入30万元在鹅洲渡口设置值班岗亭、减速带、道闸、标识标牌等。对全区230家三类维修业户进行地毯式隐患排查，并对52户不合格维修业户下达整改通知书，限时整改。年审车辆4434台，注销逾期未年审、未安装卫星定位装置或没有续费的货运车辆1861台。做好黄标车淘汰工作，主动联系车主办理车辆报废和注销手续，注销黄标车辆25台。

队伍建设。制定《领导班子党风廉政建设责任目标》，与班子成员和科室负责人签订《廉政承诺书》，组织参观市廉政警示教育基地、观看警示教育片《迷失》、编制《建设清廉交通微读本》，纪检特色工作报道在市级以上媒体采用5篇。全年班子成员开展例行廉政谈话60余人次。对全区涉农街镇的公路资金拨付及使用情况开展“雁过拔毛”式专项检查。在涉农街镇选取9名“两代表一委员”担任党风政风监督员。与美丽乡村公路提质改造项目建设中的项目中标单位、项目标段、参与到提质改造中的干部签订廉政责任状18份。

（彭鹏　邓兑现）

农业·林业·畜牧·水务

农业·林业·畜牧

区农业林业畜牧局
党组书记、局长
张献文
党组副书记、副局长
陶石岩
党组成员、副局长
郭双献（女）
周　辅
彭海军
党组成员　聂其来
农业综合技术管理服务中心主任
刘　潮
农业综合技术管理服务中心副主任
滕　云（女）
鲁　婷（女）
虞蓓蓓（女）
动物卫生监督所所长
谢荣志

【概况】 2017年，区农业林业畜牧局，按照中央和省、市、区确定的“三农”工作目标，克服不利天气等多重困难，着力打造“两型田园都市、美丽幸福岳麓”，推动各项工作顺利开展。全区全年完成农林牧渔业总产值26.9亿元，农村居民年人均纯收入29500元。

现代农业产业发展。在保障“米袋子”“菜篮子”稳定供应的基础上，注重农产品质量提升。引进当代君和新城实业发展（武汉）有限公司和华厦幸福有限公司2个现代农业上市公司合作项目。培育省级农业产业化龙头企业1家（湖南森蓝农业科技有限公司），创建国家、省市标准化种养基地27个，认定现代农庄和家庭农场30个。全区新型农业经营主体增加到52家。莲花、雨敞坪两镇的爱格花卉、雨泉韭黄、圣峰果业、天泉草业、森蓝农业、金霖羊肚菌等知名农业品牌，实现规模与效益双提升。制定出台农业产业扶持政策多项。对爱格花卉、金霖羊肚菌、泉水韭黄等项目进行“一事一议”支持。全年争取上级农业项目资金2315万元，用于农业产业发展。发展都市农业产业项目13个，列入《岳麓区2017年建设项目投资计划》的11个农业产业化项目和2个生态农业示范区全部已按年初计划全部竣工。

美丽乡村建设。创建省级美丽乡村示范村1个、市级美丽乡村示范村5个，其中一类示范村5个，逐步实现美丽乡村全覆盖。以“雨莲含组团”示范片、岳宁大道、莲花镇“一带一中心”为引领，重点深化和完善莲花镇“月亮湾”田园综合体、雨敞坪有机农业园、“乐只村亲子小镇”和“长沙莲花花卉博览园”项目规划。按照“莲花漫谷，花香小镇”特色区域建设要求，在莲花打造占地15000余亩的花博园项目，与华夏幸福股份公司签订合作备忘录，拟选定最优方案争取项目落地。学士街道引进湖南省快乐红馆文化传播有限公司、湖南快乐村长文化传播有限公司，投资5000万元建设玉竹书院和高端民宿项目。含浦街道引进正业种植专业合作社，流转土地680亩，与隆平高科合作种植生态有机优质稻。雨敞坪镇广云种植专业合作社流转637亩土地，建设嵇家山户外亲子体验、生态农业休闲观光基地。长沙城美园林工程有限公司在雨敞坪镇流转500亩土地进行紫叶红花紫微种植。莲花镇圣峰果业有限公司申报的国家水果综合标准化示范区获批建设，成为长沙市唯一获批的国家级农业标准化示范项目，实现农业标准化示范区零的突破。

农产品质量安全监管。开展食用农产品定性检测8500余批次，超额完成抽检任务。市级食用农产品日常监测合格率100%。未检出明令禁止使用的高毒剧毒农药兽药。及时处置群众投诉举报；食用农产品生产经营单位100%实施良好行为规范，100%建立监管台账和监管档案。动物产地检疫工作申报应检率达100%；生猪尿样“瘦肉精”监督抽检比例不低于5%，病死畜禽无害化处理体系规范运行，病死畜禽无害化处理率达100%。2017年6至11月，区人大常委会对《农产品质量安全法》开展集中视察及执法检查，并对区农业林业畜牧局工作给予充分肯定。

农村生态环境保护。2017年，

岳麓区将美丽乡村建设与统筹乡村造绿增绿、绿化美化、造景添景有机结合，在全市率先启动学士农趣谷东大门结瓜工程，构建“长藤、延蔓、结瓜”大格局，依托农趣谷500亩郊野公园建设，打造沿农趣谷——玉华湖——玉赤河造绿景观延伸带，最大限度保护和利用自然山水资源，保护自然风景林，彰显“美丽乡村”建设丰硕成果。有序推进环城绿带生态圈（岳麓段）建设，以“绿带如屏，彩色岳麓”为理念分为南北两段进行，北段从桃花岭到恋迪亚溪谷区域，南段从含浦大道到靳江河区域，在三环线道路两侧100米范围内实施绿化提质改造。同时，全区还完成“五边”植树绿化5200亩，建设乡村公园2个、户外露营基地2个、绿色示范村庄3个。完成森林防火隔离带建设17公里。通过三年造绿行动、森林防火和森林病虫害的防控、生态公益林和绿心区的保护、关停矿山复绿、加大打击侵占林地的行为，岳麓区活立木蓄积量保持稳步增长，2017年活立木总蓄积量140.86万立方米，同比增长3.9%。全区农村面源污染治理、长株潭重金属污染耕地修复治理取得成效，全区共退出生猪养殖497户，拆除栏舍面积201162.14平方米，完成率100%。在全区的环境保护工作推进大会上因农村生态环保工作扎实效果好岳麓区农业林业畜牧局作典型发言。

农村社会综合治理。森林防火做到“早发现、早报告、早扑灭”和“打早、打小、打彻底，不复燃”，全面实现市政府下达的考核目标。动物防疫常年免疫、春季免疫、秋冬季免疫到位，全区未发生区域性重大动物疫情。多次开展渔政执法大行动取缔非法渔船，定期检查和维护农业机械、农村沼气池，及时调处涉农矛盾和纠纷，积极开展涉农安全生产大检查大宣传，农村大局稳定。（罗千平）

【成功抵御特大洪涝灾害】 2017年7月，岳麓区遭遇历史最强降雨过程，农作物受灾面积达7万多亩，花卉苗木受灾面积0.2万亩。由于洪水漫塘、漫堤，鱼类水产外逃、死亡现象普遍，畜牧业渔业受创严重，全区有20家规模农业企业受灾，直接经济损失6049万元。历史罕见的洪涝灾害发生后，区农业林业畜牧局根据区委、区政府的统一部署，深入涉农街道和镇、农业企业、农户家中组织开展防汛抢险和灾后恢复农业生产。开展勘灾理赔、落实改补种、动植物疫病防控、技术指导服务等抢救措施。统筹推进基础设施恢复、受灾企业个案帮扶、用好用活各级救灾政策、完善政策性农业保险理赔机制、调整优化农业生产制度和布局等对策和建议，确保农业生产灾害损失降到最低，全面提升灾害风险抵御能力。2017年洪灾后，组织农业企业生产自救，并争取中央、省、市140万元资金进行生产自救补助。

【成功获批“两个国家级”项目】 一是农业部农村土地流程规范化管理服务试点项目。2016年9月至2017年9月，经省级审核推荐、农业部评估认定，岳麓区在全省被率先确定为农业部土地流转规范化管理服务试点单位。2017年8月，在乌鲁木齐召开的经验交流培训会上，上海和长沙岳麓区作为唯一经验介绍单位，分别介绍农村土地改革试点的经验。二是“国家水果综合标准化示范区”建设项目，成为长沙市唯一获批的国家级农业标准化示范项目，实现岳麓区农业标准化示范区零的突破，为打造岳麓农业标准化新标杆提供了机遇。（罗千平）

水 务

区水务局

党组书记、局长

罗国良

副书记、副局长

谭　敏

党组成员、副局长

刘时香（女）

总工程师　宾建光

纪检组长　聂其来（1–9月）

党组成员　孙荣来（10–12月）

陈志良

副局长（挂职锻炼）

袁　理（女）

区防办主任

姜　波

【概况】 2017年，区水务局重点落实抗洪救灾、河长制工作、水利项目建设、河道管理和水资源管护、城区户表改造和农村安全饮水工程建设等工作，全面完成了省、市、区下达的各项目标任务。区防汛抗旱指挥部被省委、省政府评为“全省抗洪救灾先进集体”，区水务局被湖南省水利厅评为2017年水行政执法责任制标准化建设单位，在全市工作考评中岳麓区河长制工作排名第一，水务系统安全生产考核排名内五区第一。

水利工程建设。2017年度实施的玉华水库溢洪道工程、龙王港北岸双塘路截污工程、龙王港下游水生态治理工程等区级重点项目已完工，进入验收阶段。其间，完成小农水项目投资4700万元，修复2016年汛期重点水毁项目19处，实施山塘清淤（含骨干山塘治理）2000亩、渠道整修75千米、小河坝改造7处、机埠改造4处，管道输水（高效节水）8处，农业产业基地配套扶持20处，小农水项目通过第三方验收。配合市局编制了岳麓区水利灾后三年重建计划；制定冬修水利建设方案。2017年区水务局向上争取资金达到1.67亿元。

河长制工作。按照中央、省、市工作部署，区政府2次召开区长办公会，专题研究河长制工作。4月，区河长办组织相关人员赴江西省靖安县学习河长制先进经验。10月20日，召开岳麓区总河长会议，就区河长制工作机构设置、人员编制、工作场地、工作经费等事项作出安排。印发《长沙市岳麓区全面推行河长制工作方案》《长沙市岳麓区2017年实施河长制工作要点》等文件。出台河长制会议制度、考核问责和激励制度等制度（办法）15项。随后，全区河、湖、库、骨干山塘河长公示牌逐一设立到位。对各街镇及村级河长制工作方案编制情况、河长办到位情况、河湖库管护情况进行了督查，推动河长制工作落地。转发《湖南省总河长令》（第1号），督促全区各级河长按规定频次开展巡河，并详细填写巡查记录。按照分级分段原则，编制印发全区河湖库名录，明确河湖库的管理等级和河长信息。开展河湖库基础信息调查，区河长办3次组织各成员单位、各街镇召开会议专题调度，确保河湖档案信息采集全面。委托专业机构负责编制区管河流流域综合治理规划，率先完成靳江河流域综合治理规划，其他河流规划已完成初稿。2017年岳麓区河长制工作考核内五区第一名。

水资源管理。一是水资源日常工作。开展“世界水日”“中国水周”宣传；顺利通过水生态文明试点城市验收及市对岳麓区最严格水资源管理考核；完成三年造绿相关工作；编制泉水冲水库综合治理方案，组织开展饮用水源地安全隐患排查和整治，组织实施泉水冲水库水质应急处理项目。二是落实最严格水资源管理制度。出台岳麓区最严格水资源管理制度实施办法，“三条红线”“四项制度”全面建立。三是积极推进水生态文明建设。重点抓好水生态文明城市建设试点工作，抓好统筹协调，督促相关责任单位落实责任并及时报送有关信息。区水生态文明城市建设工作各项评价指标及重点工程任务已完成。四是提升水行政执法能力。坚持河道巡查制度，强化对辖区河道管理工作的管控力度。重点加强对湘江沿岸地摊砂场的监管治理，对坪塘炭塘子、靳江河入湘江口两处违法囤砂场地处以罚金8万元。被湖南省水利厅评为2017年水行政执法责任制标准化建设单位。

迎检督查。为迎接中央环保督查，积极落实迎检准备工作，设立机构，明确职责。成立区水务局迎检督察工作小组，负责全区河道、堤防、泵站、排口等日常管理组织协调及上级交办的环境问题整改工作。明确值班制度、会议制度、报告及请销假制度；在中央环保督察组进驻前，按照市、区环委办要求，对环保督察的可能涉及的事项逐一摸排、梳理，及时发现，及时整改。对全区所有涉江涉河排口进行现场察看、搜集信息、编辑归档，并按属地原则安排相关街（镇）、村（社区）专人值守，建立并完善排口相关台账。在中央环保督察组督查期间，区水务局接办中央环保督察案件16件，其中，重点案件6件，一般案件10件，均在第一时间安排专人负责，调查落实，组织整改，并做到件件有回复，案件办理速度、质量、效果得到上级部门的认可。

安全生产。进一步强化安全生产红线意识，履行安全生产及防雷工作监督管理职责，落实责任制。开展安全生产检查、督查，部署全区气象防灾减灾工作，推进河道非法采砂、防汛隐患整治行动，强化应急知识宣传，加强隐患排查，健全各项制度，全年无生产安全事故。在2017年全市水务系统安全生产考核中，区水务局名列第二名（一类单位）。

实事工程。一是城区自来水户表改造工作。2017年上级投入岳麓区户表改造资金8000余万元，市户改指挥部向岳麓区下达户表改造工作目标任务1.5万户，区对街道下达目标任务3.86万户。全年户改完成15226户，名列全市第一。二是农村自来水工作。2017年区水务局争取上级农村自来水项目资金2060万元，全年完成农村自来水普及项目7处，总投资3190万元，惠及3.81万人。三是排口管理工作。对湘江、靳江、龙王港岳麓段入河排水口进行全面摸底调查，建立全区排水口档案和管理台账，出台排水口管理制度，建立日常巡查台账，定期对所有排口进行巡查和不定期抽查，对在巡查过程中发现的问题及时分类处理。四是截污工程。

完成龙王港北岸双塘路东排水口截污工程建设。该项目服务于熊家湾安置小区、湘雅附三制药厂、杏林小区片区的雨水排放及污水提升，服务面积1.9公顷，有效解决了双塘路东排水口污水直排龙王港和熊家湾安置小区内涝问题。五是水库移民管理。做好移民直补金实行动态管理及直补资金发放工作；申报移民项目资金14个，共计150余万元，用于灾后修复、水利基础建设、移民产业项目、移民培训和美丽乡村等项目；对考取大学的移民独生子女、两女户及困难家庭开展了慰问，发放慰问资金5000元。

抗洪救灾。岳麓区共有一线防洪大堤77.4千米，大小堤垸18个，水库39座，500立方米以上山塘3893口，地质灾害隐患点较多，在超强暴雨和超高洪水双重袭击下，防汛工作面临前所未有的压力和挑战，全区17个街道（镇）均不同程度受灾，据统计，过水农田7.43万余亩，受灾人口104813人，转移35030人，倒塌房屋1185间，出现较大险情443起，直接经济总损失约6.75亿元。学士、含浦、洋湖、坪塘、莲花等街道（镇）受灾情况严重，其中，靳江河流域含浦街道、学士街道段9个中小堤垸出现漫堤险情；坪塘街道湘江大堤未提质段险象环生；洋湖街道蓝光雍景半岛项目工地、望月湖街道龙王港堤段出现管涌险情；学士街道汀湘十里、江山帝景等楼盘，岳麓街道中海国际社区三期、银盆岭街道银洲小区、观沙岭街道好家园等区域内渍严重；莲花镇等涉农街道（镇）均有山体滑坡等地质灾害隐患报告。6月起，暴雨袭击三湘大地，全省降水总量达到860亿立方米，相当于5个洞庭湖水量。6月22日8时至7月2日8时，全省平均降水量为270毫米。长沙市降水量最大，达452毫米，其中岳麓区洋湖雨量站506毫米。湘江水位以每天1米左右的速度持续上涨近7天，7月3日0点12分，湘江长沙站水位最高涨至39.51米，超过警戒水位（36米）3.51米，超过历史最高水位（1998年39.18米）33厘米。面对洪涝灾害，区委区政府举全区之力，组织抗洪救灾。一是做好防汛准备。5月31日，区防指召开防汛工作动员会议，对气象监测、值班值守、指挥调度、灾害防御、应急处置等方面进行了部署。抗洪期间，省、市两级防汛督查组分别至岳麓区督查指导防汛工作。区委书记周志凯、区政府区长刘汇会同全体区级领导对全区及联点街道（镇）开展了防汛督查。区防指针对各类隐患下发了整改通知12份。各街道（镇）针对省市区各级提出的整改要求以及自身发现问题，逐一挂号解决各类隐患240个。通过狠抓隐患排查、开展防汛督查、落实防汛责任、及时修订预案，做好“防大汛、抢大险、救大灾”的相关准备。二是储备防汛物资。岳麓区防汛仓库共储备编织袋15万条、彩条布5万平方米、砂石料12万立方米、块石0.80万立方米、桩木0.6万立方米、钢管50吨、救生衣1000套、代储冲锋舟2艘。汛中，区防指根据汛情变化和处险需要，及时暂停了坪塘砂石基地砂石外销，又在望城坡、洋湖等地新设2个砂石等物料应急储备供应点，确保抗洪抢险工作需要。三是组织抗洪。长沙市防汛抗旱指挥部、长沙市岳麓区防汛抗旱指挥部分别于6月24日12时、7月1日10时、7月2日17时启动防汛Ⅲ级、Ⅱ级、Ⅰ级应急响应。其间，国家防总工作组组长、长江委水政与安全监督局巡视员袁宏泉，湖南省委常委、长沙市委书记易炼红，长沙市委副书记、市长陈文浩，长沙市委常委、湖南湘江新区党工委副书记、管委会主任曹立军等领导和专家组多次深入岳麓区受灾区域指导抗洪抢险救灾工作，全体区级领导一线调度、靠前指挥。区防汛抗旱指挥部先后10次召开全区性的防汛抗灾会商调度会，随时保持与市防指的密切联系，积极争取市防指防汛物资支持。特别是各个街道（镇）守土负责、守土尽责，勇当主力，积极应对，采取广泛动员，全员参与，值班值守，险情排查，检查督查等措施，统筹调度，责任的层层压实，做到人员到位、处险预案到位、巡查到位、物资保障到位、交通疏导到位、安全秩序到位。据统计，全区共排除险情443处，其中重大险情11处，特别是6月30日16时，成功抢筑压浸体，控制了洋湖蓝光雍景半岛管涌险情；7月2日10时，转移莲花镇三和村上猫冲组山体位移地质灾害点29栋房屋内180名群众；7月3日凌晨4点50分，筑成洋湖街道东山垸子堤，及时控制了险情；7月3日6点40分，处置了望月湖街道龙王港管涌险情；7月4日11时，处置了坪塘街道莫家湖垸管涌滑坡险情；7月7日下午，基本排除学士街道汀湘十里等楼盘的路面积水，并组织消毒清理。除了全区党员干部组成的突击队、抢险队，广大人民群众、企业职工、社会志愿组织、武警官兵及民兵预备役等力量，均积极参与此次抗洪抢险救灾。抗洪期间，据不完全统计，全区共动用自卸车、巡查车等车辆4000多台，船只

160多艘，挖机、推土机等220多台，大型抽水泵70多台，投入防汛砂卵石、块石20多万吨，土方7.5万立方米，钢材60吨，编织袋30万只，棉絮800床，修筑子堤25千米。出动干部、群众、企业职工和社会志愿者等29万人次，其中，武警、公安、城管、民兵预备役、蓝天救援等支援力量5500人次，动员群众志愿者6700余人，企业职工1300余人，民兵应急分队200余人，武警官兵230人。群众通过热线电话反映险情1215人次，其中有价值线索126人次，发现一般险情65起、较大险情3起。参与抗灾救灾的最大年龄近80岁，最小年龄仅9岁。以中柱建筑公司总经理李志文为代表的中铁城建、中建五局、西城实业、西湖建筑、岳麓山建筑、文广运输、宏昇建设、联建砂石场、达嘉维康、长长电泵等企业负责人带头参与抗洪救灾，投入人员2000多人，设备100余台（套）；其他兄弟区县也派出专业队伍支援岳麓区排涝排渍。

灾民安置及灾后恢复。一是灾民安置。截至7月7日，全区共安排宾馆、学校、敬老院、办公楼等安置点36个，安置灾民25862人。组织7个勘灾核灾工作组分赴各街道(镇)开展勘灾核灾；筹集食品、日常用品等116批次，确保受灾群众生活所需。二是疫情防范。“洪水退到哪里，卫生消毒工作就跟进到哪里”，区卫计局、区疾控中心、各街道（镇）社区卫生服务中心（卫生院）工作组深入社区、村开展防疫工作，为全区人民筑牢健康“网底”，确保大灾后无大疫。区疾控中心成立5支应急救灾防病机动队，派出72支医疗防疫队，采购系列消毒及防护物品，其中，漂白粉、84消毒液等急需防病消杀灭物资12万余元，消毒96万平方米，发放药品总价值33.8万余元。三是市容恢复。区防汛抗旱指挥部组织专业技术力量，协助受灾街道（镇）加快恢复市容市貌、供水、供电、水利设施和交通秩序。其中，区城管局牵头迅速组织受灾区域垃圾清运和淤泥清理，共出动人员6100人次，出动大小车辆800多台次，排除城市内涝险情135次，清扫垃圾670吨，清理淤泥600吨。区工务局共处置电力突发事件32宗。区交通分局投入机械设备65台，人员595人，确保农村道路畅通。区水务局指导各街道（镇）恢复水毁工程，组织人员抢修受损泵站，人民港、枯石塘等泵站已恢复正常排渍能力。四是农业生产恢复。区农林畜牧局组队深入涉农街道(镇)企业和产业基地，调查受灾情况，建立台账，协助保险公司踏勘灾害损失，做好灾民安抚和农业改种补种技术服务，共调拨种子15吨、农药4吨送到田间地头，帮助受损农户和农业企业树立生产自救的信心。区慈善会共募集第一批善款1430多万元，募集到的物资、善款、援建项目折合现金共计6300余万元。

队伍建设。一是深入开展“两学一做”学习教育活动，以建设学习型、服务型、创新型机关基层党组织为目标，以落实全面从严治党要求为主线，以“服务中心、建设队伍”为核心内容，以“严抓实做、精准服务”为工作理念，持续深入推进规范化建设，筑牢基层基础，全面提高机关党的工作科学化水平。深化党内法规制度学习，深化纪律教育，使广大党员进一步明确标准，树立规范行为。结合水务工作扎实开展“主题党日”活动，丰富党员活动形式，组织党员到江西省南昌市新四军旧址等革命圣地进行参观学习，重温入党誓词，提醒党员时刻牢记使命，砥砺前行。二是落实党风廉政建设。健全完善“一把手负总责、分管领导各负其责，班子成员齐抓共管、纪检监察组织协调”的领导体制和工作机制。制发《长沙市岳麓区水务局领导班子成员2017年党风廉政建设责任分解表》。定期召开党组会议部署党风廉政建设和反腐败工作，多次召开专题会议安排部署“雁过拔毛”式腐败整治、“纠四风、治陋习”专项整治工作，聘请第三方机构对小水利资金进行专项审计，定期对专项资金拨付使用进行重点检查，确保惠民政策有效落实。通过整治提高了水务干部拒腐防变的思想认识和自觉性，确保水务干部和财政资金“两个安全”的目标。三是接受巡察及问题整改。2017年8月16日至9月30日，区委巡察第三组对区水务局进行了为期一个半月的专项巡察，11月21日反馈了巡察意见。局党组对巡察组的反馈意见高度重视，全面认领，对照反馈意见，认真分析研究，细化责任措施，狠抓整改落实。巡察组反馈26个问题，24个问题已整改完成，1个问题正积极推进，1个问题将报请区政府研究解决办法。巡察整改期间共问责处理违规违纪人员28人次（其中行政记过1人，免职1人，党纪处分1人，调离工作岗位3人，通报批评4人，诫勉谈话9人，批评教育9人），退还违规资金13.26万元，制定完善各类规章制度18项。

（韩娟娟）

城乡建设管理

规划管理

区规划分局
党组书记 张志伶
局　　长 卢泽洪
副 局 长 黄　腾
规划监察执法大队长
戈　辉
规划监察执法副大队长
李炜路

【概况】 2017年，区规划分局紧紧围绕“产业发展年”的战略目标，全面落实区委、区政府工作部署，立足区情强化服务，坚持科学规划、精细管理，圆满完成全年工作任务，分别被长沙市城乡规划局和岳麓区人民政府评为“2017年度绩效考核先进集体”、“2017年度岳麓区办理建议提案工作优秀单位”（2018年4月颁发）、“2017年度岳麓区区消防工作先进单位”。

规划编制。一是配合区相关部门完成岳麓山国家大学科技城社保融资用地、拆迁安置用地选址工作；二是加强棚改和两安规划编制和研究工作。协调市规划局加快白沙液街棚改规划设计审查工作，组织开展观沙岭、望岳片控规评估研究，指导观沙岭街道、望岳街道的安置地的控规修改；三是对后湖周边规划绿地、水域配置进行专题研究，提出完善公共绿地系统配置、提高城市公共绿地利用率的思路，重新调整绿地布局，协助区城建投推动后湖周边绿地控规修改。

规划审批。落实对城区私房、乡村农房、农民安置房、临时建筑等几类建设工程的规划审批管理工作，协助湖南湘江新区进行非重点片区项目审批，所有案卷严格按时按程序办结。全年累计核发城区个人建房“建设工程规划许可证”11份，批准建筑面积2305.31平方米；核发“乡村建设规划许可证”770份，批准建筑面积约12.42万平方米；核发《临时建设工程规划许可证》6份，批准面积3504.06平方米；协助湖南湘江新区审查项目43个，核发“建设工程规划竣工验收合格证”61份，批准建筑面积约145.36万平方米。

规划监督。搭建规划宣传上层平台，按照区人大常委会的要求，做好区人大视察城乡规划情况的迎检准备工作。10月20日，区人大常委会全体成员、部分市人大代表一行对岳麓区城市天际线、长沙规划展示馆的规划工作进行视察。10月25日，区第五届人大常委会第六次会议听取并审议通过《关于岳麓区规划工作情况的报告》，区人大常委会领导及与会人员对规划工作给予高度评价。

批后管理。对获批项目实施全程监控和批后管理，全年完成巡查27次，严把工程放线、建设位置复验、规划竣工条件核实三个关键节点，受理批后管理卷30个，参与放线65次，实施建设位置复验12次，实施竣工检查54次，三个环节到位率100%。

改革试点。一是重点服务城市总体规划编制和城市设计、“城市双修”改革试点，践行城市发展新理念新方法。根据住建部对新一轮城市总体规划编制和城市设计、“城市双修”试点要求，协助市规划局和区政府汇总岳麓区“城市双修”、城市设计方面的基础信息、资料，做到底子清楚、目标明确，为转变城市绿色发展方式，塑造城市特色风貌，改善城市人居环境提供科学支撑。二是协助市规划局、湘江新区国土规划局开展“多规合一”工作，全面梳理社会经济、土规、城规、景区总规、环境保护规划之间的矛盾，解决现有各类规划自成体系、内容冲突、缺乏衔接的问题，力争实现“一张蓝图”规划，加快推进项目落地和城市发展建设。三是探索规划服务新模式。根据相关法律法规，结合工作实际，起草《岳麓科技产业园工业仓储项目建设工程设计方案审查试行告知承诺制》方案并上报湘江新区国土规划局，创新规划管理方式，减少工作环节，提升规划行政许可效率。

拆迁拆违。协同区拆控违办、国土、住建、城管等多部门联动。一是理顺卫星遥感异常图斑核查工作机制，明确部门职责，将第16、17期市卫星遥感影像异常图斑的基础资料整体移交区拆控违办，并提供技术支撑。配合住建部城乡规划督察湖南组对疑似违反总规强制性内容的图斑进行督办，及时反馈整改进度、落实整改要求。全年下达违法建设行政处罚决定书3份，处罚违法建设面积981.85平方米，处罚金额3.45万元，到位金额3.45万元；下达“建设工程整改通知书”8份；依城管部门来函申请累计出具违法建(构)筑物专业咨询意见77份，鉴定违法建筑面积约5.18万平方米（含国有和集体土地）；根据职责分工向城管部门移送违法建设案件10件，向湘江新区综合执法支队移送违法建设案件12件；下达停工通知8份，立案上报市局违法建设案件4件，违法建设立案面积1.65万平方米。二是配合相关部门做好拆迁工作，重点是对岳麓山国家大学科技城、麓山南路建设项目及棚改项目的综合整治。全程参与全区房屋确权、合法面积认定等工作，参加现场踏勘、方案讨论会议百余次。

（周汇）

国土资源管理

市国土资源局岳麓区分局

党组书记、局长

罗亿清（1–7月）

寻　文（9–12月）

党组副书记、执法监察大队大队长

寻　文（1–9月）

党组成员、副局长

夏小兰（女）

骆　欢

党组成员、纪检组长

张　翔

【概况】 2017年，岳麓国土分局在保护资源、保障发展、维护权益、服务社会等项工作中认真落实工作职责，先后获国土资源节约集约模范县市区省级达标复核工作排名第一，长沙市土地矿产卫片执法监督验收考核内五区第一，市局年度绩效考核内五区第一，市国土系统优秀班子等荣誉。

保障用地。2017年，办理建设项目立项审查64个，发布预征土地方案公告45个，出具40宗新征项目权属证明，编制一书两方案36个，批回用地项目24个，其中，杜家毫书记和胡衡华书记高度重视的岳麓山国家大学科技城麓山南路综合整治项目，210亩用地项目提前一个月获批。受理村（居）民建房审批506户。与安化县、绥宁县、溆浦县签约购买增减挂钩项目指标2945.69亩，为大科城融资用地、中南大学科技园二期等重点项目顺利报批提供保障。

征地拆迁。全年对75个扫尾项目进行清零，拆除房屋1760栋38万平方米，动迁5793人。对68个拆迁项目编制了补偿费用的预算，新启动项目50个，涉及征地面积6100亩，跨年续拆项目68个1.58万亩，完成征地补偿登记54个，入户调查2100户约72万平方米。办理征地补偿费用结算75个。向湘江新区管委会请款156笔38.01亿元，拨付各项征地补偿费用1193笔39.85亿元。

执法监察。一是全年组织开展动态巡查543次，发现并制止违法用地行为198起（含村民建房），发现并制止非法采矿行为21起。二是严肃查处违法用地案件，共立案查处5宗，均已结案，其中移送公安机关2宗，刑拘1人，刑事判决2人，湖南经视、新浪湖南、《长沙晚报》、长沙市政法频道等多家媒体分别对辖区非法采矿、足球场违法用地等处理情况进行了报道。三是查处整改卫片图斑22处，立案查处8宗，违法比例降至2.5%左右。

地矿管理。一是推进矿山综合整治，关停2家证照到期矿山，联合区安监及相关街（镇）形成执法合力，并代区政府拟稿报请湘江新区争取矿山退出补偿资金。11月，区人大对非煤矿山整治工作进行了视察，对整治工作给予了肯定。二是强化安全生产，制定《2017年安全生产工作方案》，严格落实安全生产主体责任和领导带班和值班巡查制度。全年迎接市安委会、市局、区安委会季度检查和专项检查12次，以满分位列市局2017年度安全生产考核工作内五区第一。

地灾防治。防汛抗灾期间，因预警精准、发现及时、响应迅速，成功避险两次地质灾害，得到市局及区委、区政府主要领导的高度肯定和群众好评，《湖南日报》《长沙晚报》等多家媒体进行了专题报道。二是投入资金1100余万元，推进地质灾害治理项目实施。三是落实灾后重建工作，按轻重缓急，指导、协助村民开展自救。区委常委会、区政府常务会多次研究地质灾害处置工作，将31处重大地质灾害隐患点纳入全区灾后重建三年行动计划（2018至2020），区财政预算安排专项治理经费8030万元，为做好地质灾害治理工作奠定坚实基础。

案件办理。一是及时处理相关信息，全年办理并答复依申请公开的信息85件。二是行政案件办理。全年应对行政复议申请9起，维持8起、驳回1起；应诉民事

诉讼1起、行政诉讼35起，胜诉31起、未决5起，无败诉情况。三是信访件办理。全年受理信访件26件，其中，省厅交办7件，市局交办8件，区级交办5件，分局直接受理来信6件。受理“12345”市民热线78件，按时办结率100%，群众满意率100%。获评2017年全区“信访积案百日攻坚先进集体”。四是人大建议案和政协提案办理。全年配合办理区人大建议3件、市政协提案2件。

队伍建设。一是强化党风廉政学习教育，开展“纠‘四风’、治陋习”“小官大贪”专项整治工作。组织观看《永远在路上》《决不饶恕》《将改革进行到底》等专题教育影片，从思想上筑牢防线。二是制定《2017年度学习教育活动计划表》，将政治学习与业务学习有机结合。坚持“两学一做”学习教育常态化制度化，结合PPT开展“书记讲党课”活动，设立“党风廉政建设举报箱”12个，聘请政风行风监督员7名，10月起实行打卡上下班制度。三是每半年开展一次中层骨干正副职廉政谈话，建立各部门负责人与本部门工作人员谈话谈心制度。全年开展考勤督查26次，纪律作风提醒75次，发布督查通报11期。

（邓亚妮）

重点工程管理

区工务局

党组书记、局长

杨桂华（女）

党组成员、副局长

张立清

王芝萍（女）

唐宏源

纪检组长（兼）

王　颖（1–9月）

党组成员　王　颖（10–）

伍国裕

【概况】2017年,区工务局主要负责征拆建设项目日常管理,对全区重点项目征拆和建设进度统一归口统计，统筹调度重大项目，按照区委、区政府工作部署，组织开展岳麓科技产业园、望岳片区、麓山南路及未来科技城等重点区域、重点项目的征拆工作。协调落实望藕路等区级财政投资基础设施道路施工及轨道交通、城际铁路等省市重大工程建设的服务工作，圆满完成全年工作任务，获长沙市政府办公厅分颁发的“2016年度全市重大项目建设先进单位”和“2016年度全市铁路建设协调服务先进单位奖”。

项目建设。一是岳麓区重点项目建设推进情况。根据区委、区政府《关于印发岳麓区2017年建设项目投资计划的通知》（岳发〔2017〕2号）文件精神，全年全区共铺排建设项目445个，总投资5317.81亿元，年度投资829.28亿元。其中，基础设施项目共100项，年度计划投资149.37亿元。截至12月31日，100项基础设施项目（含24项预备项目）开工76项，开工率100%，累计完成投资约154.69亿元，完成年度计划的103.56%。二是区重点项目征拆推进情况。全区共成立25个征收拆迁专项指挥部，全年计划铺排征拆项目180个，用地面积2.9万亩。全年实施征拆项目125个（扫尾项目51个、新征拆项目74个），实现征拆（签约）清零项目79个（扫尾项目39个，新征拆项目40个），累计完成签约3084户，完成拆除3157户，全年实现腾地1万余亩。

计划编制。根据区委、区政府工作部署，以及市发改委、市住建委、市重点办工作要求，完成“十三五”期间各级重点项目计划收集、整理、编制工作。牵头编制岳麓区2017年度重点基础设施项目建设计划、岳麓区2017年项目征拆计划及“瓶颈路、断头路”项目建设计划。配合完成省、市、区2018年城建重点项目计划的收集整理；完成市级重点项目中区级项目进度统计上报工作，规划铺排岳麓区2018年度“瓶颈路、断头路”项目计划、区建区投项目计划、年度征拆计划、申报湘江新区建设道路计划、市政基础设施项目建设计划和区级基础设施项目建设计划编制等工作。

建设管理。一是区财政投资基础设施项目建设。望藕路道路工程北起佑母塘路，南至郡辉路，全长240.36米，路幅宽18米，为城市支路。该项目列入长沙市2017年城区断头路、瓶颈路改造计划。道路建设由区财政投资，区工务局负责组织实施，要求2017年底前完成土路基施工，项目主要包括道路、排水、绿化、照明、交通工程、管线综合、电力埋管等工程，望藕路分别于2017年9月6日和9月14日在长沙公共资源交易中心及岳麓区公共资源交易中心进行公开招标，工程施工中标单位为湖南省西湖建筑集团有限公司，中标价为1036万元；监理中标单位为湖南省华顺建设项目管理有限公司，中标价按发改价格〔2017〕670号文下浮20%计取（约25.82万元）。工程于2017年9月29日正式进场施工，截至12月末，已完成恒大华府西侧交通疏导便道修建、原地貌复测、施工范围围挡、临时用水用电接入、洗车槽修建、电力、燃气及弱电等管线迁改、既有路面破除、弃土外运、雨污水管道铺设、路基土方填筑、路基水泥稳定碎石层铺设等工作。望藕路施工现场围挡规范有序，现场工程质量、成本控制优良，未发生安全事故。科韵路（规划名为K–6支路）位于省科技厅西侧，南起银双路，北至岳麓大道，全长383.32米，路幅宽20米，为城市支路。2016年3月27日正式进场施工，2017年3月23日通过工程竣工验收，同时向区市政公司、区园林公司、区城管局等单位办理移交手续。二是“断头路、瓶颈路”建设协调工作。按照《长沙市2017年城区“断头路、瓶颈路”改造计划》，2017年度，市对区下达断头路、瓶颈路任务共13条，其中由区政府负责拆迁建设投资的道路项目5条，由湘江新区管委会负责投资建设、区政府负责做好拆迁工作的道路项目8条。截至12月末，坦山路二标、望藕路、新民路两厢交通微循环项目、谷丰路南段和银安路5条由区政府负责拆迁建设投资的道路均已完成年度任务；湘府路（河西段）快速化改造和岳麓区出入口改造（绕城高速跨学士路桥）已完成拆迁腾地工作，双塘路（岳麓大道至桐梓坡路段）的国有土地征收工作和集体土地房屋拆除工作已完成，具备施工条件，坦山路三标国有土地征收工作已完成，集体土地拆迁工作已启动签约。三是湘江新区片区外路网建设。继续完成谷岳路东段、坦山路三标、含浦大道一段、大学城东片水系与道路建设工程、西二环拓改工程、麓景路南延线等湘江新区与岳麓区共建道路的协调服务工作。目前，红星美凯龙岳麓家居商场配套道路工程–规划路一、莲坪大道（学士段）、后湖路（清水路–阜埠河路）和大学城东片水系与道路建设工程（含麻园路、湖大路及湖大支路一、二、三）等项目已完成建设或基本完成建设；谷岳路东段已于11月16日进场施工，坦山路三标和农工商配套道路已于2018年1月2日进场清表、围档和土方施工、麓景路南延线隧道段已进场施工；湘府路（河西段）快速化改造、双塘路、绕城高速跨学士路桥梁节点拓改工程、岳宁大道（岳麓区段）、含浦大道第一段东西向段（麓景路南延线—西二环）和西二环线交通改善工程（含梅溪湖东入口立交桥工程）正在有序推进；麓景路南延线、岳华路和含浦大道第一段南北向段（云栖路—麓景路南延线）已发布拆迁公告启动征拆工作。

综合管理。一是完善各项工作机制。按照区委、区政府要求，配合区发改局修改完善《长沙市政府投资建设项目管理办法》，配合区政府修订《岳麓区项目建设投资管理办法》，配合区委办、区政府办完善岳麓区与湘江新区城建、城管、招商等工作机制，与湘江新区研究探讨共同建设岳麓区主城区主次干道和农村地区重大交通项目的建设合作模式，探索和研究引进社会投资建设城市基础设施项目的理念和模式。2017年，纳入湘江新区计划的片区外基础设施项目26个，有效缓解了区基础设施建设的投入压力。二是扎实开展项目建设常态化管理工作。2017年，区工务局负责对全区重点项目征拆和建设进度统一归口统计，实行日统计信息数据、周信息平台发布和月书面督查通报制度，全年共发布拆迁数据日统计信息187期、周统计信息数据通报59期、月督查通报11期，按要求做好全区重大基础设施项目台账统计上报、城区“断头路、瓶颈路”台账统计上报、城区市政基础设施项目前期工作进度台账统计上报、市对区绩效考核指标完成情况台账统计上报、市断头路、瓶颈路项目及新区市政公司项目征拆建设情况统计等基础工作。通过强化对接沟通，健全完善信息数据制度，使全区重点项目数据更新更及时准确。通过按工作需求，分项目、分类别、分层次、分问题建立管理台账，为区委、区政府全面了解项目征拆、建设进度提供第一手资料，为加快项目拆迁扫尾、启动建设提供服务保障。三是加强调度督查。区工务局继续担负服务项目建设的职责，主动服务协调上级项目，重点跟踪对接产业项目，有序有力推进民生项目，进一步完善项目建设问题收集–处理–反馈–督办工作机制，确保项目按时开工、安全投产、达质达效。坚持实行“一月一调度讲评、一季一督查通报、一年一观摩评比”。

项目协调。一是省市重大项目的综合协调。对省市区重大城建项目和民生基础项目建设工作，特别是地铁2号线西延线二期、3号线、4号线、6号线、城际铁路西延线、重大城建项目电力迁改、棚改项目等省市区重大基础设施项目建设做好协调服务和环境维护工作。城际铁路西延线已全面完成拆迁扫尾，拆迁结算工作经湘江新区国土规划局与市国土局审核后已打捆上报省政府待批；尖山站市政配套广场工程已完成拆迁腾地并交付施工，拆迁结算工作已完成审批，相应的补偿款正逐步拨付到户；妥善解决因施工造成燕子山村与永安村水井缺水问题、尖山站占用高鑫地产570.2平方米土地问题；城铁西延钱Ⅱ标施工临时占用金科幼儿园及幼儿园房屋开裂的补偿和恢复问题、城铁西延线Ⅰ标2号斜井施工造成燕子山村9栋11户别墅房开裂及接通自来水等问题正在积极协商处理当中；全力配合省城际公司和长铁集团长沙东站做好岳麓区辖区内城际铁路观沙岭站、八方山站、谷山站、尖山站开通运营前的周边环境、社会治安、秩序维护等工作，确保城铁西延线于12月26日如期运营。轨道3号线、4号线主要站点主体结构性施工已完成，正在进行附属结构施工，轨道4号线六沟垅站征拆仅用5天完成签约清零、10天腾房清零、20天顺利交地，实现“零冲突、零事故、零上访”，成功把脉国有土地独栋私房征收顽疾，开创征拆工作的崭新局面；轨道6号线已完成招投标工作并启动施工建设；妥善解决因轨道项目涉及的岳麓一幼用房还建、黄鹤村安置房屋开裂、望月湖小区房屋开裂、湖大学生公寓搬迁过渡、滨江新城站及阜埠河站围挡施工、福元路大桥西站及茶子山站临时占地等问题。二是重大城建项目电力协调。牵头完成全区电力杆线迁改中的问题以及《长沙市电网供电能力提升三年行动计划修改意见》收集整理及上报工作；牵头完成红桥、含浦110千伏变电站高压配电线路建设工作及长韶娄东延线高压电线迁改工作；协调解决电力城网改造、移动基站和光纤宽带建设协调工作；牵头完成白云路高压杆线下地工作；做好“两山一湖”双创园区电力杆线下地协调工作；解决红叶山庄、沃府、好家园、雄海华园等楼盘欠付电费导致居民无法用电的问题。三是棚改项目协调。完成白沙液街、咸嘉湖路、三叉矶、正圆、新生水泥厂棚改项目中的电力、自来水、燃气管网迁改年度工作任务。

安全生产。落实区委、区政府关于安全生产要求，依据安全生产法律法规，多次对全区相关重点工程项目开展专项督查。全年牵头组织对地铁3号线、4号线、城际铁路等省市重点项目开展督查9次，“打非治违”“飓风行动”“一单四制”专项督查8次，组织开展安全生产大检查“回头看”活动1次，对存在安全隐患问题的项目单位下达整改通知书8份，均全部督促整改到位。切实做好工务局年度实施项目（望藕路）的建设现场安全、文明施工管理工作，定期到项目现场进行督查，确保项目施工安全进展顺利。

生态环保。4月24日至5月23日中央第六环境保护督察组进驻湖南期间，积极配合区政府迎检工作组集中办公，全面实行24小时领导带班值守，在中央环保督察期间，对工务局牵头协调的湘江枢纽库区岳麓区段截污18个排水口相关档案迎检资料收集整理备查，并对督察组提出的施家港高排口污水直排湘江、坪塘镇南、北排口、天马山高排口、靳江路高排口、徐家湖泵站高排口、桐梓坡路高排口6个直排湘江污水排口问题牵头协调整改到位，确保督察组在湘督察期间反映的问题及时整改到位。全年还配合参与区人大“三湘环保世纪行”视察工作；牵头落实群众网络舆情反映关于湖南大学北校区湖水污染严重问题的整改；积极履行在建城际铁路、地铁3号线和4号线等省市重点工程项目环保监督监管职责；完成全区防涝排渍和水污染治理建设项目的收集整理及上报工作；认真履行省市拆迁拆除重点工程项目环保监督监管职责；主动协调解决社区提质提档等相关环保问题。

文明创建。按照市区迎接全国文明城市测评复查工作要求，对岳麓区各主次干道、商业大街、城市广场路灯以及部分电力、电信、自来水井盖开展现场排查工作。与市供水公司、市路灯所、市供电公司等单位通力合作，对区文明办交办的40余个问题在第一时间交办专人专职处理，及时处置含光路、岳华路、银双路、银盆岭街道等消防栓漏水、损坏，含光路、湖中社区等光缆箱门损坏，金星中路、咸嘉湖街道等井盖缺失，汽车西站、玉兰路与燕航路交汇处等电线乱挂乱搭、裸露，汽车西站光缆脱落，燕航路与南园路十字路口、杜鹃路与金星路交叉口等路灯柱破损，咸嘉湖街道桐梓坡路路灯盖板缺失，金星路与杜鹃路交汇处存在大量建筑垃圾，杜鹃路与金星路交叉口西北角城际铁路施工围挡不实等一系列问题，并将问题迅速整改落实到位，为长沙市蝉联“全国文明城市”称号作出应有贡献。

中心工作。一是批示件办理。全年共受理涉重点项目建设类领导批示件107件，12345市民热线、网络舆情和“区长信箱”交办问题34件。对每项工作件均有专人负责，严格要求，认真处理，办理满意率100%。赢得群众和领导的认可和好评。二是人大建议和政协提案办理。全年受理区政府办转交的人大建议和政协提案承办件共7件（含2件会办件），其中区级人大建议6件，区级政协提案1件。建议提案主要涉及城市规划、道路建设、电力安全隐患等方面，客观反映区城市建设中的不足。对每件提案坚持做到思想上高度重视，态度上积极主动，行动上切实有效，程序上合理规范，措施上务实可行，确保办理质量。5件主办建议及提案答复已向代表函复到位，实现标准化率100%、面商沟通率100%、按时办复率100%、满意率100%；2件会办建议已按期分送区住建局、区规划分局两个部门。三是交办任务及信访、遗留问题办理。全年受理区政府工作报告、区委常委会议、办公会议、议事协调会议交办任务17项，大部分属于跨度时间长、完成时间紧、任务难度高、协调难度极大的工作。如银杉路一期建设资金问题、滨江片区道路修建占用观沙岭街道茶子山村4.87亩“两安”用地问题、白云路提质改造电力杆线下地工程纳入2017年省电力城网改造计划等问题，通过办理，均获解决。完成大科城整治建设工作中全区存量土地资源梳理；如期推进2017年全区征拆计划，2018年全区征拆计划编制工作正在按部就班开展。上述问题的解决，为区政府节约和追回资金4000余万元，有效解决相关街道长期以来悬而未决的历史遗留问题，推动了区域征拆工作破冰。

队伍建设。一是落实全面从严治党主体责任。深入学习贯彻中共十八届六中全会和中共十九大精神，认真落实区委各项部署，认真履行全面从严治党的主体责任和专项治理“微腐败”相关要求，以建章立制为根本，以清单管理为重点，以责任落实为抓手，不断强化敢抓敢管的责任担当意识，推动管党治党不断从宽松软走向严紧硬，推动全面从严治党落在实处。二是服务群众工作赢得好评。根据区一线办安排，5名科级领导干部继续联点银盆岭街道英才园社区。全年，共接待走访居民群众200多人次，收集情况和意见建议20余个，走访慰问困难职工20余户，慰问困难党员6人。认真落实“金点子”承诺项目，解决咸嘉湖过街天桥、社区二、三片网格安装摄像头天网工程、汽发宿舍下水道疏通和重新制作楼栋牌号等实际问题。组织环卫志愿者对社区道路沿线的卫生进行整治，清洁公交站台，努力加强社区环境的综合整治。以深入开展“两学一做”学习教育活动为契机，联合银盆岭街道英才园社区党支部开展以“不忘初心跟党走，砥砺前行续华章”为主题的党史教育活动；举办“粽叶飘香浓情端午”、党的知识抢答赛及党小组互动学习交流、中秋文艺会演等活动，进一步丰富社区居民的业余文化生活，浓厚居民之间的感情和氛围。（刘卓）

住房保障

区住房保障局

党组书记、副局长 郭忠祥

党组副书记、局长 邹士朴

党组成员 文伟林 周庆

副局长 张智权（女，10–）

党组成员、副局长 雷凌（女） 李治祥

【**概况**】2017年，区住房保障局圆满完成市、区下达的各项工作任务和考核指标，获评为市“安居杯”业务竞赛一类单位。

棚户区改造。2017年，完成上报省厅棚改计划任务590户，完成率100%。市棚改计划任务1881户完成1896户，完成率100.79 %。111户四个扫尾项目实现清零。占地79.42亩，涉及私房105户的正圆棚改项目（一期）作为2017年省市重点棚改项目，9月3日正式启动项目签约，均在奖励期内全部签约，实现棚户区改造项目当年立项、当年启动、当年清零的工作目标，创造棚户区改造项目的新速度，被湖南湘江新区管理委员会表扬通报。

项目建设。落实八方小区二期F2栋雇员公寓公租房项目和金溪湾二期公租房项目管理和服务工作。八方小区公寓项目已经完成地下室施工，正进行地上21层施工。金溪湾二期公租房项目已完成不动产证和工程用地规划许可证等报建手续，正进行主体施工。配合市局完成新城小区和谷山乐园公租房小区提质改造前期工作。

登记审批。重点做好棚户区改造项目申请住房保障审批工作，2017年审批各类住房保障对象资格649户，其中，公共租赁补贴19户、公共租赁住房实物配租100户、经济适用房货币补贴9户、经济适用住房实物335户、棚改安置补贴125户。上报区政府认

定特殊困难急需救助对象148户。完善住房保障网上审批体系，在全市率先进行全区住房保障政策和网上审批系统培训，区属各街道、社区住房保障专干100余人参加，长沙新闻频道进行了报道。

住房管理。一是公租房小区维修维护。通过采取购买服务的方式，对公租房后续管理进行精细化专业服务，截至12月中旬，累计收缴2017年度公租房租金及保证金316万元，超额完成年度应收任务。全年完成公租房实物配租入住239户，完成入住率考核任务100%。落实公租房小区安全管理，组织消防培训活动，全年安全无事故。二是聘请法律服务机构。针对转租、转借、欠缴租金、已取消资格未腾退房屋等违规问题，聘请法律服务机构加大整改力度，催缴租金、纠正违规、督促不具备居住资格者腾退，真正实现民生工程利民惠民。三是通过讲解消防知识、观看警示教程、紧急疏散避险和操作灭火器材模拟演练四个环节，对全区9个公租房小区开展消防培训，受到社区、物业公司及小区保障对象一致好评，得到市住房保障局的表扬。这一做法被《三湘都市报》登载。（伍玉平）

城市建设

区住房和城乡建设局

党组书记、局长

杨　军

党组成员、副局长

杨映红（女）

付烈山

朱潇健

党组成员、纪检组长

肖　虎

党组成员、总工程师

黄雅玲（女，9–）

【概况】2017年，区住建局坚持以打造人文住建、智慧住建和品质住建为目标，致力深化供给侧和“放管服”改革，着力改善民生民利，全力加强党的建设，圆满完成了全年工作任务。

房地产管理。坚持“房子是用来住的，不是用来炒的”定位，积极与市发改委、湘江新区住建环保局、市住建委房产信息中心、城调队等部门衔接互动，整顿规范房地产市场，加强预售环节的联动，缓解调控压力和供需矛盾。全年新建商品房批准预售365.86万平方米，网签面积388.8万平方米，成交金额341.25亿元，均居内六区第一位。按照“控高、推平、限低”的原则，通过对区内待网签、积压严重的高价房项目采取精准高低对冲方式，共实现约45万平方米保障房入网，消化积压待网签商品房约50万平方米，切实稳定商品房成交规模和房价水平。

物业管理。推进基层组织建设，联合区委组织部下发《关于进一步加强物业企业党建工作的意见》。树立行业示范典型，开展全区物业服务优秀项目表彰活动和“物业之星”评选活动。加强物业管理专业队伍建设，公开招聘105名社区物业专职社工，分批分期进行业务专业培训，优化社工双重管理体制。设立区物业管理纠纷矛盾调解室，构建四级物业管理纠纷调解工作体系。结合文明创建工作，对辖区内物业小区消防电气安全综合治理、公共区域内堆积物清理整治、物业服务质量考核等，全面提升全区物业服务水平。充分利用“互联网+”开发“文明社区”智慧政务平台，着力解决政策法规难普及、业主信息难征集、公共收益难监管、物业服务难达标、五方主体难沟通等问题，通过平台上传物业管理、业委会成立流程等信息，推动小区业委会成立工作。全年，辖区内已成立业委会的小区79个，正在推进业委会成立的小区25个；受理并审核维修资金申报项目212个（含结转项目），申报维修资金911.34万元，处理“12345”市民投诉849件。

行业管理。优化招标管理，采取项目打捆招标方式，组建全区小额工程施工企业库，指导15家建安企业评为长沙市“AAA”信用等级企业，4家建安企业评为长沙市“AA”信用等级企业。西湖建筑集团联合全市11家建安企业率先成立众投公司，集施工总承包、工程设计及房地产开发资质于一体，专门承接政府PPP工程，带动企业加快转型升级的步伐。积极履行部门职责，主动服务建安产业发展，全区建安总产值继续稳居全市建筑行业前列，全年完成建安产值约220亿元（含中铁集团），同比增长8%，上缴税收突破7.5亿元，对区域经济发展的贡献作用与日俱增。严格规范全区混凝土场站的行业准入、资质管理、安全生产、市场行为及场站选址规划与建设。结合中央环保巡视督查要求，全年拆除长沙坪佳建材贸易有限公司、湖南恒力建材有限公司、洋湖街道一非法搅拌站3家场站，完成湖南鸿基伟业混凝土有限公司、湖南西城伟业混凝土有限公司、中建五局混凝土公司梅溪湖分公司等6家场站的环保升级改造。

行政审批。根据市住建委权限下放的工作要求，结合《长沙市人民政府关于下放市级经济管理权限的决定》（市政府令第131号）文件精神，区住建局主动对接、迅速部署，并针对此次下放的燃气设施改动审批、建筑工程施工许可证核发等18项行政审批事项，多次召开党组会议进行专题研究，按照“对口管理、职能相近、服务发展、方便群众”的原则，逐一明确承接科室、责任人员及下放事项的管理要求和工作流程。对其中涉及园区的行政审批（备案）事项，经多次对接指导，由园区直接承接并设立相应的行政审批窗口。严把项目行政审批关，全年针对42个项目组织评审会，下达初步设计批复37个，出具审查会议纪要12个，完成9个项目施工图审查备案，7个项目建筑节能设计审查备案，9个项目建筑节能专项验收备案，办理区管工程项目招标备案101个，发放施工许可证17个。

安全生产。严厉查处各种为抢工期、赶进度忽视安全管理的行为，对区建区投的13个建设项目进行实地监管，开展“节后复工”“安全生产月大检查”“飞行检查”“地毯式大排查”等专项检查10余次，下达“建设工程隐患整改书”18份，“设备限制使用通知书”6份。通过政府购买服务，由第三方检测公司对区监项目现场使用的88台各类大型机械设备进行安全检查。全年，区住建局所监管的项目施工现场安全生产阶段性评价和达标验收工作覆盖率100%，区监在建项目中有2个被评为“湖南省安全质量标准化示范工地”，5个被评为“结构质量优良工程”，8个项目成功创建“湖南省建筑工地施工质量标准化示范工地”，2个项目进行了全市的建筑工程安全生产标准化观摩。全年行业安全生产形势整体平稳，未发生任何安全责任事故。

行政执法。积极整治建设领域的违法行为，对全区范围内的农民安置房、公共建筑的二次装修项目等进行专项执法检查，先后开展“春雷行动”“飓风行动”等行动4次，严厉打击违法装饰装修。进一步规范岳麓区燃气市场，严肃查处液化气“黑点”和违规倒气等违法违规行为。通过信息化建设严格落实建筑工地“5个100%”，加强在建工地安全监管和扬尘在线监测管理，提高施工现场文明施工、扬尘防控能力。全年处理违规装饰装修投诉600余件，下达“房屋装饰装修停工通知书”14份、“责令整改通知书”118份；联合市燃气热力局和相关街道（镇）关停非法燃气经营网点20家，收缴钢瓶1100余个；对辖区范围内的未来科技城、玉赤河PPP等项目共下达“扬尘防控整改通知书”16份、“停工通知书”20份、“不良行为告知书”4份。通过分类施策执法整治，形成上下联动、齐抓共管的行业管控格局。

民生实事。全年完成房产处遗办证4529户，实现三年房产办证处遗总体任务全面清零。全面开展黑臭水体整治工作，完成科教新村—赵洲港项目、榨泥湖—港口排渠项目等7个黑臭水体项目和观音港流域整治。完成岳麓大道、杜鹃路、观沙路绿道建设工程自行车道、步行道各12千米，生态停车位104个。完成望岳街道金星佳园、西湖街道电子技校老宿舍2个老旧社区天然气改造项目。全年共拆除围而未建围墙1万余米，改建生态停车场8个，新增停车位528个，复绿地块12个，新增绿化面积约32.53平方米。积极开展灾后重建，指导农村危房选址重建112户已全面竣工，完成含浦、学士街道堤垸抢险修复15处。

队伍建设。结合“两学一做”学习教育活动，坚持每月主题党日开展集中学习，进一步统一思想、提升站位、达成共识。为共建社区江山帝景小区开展抗汛救援，与斑马塘社区党支部开展“喜迎十九大，共创文明社区”主题党日活动，凝聚党员力量，彰显党员本色。局班子成员深入网格开展“三服务一线”工作，创建五星网格2个，四星网格4个。切实加强党风廉政建设，巩固党员干部理想信念，组织观看《永远在路上》等警示教育片，并深入长沙市廉政教育基地开展现场警示教育活动。强化制度建设，改进工作作风，不定期收集服务对象的反馈意见，严格控制“三公”经费和“四费”支出，杜绝“小金库”的存在。全面做好信访稳控工作，妥善答复群众来信来访16件，平稳推进西工建设公司改制工作。做好人大建议、政协提案办理工作，完成6件建议提案答复，代表满意率100%。（欧阳佳）

【组织抗洪救灾活动】 为帮助受灾群众恢复生产生活，6月，区住建局发动建筑行业进行爱心捐助，筹集赈灾爱心款600余万元，用于灾后重建。其中，会同湖南格塘建筑工程有限公司对岳麓区学士街道学泰村捐款10万元用于灾后重建工作；组织西城建筑公司工会配合公司工程部组织200多名员工到橘子洲风景区等受灾严重的地区进行清理和打扫，恢复道路和景区的干净整洁；组织全国优秀农民工唐焯带领的西城机电抢险队9人、湘荣建筑公司电工抢修队10人、格塘建筑工程有限公司水车队对汀湘十里、江山帝景、橡树湾小区进行电路抢修、淤泥清理等工作；组织对受灾较重的地区开展慰问，捐赠矿泉水、牛奶、方便面、盒饭、防暑药品等总价值约30万元的抢险物资，为解决灾区群众的生活困难尽微薄之力。

【首届“物业之星”评选】 4月28日至5月10日，通过网络投票和综合评审开展岳麓区首届“物业之星”评选活动，宣传基层物业人在真诚服务业主、构建和谐的物业服务环境等方面所做出的不懈努力与优秀事迹，树立一批物业服务标杆和服务明星，充分发挥先进典型的模范带头作用，展示物业人勤劳的品质，促进全区物业管理行业持续健康和谐发展。通过评选，有20名物业服务从业人员被授予“物业之星”称号。

【创新“文明社区”智慧政务平台】 为突破物业管理难题，区住建局通过强化顶层设计，收集街道（镇）物业办、物业公司、业委会、业主等多方意见和建议，联合高信公司共同开发“文明社区”智慧政务平台。平台以互联网工具中“不受空间限制进行信息交换”“信息交换的时效性显著提升”两大特性打破各方主体在沟通过程中时间或空间受限的壁垒，有效解决物业管理中政策法规难普及、业主信息难征集、公共收益难监管、物业服务难达标、五方主体难沟通、考核评定难认可等六大问题。（欧阳佳）

征地拆迁管理

区征地办公室

主　　任 黄　硕
纪检组长 李　志（1–8月）
副 主 任 李　伟（女）
陈　洪（1–8月）
黄　海
李　敏（女）
代惠琼（女）

【概况】 2017年，区征地办切实履行集体土地征拆中的组织、协调等职能，以“建一流班子，带一流队伍，创一流业绩”为工作目标，圆满完成了集体土地拆迁安置各项工作任务。在市对区2017年集体土地征地补偿安置绩效考核评比中，岳麓区被评为一类单位。恒大童世界等19个集体土地拆迁项目受到湘江新区管委会通报表彰。

项目拆迁。一是2017年以前扫尾项目。全区集体土地扫尾项目42个，其中96户未签约、568户未拆除。年度内完成签约80户，签约完成率83%；拆除540户，拆除完成率95%。实现9个项目签约清零、27个项目实现签约和拆除全面清零；仍剩16户未签约，28户未拆除。拆迁扫尾剩余量为历年来最少的一年。二是2017年新启动项目。全年启动73个新项目拆迁，项目启动签约47个，签约、拆除任务1364户。年度内完成签约1359户，签约率99.63%，已拆除1254户，拆除率92%；项目累计全面清零32个，签约清零12个。其中坪塘街道421户私房在第一奖励期（5天）内全面签约清零，1595亩征地任务按时完成交地；洋湖街道洋湖财经广场等12个项目447户私房、20家企业在第一奖励期（5天）内实现签约，1335亩征地任务按时完成腾地交付施工；学士街道岳麓科技产业园19个项目2226余亩、439户按期完成签约腾地；天顶街道尖山站项目5.76亩、公卫中心项目3户40亩实现签约腾地；咸嘉湖街道长沙市2003年四批次（普通住宅）麓山名园小学项目32户实现10天内签约清零实现按期腾地。三是全面规范“6·30”新规实施。征地办协同区国土分局、拆迁事务所、湘江新区国土规划局等部门，严格落实“6·30”新规，下发《关于进一步规范集体土地拆迁补偿安置认定会审和迁坟工作的通知》《集体土地征地拆迁服务费、腾地奖励资金分配比例、适用范围及审批拨付流程通知》《关于进一步规范建房证件痕迹鉴定工作的通知》等文件，从会审机制、资金拨付流程、迁坟工作程序等方面对拆迁项目实施情况进行督促和指导，按照“6·30”新规，对拆迁涉及的私房、企业、门店关停、代征、评估（含豪华装修和户外设施、大型集体设施、企业的评估）、青苗、迁坟、土地、安置、社保十个方面事项同步铺排，同步张榜，同步推进。

拆迁安置。2017年审批货币安置人员2219人，发放货币安置资金6.63亿余元。通过自建、团购、用地单位建设的方式进行保障住房安置，建成安置房面积251万平方米，在建和规划建设的保障性安置房213.2万平方米，基本满足已拆项目的安置。全年审批保障住房安置9994人，确保被拆迁群众及时选房。

审核服务。一是严格规范拆迁资金的审核。补偿资金按规定存入国土部门在财政开设的专户实行统一管理，区政府出台了对征拆资金管理行之有效的制度措施，下发相关文件，对拆迁安置资金的使用明确拨付流程，严格审核。支付到个人的拆迁补偿费用全面公示，指挥部统一设计制作公示板，明确公示内容，安放在拆迁指挥部及拆迁村组的显要位置，所有公示规范统一，不流于形式，便于群众知晓、知情、知政策。三榜之后，不再增加新的补偿和安置，严防任何人暗箱操作。由征地办牵头联合相关区直部门成立征地拆迁资金专款专用工作检查组，对街（镇）、指挥部开展征地拆迁项目专项资金检查，聘请有资质的会计师事务所对拆迁资金进行专项审计，并将资金的规范使用作为拆迁工作的高压线，从严要求。二是及时办理项目资金的结算。根据市对区目标考核要求，征地公告发布后两年内应完成项目结算，对结算项目提前铺排，安排专人在规定的时间内，将项目结算资料上报湘江新区国土规划局，按时完成项目结算工作。全年完成项目结算136个。三是社保政策落实到位。为解决被征地农民失地后的生活保障，区征地办、区国土分局与区劳动局及时做好被征地农民的社会保障工作。社保资金足额到位，全年区人社局共收缴社保资金12.06亿元，累计收缴社保资金55.56亿元。对符合条件的社保资料审核当天报审当天办理，经审批全年有8256人纳入社保。

（罗俊）

城市房屋征收和补偿管理

区城市房屋征收和补偿管理办公室

主　　任　李　磊

副 主 任　黄雅玲（女1–7月）

　　　　　　黄　浩

【概况】 2017年涉及国有土地征收项目共19个。其中，扫尾项目10个，私房签约任务31户,单位19家,已完成3个项目的腾地验收。新启动项目9个，征收私房1092户，单位19家。全年完成征收补偿资金8.1亿元,拆除房屋建构筑物31.6万平方米，圆满完成了2017年的各项工作任务。

项目建设。一是望兴片区正圆棚改项目，涉及私房105户,9月3日发布征收决定公告，启动签约，在签约期限内完成全部私房签约，12月实现腾地。二是新生水泥厂棚改项目，涉及私房561户,12月发布征收决定公告，启动签约，在签约期限内完成签约557户,剩4户未签约。三是麓山南路综合整治工程项目，涉及私房63户，12月发布征收决定公告，启动签约，在签约期限内完成全部私房签约。

规范管理。规范全区国有土地上房屋征收工作制度和操作标准。5月5日,制定《国有土地上单位房屋征收操作指导性意见》岳政办函〔2017〕23号文件，通过核实被征收单位资料、组织认定未登记建筑和依法实施评估等措施组织单位房屋征收，为全区国有土地上单位征收提供规范化标准。制定《岳麓区国有土地上房屋征收范围内拆除工程安全生产管理指导性意见》（岳政办函〔2017〕24号）文件，按要求层层压实责任,不定期向各街道(镇)、征收指挥部、施工单位发出工作督办函，要求做好控制扬尘、渣土清运及围挡整洁等工作，对各项目拆除安全生产和文明施工进行全程监督，全年国有土地房屋拆除无任何安全事故发生。

其他工作。一是资金审核。对资金需求及时预警，掌握资金使用动态，确保征收补偿资金专款专用，足额专用。全年审批1092户被征收户的征收补偿款和补助资金。二是司法保障。司法程序及时高效到位,做到快速判决和执行。全面启动司法程序4户,作出征收补偿决定4户。三是信访工作。建立信访台账,加大信访积案化解力度,了解上访人反映的问题，并及时作出处理。全年受理群众来访来信29批106人次,其中,区政府交办单5件,区信访局转办单2件,接待群众来访22件。

（杨晶）

城市建设开发

区城市建设开发公司

经理、支部副书记

　　　　彭　浩

支部书记、副经理

　　　　彭晔凯

副 经 理　龙立新

　　　　李喜明（女）

　　　　章　谦（女）

【概况】 2017年,区城建开发公司以望新片区正圆棚改项目建设为中心，紧紧抓住工程建设和招商融资两个重点，推进征收事务、资产管理和物业管理三项工作，努力夯实公司内部管理、考核薪酬体系、支部党建和解决历史遗留问题四个基础，全年完成融资3.31亿元，圆满完成年度工作任务，实现国有资产保值增值,在区年度绩效考核中被评为一类单位。

项目建设。一是望新片区正圆棚改项目（一期）清零腾地。项目东起望新路，西至气象路，南临游园路，北抵街道路，包含正圆实业厂区和生活区，总占地面积79.42亩，涉及国有单位2家(其中单位自管产31户)，国有私房105户，人口约400人，总征拆房屋面积1.64万平方米。项目20天完成105户私房签约清零，15天完成31户公房签约清零，开创棚改项目当年立项、当年启动、当年清零、当年腾地的岳麓样本，获湘江新区管委会表扬通报。二是完成岳华新苑农保房项目建设，6栋建筑面积15.32万平方米，其中安置房888套，竣工验收手续有序推进。三是金麓小区2-1栋项目逐步交房，384套限价商品房已交付206套。四是施家港社区提质提档项目全面完成。根据区委政府安排，公司自筹资金近3000万元实施以党建引领、基层治理、公共服务三大特色为主题的施家港社区提质提档项目，建设了1200平方米示范标准社区服务中心、1700平方米社区养老中心，拆除违章建筑18户，完成34条道路3.5万平方米“白改黑”，改造地下管网1.3万米，绿化提质7万平方米，增设停车位300余个，门禁系统、监控系统、指引路牌、休闲座椅、健身器材、儿童游乐设施、党员活动室、党建文化长廊等配套设施一应俱全，“脏乱差”的老社区蝶变为“颜值”与“内涵”兼备的新家园，实现幸福在社区居民家门口升级。

资产运营。加强资产安全管理，对公司现有资产清理重整，统一编号，建立专档，定期开展消防安全检查和工程安全检查。按照国资管理规定规范资产租赁行为，通过第三方评估定标底、长沙晚报公开招租、财政和纪检全程监督的现场公开竞标出租方式，出租或重建承租4881平方米。协调市政府、市国土局、市城投处置吉景遗留产权问题，为资产管理扫清障碍。

项目征拆。积极服务区重点项目征拆，累计抽调36人次参与三汊矶、望新片区、新生水泥厂棚改项目和洋湖片区及二环、三环线周边项目国有土地征收。洋湖片区京麟建材、曙光墙体、华庭筑邦于5月完成征收公告及法律程序工作，10月提前完成京麟建材签约。潇湘大道南延线项目扫尾项目完成港航公司9户公房搬迁。西二环桃花岭公交首末站充电桩及配电设备完成腾地。完成岳宁大道新增麻田磷矿协议征收。

信访维稳。按照“一名领导、一套班子、一个方案、一个结论、一抓到底”的要求实行包案责任制，完成滨江新城拆迁扫尾项目签约7户，化解河东黎家坡项目刘汉禄户20年信访积案，获得岳麓区信访积案化解百日攻坚先进集体和中共十九大特护期信访维稳工作先进集体称号。

物业管理。滨江物业公司优化内部管理、增强基础服务，完成了2-1栋的交房、小区垃圾站移址、小区卫生保洁外包招投标、小区用电专变改公变等工作，施家港社区居民对物业满意度和支持度显著提升。（罗瑶）

城市建设投资

区城投公司

党组书记、董事长
黄　兴
总　经　理　谢茂华
副总经理　龙　波
李　曼（女）
闵志群
谢　力
周育林
雷　凌（兼）
李　丹（挂）

【概况】 长沙市麓山城市建设投资有限责任公司是岳麓区区投区建项目融资、建设及土地整理的主要平台，区属国有资产运营的重要载体。截至2017年末，区城建投共有员工121人，其中，在编职工15人，政府雇员3人，班子成员8人（含兼任副总经理1人），区政府派驻财政监督员1人，挂职副总经理1人，总经理助理1人，市场化经济型人才3人。区城建投内设综合办公室、计划财务部、审计监督室、融资部、风险控制部、总工室等6个部室，下辖长沙市麓山城投土地开发有限责任公司、长沙市麓湘城乡建设发展投资有限责任公司、长沙市岳麓区新城保障房屋建设开发有限责任公司、长沙市麓城置业有限责任公司、长沙市岳麓国有资产经营管理有限责任公司、长沙市麓山城乡投资发展有限公司等6家子公司，代管长沙市岳麓棚改投资有限责任公司。

融资工作。2017年共计到位资金77.91亿元。在内五区率先发行20亿元PPN，市场化融资再获新突破；实现大科城36.2亿PPP

项目落地，有效保障了项目建设资金、债务清理置换及还本付息资金需求。

土地整理。新增储备土地587亩，完成调规838亩。聚焦中心工作抓土地整理，完成大科城用地手续办理，为大科城建设奠定基础。

项目建设。完成37个市区考核项目年度任务，实现“得满分”、“多加分”目标。麓山南路综合整治工程高效率、高品质推进，后湖黑臭水体整治顺利完成部委检查验收目标。大科城148亩和东核一期、山水新城二期等安置小区建设强力推进，桔洲移民和麓枫和苑二期安置房顺利交房，安置保障能力进一步提升。

资产运营。实现房屋租售收入2.14亿元，物业去存量3.19万平方米，归集物业3.68万平方米，资产规模突破150亿元，上缴税收2760万元，成功引进全通教育中南总部落户岳麓区。

党建和内部管理。认真学习贯彻中共十九大精神，扎实开展“城建尖兵”党建品牌、“九严九创”党风廉政建设等活动；以党建为“魂”引领企业发展。坚持不懈抓依法从严治企和公司内部规范化治理，公司管理日臻规范，干事创业氛围进一步浓厚。2017年，区城建投实现区绩效考核“四连冠”，三服务一线工作“四连冠”。荣获2017年市级“文明标兵单位”荣誉称号。（陈锋）

城市管理与执法

区城市管理和行政执法局

党委书记、局长
周　永

党委委员、副局长
郑　浩
余新跃

党委委员　邹永忠（9–）
尹新生

纪检组长（区纪委派驻）
邹永忠（1–9月）
邹品德（9–）

副局长　刘味珍
刘中豪（兼，8–）

【概况】2017年，区城管执法局班子紧紧围绕“城市管理工作巩固创新”的主题，以“再夺城市管理红旗”为目标，带领全区城管系统干部职工凝心聚力、同心同德，全面理顺工作体制、夯实工作责任，全区城市管理迈上了新的台阶。区城市管理工作经验《在城市精细化管理中下足绣花功夫》《全力打造为民惠民常态长效城市管理新格局》分别在长沙《市委通报》第15期、《内情参考》第4期刊发，作专题推介。区城市管理工作继续走在全市前列。

行政审批。全年共办理行政许可案卷2786件，其中，临时占用街道两侧和公共场地行政许可2564件，市政类临时占用、挖掘城市道路共222件，园林类砍伐城市树木、临时占绿共99件，围挡广告类57件，服务指导二楼及以上户外招牌设置215起。无违规审批、越权审批等行为，按时办理、依法办结率100%。并按要求使用区电子政务系统，将所有行政审批项目录入电子政务系统，按要求办结。

户外广告整治。落实市城管委《长沙市违规广告招牌整治实施方案》部署以及最严城市管理工作要求，在2016年整治的基础上，结合道路“六位一体”改造工作，全面强化服务意识，对全区的门店招牌、户外广告设置进行严格管控，为企业商家提供合理设置指导；大力开展户外广告治理工作，以二环线、岳麓大道及市府周边为重点全面铺开，开展集中整治，取得良好成效。在对潇湘大道、金星路进行全面整治“清零”的基础上，以二环线沿线、岳麓大道及市府周边等重要区域为重点，“全范围、全覆盖”推进整治工作，对全区违规广告全面摸底排查，建立台账，按照属地管理原则确责交办，执法部门牵头，组织实施。结合岳麓山国家大学科技城市容环境秩序综合整治工作，对桔子洲街道、岳麓街道辖区违规户外广告牌进行整治“清零”；全年共拆除各类大型违规楼宇户外广告招牌876处、5万余平方米，率先完成市城管委下达的历史遗留户外广告拆除任务，打造金星大道、岳麓大道最美天际线。

污染源头整治工作。组建扬尘污染治理办公室，对二环沿线、洋湖、大王山片区等建筑工地多、环境污染重的区域开展严格执法。投入400万元建设大王山片区专业洗车场，免费对入城货运车辆进行清洗，确保源头管控到位。结合中央环保督察，依法拆除29处非法砂石场、3家非法混凝土搅拌场和2家渣土消纳场，完成社会路口的硬化300余处，进一步强化污染源头治理。

督查考核。整合区城管执法局和区城管综合执法大队督查人员力量，形成区城管系统“大督查”模式，采取定期督查、重点抽查和明察暗访相结合的方式，对社区以及主次干道、支路街巷、重要场所等进行现场督查，全年共开展日常督查321次，开展专项督查58次，编发各类工作通报12期，发现问题4170起（处），均交办、处置到位。完成“9+2”泛珠区域合作行政首长联席会议、城市市长论坛、省委书记视察岳麓山国家大学科技城建设等线路保障任务352次。健全和完善工作考核体系，按照“日督查、周调度、月总结、季讲评”工作机制，严格执行绩效考核末位约谈、失职问责制度。设定“社区城市管理进步奖”，每月在城市管理基础工作相对比较差的社区中评定5个进步社区，每个社区奖励3万元，充分激发社区（村）主动参与城市管理的积极性、主动性、创造性。

数字化城管。区数字化城管平台共接收市派遣案卷54209件，结案54209件，结案率100%，按期结案54209件，按期结案率100%，接受市民投诉案件2075件，办结率100%，市民满意度100%。数字化考核在全市名列前茅。

“门前三包”管理。一是强化宣传。利用新闻媒体、宣传广播、宣传片、宣传橱窗、宣传手册、微信平台等载体，加大对“门前三包”工作范围、内容、标准和工作措施的宣传。印制“门前三包”宣传手册6万余份，制作路段公示牌200余块。各街道组织路段责任人上门解读“门前三包”宣传手册内容，每月定期组织门店业主召开“星级门店”授奖授牌表彰会，建立门店业主微信群，及时公布门店存在的问题及“星级门店”的评定情况，提升门店业主的参与度和群众的知晓率。二是拓宽范围。采取“扩面、增量、减额”方式将“门前三包”责任制工作延伸至17个街（镇）183条路段（城区177条、乡村6条）、90个社区，达到横向到边、纵向到底全覆盖。以创建“示范社区”、“示范路段”和“星级门店”为抓手，4–12月，共评选主干道“示范路段”18条、次干道“示范路段”22条、支路“示范路段”21条、背街小巷“示范路段”20条。奖励路段责任人81万元；评选“星级门店”1495家（其中二星级门店76家、三星级门店5家），奖励经费82.2万元，评选“示范社区”45个，奖励经费135万元。三是突出重点。每周定期开展“大纠违”活动，按照“有案必移、移案必处”的原则，推行“门前三包”管理“三单（温馨提示单、黄牌警告单、案卷移送单）”制。4至12月，开展纠违整治行动800余次，暂扣违规经营工具1740余件，移送“门前三包”案件1164件，处罚门店600余起。四是建立机制。各街道建立“门前三包”责任考核机制和奖惩机制，对在日常巡查和市、区督查考核中发现的问题与路段责任人和门店业主（单位）奖惩直接挂钩，4至12月，对考核排名后三名的19条路段的责任人进行处罚，共处罚经费37.8万元。

老旧社区综合提质改造。完成岳麓街道云麓园社区、西湖街道龙王港社区、望城坡街道箭弓山社区、南家塘社区、望岳街道府后路社区、咸嘉湖街道润泽园社区6个老旧社区环境综合提质改造。改造内容包括房屋外立面改造、屋面及屋顶防水处理、破损道路路基修复、路面白改黑、下水疏浚及局部堵点改造、绿化补栽补种及局部绿化提质、管网线整理规范、环卫、监控设施完善。其中，箭弓山、润泽园、龙王港社区综合提质改造得到市区领导高度赞誉，龙王港社区在全市提质提档观摩中被指定作全市唯一社区项目观摩点。

道路综合提质改造。一是主干道综合提质改造。金星大道综合提质改造范围南起枫林路、北至茶子山路，项目于2016年12月进场施工，按照道路路面、人行道、立面、绿化、景观亮化、管线等“六位一体”的标准全面完成提质改造，总投资约1.25亿元。按照城市示范道路的标准，总投资3000万元，完成潇湘大道（新民路——望月湖高架桥南匝道、丰顺路——猴子石大桥）综合提质，对车行道、人行道、管网、绿化、立面、景观亮化实施“六位一体”整体提质，其中，重点对道路、人行道、绿化景观进行改造。白云路综合提质改造范围北起枫林路，南至党校后街，路线全长1360米，路幅宽约12米，改造内容包括道路、两厢视线可及范围内的建筑立面、景观、管线及配套设施综合提质改造等，总投资3100万元，已完成建设。二是支路街巷综合提质改造。根据《长沙市2017年度城市管理项目建设实施方案》的要求，结合全区的道路综合改造、社区提质提档项目等全面完成坦山路、润泽园支路一、润泽园支路二、航天小区路、桔洲新苑环路、大坝咀路、白云路、党校后街路、靳江小区路、金麓路等10条支路街巷提质改造，改造内容为道路排水改造、路面改造、人行道完善、两厢立面整理、绿化提质、设施完善等，建设资金约3000万元。

小游园建设。2017年，新建云麓园社区小游园、施家港社区小游园一、施家港社区小游园二、

龙王港社区小游园一（南广场）、龙王港社区小游园二（中心广场）、龙王港社区小游园三（北广场）、箭弓山小游园、南家塘小游园、润泽园小游园、航天社区小游园共10个小游园，新建绿化面积1公顷，投入建设资金2000万元。

队伍建设。一是抓学习教育。扎实推进“两学一做”学习教育常态化，开展“两学一做”主题学习讨论4次；有效夯实中心组学习制度化，将中层干部纳入中心组学习范围，开展党委中心组学习4次，党委书记上党课2次；推进学习型党组织规范化，结合城管工作特点开展党建课题研究和党建品牌创建活动，向区委上报组工信息3篇，其中，局党组织书记抓党建述职评议大会的信息在《长沙党建》上刊发。同时，通过制作宣传栏、印发“学习卡”，开展读书讲座、征文比赛等活动，利用远程教育平台、微博微信等现代信息手段组织开展学习。二是抓制度建设。严格按照“控制总量、优化质量、发挥作用”和“三三制”发展党员要求，严把党员“入口关”，共发展新党员4名，预备党员转正5名，组织9名预备党员和发展对象参加区委培训班。严格落实“三会一课”、党务公开等基本工作制度，建立基层党建月例会制度。深入开展党员干部结对联系服务群众、“三服务”一线工作法等活动，共回复区一线办交办和群众问题13个。坚持“五个好”标准加强基层党组织班子建设，严格执行中层干部竞聘上岗和一般干部双向选择制度，通过开展“最美城管人”“城管之星”评选等活动，对先进典型的优秀事迹进行集中展示和广泛宣传。三是抓勤政廉洁。把反腐倡廉教育纳入干部教育培训规划，开展示范教育、警示教育、岗位廉政教育，开展党风廉政建设宣传教育月活动。组织开展“3.23廉政警示日活动”、区城管系统廉政教育警示大会，集中观看《永远在路上》《绝不饶恕》等反腐教育警示片。大力宣传中央十八届六中全会和各级纪委全会精神，广泛开展反腐败斗争形势任务宣传，强化纪检监察工作的宣传报道，共完成纪检宣传信息8篇，其中《“四个重点”开展作风大检查》《全过程监督，护航城管项目建设》2篇信息在长沙廉政网上发表。组织全系统层层签订廉洁责任书，建立作风建设责任追究机制，对全系统进行作风专项督查，围绕公款吃喝、公款旅游、公款送礼、公车私用等开展专项整治，积极开展“优化经济发展环境与收费检查”“行政许可、行政审批相关联中介组织、行业协会收费行为”等专项治理，督促各单位开展自查自纠。

其他工作。一是批示件办理。认真办理和落实上级和区本级领导批示、交办事项，切实强化工作举措，提高办理质量，全年共接收、办理领导批示件245件。二是人大建议和政协提案办理。全年办理人大建议10件，政协提案6件，协助区政府答复省政协提案1件、市人大建议1件、市政协提案1件。三是解决信访问题。全年接收信访件18条，其中，来访、来电、来信案9条。“12345”市民服务热线接收工单200余条，签收、处置、回访、办结工单，群众满意度达98%以上。四是宣传工作。全年在区政府门户网站更新信息139条，新闻报道64篇次，其中省级媒体《湖南日报》专版专题报道1次，市级媒体《长沙晚报》头版和专版专题报道6次，对岳麓区专项整治、精细化管理、社区提质提档改造等工作进行了正面宣传。（左乐）

【西二环沿线户外广告整治】 针对西二环沿线两厢楼顶广告乱搭乱建、参差不齐的问题，在区委、区政府的统一部署下，区城市管理和行政执法局组织协调相关街道及相关职能部门，开展集中整治违规户外广告行动，按照循序渐进、重点突破、全面清零的工作思路，采取宣传发动、下达整改通知、说服教育、安全拆除的工作措施，在全市率先完成市城管委下达的户外广告整治工作任务，共拆除违规户外广告招牌80余处、1837平方米，整改违规广告10余处，基本实现西二环沿线违规户外广告清零目标。

【全区城市管理工作专题调研】 2月15日下午，区委书记周志凯带队调研全区城市管理工作。区委常委、区委办主任杨利成，区政府副区长张永久参加调研。周志凯书记一行先后到长望路银杉路至潇湘大道段的绿化改造现场、西湖街道金星社区、银盆岭街道火炬城社区、桔子洲街道学堂坡社区、岳麓街道城管调度指挥中心、望岳南路垃圾处理中转站和诚兴园小区等地，实地调研全区绿化提质改造工作、社区提质提档工作、主次干道提质改造工作以及环卫垃圾处置工作情况。

【长沙市委办公厅调研岳麓区精细化城管】 6月，长沙市委办公厅调研组对岳麓区城市管理工作进行了深入调研，对岳麓区委、区政府高度重视城市管理工作，从理顺机制、细化标准、加强整治、提升品质四个方面着手，全力构建了“管理常态化、标准精细化、覆盖全域化、整治长效化”城市管理模式，让人民群众在城市生活得更便利、更舒心、更有获得感的城市管理工作做法和经验进行了总结，撰写《在城市精细化管理中下足绣花功夫——岳麓区城市管理工作的调查与启示》一文，并在全市进行推介。

【全市第一条优秀示范道路——金星大道】 在长沙市“新三年造绿大行动”现场观摩活动中，6月28日下午,省委常委、市委书记易炼红，市委副书记、市长、湖南湘江新区党工委书记陈文浩率市四大家领导班子以及市直、区县（市）、园区负责人，到岳麓区考察金星大道“六位一体”综合提质改造项目，对金星大道“六位一体”综合提质改造项目给予高度评价。金星大道综合提质改造项目按照“一体、三区、四线”的设计思路进行整体改造，突出“城市文化与自然共生”主题，通过立体式、现代化、整体化的规划设计，形成高效、生态、宜人、活力智慧的城市道路空间，成为一个整体、具有湖湘文化特色、识别性强的绿色走廊，成功打造国际化商业景观街区，成为全市第一条优秀示范道路，湘江新区及市内其他区纷纷组织到观摩学习，岳麓模式被广泛复制。

【区城管系统全力以赴防汛救灾】 7月1日防汛应急响应之后，岳麓区城管系统迅速行动，采取24小时轮流值班制，成立30人的民兵突击队和50人的应急分队，随时出动。参与含浦、学士、坪塘以及望月湖街道龙王港险情处置，共出动应急响应工作人员4100余人次，车辆800余台次，巡查重点安全隐患300余次，排除城市内涝险情135次，组织装运沙袋8000余件。灾后，迅速组织“六清”行动（清淤、清扫、清洗、清理、清掏、清运）。为支援学士、含浦、坪塘、橘子洲景区等受灾严重区域的灾后恢复工作，共出动人员15500余人次，出动车辆1700余台次、清运淤泥垃圾4950余吨，修补路面3400平方米，更换座水井30套、雨水井22套，疏通管网3000米，处置危树、倒伏树木200余株，清理断枝倒树130余车，喷洒农药50余车，加固支撑树木300余株。

【“9+2”峰会市容秩序与环境综合整治工作调研】 9月20日上午，市政府副市长刘明理带队调研“9+2”泛珠三角区域合作行政首长联席会议（以下简称“9+2”峰会）市容秩序与环境综合整治工作。区政府副区长张永久参加调研，区城管执法局、区环卫公司主要负责人陪同。刘明理副市长一行先后到金星大道、佳兴世尊酒店、箭弓山社区提质改造点、环湖路、梅溪湖金茂酒店及梅溪湖路等重点路段、区域，实地调研“9+2”峰会活动区域及沿线的市容秩序、园林绿化、环境卫生等工作情况，听取工作汇报。刘明理副市长充分肯定了岳麓区迎接“9+2”峰会市容秩序与环境综合整治工作成效，要求岳麓区要再接再厉，对重点区域、路段进行全时段、全方位、全覆盖管控，确保市政道路、环卫基础设施、园林绿化、亮化景观等维护管理到位，以最优美、最精细、最宜爽的市容市貌迎接“9+2”峰会的召开，着力展现品质长沙新形象。

【共享单车管理】 坚持“宣传与引导相结合、教育与处罚相结合、管理与服务相结合”原则，约谈6家共享单车运营企业负责人，建立微信交流平台，实时沟通反馈共享单车停放信息；在全区重点路段、重点区域施划规范停车点400余处，整治共享单车1.5万余辆，对管理不规范的摩拜、OFO、酷骑、hellobike 4家共享单车运营企业在全市首开罚单，分别给予行政处罚5000元，整顿共享单车使用人与管理企业乱投乱放行为。

【“行走岳麓”“路长制”暨城管教育实践基地启动并授牌】 10月23日上午，在河西王府井广场全面开展“行走岳麓”“路长制”两大主题活动，正式启用“城市管理教育实践基地”。长沙市副市长刘明理，市城管执法局党委书记、局长邓鹏宇，岳麓区委书记周志凯，岳麓区委副书记、区人民政府区长刘汇，区委常委、宣传部部长罗予武，区人民政府副区长张永久，中南大学冶金学院党委书记张凯，区人民政府副调研员谢德良，区人民政府副调研员陈茂学，区人民政府副调研员唐士秀等出席活动。部分“路长”代表、学生志愿者代表、城管系统代表、物业公司及社区志愿者代表参加了此次活动。市文明办和市城管执法局联合授予岳麓区“长沙市城市管理教育实践基地”称号。市城管执法局党委书记、局长邓鹏宇给岳麓区“城管教育实践基地”授牌，岳麓区委书记周志凯为活动致辞，市人民政府副市长刘明理宣布岳麓区“城市管理 你我同行”暨“行走岳麓”、“路长制”、“城市管理教育实践基地”正式启动。

（左乐）

城管执法

区城市管理综合执法大队

党委书记、大队长

周 永

党委副书记、教导员

吴 君

党委委员、常务副大队长

李凌云

党委委员、纪委书记

邹品德（1–9月）

党委委员、副大队长

朱 斌

李 玉

彭 咸

【概况】 2017年，麓区城市管理综合执法大队以建设“宜居宜业、精致精美、人见人爱”的品质岳麓、河西靓城为工作总目标，以“最严城管执法”为导向，创新执法方式，持续开展市容环境秩序整治，全年办理城市管理行政执法案件9152件，罚款569.77万元，各项执法指标继续走在全市前列。1–12月份，110指挥中心受理市民各类投诉案件共计9930条，出警率100%。其中，市城管局12319案件3102条，结案率为100%；区12345工单1717条，结案率为100%；市民电话投诉5111条，结案率为100%。

市容管控。以街镇属地管理为基础，结合市对区城市管理月考核和城市管理网格化管理，针对农安小区多，管理力量薄弱的现状，所有执法干部下沉到街面、路面和社区，及时调整执法力量，合理划分管辖区域，落实执法管理责任，坚持日常巡查和常态管理，在保持主次干道秩序良好的基础上，按照最高标准、最严要求，集中对社区市容环境重点问题进行全面排查和整治。天顶街道的青山村、观沙岭街道的岳华村、岳北社区，望月湖街道的云龙社区、云华社区、湖中社区、滦湾镇社区，望城坡街道的望新社区、老虎岭社区，岳麓街道的五星村、黄鹤村等一大批老、旧、乱的社区（村）市容秩序焕然一新。

专项整治。一是户外广告整治。全年拆除户外广告876处，5万余平方米，率先完成市城管委下达的户外广告拆除任务，打造城市最美天际线。二是渣土扬尘整治。全年共清理取缔非法砂石场29家、非法混凝土搅拌场3家、非法沥青搅拌场2家、非法水泥制品点2家、非法渣土消纳场2家；针对“渣土车、混凝土搅拌车、砂石车”的乱象问题联合交通、环保、交警集中整治、联合处罚，加大整治力度，查扣违章车辆193台次，办案215起。联合环保、住建对全区在建施工工地进行全面摸底排查，明确工地做到“五个必须”，即出入口必须设置洗车槽，车辆必须冲洗干净方可上路，裸露黄土必须覆盖降尘网，工地必须安装环保监控，工地围挡必须规范。三是违法建（构）筑整治。以区委区政府的名义下发《岳麓区进一步加强拆违控违工作的实施方案》，对拆违职责、拆违程序、执纪问责等方面进行详细规定。区拆违办与拆违中队职责职能与日常工作深度融合落实“三函告、三报告”制度，对新增违法建设零容忍，按照“第一时间发现、第一时间制止、第一时间报告、第一时间拆除”的原则，着眼于“控”、立足于“巡”，严打别墅区违建、农安小区违建、农民抢搭乱建等行为，全年共计拆除历史违法建筑794处、12.78万平方米，控制新增违法建设197处、3.21万平方米，控制新增方面较上年有大幅增长，有效遏制违法违章建筑蔓延势头。四是静态交通整治。召开共享单车运营企业座谈，互通信息，明确管理职责，规范运营管理制。建立执法中队、街镇、社区和运营企业沟通协调机制。对不履行管理职责，导致共享单车乱停乱放，占用城市道路的摩拜、OFO、酷骑、hellobike的四家企业分别处以5000元的行政处罚，开出共享单车全市第一张罚单。按照全市统一部署，与区交警大队成立机动车违停联合整治小组，通过发放宣传资料、设置宣传点、悬挂宣传横幅、播放整治通告等形式营造整治氛围，全年共办理机动车占道停车案件6201件。

重点保障。一是春节、端午、中秋、国庆等节假日期间重大活动保障。制定《2017年岳麓区城管执法大队节日期间行政执法和应急处突工作方案》，特别是对梅溪湖灯展、橘子洲灯展、橘子洲焰火燃放等涉及时间长、范围大、人流量大的重大活动提前制定预案，配足力量，组织巡查，及时应对突发情况，确保活动有序进行。二是中央环保督查保障。中央环保督查组进驻湖南期间，按照边督边改、立行立改的原则，全面整治涉城市管理环境保护方面突出问题。对全区渣土扬尘、基建工业夜间施工噪音、企业个人不使用清洁燃料、餐饮门店油烟扰民、露天烧烤油烟噪音扰民等方面进行全面整治。共办理中央环保督办案件74件(占全区环保督办件三分之一以上),整治夜间渣土工地、施工工地60余个,清理全区小餐饮、小面馆、小粉店800余家,销毁煤灶23台,煤炉2300余个,改造锅炉6个,整改产生油烟污染的餐饮企业78家,安装油烟净化装置47台。收缴清理露天烧烤、店外夜宵经营147处,拆除违章亭棚、违法建筑7处,6000余平方米,为我区顺利迎检做出突出贡献。三是9+2峰会保障。为确保“9+2”泛珠区域合作行政首长联席会议期间良好的市容秩序,展示岳麓区精细的城市管理品质,大队通过梅溪湖片区市容秩序专项整治,以整治梅溪湖片区“脏、乱、差”现象为重点,着力打造宜居岳麓新形象,通过集中整治和专项治理,取得一定成效。

队伍建设。一是抓思想政治学习。制定2017年度党委中心组学习计划,落实区委关于意识形态工作的要求,组织学习《在应对挑战中实施好意识形态工作责任制》专题报告和十九大精神。坚持每月一次思想政治集中学习活动,全年组织集中学习12次。制定《岳麓区城管执法大队党委关于推进“两学一做”学习教育常态化制度化的实施方案》,安排全大队范围的专题集中学习4次,开展大队领导讲党课活动7次,支部书记讲党课活动30余次。二是抓党组织建设。制定《中共长沙市岳麓区城市管理综合执法大队委员会2017年工作要点》《2017年党支部工作细则》,严格落实“大队领导联点支部”“两学一做”“三会一课”“主题党日”“党员进社区”等党建工作制度。三是抓党风廉政建设。按照区纪委《关于构建“九责体系”落实党风廉政建设“两个责任”的实施意见》的要求,层层进行责任分解,明确岗位要求、履职标准和工作目标,各中队长、科室长向大队长签订《廉政责任书》,制定全年的党风廉政工作要点。组织党员观看警示教育电教片、视频讲座,开展党课教育,学习焦裕禄、牛玉儒等优秀党员的先进事迹提高拒腐防变能力。组织党风廉政日教育活动,聘请专家讲授《曾国藩家属家训》,观看廉政教育片《打铁还需自身硬》。按照《队伍管理规定》扣除违纪人员绩效工资39人次,给予4名中层干部诫勉谈话,辞退不合格特勤队员6人。四是抓法制业务学习。采取分期、分批、分层次,集中培训、封闭考试相结合,每月开展一次法制培训,年末组织特勤队员开展一周的脱产培训,切实提高执法队伍的法律知识水平、办案技能技巧。

(刘紫春)

【防汛救灾】 7月1日防汛应急响应后,岳麓区城市管理综合执法大队紧急启动防汛救灾应急机制,组织十余支抢险突击队,连续奋战在湘江大堤、九江垸、靳江河、龙王港,全体执法干部、特勤队员扛沙包、堵管涌,巡堤坝,那里有险情,哪里就有执法干部的身影。在防汛救灾和灾后恢复工作中,大队共出动应急人员600余人次,车辆100多台次,对户外广告等重点安全隐患巡查178次,排除城市内涝险情135次,成功疏散车辆400余台、群众40余人,组织装运沙袋4000余条,排除重大管涌险情3处,配合处置护坡、山体滑坡7处,自发组织为受灾严重的宁乡长田村捐款捐物价值4万余元。

【大学科技城市容环境“百日整治”】 按照省委杜家毫书记“建设最美大学科技城”的要求,全面落实区委、区政府的部署,从7月1日起,区城管综合执法大队组织开展岳麓山国家大学科技城(以下简称“大科城”)市容环境综合整治工作。重点以开展流动摊贩、户外广告、“门前三包”、共享单车、违章亭棚、交通秩序、违法建设、斑点整治等十大专项整治工作为抓手,全面提升大科城区域内整体市容秩序。百日综合整治中共劝导劝离、取缔摊贩1400余户次,取缔、收缴流动摊点700余个;移交“门前三包”案件至执法部门148起,签发红单152份、黄单156份,处罚案件51余件;整治共享单车1.6万余辆;拆除阜埠河路、天马路、清水路大型楼顶发光字、户外广告30余处,拆除猴子石大桥西大型立柱广告2处,清理大小违规户外招牌(广告)计498处;收缴违规占道大型夜宵铁架棚20余个,清退片区内邮政、民政报刊亭23个;拆除违法建构物12处7024余平方米,拆除阜埠河路斑点区域内违章建筑2600余平方米,覆盖绿地3400余平方米。

【创建全省第一家城市管理教育实践基地】 10月23日,市文明办、市城管局为教育实践基地进行授牌,区城市管理综合执法大队以弘扬“崇善、厚德、笃行、奉献”城管志愿者精神为目的，建设全省第一家“城市管理教育实践基地”，把城管志愿者活动日常化、模式化，并结合全国文明城市创建工作相继开展城市管理大宣传、大劝导和大帮扶活动，取得良好的社会效果，得到社会各界的一致肯定。

【梅溪湖“百日整治”】 11月25日，岳麓区召开城管工作暨梅溪湖片区“百日整治”行动会议，会后岳麓区城市管理综合执法大队紧紧围绕“渣土扬尘、摊点乱象、交通乱象”等难点问题，联合公安、交警等各执法部门联勤联动，突出集中整治与日常管理相结合、疏通引导与严管重罚相结合、各负其责与协力攻坚相结合，共办理各类行政执法案件1096起，罚款金额33.9万余元。一是开展渣土扬尘整治，净化片区空气质量。对片区的建筑施工工地和渣土运输线路进行严控、严管。一律按照5个100%的标准设置防尘设施，所有渣土施工工地一律设置标准的施工围挡，一律硬化工地出入口，一律设置冲洗槽，一律配备冲洗枪，一律配足保洁人员，一律按照规定的线路行驶，一律覆盖运输，确保渣土运输规范有序。硬化工地进出口和工地内道路9处，设置洗车平台5处，规范工地围挡13处，顶格处罚违规工地3个，违章渣土运输车辆51台。二是开展摊点乱象整治，强化片区市容秩序。以环梅溪湖主次干道为重点，组织梅溪湖、望城坡、天顶三个街道工作人员全天候、全时段、全地域开展流动摊贩、店外经营等城市管理顽疾整治，共计取缔流动摊贩1070处、教育查处店外经营840起，清除牛皮癣6800余处，清理垃圾堆物420余车。三是开展交通乱象整治，序化片区交通秩序。成立由城管、公安、交警等部门组成的联合执法整治工作小组，采取抄牌、锁车等执法方式，并将违停行为统一纳入交警信息平台，加大处罚力度，全面改善梅溪湖周边的交通秩序。共计处罚违停机动车辆3000余台，抄牌8591起。（刘紫春）

市容卫生

区市容环境卫生管理局

局　　长 彭新伏
书　　记 梁　鼎（1–3月）
副 局 长 黄　琼（女，1–8月）
周雨成
李　军
宋　芳（女）

【概况】 2017年，区市容环境卫生管理局以“洁净岳麓、一流环卫”为工作目标，以“严格管理、细致维护、精益求精、常态保持”为工作理念，高标准完成了478万平方米主次干道、73.27万平方米绿化带的环卫维护，131座垃圾站（含26个收集点）、91座公共厕所、26座地下通道、3座人行天桥、5157个果皮筒的清扫清掏和卫生管理、生活垃圾清运、渣土管理及餐厨垃圾集中收运、生活垃圾分类与减量、粪污环保处理三项市对区考核项目工作任务。在2017年度长沙市城市管理工作考核中，取得区县一类单位环卫（渣土）类专业排名第二名。

市容环卫工作。一是科学配置，实行区域主次干道清扫保洁网格。根据岳麓区主次干道路段的路幅宽窄、门店数量、人（车）流量、破坏因素、难易程度等具体情况科学设定清扫网格、配置人员机械，因地制宜，为每条道路量身打造个性化维护方案。通过高强度、无缝化督查，市场化公司维护做到清扫保洁网格化。2017年，全面接手二环线环卫维护工作，针对二环线环卫维护的重、难点，量身制定切实有效的维护作业方案，扎实开展二环线地毯式大清洗，全面消除卫生死角、维护盲区，保障二环线环卫维护效果。二是完善制度，全面推行路段星级管理。印发《路段星级管理制度（试行）》，将环卫专业维护的52条主次干道，共计96个网格纳入考核范围，科学设定道路维护工作十个星级，明确每个星级的评判标准，严格兑现奖罚，充分调动一线职工的工作积极性。三是建立工作规范。按照“五无五净”（道路无垃圾、无杂物、无积泥、无积水、无污迹；路面干净、绿地和树圈干净、边角侧石干净、井沟井盖干净、果壳箱等环卫设施干净）和城市管理模式“三最”（最严格、最精细、最到位的城市管理模式）要求，出台《岳麓区城市环卫作业标准》，对环卫设施建设、维护，环卫项目移交和环卫维护作业三个方面作出标准化规定，提升市容环卫维护标准化水平。

生活垃圾清运。一是推行“一人一车一站”站厕管理制度。以中央环保督察问题整改为抓手，督促指导全区生活小区垃圾站、单位垃圾站等社会垃圾站落实专职管理人员，做到日常清洗保洁常态化，站内干净无异味。二是实施生活垃圾“五定”清运模式

（定量、定格、定额、定责、定核）。明确垃圾站守站员监督和驾驶员清运职责，准确统计每一个垃圾站垃圾日产量，科学核定每台车单车载重量及日清运车数，调整优化现有垃圾清运安排，提升清运效率，确保生活垃圾日产日清，全年累计运输垃圾50余万吨。三是落实三项市对区考核项目。抽调精干力量组成局属两型办，专职负责餐厨垃圾收运处置、生活垃圾分类与减量和粪污环保处理三项市对区考核项目工作，通过对全区小散餐饮门店摸底统计，由各个街道协作对所有门店进行核实，已对4167家小散餐饮门店餐厨垃圾进行收运，实现承诺书上墙率100%、门店投桶率100%、餐厨垃圾清运率100%。四是生活垃圾分类与减量按期启动。加大与试点街道、物业公司、社区和住户的沟通衔接力度，科学设定工作步骤，逐步完善督查考核机制，督促试点社区按照工作方案落实设施设备、加强宣传，试点工作取得预期效果。五是粪污环保处理。为切实做好粪污环保处理、生活垃圾分类试点及餐厨垃圾集中收运三项市对区绩效考核工作，深入推进资源节约型社会和环境友好型社会建设，4月28日，增设局属两型办，优化、细化行动方案，采取定期督查方式，加强对实施单位和街道的业务指导力度，积极配合财评中心部门切实把严验收关，确保工作效果。

渣土扬尘管控。一是严格监管，规范工地作业。对全区各工地做好渣土管理，督促各工地按标准建立渣土运输工地和在建工程洗车作业平台，硬化出口路面，落实成片裸露泥土覆盖防尘措施，严格规范工地围挡作业，做到净车出场、出入口洁净无污染，从源头上控制渣土扬尘污染。二是聚焦问题，提升联合执法效率。坚持“疏堵结合、重点突出”的原则，采取不定期、错时段、分片区、找难点、联合会签、严管重罚等措施，加大管理与执法力度，增强对违规行为的威慑力。三是排除隐患，及时硬化社会路口。按照“社会路口必须进行硬化”的要求，积极组织人员对全区裸露社会路口进行摸底造册，并及时上报区人民政府督促各街道及时进行硬化。四是建章立制，增强渣土污染治理实效。突出“出土工地、渣土运输车辆、渣土运输线路、消纳场”四个节点，在运输线路监管上，落实“三个不交接班”（情况不清楚不交接班、小污染未落实整治措施不交接班、大污染未整治完毕不交接班），明晰监管人员责任，确保渣土管理有章可循、科学高效。五是不留死角，延伸渣土管理范围。推行“一工地一监管”“24小时巡查”制度，在全区各开工工地一对一安排1名监管员，专职负责对工地施工行为进行监管；组建5个渣土巡查片组，分片区、白晚轮班对各开工工地、运输线路及消纳场进行全天候、不间断巡查，做到巡查工作无盲区、零缝隙。

队伍建设。一是强化“主体”意识，压实廉政责任。把党风廉政建设主体责任扛在肩上、抓在手里，抓好廉政风险点的防范工作。实行党风廉政建设“一把手”负总责、分管领导具体抓的责任制，明确一名班子成员分管纪检工作，局属五个支部均选优配备纪检委员。全年召开党风廉政责任制实施方案工作部署会、党风廉政建设“雁过拔毛式”腐败专项整治工作部署会、端午期间“纠四风、治陋习”作风建设专题部署会、“八小时以外”监督管理工作部署会、强化党风廉政建设规范内部审计工作部署会、开展清理国家公职人员违规参与涉矿等经营性活动专项整治工作部署会、中秋国庆期间“纠四风、治陋习”作风建设专题部署会等作风建设部署会14次、党风廉政教育专题课2次，及时传达上级精神，部署党风廉政建设和反腐败工作。制定岳麓区环卫局《2017年党风廉政建设工作要点》，下达《2017年领导班子成员、部门负责人党风廉政责任分解表》，明确班子成员、部门负责人的责任范围和具体职责，确保责任落实“无空档”。二是严把“四个关口”，筑牢反腐防线。深化主题廉政教育活动，通过党总支中心教育理论学习、廉政党课、三会一课等形式开展党风廉政教育。全年组织干部职工收看《纸飞机》《决不饶恕》《反腐枪声》等廉政教育电影，参加“曾国藩家书家训”廉政警示教育培训，让党员干部思想上经历洗礼，心灵上受到震撼，坚定共产主义理想和信念。进一步完善民主集中制、“三重一大”事项集体决策制度，严格执行“一把手末位表态”“三个不直接分管”和领导干部个人重大事项报告等制度，权利运用更加科学、规范。着力构建干部选拔任用工作监督机制、责任追究机制，增强干部选拔任用工作透明度。经局总支考察研究，全年2名同志被发展成为预备党员，1名预备党员按期转正。2017年2月，严格按照干部选拔任用的相关规定，面向全体职工开展中层岗位竞聘。此次中层竞聘岗位27个，其中3名优秀的年轻干部成功竞选为中层干部副职,2名临聘管理员竞聘为中层干部副职，做到让有为者有位。严格执行“廉政灶”制度，全年公款“零”接待；严格外出学习审批程序，全年未组织出国考察学习活动；严格公车管理制度，车辆运行经费节约6%。三是狠抓作风建设，密切联系群众。严格落实上级作风建设相关要求，认真开展“纠四风、治陋习”、“小官大贪”、“雁过拔毛”式腐败、“涉矿”经营、领导干部八小时之外监督等专项整治行动。全年开展作风讲评会4次，下发《作风建设简报》6期，以从严整治“四风”的决心促进了全局党风政风持续好转。全年有4名网格长深入社区认真履职，积极为居民群众排忧解难，全年帮助社区群众解决难题20余起；组织5个支部、80余名党员开展“进社区志愿服务活动”，对桔洲新苑社区楼栋年久失修的楼道扶手进行了油漆粉刷。全年答复人大、政协提案5件，解决群众投诉建议60余起，加强与群众的血脉联系。（周硕）

市政局管理

区市政局

局长、党支部副书记

张晨阳（1–5月）

单旭红（5–）

副局长、党支部委员

周　锋

徐国泉

曾国军

彭红辉（女，1–8月）

潘文军（8–）

曾世凡（11–）

【概况】 区市政管理局隶属岳麓区人民政府，行业指导归口长沙市城管局。2017年有办公室、政工科等内设机构15个，其中绩效办、排水运行科、数字化中心为年内新设，工作人员增至147人（含临聘人员78人），各类机械设备增至71台（套）。区财政核定维护量：路面设施（含街道）776.69万平方米、排水管网（含部分街道）850.58千米、各类井4万个，涵盖全区的各主次干道、桥面、生活广场。

2017年，岳麓市政围绕市、区绩效考核细则，结合区财政核定的维护量，制定局年度工作任务及目标，严格按照工作计划有序推进全局各项工作。全年共修补路面21.89万平方米，整修人行道12.83万平方米，调整侧平石2.68万套米；共疏通各类下水管道212.5千米，清掏、疏通一般井、中井、雨水井等各种井1.68万座次，外运污泥1845吨，更换、维护、提升井盖1063个；联合执法大队办理市政类执法案卷27起，完成277起占道、216起挖掘的行政许可前置审批手续，完成下水并网验收20起，处理管理类数字化案卷1277条；携手新民路社区共帮扶困难群众30余户，收集并解决矛盾纠纷10余起，收到社会各方赠送锦旗5面；受理数字化案卷5344条，“12345”市民热线工单235条，结案率100%。

维护业务。一是对二环线、大学城周边市政路段人行道板进行整治，对汛后水毁市政设施进行恢复。完成金谷路侧平石的更换和调整，及观沙路人行道的排查、整修，完成黄鹤路、清水路、麻园路等路段人行道隔离设施的安装。全年完成修补路面约21.89万平方米，整修人行道约12.83万平方米，调整侧平石约2.68万套米。受理数字化案卷5344条，“12345”市民热线工单235条，结案率100%。二是完成岳麓大道、潇湘大道、咸嘉湖路、金星路全线等主次干道市政排水管网的排查清浚；完成靳江路、牌楼路、联丰路彩虹桥排口的箱涵清浚；完成潇湘路（银盆岭大桥—咸嘉湖路、咸嘉湖路—橘子洲大桥）所有窨井设施的整治。全年疏通各类下水管道约212.5千米；清掏、疏通一般井、中井、雨水井等各种井1.68万座次；外运污泥约1845吨；更换、维护、提升井盖1063个。三是使用高性能冷铺沥青对西二环辅道坑洞进行试验性修补；使用路面抗裂贴对沥青路面的裂缝进行封贴试验；对金谷路的平石易损进行试点改造；对人行道宽超设计行人流量问题进行试验改造，解决部分路段停车难题。

路政管理。一是对坪塘大道地铁3号线的便道、排水、路面，潇湘大道的房建类、市政类、围而未建类的围挡，西二环的无证占道开挖，以及枫林路、岳麓大道的占道隔离设施进行专项整治。二是对违规开挖、无证顶管、无证施工等违规行为进行查处。全年协同特勤中队办理市政类执法案卷27起，完成277起占道、216起挖掘的行政许可前置审批手续，完成下水并网验收20起，处理管理类数字化案卷1277条。

工程建设。一是完成银州堵点改造、施家港高排涵及截污坎的清浚、学士片区应急清淤排污整治、联丰路港口泵站及丰顺路中南大学排水管道及箱涵清淤等工程建设。二是完成施家港高排渠全线应急清淤改造工程立项及柏家塘小区雨污分流改造工程设计、勘察、检测部分的立项及2017年灾后岳麓区排水管网应急清淤改造工程的程序审批。

应急保障。一是完成郡辉路与郡兴路交汇处路面沉塌、网裂、翻浆的整修。二是制定4月23日至5月23日特护期间工作方案，落实24小时应急值班制度，完成市委主要领导调研督办环保整改问题16个。三是完成龙王港及河道清淤、河两岸的杂草清理，学士片区学士路、象嘴路等园区道路地下管网的清浚，龙王港水域英才园及王陵公园排口的污水封堵，枫林路气象路口排水堵点的管道疏通，确保排水运营正常。四是在6月23至7月6日超强降雨期间，处置内涝险情137处，其中重大险情23处，累计出动应急抢险人员超过5000人次，投入排水应急单元、大型排涝车、运输车辆等应急抢险设备63台。并紧急调拨50人的应急突击队，支援宁乡市抗洪抢险。7月8至9日，组织6支共70人的市政维护队伍对学士路、含浦大道、象嘴路、联丰路等片区主要道路进行清淤清运、冲洗保洁，设施修缮，共清理泄水井600余座，清运淤泥约30吨。

基层民生。一是调剂3.5万元支持社区基层工作，完成联点社区的三件实事。二是帮助贫困残疾家庭吴巧间申请医疗补助，为低保家庭周祥科争取帮扶资金，定期看望慰问失独老人毛仕芝。三是完成社区工商路段、观枫园小区的下水井盖的更换，主动支援望月湖、西湖、咸嘉湖等街道，湘江700小区、珏龙等社区解决市政类问题10件。全年，岳麓市政携手新民路社区帮扶困难群众30余户，收集并解决矛盾纠纷10余起，共收到社会各方赠送锦旗5面。

队伍建设。一是组织全体党员干部学习贯彻落实区纪委五届二次全会精神、学习《湖南省出席十九大代表候选人初步人选的通知》，开展“建党九十六周年，书记上党课”活动，组织“喜迎十九大，共学治国理政”“学习贯彻习近平总书记重要指示精神，向廖俊波同志学习”等专题讲座。二是参加区城管局党委“3.23”廉政警示月活动，组织全体党员观看廉政影片《永远在路上》《决不饶恕》《反腐枪声》，及“两优一先”“两学一做”专题节目《榜样》。剖析典型违法违纪案件，落实领导班子成员与各科（室）负责人及工作人员的廉政谈话，强化警示教育，确保党员干部队伍的纯洁性。三是根据市政业务考核、绩效考核等实际需求，对全局资源进行重新调配，新增绩效办、数字化中心和排水运行科等3个科室。四是通过参加“长沙市城区防涝排渍应急演练”、全国第二届“排水杯”湖南地区比赛等行业竞技活动锻炼队伍，提升市政整体素质。（王清）

【梅溪湖、洋湖等片区道路维护管理工作由湘江新区移交岳麓区】 2017年5月1日起，依据《湘江新区城市管理整体维护管理移交工作实施方案》，将梅溪湖、洋湖等片区及部分湘江新区新建道路的维护管理工作，由湘江新区移交至岳麓区。2017年12月，结合岳麓区市政维护实际，将全区维护线划分为市府、大科城、洋学、梅溪湖四个维护片区管理所，以全域治理、源头治理、制度治理、精细治理、常态治理为目标，全力保障移交达标。

（王清）

园林绿化

区园林管理局

书记、副局长 戴铁华

局长、副书记 谢立华

副 局 长 周　哲

陈代辉

饶　艳（女，1–8月）

陈金祥

唐金花（女）

【概况】 2017年，区园林管理局以“新三年造绿大行动”和“绿色城市”建设为引领，以绿化维护“常态化、精细化、全域化”为目标，以问题为导向，创新思维，精准发力，较好完成了全年工作任务，在区全年绩效考核评比中获评二类单位。2017年，担负绿地438.4万平方米，行道树12.69万株，古树名木830株，主次干道55条，公园广场8个的生态维护任务。

管养维护。提质岳麓大道、咸嘉湖东路、潇湘风光带精细化维护管理示范路段和含光路、银杉路行道树修剪整形示范路段。抽调精干力量和车辆设备成立二环线维护所，彻底改变二环线以往绿化灰头土脸、脏差乱丑状况，获得市长点赞。在岳麓大道、金星路、咸嘉湖路及市府区治周边，实施增花添彩工程，全年栽植鲜花2.2万平方米。出台《岳麓区园林绿化工作标准》和《岳麓区城市园林绿化管理工作实施细则（试行）》。

工程建设。严格标准，精心设计金峰公园，3月10日已进场施工；提质改造麓山名园社区景观。完成潇湘大道、长望路、咸嘉湖东路等林荫道路改造，新建区法院、文正学院等5个林荫停车场，更换行道树1320余株。完成望月湖高架桥两厢立体绿化、博才卓越小学等5处屋顶绿化、区治西边谷丰路两厢立体绿化，启动枫林路跨西二环高架桥等4座立交桥立体绿化。

造绿工程。全年绿地面积3699.3公顷（含湘江新区），其中新增绿地157.81公顷（含新增公园绿地125.3公顷），绿化覆盖率49.5%。处理查勘毁绿事件121起，修枝断顶416株，砍伐死危树231株，受理办结市民电话178次，接待来人来函73人次，受理办结“12345”市民热线118件，制止破绿行为76起。

支部建设。全年召开民主生活会1次，发展新党员1名，2名预备党员转为正式党员。落实党费收缴工作和党内基本情况统计工作。组织干部职工观看《决不饶恕》《永远在路上》《纸飞机》等廉政电教电影，组织全体党员干部集中收看中共十九大召开会议。开展学雷锋志愿服务活动3次，帮助慰问社区困难群众3次，为社区绿化补栽补种2次，为居民群众在社区搭建凉亭1座，对社区古树名木养护1次。3月，完成事业单位岗位设置聘任工作；4月，清退到龄临聘人员116人；7月，完成留聘人员签订合同购买保险工作。（毛世栋）

【区园林局志愿支援学士街道灾后重建】 7月8日，为支援学士街道灾后恢复重建，区园林局抗洪抢险应急队从南片管理所出发，调用大型水车4台、小型高压冲洗车4台、皮卡车2台，出动工作人员35人在学士街道学士路、含浦大道开展灾后恢复清理工作。学士街道为本次洪水重灾区，绿化带内设施破损严重、行道树倾覆、受灾植被植株被污泥覆盖、枯枝败叶遍地。工作人员对绿化带花坛边反复冲洗，修复破损设施，扶正倾覆树木，尽力恢复受灾植被原状。共清洗绿化带4万余平方米，清理枯枝垃圾10余车，扶正树木20余株。

【城市园林绿化管理工作实施细则在全市率先出台】 11月24日，岳麓区人民政府办公室印发《岳麓区城市园林绿化管理工作实施细则（试行）》。《实施细则》对绿化工程、绿化监管、维护作业进行了规范，具有较强操作性。

（毛世栋）

环境保护

区环境保护局

党组书记、局长

陈志勇

党组副书记、副局长

杨　彪

党组成员、副局长

刘熙靖

区纪委派驻纪检组长

甘建文（1–8月）

党组成员　甘建文（9–12月）

陈跃辉

党组成员、总工程师

胡　晓

【概况】 2017年，岳麓区环保局紧紧围绕绿色发展主题和生态文明主线，坚决落实市环委会和区委、区政府各项工作部署，以中央环保督察为契机，以改善环境质量、保障环境安全、提升生态品质为目标，不断加大环境保护力度，圆满完成市、区交办的各项工作任务，在市对区环保指标考核半年度和年度排名中均为内五区第一，被评为“长沙市文明标兵单位”。

防治环境污染。推进“清霾、碧水、静音、净土”四大行动，完成市环委会下达的31个环境保护重点建设项目。其中大气污染防治项目9个（燃煤小锅炉淘汰或改烧清洁能源，长沙华勇沥青混凝土有限公司挥发性有机气体治理，汽车4S店VOCS治理，无烟烧烤示范街道创建，无烟餐饮示范街道创建，餐饮油烟污染防治，建筑工地扬尘综合整治，长沙市2017年黄标车淘汰，城区天然气进老社区工程）；水污染防治项目10个（黑臭水体污染整治，专项整治十大重点行业，龙王港综合整治，玉赤河流域环境综合整治工程，应急备用水源保护建设项目，饮用水水源地保护工程，白泉河流域综合整治，靳江河流域综合整治，观音港流域综合整治，水质改善定期研究制度）；土壤污染防治项目9个（划定生态保护红线，“两区三园”清理整治，美丽乡村建设，畜禽养殖污染治理，土壤环境调查，土壤污染宣传教育，建筑垃圾处理利用，严控土壤环境风险，强化未污染土壤保护）；噪声污染防治项目3个（噪声环境治理控制区建设、岳麓区社会生活噪声治理、岳麓区工业企业噪声治理）。

落实环境准入。落实新《中华人民共和国环境保护法》和新《中华人民共和国环境影响评价法》，严把环境准入关，坚决防止污染行业、企业进入，依法依规审批建设项目环评49个，验收29个；建设项目立项审查48个，办理初审意见52个；登记表备案163个。依法全面开展排污申报和排污费征收，排污费入库金额313万元，入库单位户数68户。

强化环境监管。开展污染源日常环境监管随机抽查工作，现场检查重点监管单位5家、一般污染源101家，处罚问题企业10家，未出现挂牌督办、区域限批案件。开展执法大练兵、集中执法行动42次，出动执法人员300余人次，检查工业企业、医疗单位等120家，下达现场监察文书110余份；责令改正违法行为97家，下达行政处罚76家，处罚金额133.79万元，办理重点案件17件。联合公安、检察院、法院召开4次联合办案联席会议，移送公安机关案件4件。妥善处理各类环境信访投诉1015件，有效处理率100%，较上年下降33.8%，切实维护了群众环境权益，确保无群体性环境事件发生。完善应急预案2个，备案企业环境应急预案12家，开展和参与应急演练3次，全年未发生一起突发环境污染事件。

精准环境监测。开展五湖（梅溪湖、洋湖、西湖、桃子湖、后湖）、四河（龙王港、靳江河、观音港、白泉河）、两库（茅栗冲水库、泉水湖水库）水环境质量评价，共计对19个断面的水质采样并监测分析，全年取得有效监测数据1500个；开展噪声、水质监测180余次，实施116家企业日常环境监管环境监测服务社会化，为环境执法和排污费征收提供有效依据。

开展法制宣传。举办“六·五”环境日系列宣传、高校环保文化节、土壤污染防治宣传、“净滩百米”志愿活动等主题活动20余场次，开展生态文明知识“六进”活动70余场次，参与群众两万余人。在《湖南日报》进行专版宣传推介2次，投放环境保护类公益广告120余处，发放宣传资料2万余份。开展环境创建，推选洋湖湿地公园创建省级环境教育基地，创建学士街道“噪声控制示范区”，首创银盆岭街道“绿色营”影响广泛。（龚关平）

【整改中央环保督察交办问题】 为做好中央环保督察迎检工作，2017年4月，区委、区政府成立以区委书记为组长的岳麓区突出环境问题整改工作领导小组和以区委书记为顾问、区长为组长的岳麓区配合中央环境保护督察工作协调联络组，全力推进突出环境问题整治。截至2017年12月，共办理中央环保督察交办信访件220件，并已全部按时销号；整改完成省政府交办的7个突出环境问题中的6个，未完成整改的环境问题为配合市经信委主办的经阁铝材搬迁项目；整改完成长沙市政府“春雷行动”交办的突出环境问题7个。

【启动第二次全国污染源普查工作】 根据国家、省、市关于开展第二次全国污染源普查工作的要求，于2017年12月正式启动第二次污染源普查工作，下发《长沙市岳麓区生态环境保护委员会关于组织开展第二次污染源普查相关工作的通知》（岳环委发〔2017〕10号）和《长沙市岳麓区生态环境保护委员会关于成立长沙市岳麓区第二次污染源普查工作领导小组的通知》等文件，成立长沙市岳麓区第二次全区污染源普查工作领导小组，下设普查工作办公室，抽调4名专职人员，并由区财政提前预算安排普查经费，确保污染源普查工作顺利开展。

【有序推进环境监管网格化工作】 出台《长沙市岳麓区2017年环境监管网格化管理工作实施方案》和《长沙市岳麓区关于进一步明确2017年环境监管网格化管理工作的实施方案》，建立网格化管理制度，调整充实网格责任人，明确一、二、三级及特殊网格责任人职责，完善区、街道（镇）、社区（村）三级环境监管网络，落实“三清三到位”（三清：区域清、职责清、底数清；三到位：监管到位、服务到位、互通到位），召开全区环境监管网格化管理培训会议，监管企业均纳入网格化环境监管体系。

（龚关平）

两型社会建设管理

区两型社会建设管理办公室

主　　任 郑明方

副 主 任 夏策联

【概况】 2017年，区两型办按照区委“三融共进，五化同步”工作要求，以两型综合示范创建为推手，以项目建设为载体，全面落实省、市两型综合配套改革的各项工作任务，在长沙市内五区两型工作绩效考核评比中荣获第一名。

两型示范创建。一是不断完善创建标准。进一步修订完善2017年度岳麓区两型示范创建指南，制定完善各领域创建标准，研究出台促进两型示范创建的政策措施。探索制定《岳麓区2017年居民生活垃圾智能分类处置试点工作方案》《岳麓区恒华省级两型宣教基地创建方案》等试点示范性文件，为全年两型创建工作再上新台阶、再塑新品牌明确了任务表、路线图和施工图。二是着力培育示范典型。在村庄、社区、学校、企业、门店（市场）、家庭、公益团队7大领域全面开展两型示范单位创建活动，指导申创单位积极开展两型示范创建活动，重点指导学华村、八方社区创建省级两型示范单位并获得验收通过，指导学华村、岳麓区博才卓越小学通过长沙市两型示范单位评审。白庙子社区等9个单位获评长沙市两型创建单位（家庭），超额完成省市创建任务。三是重点打造两型建设亮点。推进城区生活垃圾智能分类处理体系建设试点。2017年重点在八方小区开展垃圾分类试点扩面提档，新增智能垃圾分类机13组，总投放数达到28组，覆盖居民6000户以上，居民参与垃圾分类达70%，垃圾分类正确率60%。建立垃圾分类大数据监管平台，通过全面记录和收集居民垃圾分类投放数据，精准掌握全区垃圾智能分类收集、分类处理情况和社区每个家庭参与垃圾分类现状，初步实现垃圾全分类、资源全回收、过程可追溯。推进恒华省级两型宣教基地建设，完善升级两型知识学习交流区、两型科技益民展示区、两型社会组织服务区、两型参与积分兑换区4个功能板块，打造全市性的“两型理念推广平台、两型知识传播中心、两型宣传重点载体、两型参与示范窗口”。2017年共开展“舌尖上的两型”等宣讲活动20余场，开展“两型达人”培育、“菜篮子”行动等公益服务项目4个，开展“我是两型小先锋”“垃圾分类走近你我他”等主题活动60余场，服务居民10000余人次。宣教基地引导带动社区居民投身绿色发展、共建生态文明，构建两型建设公众参与新机制，得到省市两型的高度重视和支持及国家发改委体改司的高度肯定。四是努力传播两型理念。配合中央环保督查组织10余家省、市主流媒体专题报道恒华宣教基地和八方社区垃圾分类工作，在《长沙通讯》发表《筑牢绿色发展理念 构建两型生态新城》《坚持两型引领，建设绿色、美丽、和谐新岳麓》等经验文章。会同区环保局开展“共护绿水青山，构建绿色岳麓”为主题的“六五”环境日大型宣传活动，会同区能源办开展“节能有我，绿色共享”主题宣传活动，会同区文明办、区环保局承办“银盆岭绿色营”创建活动启动仪式，组织指导绿色营开展各类宣传、宣讲和体验活动30余场次。组织落实市级两型公益宣讲工作，全年深入学校、社区顺利开展两型宣讲10余场。

机制创新。一是稳步实施两型认证。印发《2017年两型标准实施与认证试点工作实施方案》，指导桐木村、五丰村、曾家桥村对照认证标准，三个村庄均顺利通过第三方认证。二是探索推进老旧小区居民家庭餐厨油烟净化治理。印发《岳麓区2017年老旧小区居民家庭餐厨油烟净化综合治理试点工作方案》，经过政府采购，中标单位按中标通知、采购合同要求，在12月底完成对望城坡街道、桔子洲街道的阳明山庄、长华、石门楼等6个社区2000户餐厨抽油烟机的安装任务，安装设备调试良好，餐厨油烟实现达标直排。三是积极探索清洁低碳技术推广路径。根据《岳麓区2017年综合节能与新能源技术应用推广实施方案》等文件，扩充了清洁低碳技术项目库，新增储备清洁低碳技术项目7个。引导促进清洁低碳技术应用，长沙市建筑固废物再生利用推广示范工程获评湖南省清洁低碳技术推广项目。完成雨敞坪镇291亩农田污染治理，合同能源管理模式在企事业单位得到推广应用，湖南省建筑设计院实施了办公楼绿色建筑改造，地源热、江水源热等可再生能源在滨江、洋湖等片区广泛应用，组织开展了清洁低碳技术观摩活动。四是积极推介岳麓改革经验。抓住关键点、找准突破口，组织指导相关单位和部门向省两型委申报《莲花镇两型发展模式改革创新案例》，向区委改革办申报《互联网+智能垃圾分类探索改革案例》，将全区各级各部门在生态文明体制改革中探索形成的好做法好经验向省市推荐推介，在省市塑造岳麓改革品牌。

生态绿心保护。一是全面贯彻落实绿心保护条例，保持绿心保护与监管的常态化，层层签订绿心保护工作责任状，将生态绿心保护工作落实到坪塘街道及区直相关部门，区、街、村三级联动管理机制保持常态常效，处置整治一例违法违规行为。二是着力完成中央环保督察反馈问题整改任务工作。严格落实中央、省、市工作部署，推进中央环保督察绿心保护反馈问题整改工作，印发《岳麓区绿心保护问题整改工作方案》，拟写《长龙食品有限公司关停退出工作方案》，在湘江新区的全力支持和全区各部门、各单位的共同努力下，完成2起违法违规项目的整改整治和2个绿心区工业企业关停退出任务。三是着力推进绿心区发展。组织完成合村之后绿心区面积确认和绿心区经济、人口、产业等情况摸底。启动实施绿心区生态补偿，印发《岳麓区绿心地区生态补偿实施方案》，市级年度生态考核评估结果为优秀，区级生态补偿资金预计2018年3月前可到位。对接协调绿心区规划调整，推进鹅洲生活污水治理，完成白泉村绿心村庄规划编制，全面启动白泉河流域整治工程，为理顺绿心区保护与发展关系探索了新路径，拓宽了新渠道。（唐伶）

【刘明理副市长调研八方社区垃圾分类工作】 2017年3月7日上午，长沙市副市长刘明理一行对岳麓区八方社区垃圾分类工作进行现场调研，长沙市政府副秘书长肖思源，市城管局、市两型办、市环保局主要领导和岳麓区副区长张永久陪同调研。在八方社区，刘明理对岳麓区自2015年率先在全省推进社区有机垃圾、无机垃圾软硬件处理体系建设以来，在咸嘉新村、白鹤咀、八方、恒华、银谷国际、荷叶塘等6个社区开展“互联网+垃圾分类”的探索试点工作，所取得的成功经验给予充分肯定。认为社区从源头抓居民参与率，末梢抓垃圾减量的“两头抓”的工作方法可行性强、科学性强，对垃圾分类工作的推广实践有着极为积极的意义。

【省两型委到岳麓区调研两型示范创建工作】 2017年3月16日上午，省两型委工委副书记、管委会常务副主任易春阳一行到岳麓区调研两型示范创建工作，长沙市两型办党组书记、主任彭鉴西，岳麓区副区长张永久陪同调研。调研组一行首先到恒华社区，重点考察了恒华省级两型宣教示范基地的建设情况，对基地两型知识学习交流区、两型科技益民展示区、两型社会组织服务区、两型参与积分兑换区4个功能板块的运作情况进行了了解。考察组还考察了咸嘉新村社区两型设施建设、绿色出行、垃圾分类试点工作和志愿者活动开展情况，对如何在两型工作进一步打造亮点、打造品牌提出了建议。

【省市主流媒体报道岳麓区两型社会建设亮点】 为配合做好中央环保督查集中宣传报道，2017年5月23日上午，《湖南日报》、湖南经视、红网、《长沙晚报》、长沙新闻频道、星辰在线等省市主流媒体对岳麓区两型社会建设工作进行采访。采访组深入望岳街道，调查了解恒华社区两型社会建设公众参与机制建设及两型公益宣讲、两型社会组织工作情况，八方社区生活垃圾智能分类情况，在省市主流媒体对岳麓区两型社会建设工作亮点作报道宣传。

【中央、省、市媒体赴恒华社区两型宣教基地采访】 2017年12月8日，长沙市两型办副主任谢湘明牵头组织中央广播电视台、中国新闻网、湖南新闻频道、《长沙晚报》等11家中央、省、市级媒体到岳麓区望岳街道恒华社区两型宣教基地进行集中采访。在现场，望岳街道恒华社区党支部书记陈帅从两型理念传播、两型公众参与、两型产品展示、两型组织服务等方面介绍了基地两型社会建设的思路和典型做法；谢湘明副主任就社区垃圾分类回收工作进行了详细解说。全程各媒体记者用镜头和文字记录了两型宣教基地的建设成果和先进经验。此次集中采访后，相关系列报道将陆续在上述媒体集中推出。

【国家发改委体改司到岳麓区恒华两型宣教基地调研】 2017年12月12日，由国家发改委体改司副司长万劲松带队的调研组到岳麓区恒华两型宣教基地进行实地调研，湖南省两型委工委副书记、管委会常务副主任易春阳，省发改委党组成员、副主任蒋天海，省两型委党组成员、副主任刘怀德，长沙市政府副市长刘明理，岳麓区政府副区长张永久等陪同调研。在恒华两型宣教基地，万劲松一行实地考察了两型宣教基地公众参与机制建设、两型社会组织培育、两型公益宣讲的开展情况，听取了恒华两型宣教基地负责人关于打造全省作示范、全国有影响的两型社区宣教基地的典型经验做法，实地察看了恒华社区垃圾分类工作开展情况。调研组对恒华两型宣教基地探索两型公众参与新机制，畅通两型社会建设“最后一公里”，服务社区居民“有阵地、有教材、有作品、有队伍、有活动、有成效”。设立两型知识学习交流区、两型科技益民展示区、两型社会组织服务区、两型参与积分兑换区4个功能板块，打造“两型理念推广平台、两型知识传播中心、两型宣传重点载体、两型参与示范窗口”，引导带动全市人民投身绿色发展、共建生态文明，构建两型建设公众参与新载体的做法及成功经验给予充分肯定。

【湖南省两型委、省财政厅到岳麓区考察省级两型示范创建工作】为深入了解岳麓区2018年省级两型示范创建申报单位的工作情况，做好2018年重点两型示范项目建设，2017年12月12日，湖南省两型委宣教联络处处长李红卫率省两型委宣教联络处、省财政厅经建处调研人员一行4人到岳麓区进行实地考察。长沙市两型办政策法规处处长李国雄陪同。考察组一行先后考察了学华村农趣谷旅游景区建设情况、美丽乡村工作实施情况和两型特色产业的发展情况，八方社区垃圾分类的工作运行情况，并听取社区负责人关于打造两型示范社区所做的具体工作的情况介绍。对学华村、八方社区的两型建设工作给予高度评价，认为两个单位的两型理念推广深入人心，两型工作取得了阶段性的成绩。下一步，要继续提高两型示范标准，提升两型建设水平，为建设更高水准的“两型长沙”作出自己的贡献。

【岳麓区四人入选长沙市“十大两型人物”榜】2017年12月14日，“湘江新时代·两型新征程”长沙市两型社会建设十周年主题活动在长沙人民会堂举行。活动发布了《长沙两型改革试验十周年发展报告》，公布长沙市“十大两型事件”和“十大两型人物”。其中，岳麓区长郡梅溪湖中学校长刘欣、岳麓区银盆岭街道银星社区张运和、湖南商学院陶开宇、岳麓区两型办郑明方入选长沙市“十大两型人物”。

（唐伶）

财政·税务·金融

财 政

区财政局
党组书记、局长
王 洋
党组副书记、副局长
喻林辉（女）
党组成员、副局长
李建平（1–3月）
党组成员、总会计师
汪树德
党组成员、区纪委驻财政局纪检组组长
刘艳群（女）
党组成员、副局长
李应怀（女）
党组成员、区国库集中支付核算局局长
雷素平（女）
区非税收入管理局局长
贺越强（女）
区政府采购监督管理办公室主任
刘 婵（女）
区财政预决算（投资）评审中心主任
程 艳（女）
区财源建设管理办公室主任
周 专（8–）

【概况】 2017年，全区财税收入逆势增长，完成一般公共预算收入92.05亿元，同比增加15.07亿元，增长19.57%，完成年度预期目标的108.68%。其中，税收收入80.77亿元，同比增长21.67%，完成年度预期目标的112.96%，税收占一般公共预算收入比重为87.74%，比近三年平均值高出3.55个百分点。全年完成一般公共预算支出56.8亿元，其中区本级支出44.30亿元，为调整预算的100.22%。2017年度，我局圆满完成各项收支任务，财政管理基础进一步夯实，先后被省财政厅评为全省财政监督检查先进单位、预算绩效管理工作先进单位、全省财政税政法制工作绩效评价先进单位，并在区对区直部门绩效考核中位列经济管理类单位第一等次。

财政收入。完成地方一般公共预算收入29.75亿元，其中非税收入11.28亿元。全年完成一般公共预算收入92.05亿元，同比增幅19.57%。收入增幅、税收占比均居全市中心城区前列。科学研判收入形势，强化收入组织和调度，精准把握政策，妥善应对房地产调控和营改增后征管机制变化等挑战因素。统筹两税部门、各街镇深度开展纳税服务，强化信息平台建设和应用，加强综合治税工作。修订《岳麓区促进现代服务业发展的若干政策》，加大政策扶植力度。充分借势全区“产业发展年”战略，发挥湖南金融中心集聚效应，推进基金小镇建设。总部经济和楼宇经济蓬勃发展，长沙银行等多家总部企业相继入驻，打造税收亿元级楼宇2座。

支出保障。优先保障教育投入，支持6所新建学校顺利开学，70所学校改扩建和33所学校标准化建设，促进优质教育资源覆盖全区。社会保障水平稳步提高，人均公卫经费、基本养老和医疗保险、城乡低保补助等标准逐年提升。加大养老、文化、体育等事业投入，推进社区软硬环境提质提档建设，完成安全饮水、乡村公路等民生实事工程。区本级在教育、医疗卫生、社会保障等重点民生领域投入资金27.05亿元。紧急调度资金，全力以赴抗灾救灾，支持灾后重建有序推进。统筹财力，保障轨道交通、环城林带、莲善公路、城管品质工程等重大基础设施建设。拓宽融资渠道，加快大科城PPP项目落地实施，缓解当期财政压力。科学调度资金，积极盘活存量，加强库款管理，清理规范财政专户，统筹提高保障能力。稳妥推进预决算公开工作，持续细化公开内容，除涉密部门和事项外，区本级和部门预决算、“三公”经费预决算集中规范向社会公开。进一步强化预算绩效管理，拓宽绩效评价范围，完成73个部门整体绩效和219个项目支出绩效的自评，组织对21个重点项目实施第三方评价。

财政管理。对教育、城管等部门345个财政性投资项目，实施资金“双控”管理。完成1450个项目的评审工作，审减金额2.11亿元，综合审减率6.05%。审批政府采购项目1453个，实际采购金额7.11亿元，节减1500万元。组织专项监督检查11次，继续深入开展“雁过拔毛”“纠四风、治陋习”等专项整治活动。全力推进“互联网+监督”建设，积极开展村社区“晒账”，让惠民资金更加公开透明。强化国有资产基础管理，规范资产处置程序，提升资产配置水平。优化流程，提高效率，街镇国库集中支付成效显著。严格“以票管收”，非税票据电子化改革迈出坚实步伐。公务用车制度改革基本完成，224台涉改车辆全部处置到位。

队伍建设。坚持做好“三会一课”等规定动作。加强党员管理，深入开展组织关系排查，及时办理党员组织关系迁转，全年转入党员4人，转出3人。严格党员发展标准，新发展党员1人。规范党费收缴工作，核准党费缴纳基数，全年党员缴纳党费14786.14元。积极采集党员基础信息，完善全国党员信息管理系统数据。召开专题动员会，对“两学一做”活动常态化、制度化全面动员部署。坚持学习会议精神、党章党规、重要讲话，两次邀请专家教授专题授课，局党组书记、局机关支部书记分别讲党课，积极开展党员微党课活动。多次围绕“四讲四有”开展专题学习讨论，引导机关党员自觉践行“四个合格”的党员标准。组织党员干部前往杨开慧故居、井冈山革命根据地、刘少奇故居等地开展实地党性教育。深化结对共建，开展送党课下乡活动，为联点的西湖村党支部向上争资20余万元，支持该村农业基础设施建设。先后开展理论宣讲、志愿帮扶、社区义演、走访慰问等多种形式的主题党日活动，进一步突出支部建设特色工作。认真落实区委关于意识形态工作的决策部署，统筹协调财政系统在行政管理、社会管理中体现意识形态工作要求，做到“六个纳入”，落实十项推进机制。强化党组中心组理论学习和宣传教育，推进学习型机关建设。严格落实民主生活会制度，落实“三重一大”事项集体决策制度。一把手坚持“三个不直接分管”、“末位表态”原则。纪检组长列席党组会、局务会，监督评议重大决策。班子成员个人护照组织统管、报告个人重大事项。坚持开展中层干部竞争上岗，综合运用民主测评、绩效考评、廉政测评等方式，客观准确评价干部。严格干部管理，强化工作纪律督查。编制《岳麓区财政局制度汇编》，规范业务流程，提升办事效率。完善内控制度体系，加强机关内审站建设，进一步规范局机关财务管理。严格厉行节约，压缩“三公”经费，集中规范向社会公开，主动接受社会监督。坚持党风廉政建设与财政业务工作同部署，同落实，同考核，制定党风廉政建设主体责任清单，强化责任落实。班子成员定期与分管部门干部谈心谈话，全年开展谈话283人次。认真填写履职纪实手册，加强痕迹管理，实现责任层层分解、压力层层传导。对照《岳麓区财政局廉政风险防控手册》，甄别厘清风险种类，对风险环节适度分权，细化风险岗位权责分工，落实各项防控举措，加强风险预警，强化风险管控。综合运用公示流程、跟踪监督、廉政回访、廉政保证金等制度，对区采购办、财评中心两个二级机构实施同级监督。贯彻落实区纪委全会精神，多次开展党纪条规专题学习。加大廉政宣传和警示教育力度，组织全体干部前往长沙廉政警示教育基地开展实地学习，集中观看《永远在路上》《打铁还需自身硬》《反腐枪声》等专题警示教育片。深化“清风廉理手、阳光财政人”廉政文化内涵，组织“晒家书、传家训”等主题活动。支持纪检组综合派驻改革，主动落实驻在部门职责，腾出办公用房2间，添置配齐软硬件设备设施，配合开展阵地建设。及时调整班子分工，支持职能转变，确保派驻纪检组长专职专责。安排全区派驻纪检组专项经费，列入预算并给予充足财力保障。支持保障驻局纪检组工作，配合提供人员、岗位等基础信息，建立监督台账，接受驻局纪检组全过程监督。（陈哲）

国家税务

区国税局

党组书记、局长

井晓宇

党组成员、副局长

陈建强
陈雄伟
廖　玮
丁　胜
赵道军
刘丽蓉（女）

党组成员、纪检组长

李正强

【概况】 2017年，区国税局落实市局、区委、区政府有关工作要求和部署，加强税源监控与预测分析，全面掌握重点税源企业相关情况，协调解决企业涉税难题，税收征管质量取得新突破，区国税局被省国税局评为“湖南省全面推行营改增工作先进区县单位”。在岳麓区年度绩效考核中被评为一类单位。

中心工作。一是多点组织税收。全年累计入库税收40.55亿元，首次突破40亿元大关，增幅排名全市区县第二，收入规模和增长幅度均创历史新高。其中区级税收收入8.14亿元。二是深化科学征管。重点关注单管户、一址多户、一楼多户、外地法人、集中代办等情形，结合发票管理，提前摸排风险，强化风险管理，开展涉税信息大清理；实名办税情况进度和完成率居全省第一；2016年度所得税盈利面达44.12%，企业所得税汇算清缴工作由全市倒数跃居全职能局第一，以所得税汇算清缴工作申报的亮点项目在全市系统进行亮点展示，获评一类项目。

服务工作。纳税服务继续规范。加强窗口人员的技能培训，以老带新，培养一批业务精、操作快、服务佳的窗口人员队伍。设置专门电子税务局，添置自动售票、自行代开等办税终端5台，设置全省第一个24小时自助国地税办税厅，新增纳税人停车位近一百个，解决办税拥堵难题。与地税局联合举办纳税业务培训7期、21场次，惠及纳税人2000余户。全年依据政策为高新技术、节能环保企业和改善民生工程等减免税费3.3亿元。

队伍建设。一是组织2017年度学法用法考试，参考率和通过率100%。二是开展轮岗交流。22名中层正职交流轮岗18人，副职交流轮岗10人，竞争选拔2名正职、4名副职，一批能做事、想做事、业绩突出的年轻干部走上中层领导岗位。三是开展“亮身份、强服务、争先锋”主题系列实践活动、“不忘初心，牢记使命”专题党日教育活动，组织形式多样的扶贫帮困志愿服务，增强党建活力。四是落实主体责任。制定责任目标和任务分解表，将工作任务和责任落实到人。五是抓纪律作风建设。严格公车使用规定，严格劳动纪律，每月由纪检组长带队，组织监察、人教、党委办等职能部门，不定期对干部在岗情况、着装规范和履职情况进行检查和通报，全年共通报检查情况20余次，诫勉谈话4人。六是严格“三公”经费支出。坚持无预算不支出制度，全年“三公”经费及会议费支出与2016年同比减少18.14万元，降幅58.3%。 （吕美柃）

地方税务

岳麓区地方税务局

党组书记、局长

杨　军

党组成员、副局长

易礼文

彭文凯

李　明

党组成员、副局长、纪检组长

欧清香

党组成员、副调研员

刘志然（3–）

党组成员、工会主席

田培忠

【概况】2017年，岳麓区地方税务局紧紧围绕服务经济社会发展大局，以组织收入为中心，借力国家级新区——湘江新区和大学科技城、湖南金融中心大开发、大建设的有利契机，紧扣岳麓区着力打造长沙西引擎、建设长沙西高地的战略定位，在稳收入、全面推进征管转型和从严治队上下功夫，圆满完成全年各项工作任务。全年组织入库各项收入43.21亿元，剔除“营改增”因素，同比增加15.37亿元，增长55.22%，完成区级全口径计划收入36.69亿元，同比增长78.18%，为区政府下达计划24.90亿元的147.35%；完成区本级税收9.52亿元，同比增长53.97%，为区政府计划7.25亿元的131.32%。

征管转型成效凸显。在1–5月全省155个区县局征管转型成效排名中名列前茅。一是抓细重点税源管理。创新房地产建安行业联合征管模式，联合区财政、国税，开发房地产建安行业税务管理软件，整合三方涉税信息，实现数据有效监控。全年清理入库营业税欠税7672万元，土地增值税清算入库8007.4万元。入库企业所得税15.02亿元，同比增长153.6%，占区局税收收入总额的34.76%，占全市企业所得税税收收入总额的22.84%，占全省企业所得税税收收入总额的9.44%。二是抓紧行业税源管理。以高收入群体及医院、高校等行政事业单位为突破口，抓好年所得12万元以上个人所得税自行申报及后续管理工作，自行申报人数达14428人，较上年增长45.47%，补缴个人所得税737.69万元。强化股权转让个人所得税征管，成功入库岳麓区历年最大单笔股权转让个人所得税9900万元。强化省直单位属地管理，新移交的省直单位现已全部办证并正常申报缴税。行政事业单位、非企业单位、社会团体等单位入库个人所得税4.41亿元，占全局个人所得税总额的43.34%。三是抓牢基础税源管理。联合国税、工商、城管等多部门，在街道实行个体零散税收委托代征工作。开展国、地税个体户联合定税数据全量比对，确保国地税定税数据匹配。四是抓实风险管理。核实清理“金三”基础数据53540余条、第三方数据平台的房土信息11067条。全年共完成风险任务4573条，入库税款1421.86万元，加收滞纳金263.34万元。五是抓好依法治税。推行“三项制度”试点工作，聘请2名专职律师驻局开展工作。全年共受理核准类减免税73户次，减免税款1976万元。加大稽查力度，严厉打击偷逃税行为。全年共查补入库税款1879万元，加收滞纳金近100万元。

纳税服务优化提升。一是深化合作抓规范。推进国地合作，与国税联合建立工作联系机制，在税务登记管理、非正常户管理、欠税管理等方面加强信息共享。全面推行“一窗一人办税”服务模式，积极推行实名办税。二是优化服务提质效。开展“便民办税春风行动”，简化办税流程，制作便民服务卡，推行延时、预约及一站式服务。深入企业走访，主动做好政策辅导，提高纳税人满意度。新建生态停车场，增设停车位30余个，极力改善办税环境。深化“互联网+税务”建设，及时推送微信征期提醒，优化微信预约预审功能，让纳税人多走“网路”，少跑“马路”。三是强化宣传促遵从。联合国税开展第26个税收宣传月活动，并助力“万众创新、大众创业”，开展税收开放日活动和以“四课”为主题的“税收进学校”宣传活动。全年共举办纳税人学堂5期，业务培训8次，发放税收宣传资料23000余份。通过岳麓区政府短信推送平台、微信公众号、《钟山说法》《国生开讲》等新渠道，加大诚信纳税宣传力度。

队伍建设稳步推进。一是党建水平全面提升。深入推进“两学一做”学习教育常态化制度化，编写基层党建工作实务手册，拍摄党建工作纪录片，创新开设“指尖党课”，加强党支部标准化建设，打造以党史、党建、家风家训等为主题的特色党建阵地。二是干部教育纵深推进。集中学习中共十九大精神、习近平总书记新时代中国特色社会主义思想和最新税收政策，创新性地开设红色教育基地移动课堂。三是文明创建不断深化。积极开展抗洪救灾、结对帮扶和义务植树等系列活动16次，树立地税良好形象。四是廉政建设不断加强。构建党建引领、职能督察、执纪问责“三位一体”党风廉政建设新格局工作。创新考勤方式，开展实地巡查与微信视频抽查相结合的作风巡查督查工作。通过召开“一岗双责”履责情况汇报会、听专题党课、参观警示教育基地、观看教育片、开展家庭助廉等方式，筑牢廉洁自律思想防线。（雷芳娜）

【推行“一窗一人办税”服务模式】“一窗一人办税”即一个窗口人员同时拥有国税和地税系统操作权限，可在同一窗口完成对国税、地税金三系统业务的即时操作，让纳税人进一个厅、取一个号、在一个窗口、一份资料、办两家事，不再有“国税、地税窗口”之分。旨在减轻纳税人的办税负担，简化办税流程，精简办税资料，解决纳税人“多头跑”的问题。新的服务模式将现有国地税办税服务厅整合，除车辆购置税、二手房交易和出口退税业务外，办税窗口服务覆盖其他所有国税地税业务，并实现“一窗通办”。此项工作于2017年3月1日起在岳麓区全面推行。

【历年来单笔最大股权转让个人所得税税款成功入库】长沙本土创业型企业三名主要股东，因向深圳某上市公司转让股权，价款5亿元，溢价率100倍。岳麓区地方税务局依法征收股权转让个人所得税9900万元，并成功入库，创岳麓区股权转让个人所得税单笔税款历史新高。（雷芳娜）

金　融

区金融工作办公室

主　　任　罗　纯（女）

副 主 任　钟昭华（1–8月）

【概况】2017年，区金融办通过发力湖南金融中心建设，提升金融服务实体水平，探索产业发展路径，优化金融生态环境“四大法宝”助力岳麓区金融产业健康发展，长沙银行全国总部顺利落户，全年新增长银五八、江海证券等金融机构10家，累计进驻持牌金融机构17家、金融配套机构3家。全省首个基金小镇——湘江基金小镇运营空间正式启动，集聚股权类基金及基金管理机构52家，资产管理规模达932亿元。实现金融业税收4.97亿元，金融业增加值29.12亿元。

发力湖南金融中心建设。一是规划建设初成规模。湖南金融中心由华东设计院为设计单位，总体城市设计方案荣获了AAP美国建筑奖中的城市设计奖。湖南金融中心东临湘江，西至银杉路，南起银盆岭大桥，北达北津城遗址公园。二是机构引进逐见成效。FFC、福晟、楷林C座写字楼正在建设中，其中，9栋过100米的高层写字楼已实现封顶。2017年，长沙银行全国总部顺利落户，全年新增长银五八、江海证券等金融机构10家，累计进驻持牌金融机构17家、金融配套机构3家。三是聚集发展浓厚氛围。以“设施提气，活动聚气”，金融中心品牌影响力逐步扩大。积极服务湘江新区，片区内形象包装完善提质，楼宇发光字体、进出入口路标、灯箱广告等建设不断完善。11月9日，召开2017年湘江金融发展峰会，平安银行、华融湘江银行、中澳国际金融贸易中心等13家机构与湖南金融中心集中签订意向协议。四是基金小镇特色鲜明。7月26日，成功举办“湘江基金小镇授牌暨私募基金发展论坛”，正式发布湘江基金小镇总体规划及产业扶持政策，湘江基金小镇将立足打造为基金机构集聚中心、股权投资服务中心、基金产品创新中心、金融综合配套中心。12月13日，基金小镇一期建设正式动工。12月20日，湘江基金小镇运营空间正式启动，为入驻机构提供全流程“一站式”服务，湘江新区资产经营公司、湖南省金融办、岳麓区金融办、岳麓区工商分局4部门联合办公，提高行政审批效率。

*提升金融服务实体水平。*一是注重机构全周期服务。为已入驻机构提供发展平台、搭建信息服务；为即将入驻机构提供搬迁协调保证；为落户机构提供政策兑现、环境保障服务。长沙银行搬迁等工作有序推进；为基金及基金管理机构的入驻提供“一站式”服务；服务长银五八消费金融公司，2个工作日完成相关注册落户手续办理；认真梳理入驻至湖南金融中心金融企业政策，为三湘银行、开源证券湖南分公司、融邦律师事务所、湘江时代融资租赁、卓信高新财富等6家金融机构兑现奖励政策，合计兑现奖励金额约2139.97万元。二是注重平台多方位服务。深入对接区内平台公司，指导优化融资结构。2017年，指导平台公司拓宽直接融资渠道，大科城PPP项目落地，成功发行PPN、公司债、企业债等。三是注重资本市场深入化服务。提升金融服务实体经济效能，破解信息不对称的瓶颈问题，组织晚安家纺、达嘉维康、高新医院、微力量、瑞翼能源等5家新三板挂牌企业与入驻湖南金融中心的13家金融机构召开金政企对接会。搭建银企交流平台，组织区内中小微企业与建设银行河西支行、长沙银行湘江新区支行等4家银行召开银企对接会，授信金额约为5000万元。

*探索产业发展路径。*一是发挥基金作用。湖南金融中心建设任重道远，要通过引增量来实现新的突破。充分借力并发挥湘江新区产业引导基金效力，引进一嗨、景林、博伟、龙珠等5支子基金入驻湘江基金小镇，引入茁悦齿科、思维喵教育、智行壹站等3家公司迁入岳麓区。二是创新工作机制。通过市场化选聘引进经济型金融人才2名。围绕打击非法集资严峻形势，设计“现场识别涉嫌非法集资简易手册”。编印《岳麓金融招商手册》，为金融机构落户、项目在建提供“一站式”和“保姆式”服务。编辑《金融信息快报》，为区委、区政府决策提供强有力支撑。三是搭建学习交流合作平台。为进一步契合“产业发展年”这一主题，提升经济、金融干部专业素养，集聚金融机构力量，投身岳麓经济发展，搭建学习交流合作平台——岳麓金融沙龙，沙龙坚持以“理论学习与实践操作相结合”、“各金融业态之间相互交流与研讨相结合”“金融机构与实体经济发展相结合”方式，充分结合当前湖南金融中心、湘江基金小镇发展所需，邀请私募股权基金、融资租赁、PPP、第三方支付等金融领域专家授课，每周一次，形成常态化的学习交流合作平台，2017年成功举办20期。

*优化金融生态环境。*一是加强监管力度。对全区融资担保、小额贷款公司开展年中检查，年末抽查，组织管理机构人员进行业务法规学习，引导其规范健康发展；针对私募股权基金管理机构按政策文件规定审核相关资料，做好相应风险审批。二是落实工作责任。下发《关于印发<2017年度长沙市岳麓区打击和处置非法集资综合治理考评细则>的通知》（岳打非办字〔2017〕1号），打非工作年初有计划，年中有督查，年底有考核。结合“三服务一线”工作的开展，进一步完善全区打非处非工作网络。联合区工商分局、区公安分局、辖区街道（镇）、楼宇工作站等部门建立打非处非信息共享、监测预警体系，做到早甄别、早研判、早稳控。三是开展专项整治。根据省、市相关部署，2017年重点开展了P2P专项整治、虚拟货币清理、绿地中央广场楼宇清理等专项行动。

2家涉及虚拟货币的公司已按照中央文件精神关停业务。绿地中央广场、梅溪湖创新中心、金麓国际等7个重点楼宇清理整顿工作初见成效，组织区工商分局、区经侦大队、辖区街道对风险企业进行风险研判、处置打击。四是抓好宣传教育。5月19日，走进湖南大学开展金融服务“校园行”活动。6月1日，区打非办、区工商分局、区经侦大队、银盆岭街道在绿地中央广场开展“保持招商清醒头脑，把握非法集资本质”的面向楼宇招商人员的打非专题宣讲。9–12月，分别在银盆岭、望岳、桔子洲、望月湖街道面向基层群众开展“防范金融风险 保持清醒头脑”的打非专题知识宣讲。（杨薇薇）

【设立纯公益性学习交流合作平台——岳麓金融沙龙】 从服务区域经济发展、提高领导干部经济工作能力和助推驻区金融机构业务发展的角度出发，搭建了纯公益性学习交流合作平台——岳麓金融沙龙。2017年，召开岳麓金融沙龙共20期，涉及融资租赁、资产证券化、私募股权、并购重组、移动支付等专业知识，促进金融机构与实体经济融合发展。

【主动服务，举办岳麓区金政企对接会】 为提升金融服务实体经济效能，破解信息不对称的瓶颈问题，区金融办组织晚安家纺、达嘉维康、高新医院、微力量、瑞翼能源等5家新三板挂牌企业与入驻湖南金融中心的13家金融机构召开金政企对接会。区金融办组织区内中小微企业与4家银行召开银企对接会，授信金额约为5000万元，有效解决企业资金的需求，打通了岳麓区企业与市场在人才、项目、资金上的瓶颈。

【岳麓区开展打非系列宣讲，为群众树立正确理财观念保驾护航】 2017年，区打非办开展系列打非宣讲活动，在湖南大学开展金融服务“校园行”活动。联合区工商分局、区经侦大队、银盆岭街道在绿地中央广场开展“保持招商清醒头脑，把握非法集资本质”的面向楼宇招商人员的打非专题宣讲；在银盆岭、望岳、桔子洲、望月湖街道开展“防范金融风险 保持清醒头脑”面向群众的打非专题知识宣讲，全区宣讲氛围进一步浓厚。（杨薇薇）

农村商业银行股份有限公司

党委书记、董事长
陈　颢
党委副书记、行长
黄立新
纪委书记、监事长
周松柏
党委委员、副行长
危志成
陈　盛

【概况】 湖南湘江新区农村商业银行内设16个职能部室，下辖28家支行，28家分理处。

2017年，公司共召开股东大会1次、董事会会议24次、董事会专门委员会41次。对公司财务预决算报告、利润分配预案、大额贷款发放、呆账核销、新机构设立及人事等101项议案进行了认真审议并作出科学决策。共召开监事会4次，审议上级检查整改、日常经营管理、经营班子半年度履职等涉及公司监督、管理各类议案共10项。截至2017年12月末，公司各项存款余额196.68亿元，比年初净增22.47亿元，增长12.9%。各项贷款余额90.97亿元，较年初增加12.54亿元，增幅15.98%，存贷比46.25%；到期贷款收回率99.71 %，不良贷款余额为1.10亿元，占比为1.21%。全年实现总收入9.75亿元；实现利润总额5.38亿元；全年缴纳税费1.54亿元；资本收益率27.36%，资产收益率2.19%；综合费用率为24.44%，百元贷款收息率6.07%；资本充足率15.58%，核心资本充足率14.48%；拨备覆盖率214.54%，拨贷比2.6%。手机银行净增13886户，完成全年任务154%；社保IC卡金融应用激活率83.79%。贷记卡累计户数1480户，授信额度5641万元，透支金额758万元。

党建工作。一是加强思想政治教育。通过积极购买书籍、制定学习计划，要求各党支部坚持“三会一课”、谈心谈话、党员积分管理、组织生活会、民主评议党员等制度，切实开展主题党日、联系基层等支部工作，实行党委班子带头学习、讲党课等措施，规范工作程序，丰富学习方式，不断提高党务骨干的党性修养和自律意识。二是规范各项党务工作。认真落实党建责任制。年初与各支部签订《党风廉政建设目标责任书》。在年度目标责任考核办法中，将党建工作作为一项重要指标纳入考核。全年新转入正式党员21名，新发展预备党员4名，转正党员5名。三是学习贯彻中共十九大精神。通过收看直播现场学、跟进媒体实时学、通读原文系统学、提炼要点归纳学、设置议题研讨学、抓好点滴渗透学、融入实践深化学，引导党员把握精髓，学深悟透，确保十九大精神入脑入心，落地见效。四是推进“两学一做”学习教育。公司上下统一步调，除按年初制定的“两学一做”学习教育时间安排表开展学习讨论外，公司党委还分批组织全体员工、中层骨干、机关全体、党员干部等原原本本学习《中国共产党问责条例》《中国共产党纪律处分条例》《中国共产党巡视工作条例》，习近平总书记在全国金融工作和企业党的建设工作会议上讲话，省委、省联社党委重要领导讲话等，同时，还组织全体党员观看《巡视利剑》《迷失》等专题教育片，接受了党性洗礼。把开展学习教育和做好业务工作、完成各项任务紧密结合起来，以“两学一做”学习教育为抓手，着力于改进服务水平、提升发展质量和效益、强化内部管理、稳步推动业务发展。

经营工作。一是突出工作重点。按照省、市联社年初工作会议精神及下达的任务，综合考虑区域经济的发展趋势和各网点实际，及时制定公司全年工作计划和经营发展目标，形成董事会决议。在董事长及党委班子的正确带领下，公司上下严格执行董事会决议，突出全年工作重点，按照目标责任书的考核目标既做到团结一心，又做到良性竞争，确保了全年目标任务的圆满完成，确保实现了公司稳步发展、业务有效拓展、管理更加规范严密。二是提高资金运营效率。通过紧跟开发重点、紧盯项目资金、紧抓拆迁资金，新增网点和自助银行，安装POS机、ETC，加大福祥贷记卡、便民卡、公务卡、网上银行、手机银行等宣传促销力度，促存款增长。三是安全投放资金。突出支农、支小重点，大力支持农民安置房、重点工程、公共设施建设，积极支持农业特色产业、区域专业市场和公共客运行业，继续推进促进就业小额担保贷款工作。

管理工作。一是抓信贷管理。加大支农、支小重点工作力度，涉农和小微企业贷款稳步上升。努力满足重点领域的合理信贷需求，大力支持制造强省建设重点产业、公共设施建设。支持农业特色产业、区域专业市场和公共客运行业，推动地方经济发展。调节贷款存量，调整和优化信贷结构。继续推进促进就业小额担保贷款工作。与长沙高新区促进就业小额担保贷款中心、长沙市岳麓区小额贷款担保中心合作，做好扶持创业、推进就业工作。加大不良贷款清收力度，盘活不良资产。2017年6–9月期间，公司通过开展“压不良、控风险”百日攻坚竞赛活动，抑制不良贷款快速反弹势头，有效化解信贷风险。二是抓财务管理。严格费用管理。继续实行“费用包干限额、严格审批、按季监测、超支自付”的管理制度，费用使用实行年初核定，总数按季平均使用，分季考核，年终结算，超支自理的办法，确保各网点经营和管理费用开支既严格执行财务制度，又有利于促进业务发展。加强支付结算管理。做好防电信诈骗工作。通过加强银行非柜面转账、支付账户转账及交易背景调查等措施，建立对买卖银行账户和支付账户、冒名开户的惩戒机制，全面推进个人账户分类管理。截至12月末，有效拦截3例疑似电信诈骗案例，及时为客户挽回损失。针对卡年费减免操作再次进行规范，维护客户利益。做好行号变更工作。公司支付系统等行别代码由现行的“402农村信用社”更换为“314农村商业银行”。积极配合新一代系统上线工作。有组织有步骤的做好人员培训到位、人员安排到位、网络设备调试到位、沟通协调处理到位、责任分片落实到位“五个到位”。新一代系统上线期间，组织开展新一代业务系统实战演练7次，专项辅导培训30余次，业务知识闭卷考试3次，为新系统顺利上线打下扎实基础。陆续出台各项管理制度，依法合规经营。做好异常数据清理、柜员信息修改核对、零余额账户清理、普通凭证征订、招标印制等日常工作，制定挂失、银行结算账户、同业结算账户、印鉴管理，业务印章管理、重要空白凭证管理、对账管理、综合柜员管理等制度，从严规范柜面操作，规避业务风险。三是加强安全内控管理。全年共开展审计、排查19项，次数68次，提出整改建议41条，其中，全面稽核1次、专项稽核15项18次、突击检查4次、经济责任审计43人次、整体移位稽核2次。堵塞安全漏洞，实现全年安全无事故。加强纪检监察工作，推动党风廉政建设和反腐败工作深入开展，促进全年工作目标顺利完成。四是实施网点管理。根据区域经济发展建设需要及人民群众的要求大力扩充网点，按照“超前规划、合理布局、抢占先机、着眼长期”的原则，2017年新开设营业网点6家，不断优化网点布局，为辖区提供高效金融服务。

（龚韵　卓媛）

旅游服务

旅　游

区旅游局

党委书记、局长

邓浩宇（4–）

副 局 长　陈　灿（1–4月）

葛　昊

赵洪卫（4–）

【概况】2017年全区有国家、省、市级文物保护单位89处，旅行社及分社19家，旅行社网点122家，省级工农业旅游示范点2家，星级宾馆4家，星级餐馆3家，省5星级乡村旅游区（点）3家，省4星级乡村旅游区（点）3家，市特色旅游示范点2家，重点旅游产品企业2家。全年接待旅游总人数1528.9万人次，实现旅游总收入173.91亿元，同比分别增长2.86%和10.52 %。其中接待国内旅游人数1515.29万人次，接待入境旅游人数13.61万人次。

乡村旅游。对洋湖湿地公园（5A创建）、渔人码头（3A创建）、莲花漫谷（3A创建）、学士农趣谷（3A创建）、沃之园休闲农业园（星级农庄创建）等有创建意愿的单位，积极开展前期指导和与省市旅游主管部门的对接协调工作，做好计划申报、硬软件设施完善等前期准备工作。是年，巴溪洲生态旅游景区获评为国家AAA级旅游景区。渔人码头正在按国家AAA景区创建标准开展设施提质；洋湖湿地公园稳步推进国家AAAAA级旅游景区创建，桃花岭公园、学士农趣谷的AAA创建工作计划已上报省旅发委和市旅游局，并开展前期准备和对标提质工作，莲花镇正积极实施湖湘风情文化旅游小镇、全国AAA级旅游景区的创建工作，完善基础设施建设，打造立马草海、南洲香荷、圣峰果林、爱格花海等旅游品牌。配合街镇开展对莲花露营基地项目、莲花华夏幸福项目、莲花紫海云天项目、桔子洲低空旅游项目、坪塘鹅洲岛生态旅游项目、雨敞坪镇嵇家山森林公园项目共6个旅游项目的招商前期对接工作。

景区建设。完成桃花岭生态文化园建设；梅溪湖国际文化艺术中心主体已试运营；湘江欢乐城项目除湘江女神公园未动工外，其他7个项目进展顺利；湘军文化园中央展厅开始群雕安装；华谊兄弟电影文化城一期主体结构全部完成，精装工程已完成55%；湖南谢子龙影像艺术馆9月16日正式开馆。湘军文化博物馆及外装饰扫尾基本完成，正进行电梯安装等收尾工作。恒大童世界住宅一期47万平方米地下室部分已基本完工，全面启动标准层施工，儿童主题乐园一期进入土方施工阶段。按照旅游“吃、住、行、游、购、娱”六要素的要求，加快旅游基础配套设施建设，建立旅游交通体系。岳麓山、橘子洲、洋湖湿地景区、梅溪湖国际新城、巴溪洲水上乐园、西湖文化园、裕湘纱厂、新民学会纳入到全市旅游观光巴士站点，开通岳麓山爱晚亭（岳麓书院）至橘洲景区的旅游专车；增设橘洲景区湘江水上旅游项目，已打造“长沙印象游”“长沙生态游”“烟花游”等线路。设立洋湖湿地景区、梅溪湖景区旅客服务中心6个，优化旅游咨询集散配套服务功能，提升旅游咨询设施和服务能力。按照国家旅游局《全国旅游厕所建设管理三年行动计划》工作部署和省、市有关旅游厕所建设要求，依据旅游厕所AAA级标准全年新建旅游厕所17座，改建旅游厕所23座，累计建设厕所蹲位数660个。

宣传推广。集中打造渔人码头—桔子洲—巴溪州—鹅洲水上旅游、岳麓书院—麓山寺—宝宁寺历史宗教旅游、后湖文化艺术区—洋湖湿地公园—农趣谷休闲旅游、莲花圣峰果业—紫海云天—爱格花语采摘体验旅游等精品旅游线路。宣传推荐学士农趣谷、含浦油菜花节，莲花花博会、圣峰果业、谷山生态农庄、九芝堂、新翰城等岳麓区特色乡村旅游项目和岳麓休闲度假产品，其中含浦油菜花节，麓山红枫节获评2017长沙市十大最受群众欢迎节会。组织“5.19”中国旅游日、“旅游安全生产月”等文明旅游和安全旅游公益宣传活动，制作文明旅游主题、安全旅游、岳麓

区旅游资源主题宣传展板9块，组织旅行社、乡村旅游企业、旅游商品企业志愿者270人次开展旅游咨询服务、普及出游常识，宣传旅游安全，出行注意事项，旅游保险注意事项，倡导市民遵法规、守秩序、讲卫生、爱护公共环境，争做文明传播者，宣传岳麓区新的旅游资源及特色旅游产品。全年共发放《文明旅游、理性消费，品质旅游出行手册》《游客安全须知》《文明始于足下、创建从我做起，岳麓区文明创建宣传手册》《国家旅游局关于游客不文明行为记录管理暂行办法》及旅游保险知识等资料5000余份，通过公益宣传活动，形成旅游企业和市民间的良好互动，共同保障文明旅游和旅游安全环境。（李晶）

景区管理

岳麓山风景名胜区管理局

党委书记 吴　江

副书记、局长

胡德强

副 局 长 易克彪

胡　佳（女）

纪委书记 施柏林

总工程师 曾常清

【概况】2017年，岳麓山风景名胜区管理局以法律法规为统领，认真贯彻国家、省、市、区关于风景名胜事业和旅游发展战略部署，牢牢把握岳麓山国家大学科技城建设的战略机遇，攻坚克难优服务，扎扎实实提品质，乘势而上促发展，圆满完成全年工作目标。被湖南省风景名胜协会评为“2017年风景名胜区行业先进单位”。

规划建设。继续推进岳麓山风景名胜区总体规划修编，已上报市政府审批。按照全市“多规合一”工作要求，编制《岳麓山风景名胜区专题报告》，与《长沙市总体规划工作（2020–2030）》编制工作无缝对接。与湘江新区共同完成《岳麓山风景名胜区旅游综合服务区规划策划及城市设计》初步成果。配合市、区和湘江新区完成岳麓山国家大学科技城的选址工作，参与制定岳麓山大科城三年行动计划，配合开展东核及过渡带城市设计、重要节点概念性设计、综合交通规划等规划设计工作。协调配合景区西大门及上山通道、麓山南路、麓景路、梅江路等建设项目规划选址工作。按“专家审查、部门联审、局长办公会审议、上报省厅审批”程序，完成中南大学总部基地等8项风景区内建设项目选址审核及西湖文化园地铁2号线交通接驳方案、窑坡山棚改项目（湖湘绿地）第三期方案、中南大学修建性详细规划意见等项目审查。落实单元景区详细规划要求，完成桔子洲景区长沙市非物质文化遗产展示馆、麓山景区禹溪景点改造等项目审查。配合区委、区政府推进麓山南路整治，实施交通改善工程、两厢街景立面整治工程和重要节点改造。完成麻园路、湖大路等6条道路建设，建成锦绣潇湘两个示范节点，水生态修复、水循环及驳岸景观提质建设正加紧推进。启动麓山景区西大门工程与桃花岭景区联通工程设计招标和环岳麓山绿道工程招标。

资源保护。在《岳麓山风景名胜区保护条例》颁布实施10周年暨《岳麓山风景名胜区特许经营管理办法》颁布1周年之际，联合市人大法制委、区委宣传部共同举办以“加强风景名胜资源保护，建设精致精美大科城”为主题的法制宣传月活动，有效提高市民游客风景名胜资源保护意识。落实违法违章日常巡查制度，严厉打击破坏景区资源的违法行为，查处毁绿违法行为1起，违法修坟立碑行为2起，控制违法建筑面积3618平方米。配合区城管等部门开展岳麓山大学科技城综合整治及后湖景区综合整治，对大学城周边门店占道经营、共享单车乱停乱放、流动摊担、违法建设等违法行为进行集中治理。结合中央环保督查，配合市区环保部门关停整改24家餐饮经营门店，麓山景区17家涉餐饮门店全部安装了油烟净化、油水分离设备。完成了桔子洲污水处理站改造升级，麓山景区12座污水处理站污水全部达标排放。按照住建部要求，完成风景区范围内11处70万平方米图斑清查工作，对其中3个不符合规划且无审批手续的建设项目提出了整改意见，并配合省住建厅督查组进行现场核查。

综合管理。进一步加大工作协调力度，扎实推进管理体制机制理顺。6月5日，市委市政府再次就岳麓山风景名胜区管理体制机制作出调整，将岳麓山风景名胜区全面委托岳麓区政府管理。同时，成立由市长任主任的长沙市岳麓山风景名胜区管理委员会，作为议事协调机构，履行统一管理和统筹协调职责。8月7日，市委办公厅、市政府办公厅印发《关于调整岳麓山风景名胜区管理体制机构的方案》。成立由“一把手”亲自挂帅的安全生产领导机构，

贯彻落实重大事故隐患治理“一单四制”工作要求，建立健全“日巡查、月检查、年考核”安全生产工作机制。加强安全生产知识培训，组织开展索道高空救援演练和“11·9”消防演习，加强节会活动审批监管，实现焰火燃放等重大节会活动安全生产零事故。先后采取临时性封园、人员撤离、延期开园等举措，有效防范特大暴雨洪灾，确保景区重大设施设备和游客生命财产安全。组织落实景区园林绿化管理和森林病虫害监测防治工作，加大古树名木保护力度，确保景区生态安全。完善文明旅游宣传设施，设置社会主义核心价值观、讲文明树新风等各类公益广告1200余版，设置文明旅游提示牌760块，发放文明旅游宣传手册22000本。开展“不文明行为”专项整治行动，搭建“劳动模范创新工作室”、“景校共建”等平台，开展“绿色当铺”、“文明旅游向我看齐”、“文明从排队礼让开始”等学雷锋志愿服务活动，倡导文明旅游风气。

产业发展。完成“麓山沁园”、“润泽天餐厅”等经营门店转型升级，打造麓山景区“云驿露营基地”、“HI悦麓旅游综合体”。抓好桔子洲非物质文化遗产博物馆、毛泽东青年艺术雕塑展馆等文化项目建设。天马山景区“两山一湖”“双创”基地正式挂牌，机器人和智能制造等一批高精尖科技产业在景区落户。探索“区校、旅游、文化、科技、资本”融合之路，着力打造后湖艺术小镇、设计小镇和科创梦想小镇，后湖国际艺术产业园区建设初具规模。完成桔子洲专业环洲健步道建设，实现“体育”与“旅游”完美联姻。举办第十一届“麓山红枫节”，通过开展“最美麓山人”评选、麓山情缘征文、红叶高峰论坛等八大主题活动，向游客提供生态观光、旅游休闲和文化消费的旅游大餐。充分挖掘桔子洲“跑步胜地、伟人之洲”资源优势，依托来跑吧、特步跑步训练营等知名企业，成功举办首届“红色马拉松”赛。全年共举办艺术灯展、音乐节会、高端展示、户外登山拓展和志愿者服务等各类品牌节会活动60余次，吸引游客近100万人次。

队伍建设。组织广大党员干部深入开展党章党规党纪、习近平同志系列重要讲话等专题学习，党员干部的理想信念、党员意识得到全面增强。开展“向廖俊波学习”、“学习十九大精神”等主题活动，推广“智慧党建”平台，开展微党课、微讨论等微学活动，注重“学”“做”融合，以“学”促“做”。开展“亮身份、强服务、争先锋”主题实践活动。继续推行干部人事制度改革，麓山景区363个工作岗位全部实行竞争上岗、双向选择。规范培训内容，丰富培训形式，组织党员干部赴长沙市警示教育基地、井岗山等红色教育基地和国内优秀景区进行参观学习，干部职工年接受培训教育时间达40小时以上。加大干部人才储备力度，加强年轻干部培养，全年引进干部4名，发展新党员2名，有4名预备党员转正。制定党风廉政建设主体责任和监督责任清单，层层签定党风廉政建设责任书，党风廉政建设责任得到有效落实。采取专题讲座、观看警示片、赴警示教育基地参观学习等方式强化廉政思想教育，进一步增强了党员干部知敬畏、明规矩、守底线意识。开展“小官大贪”、“微腐败”专项整治行动和干部职工违规参与涉矿等经营性活动清查，加强防汛救灾捐赠物资管理使用情况、公款违规消费等监督检查。落实领导干部述责述廉、个人重大事项报告、廉政谈话等制度，2017年，景区系统各级党员领导干部开展廉政谈话1000人次以上。

（康宁）

麓山景区管理处

管理处主任

周竹平（女）

党委书记 高春波

党委副书记、管理处副主任

刘金亮

党委委员、纪委书记、工会主席

郑 伟

党委委员、管理处副主任

李艳芳（女）

龚延春

管理处副主任

何晓华（女）

【概况】 2017年，麓山景区管理处有带编职工226，政府雇员2人，人事代理制16人，招聘合同制75人。全年总经费总收入1.01亿元，首次突破亿元大关。其中财政预算拨款3106.25万元，专项拨款734.72万元，养老金返还2796.02万元，自创收入3487.18万元。

基础设施建设。完成爱晚亭水塘整治、景区南门到爱晚亭和景区管理处道路路肩修整加固、蟒蛇洞护坡散水、东门食堂建设等项目工程，对索道配电间、Hi悦麓磨菇坪、爱晚亭讲解咨询中心进行提质改造，将东门入口的栏杆改建成“文明创建文化宣传长廊”。新建蟒蛇洞、Hi悦麓、

肖劲光故居、北极峰4座厕所；在景区长廊、北极峰、电视塔区域，修建“第三卫生间”3处；改扩建响鼓岭、观光长廊2处厕所；景区内公共厕所数量已增至20座277个蹲位。全年整改和新增标示标牌1300多处。“HI悦麓旅游综合体”基本成型；利用停放报废车辆的响鼓岭厕所前坪和已报废的观光车，打造融观景、休闲、读书等综合性体验于一体的“云驿露营基地”。

安全生产与综合治理。成立管理处安全生产委员会，与驻山单位和经营门店签订安全生产责任书。每天安排消防队员进行消防巡逻，全年开展消防检查13次，排查隐患64起，下发整改通知25份，安全隐患整改率98%，更换灭火器869具、消防箱24个、消防自救呼吸器96具，确保全年没有发生森林火警事件。对景区内营运车辆做到日检查、月检测，保卫科联合观光车公司不定期、不定点对营运车辆进行测速。全年景区未发生任何安全应急事件。新成立信息指挥班，全年发布车辆管控信息、游园预警和游园管理提示9709条，配合公安保卫部门寻人寻物64起。联合市区安监、消防、蓝天救援队等单位举办索道高空救援演练。协调局执法队对景区内违规摆摊设点、违规兜售商品及乞讨人员进行集中整治。联合管理局执法队、岳麓公安分局治安二队，对能量谷与湖南大学交界处违规开垦菜地和乱搭乱建行为进行专项整治，并及时复绿。

创建工作。景区新设立东门、南门两个专职劝导班，抽调机关工作人员，招募社会志愿者派驻到各景点从事义务讲解、文明劝导等工作。对年内市文明办督查反馈和交办的问题，均提交处务会进行通报，所有涉及的问题第一时间全部整改到位。全年发新闻信息稿157篇，岳麓山风景名胜区官网采用109篇，“快乐麓山”微信平台自4月份使用起，共推送图文消息45条。

环境保护。4月，景区再次通过ISO14001环境管理体系认证。激活并利用12座污水站的生化处理功能，收集各服务点的生活污水和厕所废水，进行生物处理后，实现达标排放；景区生活垃圾日清日运，对餐厨垃圾实行定点回收、专业公司统一转运。对景区内17家涉餐涉饮门点安装油烟净化、油水分离设备。进行为期5个月的专项清理景区内枯枝败叶，清理枯枝死树400多车，清理木工房、彭家花园、园林三队等职工居住区生活垃圾65车。

党的建设和队伍建设。主要领导、班子成员、支部书记和各部门负责人均在党风廉政建设责任清单上签字。全年吸收预备党员2名，2名党员按期转正。党委书记、管理处主任为党员上党课2次，纪委书记开展廉政教育授课3次，组织全体中层以上党员干部前往长沙监狱廉政教育基地学习。推行纪律条规常提醒、重点部门重点提醒、节假日前集中提醒、薄弱环节专门提醒、苗头性问题个别提醒的“五提醒”。全年廉政谈话60余人次，和景区退休干部、职工沟通交流20多次。开展中层干部、内勤、班（队）长竞争上岗和一般工作人员双向选择工作，选拔任用33名中层干部、48名班队长和8名内勤人员，363个工作岗位全部到位。制定《麓山景区学习培训管理制度》，组织多种方式的培训共计60余次，参加人数800多人次。

精细化管理。精细化管理“岳麓山模式”初见雏形。实施考勤、考绩、考廉的“三考”制度，严格查现场、查监控、查资料的“三查”制度，落实月讲评、半年测评、年终考评的“三评”制度。2017年对干部职工出勤和绩效考核92次，发出整改通知68次，发现问题288个，已全部落实整改到位。作风建设督查达40余次，共发出《督查通报》16份。执行管理局提出的“六个一”接待标准，全年完成国家级接待1次，省、市、区各级领导调研和考察等接待工作138批次、2304人次。全年为游客提供免费寄存服务1784批次，提供免费便民服务270批次。全年办结岳麓区“12345”市民服务热线工单68份，满意率100%，办公室开设24小时景区投诉咨询电话，游客满意率保持在100%。

生态保护工作。对麓山寺古罗汉松采取防治病虫害喷药3次，对爱晚亭古柳树实施钻孔注药、清腐消毒等保护措施，对主游道两旁和爱晚亭区域古树主干部位空洞进行除腐、消毒、洞口修复等保护工作。综合防治白蚁，全年实施全面森林虫害防治4次，林间小游道补打4次，用药BT粉2吨、白僵菌2吨，遏制了枫香毒蛾和尺蠖等食叶害虫对景区森林的危害。采取放置磷化铝薄膜覆盖熏蒸喷药无害化处理措施，处理砍伐后树桩及病死树种约320个，用药500余公斤。在核心林区内投放1200万头赤眼蜂卵卡，生物防治食叶害虫，覆盖范围近2000亩。

生态景观建设。在景区主游道两边、鸟语林厕所、蟒蛇洞路

段厕所、Hi- 悦麓门店等区域，新栽种桂花、紫荆、山茶、五针松等精品树种600多株; 在重要景点、游客集中周边区域，新引进和补栽杜鹃、红叶石楠、月季、映山红、牡丹等10余个花卉品种，共补栽花木19500余株，补植面积3300平米；在爱晚亭、园庆林等区域栽植吉祥草、播种二月兰等草本植物，植绿覆绿面积3500平方米。全年新引进鸡爪槭、红枫、红檵木等红色景观树种380余株，打造“爱晚林”、“园庆林”两处红叶景观，在2个月的赏枫期里，接待赏枫游客数量超过150万人。

节会活动。与《长沙晚报》合作举办“爱绿护绿、认植认养活动”，新认养古树54株、续养15株，认植红枫318株，筹集认养经费11.29万元，与上年比增长61.7%。在5月19日第7个中国旅游日，开展“文明旅游 向我看齐劳动模范文明劝导活动暨麓山景区劳模创新工作室授牌仪式”。12月，“周竹平、高春波劳模创新工作室”通过市、区两级总工会的联合验收。12月，承办“枫情麓山 青春60”麓山景区开园60周年暨2017中国（长沙）麓山红枫节开幕式。推出以“枫情麓山、品鉴麓山、珍藏麓山、见证麓山、奉献麓山、感悟麓山、论道麓山、憧憬麓山”为主题的八大活动，举办开幕式、第十三届麓山菊花展，出版《两个世纪的光影》丛书，开展“最美麓山人”评选、麓山情缘征文、红叶高峰论坛、联欢晚会等系列活动。（张峥）

橘子洲景区管理处

管理处书记、主任

彭　浩

副书记、副主任

盛　泽

纪检员、工会主席

姚凤仙（女）

副 主 任　彭　柯

屈卫国

党总支委员

李怀全

彭志浩

【概况】2017年，橘子洲景区管理处围绕AAAAA复牌中心工作，以文明创建为抓手，全面加强综合整治，优化管理服务,重塑橘子洲新形象，全年接待游客674.6万人次，完成各界接待任务788批次，荣获“中国旅游志愿者服务”基地称号、岳麓区社会科学普及示范基地等荣誉，实现AAAAA复牌目标。

提质改造。对照AAAAA整改标准，建立整改台账。完成14个项目、78个子项目建设。完成10公里道路翻新，渠化隔离外围道路，设置大巴上下落客点，有效实现人车分流。完成16座旅游厕所升级改造，设置11座第三卫生间，厕所蹲位数由184个增加至306个。完成7座景观水塘清淤消毒，实现水体自然净化，翻新古建筑12处、廊架13处，增设座椅200套、标识标牌1400块，完善智慧景区平台建设，安装高清摄像头137个，SOS紧急救护点8个，配套设施完善优化。

灾后恢复。2017年6月橘子洲遭受洪灾。景区领导班子、中层干部及技术骨干组成抢险突击队坚守防汛一线，10次组织紧急排险，奋战8天7夜，保障污水处理站、配电间等重要设施设备安全。采取调整闭园时间、临时性闭园、人员财产转移等举措，安全转移驻洲工作人员800余名，车辆120台次。更换厕所受损蹲位感应器、感应电源、报警器等电器设施618套、PVC隔断676平方米。维修更换标识标牌168套、翻新亭台楼阁900平方米，修复景观廊架1143平方米、建筑物1234平方米。整体更换草坪30万平方米，补植红檵木、春鹃等绿化植被61599株。经社会各界志愿者和景区工作人员日夜奋战，全面恢复橘子洲原有风貌，7月15日重新开园。

综合治理。推进交通、消防、食品、特种安全专项整治，完善防汛、应急救援、重大节假日、焰火燃放工作方案，聘请第三方专业公司安全生产检查评估，召开安全生产专题会议4次，开展安全生产检查18次，发现和排除各类安全隐患63起。联合城管、公安、交警部门力量，打击违法行为。处置流动摊贩2776人次，处置收缴旅行社违规发放传单人员730人次，劝导教育不文明行为167人次，暂扣违法租赁自行车131台次，拆除违法建筑4处。联合工商部门打击传销，开展整治行动72次，驱散传销团伙532批次，抓获传销人员425人，接受宣传教育学习401人。

经营管理。与来跑吧、特步跑步训练营等知名体育品牌建立专业体育赛事营销平台，策划打造“辣么美女子跑”“红色半程马拉松”等赛事品牌，建设专业环洲健步道，增设公里数牌、补给站等设施，开展节会活动50次，活动参与人数12.7万人次，实现体育产业规模化、产业化运作。配合市区环保部门关停整改24家餐饮经营门店，分类指导民俗文化园、沙滩公园开展旅游产业转型，引入房车露营等热门项目，实现传统餐饮向生态、环保、时尚方向转变。

游客接待及志愿服务。公开招聘讲解人员，加强培训，提升素质。在游客服务中心配套设置影视休息区、咨询服务区等多个功能区，健全手机充电、行李寄存等服务功能。完成旅游观光电瓶车候车站点提质建设，增设车辆智能调度系统。推进厕所革命，增设第三卫生间，为游客提供免费洗手液、一次性坐垫等。健全投诉处理机制，推行投诉处理首问负责制。推进智慧景区建设，开通景区微信公众服务平台，免费提供在线语音导览和景点导航服务。景校共建，发挥文明宣传阵地作用，联合签约高校大学生及社会志愿者推出“绿色当铺环保活动”“文明随手拍”等活动，参与游客6000余人次，分类回收垃圾4400余袋，劝导不文明行为500余次。

作风建设。学习党章党规党纪、习近平同志系列重要讲话，开展“学习十九大精神”“弘扬抗洪精神，我是党员我带头”等主题党日活动。推广“智慧党建”平台，推行微党课、微讨论微学活动。开展“小官大贪”及“微腐败”专项整治行动。精简“三公经费”支出，严控公务接待预算和标准，规范物资采购、合同签订、公务接待等手续。健全廉政谈话制度和约谈制度。全年累计开展党员领导干部廉政谈话21次，其中例行廉政谈话4次，任前廉政谈话11次。（谭超婷）

【橘子洲AAAAA级旅游景区质量等级得恢复】 2016年8月，全国旅游资源规划开发质量评定委员会针对橘子洲景区存在的管理问题，取消橘子洲景区AAAAA质量等级认定。景区管理处迅速投入整改，从硬、软件入手，深化提档提质，重塑橘洲形象，经全国旅游资源规划开发质量评定委员会复查验收，决定自2017年12月18日起恢复其国家AAAAA级旅游景区质量等级。

【橘子洲景区遭受超历史水位侵蚀】 2017年6月22日至7月3日，一场超历史极值的洪水席卷湖南，湘江长沙段洪峰水位高达39.51米，超过历史最高纪录0.33米，橘子洲洪水穿洲，全域受灾。在长沙市委、市政府及省、市旅游部门的指导下，迅速组织人力物力，迎难而上，科学研判，抗洪抢险，确保生命财产及重要设施安全，洪水退后，又迅速对景区环境及设施进行恢复，7月15日重新开园。

【红色半程马拉松赛事在橘子洲成功举办】 2017年12月26日，由湖南省社会体育指导服务中心、岳麓山风景名胜区管理局组织橘子洲景区承办的2017长沙红色半程马拉松赛在橘子洲成功举办。全国5000余名跑步爱好者参赛。赛事分半程马拉松（21.0975公里）和迷你马拉松（5公里）两项。赛事以红色文化为“线”、美好生活为“魂”、全民健身为“核”、跑步运动为“形”，倡导全民健康生活，展现优美旅游环境，提升了橘洲景区红色旅游品牌和城市马拉松赛事的影响力。（谭超婷）

教育·科技·文体·卫计

教育事业

区教育局
党委书记、局长
李　鸿
副 局 长　周利群（女）
雷　亮
黄瑾辉（女）
区纪委驻区教育局纪检组组长
黄　海
区人民政府主任督学
李晓丽

【概况】 2017年，有区属中小学校92所，其中中学16所（含九年一贯制学校5所）、小学76所，在校中小学生7.71万人；驻区中小学校17所；幼儿园151所，其中，公办幼儿园35所、民办幼儿园116所，在园幼儿3.2万人；注册民办学校96所；二级机构8个。岳麓区有中小学、幼儿园在编教师3314人，其中幼儿园教师85人、中小学教师3229人，离退休教师1850人。

岳麓区教育局内设办公室、组织人事科、教育科、财务科、监察室、督导室、规划科、建设科、工会、党建科，下辖教师发展中心、少年宫、体校、招考办、教育后勤办公室、卫生所、素质教育基地、会计核算中心、信息中心9个二级机构。

2017年，区教育系统按照教育事业优先发展的要求，围绕“提高教育质量、促进教育公平”的发展主线，加快教育现代化，推动城乡教育一体化发展。中共长沙市委办公厅下发《关于2016年度文明创建工作考评结果的通报》文件，区教育局被评为“2016年度创建更高水准全国文明城市先进集体”。《中国教育报》《人民教育》《湖南教育》《长沙晚报》等媒体对岳麓区教育进行专题报道，长沙市委办公厅以《上得起家门口的好园》为题推介岳麓区学前教育普及普惠工作先进做法，文章得到湖南省委常委、长沙市委书记胡衡华批示。

基层党建。一是夯实党建基础。党建工作纳入督导内容，党建科和督导室联合开展全面督查行动。博才咸嘉小学、滨湾路小学在长沙市党建工作交叉检查中获得检查组高度评价，无一扣分点。制定《岳麓区教育系统党建督导员分片联系基层党组织工作实施办法》《岳麓区教育系统党建指导员分片联系社会办学实施办法》，对党建工作薄弱的学校实行联点指导。组织民办学校、培训机构进行党建业务培训，规范民办学校党建工作。二是开展党建活动。局党委书记李鸿在机关党员大讲堂中讲授党课2次，班子成员到基层党支部讲党课。邀请长沙市委党校教授曹习华解读十八届六中全会精神。开展“《论语》与党性修养”线上直播和线下面授学习活动。举办“喜迎党的十九大 弘扬岳麓教师风范”大型主题教育活动；首次推出岳麓教师风范“担当、仁爱、求新、阳光”四个关键词和《岳麓教师之歌》。组织“精品示范党课”评选活动，向区委组织部推选微访谈、微党课、微故事。三是推进党风廉政建设。制定《岳麓区教育局2017年党风廉政建设主体责任和监督责任清单》，明确党委主体责任38项；出台《岳麓区教育局贯彻落实2017年党风廉政建设和反腐败工作任务的分解意见》，分解工作任务50项；局党委与133家下属单位签订《党风廉政建设工作责任状》；召开廉政教育专题大会3次，集中观看廉政影片2次，赴长沙市廉政警示基地参观学习1次，编发《廉政要情选编》2期，录制廉洁微电影2部，推送廉洁教育微信专栏2期。2017年廉洁教育宣传工作在岳麓区各街镇、各区直部门中排名第一。

学校建设。一是推进“一带一片”计划。推进振兴沿江教育风光带行动计划，让10所沿江学校焕发生机；进一步推进雨莲含片区整合计划，打造岳麓区第五实验小学这所农村样板示范校；制定《岳麓区四街两镇农村学校撤并方案（2017—2020）》，全面科学合理布局农村学校。二是推进配套学校建设。新增西雅中学、南雅湘江中学、博才金鹰小学、奥克斯实验小学、岳麓幼儿教育集团北京御园幼儿园、岳麓幼儿教育集团中海幼儿园、岳麓幼儿

教育集团第二十幼儿园，增加学位9870个。完成桐梓坡小学等9所中小学校规划选址及办学规模批复。完成中建梅溪湖中心等14所配套幼儿园移交。启动9所配套幼儿园建设；签订6份小区配套幼儿园移交协议。三是推进学校提质改造。投入4000万元改造修复项目81个。完成五星小学等6个扩建项目建设并投入使用；推进望月湖第一小学等3所学校的项目前期筹备工作；青山中心小学后续附属工程建设竣工；启动岳麓实验中学风雨球场扩建工程和教学楼改造工程。

教育教学。一是培育学生核心素养。开发青少年健康生活教育课程，开展三好学生体育复测；印发《实施体育艺术“2+1”项目实施方案》，在博才卓越小学试点开发“体艺2+1”项目网络工作平台；全区小学毕业生合格率居全市第一，中考、高考成绩较2016年有明显提高；出台《区域小课题研究工作方案》，立项微课题400个、市级及以上教育科研课题22项，承办长沙市优秀课题成果现场展示会，推介岳麓区课题带动策略典型经验。二是推进育人体系建设。成立岳麓区中小学德育工作领导小组，推进德育工作课程化，落实少先队改革，加强少先队阵地建设，岳麓区教育局团委被评为“湖南省五四红旗团委”，岳麓区教育局被评为“长沙市中小学德育工作项目化管理首批示范单位”；构建基于学校特色发展的校本课程体系，岳麓区特色项目校占学校总数的66%；长沙市中小学素质教育实践基地岳麓营地打造18项区域特色课程，被教育部认定为首批“全国中小学生研学旅行实践教育营地”。三是加强与名校合作办学。岳麓区教育局与雅礼实验中学合作开办西雅中学，与南雅中学合作开办南雅湘江中学；长沙市第十九中学被湖南师大附中博才实验中学全面管理，更名为岳麓区博才中学大学科技城校区。

教师队伍建设。一是加强师资队伍建设。公开招聘新教师109名、名优教师26名，选聘教育部直属师范大学应届免费师范生5名。分3个批次安排学校党政负责人、优秀民办学校负责人参加异地高端培训；认定第四批中小学（幼儿园）区级骨干教师319名，推荐第四批中小学（幼儿园）市级骨干教师92名，挂牌1个长沙市小学英语名师工作室，5名教师入选湖南省中小学高端研修项目培养对象名单；承办湖南省第二届“湖湘教育家大讲坛”，岳麓区教育局被评为“湖南省中小学教师网络研修工作先进单位”。二是加大教师交流力度。校长教师交流轮岗71人，其中骨干教师29人，占实际交流人数40.85%，派出25名教师到邵阳县支教，派出1名教师到西藏支教；选派城区学校中层干部、副校长到农村学校挂职，提拔管理干部12人，挂职锻炼10人；开展骨干教师到农村片区送教送培活动4次。三是推进师德师风建设。制定《师德师风建设工作实施意见（2017–2019年）》，组织师德师风演讲比赛，评选表彰181名优秀教师；开展师德师风主题活动月活动，结合“岳麓教师风范”四个关键词——担当、仁爱、求新、阳光，在微信订阅号上推送24名优秀教师的先进事迹；出台《关于开展教师心理健康服务活动的实施方案》，分成6个子方案实施；岳麓区教育局在中国教科卫体工会主席章国贤调研长沙教育工会工作会议上作典型发言。

教育信息化应用。一是推介教育信息化经验。教育部教育管理信息中心考察岳麓区教育信息化工作，肯定岳麓区在利用信息化手段提高教育教学质量及教育管理上的创新应用；中国教育信息化网以《教育信息化六个连接：实现基于需求的教育供给》为题推介教育信息化工作经验。在教育部厅局长教育信息化培训会议上，区教育局信息中心主任任盛威以《信息化促进区域内教育公平和均衡发展的有效机制探索》为题做典型经验介绍。在长沙市委、长沙市政府组织的长沙市教育信息化工作推进大会暨展示交流活动上，区教育局党委书记、局长李鸿以《自主研发数字资源，抢占区域教育信息化制高点》为题做典型经验介绍。二是做好教育信息化典型应用。全国中小学“互联网＋智慧教育＋数字资源应用”示范基地授牌仪式及“虚拟现实（VR）超级教室”教学展示活动在德润园小学举办，湖南省第一个“虚拟现实（VR）超级教室”也落户于德润园小学；博才寄宿小学等4所学校申报2017年市教育信息化试点项目、博才咸嘉小学完成2016年市教育信息化试点项目中期评估；博才实验中学被评为“2017年度湖南省教育信息化创新应用示范学校”，是长沙市唯一入选的中学。博才实验中学代表区教育局在湖南省基础教育信息化应用现场会上进行示范课展示，并做典型经验发言。三是购置信息化设施设备。以新建中小学校、幼儿园为重点，完成信息化设备采购，共计2984

万元。新建、改建14所学校的计算机教室、13所学校的校园电视台，添置377套班班通设备，采购1172台计算机、297台液晶电视触摸一体机。

综合管理。一是加大安全管理力度。投资3800万元在长沙市中小学素质教育实践基地岳麓营地建设10个安全教育主题场馆，免费向长沙市中小学生开放；开展安全知识竞赛、禁毒知识竞赛复赛，参加长沙市应急疏散演练活动；完善监控系统，建成岳麓区教育局校园视频监控平台，对区属中小学校、幼儿园视频监控设备进行升级换代，联网到岳麓区教育局校园视频监控平台；维护和测试区属中小学校110报警系统，对6所中小学校、幼儿园进行首批专业性安全检测。二是深入推进教育督导。新增8名专职督学，组织督导人员分批次参加高级研修培训；开展开学工作、暑假违规补课治理、招生办学行为、师德师风等专项督导；形成减负典型案例《“导、督、研”三措并举促减负提质》，被长沙市督导网列入“市级推荐栏目”。岳麓区教育局被评为“湖南省中小学校责任督学挂牌督导创新区县”“湖南省教育督导信息工作优秀单位”。三是文明创建成绩斐然。举办城乡少年宫结对帮扶活动，承办省、市级文明创建主题教育活动55次；中国文明网和中国未成年人网报道相关活动271篇，网上展示未成年人思想道德建设展示活动作品1621幅；岳麓区联丰小学申如意老师被评为“长沙市道德模范”，湖南师大附中博才实验中学谭娜老师上榜第四季度“长沙好人·身边雷锋”。岳麓区教育局荣获“创建更高水准全国文明城市先进集体”称号，在长沙市教育局文明创建工作推进会上作典型发言。（张文峰）

【国际交流合作】 3月5日，美国圣地亚哥湖滨区联合教育局代表团到岳麓区访问，长沙市教育局国际交流处副处长周卓莹，岳麓区人民政府副区长潘旺明，岳麓区教育局党委书记、局长李鸿以及美国圣地亚哥湖滨区联合教育局局长大卫·洛登等参加会议。李鸿向访问团介绍岳麓区教育基本情况，并表示岳麓区重视教育的国际交流与合作，期待更多岳麓区学生参与国际文化交流活动。岳麓区教育局与美国圣地亚哥湖滨区联合教育局签署《教育交流合作协议书》，推进教育教学理念、课程体系、实践活动的交流。

【中小学校责任督学挂牌督导创新区现场评估会】 3月7日，在岳麓区人民政府会议室召开该会议，湖南省教育厅副主任督学、教育督导处处长雷桂平，泸溪县人民政府主任督学姚本桂，君山区人民政府教育督导室副主任徐松涛，长沙市人民政府教育督导室主任高阳出席会议，岳麓区教育督导委员会全体成员15人、岳麓区教育局班子成员4人、岳麓区责任督学组长9人参加会议。雷桂平、姚本桂和徐松涛听取岳麓区人民政府副区长、岳麓区教育督导委员会主任潘旺明汇报创建工作，检查组向参会人员进行问询，反馈初步检查情况。岳麓区被评为“2016年湖南省教育督导创新区（县）”。

【易凌云调研学前教育试验区工作】 4月24日，中国教育科学研究院基础教育所副所长易凌云、株洲市教育科学研究院幼儿教育教研员邓艳一行调研岳麓区学前教育实验区工作，岳麓区人民政府主任督学李晓丽陪同调研。调研组实地调研岳麓幼儿教育集团第八幼儿园、北京师范大学辅仁幼儿园、湖南省文化厅幼儿园梅溪湖分园，听取岳麓区学前教育试验区发展情况的汇报。

【五四青年节表彰活动】 5月4日，在长沙市中小学素质教育实践基地岳麓营地开展岳麓区教育局2014至2016年度“五四”青年节表彰活动。团市委副书记何平，岳麓区教育局党委书记、局长李鸿，岳麓区教育局全体班子成员出席活动，区属中小学校校长、书记、幼儿园园长、德育主任、团支部书记、团委书记以及优秀团员学生代表共500人参加活动。大会表彰17家“五四红旗团委（支部）”、10家“青年志愿服务先进集体”、10名“十佳”青年教师、10名优秀共青团干部、145名优秀共青团员和100名优秀青年志愿者。

【公开招聘教师】 5月21日，岳麓区2017年度公开选聘中小学名优校长和教师试教（含面试）在博才寄宿小学举行，聘用19人。6月4日，岳麓区2017年度公开招聘中小学、幼儿园教师笔试在湖南师大附中博才实验中学、岳麓区实验小学、博才梅溪湖小学和滨江小学举行，岳麓区教育局组织336人承担考务，笔试考生6604人，聘用105人。

【六一儿童节表彰活动】 5月26

日，岳麓区“牢记期望书我心 童心向党传美德”2017年度传统文化艺术展示活动暨六一表彰大会在岳麓区人民政府13栋举行，活动由岳麓区教育局主办，岳麓区少年宫、岳麓区教育局团委协办。长沙市教育工会主席陈仕强、岳麓区人民政府副区长潘旺明等出席表彰大会，并观摩传统文化艺术展示节目。岳麓区教育局党委书记、局长李鸿宣读并表彰“优秀班集体”“优秀班主任”“优秀学生”“优秀干部”等校园先锋。

【曾德华调研教育信息化工作】 6月17日，教育部教育管理信息中心副主任曾德华到岳麓区教育局调研教育信息化工作。曾德华对岳麓区教育局在利用信息化手段提高教育教学质量及教育管理上的创新应用给予充分肯定，希望岳麓区教育局将经验进行积极宣传和推介。

【岳麓区教育局与南雅中学、雅礼实验中学签订合作办学协议】 6月21日，岳麓区教育局与南雅中学、雅礼实验中学举行合作办学签约仪式。岳麓区教育局党委书记、局长李鸿及班子成员，南雅中学校长王旭、南雅中学书记刘友铁，雅礼实验中学校长杨名瑛、雅礼实验中学书记张琼芳，湖南湘江新区投资集团有限公司副总裁安晓光、南雅湘江中学和西雅中学党政负责人参加仪式。

【长沙市第十九中学被全面管理】 7月13日，根据长沙市人民政府办公厅《关于印发<长沙市开展普及高中阶段教育改革点工作实施方案>》的文件精神，岳麓区教育局党委会研究决定长沙市第十九中学由湖南师大附中博才实验中学全面管理，更名为岳麓区博才中学大学科技城校区。该校区实行校长负责制，校长直接向岳麓区博才中学大学科技城校区管委会负责。湖南师大附中博才实验中学派出一名常务副校长，负责该校区教育、教学及日常管理工作。

【首届中国岳麓科教创新与成果转化2017高峰论坛】 于8月26日，在岳麓区佳兴世尊大酒店举行，论坛由岳麓区政府主办、岳麓区教育局承办，教育部信息中心副主任曾德华作为论坛的支持单位代表出席并做精彩致辞。教育部信息中心副主任曾德华、岳麓区教育局局长李鸿、香港科技大学教授李泽湘、全通中南总部负责人肖重逢等嘉宾参与圆桌对话，从教育资源均衡化、创新人才培养模式、创新授课技术、人工智能、大数据等方面探讨科教产业创新发展的现实路径和模式，分享国内外科教产业发展实践值得借鉴的方法。

【第33个教师节主题活动】 9月7日，岳麓区举行“喜迎党的十九大 弘扬岳麓教师风范”主题教育大会，长沙市教育局党委书记、局长卢鸿鸣，岳麓区领导周志凯、周凡、杨利成、曾跃平、张淳、潘旺明、喻英姿等出席会议。大会表彰13家尊师重教先进单位，84名“尊师重教先进个人”，70名“十佳师德标兵”“十佳教育管理者”“十佳班主任”“十佳教学能手”“十佳农村优秀教师”“十佳校园安全卫士”“十佳民办教育工作者”，103名“‘四有’好老师”。大会通报李晓斌同志被评为“湖南省优秀教师”，谷红英等12名同志被评为“长沙市优秀教师”，刘若莉等2名同志被评为“长沙市优秀教育工作者”，张瑾同志评为“长沙市优秀校长”，陈艳萍等9名同志分别获得“长银”教育奖、“国寿”学校安全奖、“友谊”农村优秀教师奖、“博雅”民办教育优秀教师奖、“湖南教建”管理服务奖、“育邦”关爱留守学生教育奖优秀个人、“大洋”名师工作室奖。

【首次推出《岳麓教师之歌》】 9月10日，岳麓区教育局举行《岳麓教师之歌》发布仪式，以MV的形式播放岳麓教育发展历程，岳麓区教育局党委书记、局长李鸿为《岳麓教师之歌》作词，李鸿在仪式现场带领党员教师共同演唱。

【李肖蕾长沙市小学英语名师工作室成立】 9月20日，该名师工作室在岳麓区博才寄宿小学举行挂牌成立活动，李肖蕾任首席名师。湖南省中小学教师发展中心、湖南省教科院、长沙市教育局、长沙市教育学院、岳麓区教育局、岳麓区教师发展中心等部门负责人出席启动仪式。工作室全体成员参加挂牌仪式，并在现场开展英语教研活动。

【创建两型学校】 11月，岳麓区博才中海小学、博才白鹤小学成功创建为“长沙市两型单位”，博才卓越小学成功创建为“长沙市两型示范单位”，滨湾路小学接受“长沙市两型学校创建示范单位”复评。12月，长沙市实验小学梅溪湖学校、博才梅溪湖小学成功创建为“岳麓区两型示范单位”。

【湖南省第二届“湖湘教育论坛”】 于11月17日，由岳麓区教育局和湖南师大附中博才实验中学承办。论坛的主题是“行走在教育家的路上”，研讨内容有全国著名教育专家学术报告、“湖湘教育家”主旨演讲、高端研修班级教育沙龙和高端研修项目研修成果展评。

【师德师风主题教育月活动】 12月1日，岳麓区教育局开展该活动，在“岳麓山下好读书”微信公众号上宣传20位师德先进典型和18个区级名师工作室。同时，汇集优秀教师事迹编印《弘毅集》，举行师德师风专题报告会，开展师德师风专项督查。

【长沙市教育科学规划课题优秀成果展示会】 于12月7日，在岳麓区博才中海小学举行。湖南省教育科学研究院副院长杨敏、长沙市教育科学研究院院长孙智明、长沙市教育科学研究院书记龙迪辉、长沙市教育科学“十三五”规划2017年立项课题主持人及部分主要研究人员参加会议。会议主题是“新时代 新科研”，采用成果报告、展板推广、典型发言、主题讲座等方式，推介2017年长沙市教育科学规划结题课题优秀成果。（张文峰）

附录

岳麓实验中学

校　　长 左辉东
党总支书记 郭亮伦
副 校 长 黄佑铭
凌兴隆
李振奇
工会主席 陈海波

【概况】 岳麓实验中学的前身是1942年创办的“长沙县福庆国民中心学校”。后相继使用“望城县第三完全小学”“长沙县含浦初级中学”“望城县第三中学”等校名，2008年因区域调整，划入岳麓区，更名为“长沙市岳麓实验中学”。学校系首批“长沙市示范性普通高级中学”，紧邻洋湖湿地公园和大王山旅游度假区，占地133亩，建筑面积25600平方米，2017年有教学班级23个，学生1478人，教职工135人，高级教师30人，硕士研究生8人，市级骨干教师10人，市区级优秀教师20人。学校建立1个区级书法名师工作室，4个校级名师工作室，分别是语文、数学、英语、体育。学校始终坚持“以人为本，和谐发展”的办学理念，以发展学生个性特长为本，全面实施素质教育，努力创建特色学校。

*教学管理。*按照国家课程方案要求，落实《国家课程设置实施方案》,开齐课程门类,开足课时，做到不增删课程、不增减课时、不任意提高或降低教学难度。加强教学常规管理，促进教师教学工作规范，修正完善《长沙市岳麓实验中学教学常规工作管理制度》等方案制度，并报职代会审议表决通过。制定行政、教师和学生值日制度，教务处教务员每周值日一天，检查早晚自习教师到堂情况，另设专人查堂，抽查每位教师上课情况（漏课、迟到、提前下课、学生趴桌睡觉人数等）并做好记录，作为一项重要的考核数据记录保存。认真落实相关的教学检查工作。坚持月教学督查制度，对教师的教学工作每月进行一次常规听课、备课、作业抽查，对检查结果按月通报。坚持每期进行两次（期中、期末）全面检查。每月编写教学简报，及时在教学简报上通报教学教研督查情况，或进行业务指导。业务领导经常深入教研组、年级组抽查教案、作业、听课笔记等，发现问题及时解决。设立备课组集体备课等教研活动考勤制度。每月集中搜集班级及各学科的意见建议，及时召开学科教师座谈会，学生座谈会，以便改进管理方法。落实学校领导和教师听课、评课制度。严格按规定征订教辅材料，教师教学和辅助用书齐备。进一步规范教育质量检测和评价。

*开展教学质量分析。*安排好毕业班的月模拟考及非毕业班的期中考试和期末考，及时做好考试质量的分析与反馈，达到以考促教，以考促学的目的。根据不同年级、学科的特点，科学安排考评科目、次数和方式。

*科研工作。*把新课程改革和课堂教学改革作为校本教研的重点内容。要求老师利用寒暑假学习并完成5000字的学习笔记。落实听课、评课、说课、议课、集体备课。备课组集体备课常态化，备课研讨立足校情学情，针对性强。积极探索课堂教学改革，2017年承办市级教研活动2次，区级教研活动5次，历史组潘浪波老师、政治组刘景凤老师、语文组唐香舒老师在活动中表现突出。成功组织高三教师真题大赛和高三备课组备考讲座，进一步加强高考备考的针对性与实效性。2017年下学期成功推出学校全员

教研周活动三次，75 位老师参加研究课活动。教研周工作组织亮点纷呈。组织老师参加省、市、区教研活动，吴茜、周婷婷、黄蓉、杜镔镔等老师获奖。谢小伍老师的课获省级优课，李平贵、刘红梅、盛格等 10 多位老师的课获市、区优课。组织课题研究，2017 年 6 月学校体育组市级规划课题顺利结题，获市级成果一等奖，市友谊教育科研二类三等奖。组织老师申报区级小课题 7 个，有 3 个已经申请结题。

队伍建设。全面贯彻党的教育方针、教育规划纲要和教育文件精神，配备结构合理、团结向上、综合素质和专业能力强的领导班子。认真搞好教师继续教育培训和“一师一优课，一课一名师”活动，提升教师素质，谢小伍、李平贵等老师上传的课获省、市级优课，黄蓉等 15 位老师获区级优课。认真组织教师参加省市区各级教学比赛和论文评选，生物组吴茜老师获省实验技能大赛二等奖，周婷婷、黄蓉老师获区级青年教师赛课奖励多项，杜镔镔老师获区级中学教师课堂教学比赛二等奖，赵小峰、刘红梅、李跃辉等老师在省级上刊物发表文章，唐香舒老师论文获省一等奖，周婷婷、肖碧蓉、冯艳等 10 位老师的论文获省级奖励。组织青蓝工程和骨干教师培训，李振奇、李军（男）、李平贵、谢小伍老师被认定为市级骨干教师，龙利英、赵小峰等 12 位老师被认定为区级骨干教师。

特色工作。继续加强特色高中学校建设，并通过岳麓区教育局特色项目创建中期评估工作。自 2014 年学校提出创建以体育特色为主的湖南省普通高中特色教育实验学校以来，特色创建工作带动了学校校本教材开发和教育教学改革，让学生学会了健体、学会了欣赏，增强了自信，提高了学生的学习能力，也提升了学校的教育教学质量。本年度共开设篮球、足球、健美操、跆拳道、乒乓球、羽毛球、田径共七个模块的专业化课程，在多样化的教学模式中实施体育教学，培养学生的学习兴趣及积极性。落实高中阳光体育运动大课间活动。尽显本校特色——跑操方阵，为学生健康成长夯实基础。持续阳光体育运动体育社团活动，2014–2017 年，学校攀岩社团、乒乓社团、体育舞蹈、篮球社团、散打社团、跆拳道社团学生，在国家及省、市各项比赛中获得奖牌荣誉 100 余项。（刘红梅）

湖南师大附中博才实验中学

校　　长　苏建祥
副 校 长　许小平（1–2月）
　　黄志清
　　黄宇鸿
　　殷日新（7–）
　　罗小平（7–）
党总支副书记
　　周成涛（7–）
校长助理　陈雄略

【概况】湖南师大附中博才实验中学是由岳麓区委、区政府和湖南师大附中联合打造的一所优质品牌完全中学，创办于2009年，受岳麓区教育局委托，2016年托管民办初级中学——岳麓区博才培圣学校，2017年接管原长沙市第十九中学（校名变更为博才中学大学科技城校区）。至2017年底，下辖天顶、学士、大学科技城三个校区，有在读学生7000余人，教职员工510余人。

2017 年，学校获全国中小学心理健康教育特色学校、全国中小学中华优秀文化艺术传承学校、湖南省食品安全示范学校、湖南省教育信息化创新应用示范学校、2016 年度湖南省武术工作突出贡献单位、长沙市基础团务优秀校、岳麓区教学质量先进单位等荣誉，被遴选为湖南省武术队后备人才培养选拔基地，蝉联长沙市体育大课间评比一等奖和岳麓区教育系统绩效考核一等奖。校园影视作品《荏苒》获全国校园专题类一等奖。校报《博览》被评为长沙市优秀内报。是年，学生参加国际国内各类竞赛获团体奖 20 余项次，个人奖 500 余人次，其中省级及以上奖励 70 余人次；教师参加各级各类赛课和专业评比活动，获奖项及称号（不包括优秀指导老师荣誉）110 余人次，其中国家级一等奖 2 人次，部级荣誉 2 人次；省级一等奖 8 人次，称号 5 人次，二等奖 5 人次；市级特等奖 1 人次，称号 8 人次；区级一等奖 50 人次，称号 12 人次。2017 年学校承担各级研究课题 30 项，其中 1 项省级课题结题结论获优秀，1 项市级重点资助课题成果获长沙市教育科学研究优秀成果一等奖，新获批长沙市“十三五”规划课题 2 项，岳麓区“十三五”规划课题 5 项，岳麓区小课题研究项目 21 项，均顺利开题。

受上级部门指派，2017 年 5 月与宁远县第八中学结为友好校，友好帮扶校增至 9 所。与英国爱伦堡中学结为友好校，国际友好校增至 4 所。承办省市区教研活动近 20 次，接待 600 余人次，接待省内外考察交流团 20 余批次近千人次，接待来自美国、西班牙的59位华裔青少年到校开展友好交流。

《教师》杂志2017新年号刊发校长苏建祥署名文章和封面报道，新华社、新华社湖南频道、CCTV华人频道、人民政协报、《湖南日报》、华声在线、湖南卫视、湖南经视、湖南教育电视台、《长沙晚报》、中国网、红网等媒体也对学校相关活动进行报道。

教学管理。一是规范学校办学行为。在教辅资料征订、招生、办班、补课、收费等方面进行地毯式自查，做到“守住底线，不踩红线”。2017年，组织召开第二届教职工代表大会第四次会议，对学校“二五”发展规划作中期总结与梳理，推动学校民主管理和发展。开展“校领导接待日”活动、家长会和“为了更美好的菠菜园”师生交流会，多方共谋学校和谐发展大局。发挥学术委员会在学校重大事务中的咨询作用和在教育教学教研工作中的督导和评估作用。二是提升教育教学质量。在各校区推进班组制分层和分类跑班教学，开设84门校本分类选修课，促进学生全方位发展。加强课堂监管，提升课堂教学效能。聚焦核心素养培养，开展系列学科特色活动。落实作业管理，实现减负增效。创新教学评价，建立“班组制”评价机制。安全教育常抓不懈，多渠道对师生进行常态化安全教育。加强医疗保健教育和心理健康教育，开展一系列心理健康教育活动。深入开展“幸福教室”创建展示活动。强化学生干部培养，抓好团干部和学生干部队伍建设。丰富主题活动形式，举办体育节、艺术节、科技节、社团节等活动，学生人人参与其中。结合传统节日开展特色主题活动。成立新一届家长委员会，发挥家长护苗义工队作用，凝聚家校教育合力。2017年暑假，高一新生录取大批2A4B和3A3B学生，生源质量实现质的飞跃，突破多年办学瓶颈。在2017年长沙市中考中，6A人数达302人，6A率15.64%，合格率98.3%，30名学生入围文化成绩单科前千分之一，其中3人有两个科目成绩进入前千分之一；就读湖南师大附中的2017届高三校友有10人被清华北大录取，11人被国外一流大学录取。2017年，学生获全国中学生羽毛球锦标赛初中组女子单、双打冠军和男子团体亚军、女子团体亚军；学生陈龙先后获湖南省传统校田径比赛跳高冠军（打破湖南省青少年比赛记录）和全国中学生田径锦标赛跳高金牌。学校管乐团和民乐团登上长沙音乐厅舞台表演。在师大附中教育集团2017年攀登杯竞赛中，托管的区博才培圣学校有51名学生获奖，其中一等奖21人，二、三等奖各14人，信息学一、二等奖各1人，另外，学生还获得数学单科第一和三科总分第二名。三是搭建教师发展平台。2017年，学校共承担和组织教师参与区级以上教研活动80余次，承担国培展示课、送课下乡、市区级研讨课百余节次。组织全体教师参加湖南省“一师一优课”活动网络平台晒课，选派部级“优课”执教者、地理教研组组长屈琼英老师在湖南省电化教育馆成功录制“湖南在线会客室”，该课通过网络向全国成功直播。在2017年“一师一优课、一课一名师”活动中，有16位老师获区级以上奖励，其中教育部部级优课2人，省级优课7人，市级优课9人。苏建祥同志荣获2017年度中国化学会化学基础教育奖（全国仅7位，湖南省仅1位），曾辉中学数学名师工作室获市“大洋”优秀名师工作室团队奖，化学、历史、物理、音乐、数学、技术、语文、美术、地理九个教研组获评2017年度长沙市优秀教研组。四是开展教师专业培训。作为湖南省教师发展中心授牌的“国培基地校”，受省教育厅委托，组织实施2017教育部－中国移动中小学校长培训项目“影子培训”、湖南省“国培计划（2017）”第三批项目县乡村中小学教师培训团队“影子教师”研修、广州市基础教育系统新一轮“百千万人才培养工程”第二批“中学名教师”培养项目等国培、省培项目十余项，为全国各地培训教师千余人次。其中，为本校培训教师近200人次。组织校本培训十余项，培训本校教师2000余人次。派遣教师外出参加各类培训50余项300余人次，其中市级以上培训30余项200余人次。五是加强教育友好帮扶。对宁远县第八中学、芷江县新店坪中学、华容县操军中学、韶山市实验中学、长沙县暮云中学、炎陵县三河镇中学、炎陵县船形乡学校、岳麓区雨敞坪镇麻田中学和嵇山中学9所学校进行友好帮扶，邀请和接待其教师到校参加培训和跟岗实践，并开展送培下乡等教育帮扶。派遣生物名师工作室首席名师方田根赴西藏支教，在交流中促进共同发展。

教研工作。一是发挥课题引领作用。省级课题“自能学习与自能发展”顺利结题并被现场确定为“优秀”，课题成果专著《自能学习与自能发展》获湖南省中小学教师队伍建设“双百工程”2017年优秀著作类一等奖，课题论文《自能学习系统对初中生自能发展能力的干预研究》获湖南省中小学教师队伍建设“双百工程”2017年优秀教育教学论文类一等奖。市级重点资助课题“中国传统文化背景下增强学生体质的实践研究”结题成果获评长沙市教育科学研究优秀成果一等奖。校长助理兼教科室主任唐莹代表学校在长沙市教育科学规划课题成果展示会上作典型发言。学校“自能课堂”特色受邀在岳麓区学校特色项目创建情况汇报会上作经验分享，受到区内专家同行一致好评。黄丽、李碧慧老师分别主持的两项长沙市“十三五”课题获批立项，5项岳麓区教育科学研究“十三五”课题开题，申报岳麓区小课题研究项目21项。各级课题立项数和研究质量在长沙市均名列前茅。二是增强成果辐射效应。完成省级课题“自能学习与自能发展研究”成果物化丛书《自能导学》(微课版)修订完善工作，丛书得到湖南教育出版社高度认可并大力推广，被省内多所学校采纳使用。课题成果物化专著《走向自能课堂》由湖南师大出版社出版，在学校多次承办的省级以上研讨会、国培等项目中推广，成为校内外老师实践教学指导丛书，广受好评；另一专著《自能学习与自能发展研究》经多次征稿和反复修订后定稿，已与湖南师大出版社签订出版合同。三是加强教育督导巡视。先后接受岳麓区秋季开学工作督导，长沙市秋季开学工作督导，省委改革办、省教育厅基础教育改革督导调研，长沙市义务教育均衡发展评估调研，长沙市基础教育课程改革样板校评估认定等多项督导评估或调研活动，实现“零差错”，获得一致好评和赞赏。在校内开展教辅材料使用自查工作、教育教学常规督导、课堂教学质量督导调研、期末复习课质量督导等督查工作，督促教师落实教学常规、注重教学效果。

队伍建设。一是强化制度建设。进一步建立健全制度、机制，推动教职工队伍建设制度化、梯度化、校本化发展，制定《教师培养一三五工程》制度，完善《名师工作室管理章程》《学术委员会管理章程》等文件，进一步夯实队伍基础。二是加强师德师风建设。党政工团齐抓共管，在教职员工中深入开展社会主义核心价值观教育和十九大精神学习，积极宣传上级教育主管部门有关师德师风建设的规章制度。利用多种渠道弘扬师德师风，开展学先进活动；推荐教师参评“中国梦·劳动美”岳麓区“最美劳动者”评选获得好评；组织开展“三八岗位明星”评选和教师节评优，宣扬师德标兵，表彰校内先进。组织开展教师专业和礼仪培训，进一步提升教师形象和魅力。三是激活队伍发展活力。成立篮球、羽毛球、乒乓球、排球、自行车、途牛、舞蹈、武术等教师社团，定期开展社团活动，激发队伍活力和凝聚力，丰富教职工课余文化生活，为教职工队伍注入新鲜活力。校教职工排球队参加第七届“附中杯”教职工排球比赛，男队获冠军，女队获亚军。

（贺炜石）

【湖南省第二届“湖湘教育家大讲坛”(初中教育分场)活动】在岳麓区举行。“讲坛”由湖南省教育厅指导，湖南省中小学教师发展中心主办，旨在加强全省中小学名师名校长培养工作，实施中小学幼儿园名师名校长“十百千万”工程，建设一支中小学高层次领军人才队伍。“讲坛”（初中教育分场）活动由湖南师大附中博才实验中学承办，持续三天。副区长潘旺明出席活动并致辞，华中师范大学教师教育学院院长洪早清、华南师范大学基础教育培训与研究院副院长黄道鸣、华中师范大学教师教育学院培训部主任周尤、湖南省中小学教师发展中心师德师风建设与名师工作科副科长郑卫、区政府主任督学李晓丽出席，湖南师大附中博才实验中学校长苏建祥，党总支书记、副校长彭国武及湖南省首届“教育家孵化”高研班、湖南省教育厅历届“未来教育家”高研班、湖南省教育厅历届“青年精英教师”高研班学员等省内300多名教育管理精英参加。苏建祥校长作为湖南省名校长代表发表“助力每一位师生幸福成长”的主旨演讲。新华社、湖南卫视、湖南经视、红网记者对讲坛活动进行报道。

（贺炜石）

长沙麓山外国语实验中学

校　　长　张　辉（兼党总支副书记）

党总支书记　颜利人

副 校 长　王志刚（兼工会主席）
张廷华

【概况】麓山外国语实验中学前称是长沙市二十八中学，位于长沙市岳麓区桃湾镇266号。1975

年由长沙市人民政府筹建，1976年秋季正式开学。2002年由市教育局移交岳麓区教育局，成为岳麓区区属公办全日制完全中学。2005年挂牌“岳麓外国语实验中学”。2008年9月，加挂“湖南师大附中分校”校牌。2016年4月27日，麓山国际实验学校与长沙市岳麓区政府签订协议并举行挂牌仪式，学校由麓山国际实验学校全面托管，更名为长沙麓山外国语实验中学。学校占地面积21010平方米，教学建筑面积11248平方米，有教学楼两栋，实验科技办公大楼一栋。2016年岳麓区政府投资对校园进行提质改造，校园面貌焕然一新。学校管理团队由麓山国际实验学校本部直接组建，学校校长、主管教育教学副校长由麓山国际委派；中层干部、教师团队由麓山国际实验学校与岳麓区教育局共同选聘、选派。2017年学校有在校学生1946人，教学班40个（其中初中29个，高中11个），在职教职员工156人，其中高级教师32人，占教师队伍的20%以上。

2017年高考，学校一本上线11人，二本上线33人，三本上线43人。二本上线率比上年提高了10.2%。其中，英语成绩相比2016年前进了11个名次。2017年中考，学校合格率比2016年提升了10.4%，其中英语合格率97.11%，比2016年提升8.87%，在2017年长沙市教育科学院组织的“长沙高三教学工作总结会议”中给予了肯定。

课堂建设。一是学校教学管理和教研与麓山国际本部实行五统一（统一教学资料、统一教学进度、统一备课制度、统一考试制度、统一评价制度），以提升学校教育教学教研质量。二是深化课堂改革,引进麓山国际“EEPO”有效教学方式，推行“麓外五课”（集体研课、推门听课、专家督课、学生评课、校长约课），开展“每周一好课”活动，通过学生网上评课、学校每周统课，评选“好课老师”，提升课堂效率。三是出版“三教周刊”，内设德育天地、教务动态、教研视窗、一周记事、检查通报、下周工作。以便做好课堂预案。

课程建设。根据中学生核心素养提出《麓外三大课程体系》（促学生全面发展的基础型课程、促学生个性发展的拓展型课程和促学生可持续性发展的活动型课程）。基础型课程针对全体学生分为国家必修课程和校本必修课程，开足开齐国家必修基础性课程，校本必修课程有课前3分钟、课间唱、放眼天下、麓外讲堂、英语听读训练等。拓展型课程分为课程选学生类和学生选课程类。课程选学生是针对学生的特长开设科学类、人文类、艺术类、体育类课程；学生选课程是从学科特色、教师特长出发，自主开发选修课程，构建选修课超市。活动型课程分为校本必修和校本选修。校本必修课包含“五走进”（走进军营、走进岳麓山、走进湘江、走进橘子洲、走大学城，又称“山水洲城”课程）和“五大节”（体育节、艺术节、科技节、人文节和外语节）。校本选修课分为研学旅行和主题社团。研学旅行有由生物教研组负责的探究自然奥秘的绿色之旅、由地理教研组负责的调查资源环境的环保之旅、由语文教研组负责的感悟中华文明的文学之旅、由英语教研组组织的拓展国际视野的异国之旅、由教育处负责的参观革命老区的红色之旅、由年级组负责的体验湖湘文化的春秋之旅；由团委负责的主题社团有广播站、文学社、剪纸社、戏剧社、推理社、礼仪社、书法社等。

文化建设。一是理念文化。学校秉承“学会生存，学会关心”的麓山国际校训。倡导“心不苦，不辛苦”的工作理念，将“培养幸福的普通人”定为学校的育人目标，打造“管理精细、课堂精彩、校园精致、教育温暖”的办学愿景，“把师生摆在学校的正中央”，要求行政干部“想前面、马上办、回头看”，老师理解“学识是铜牌、人脉是银牌、思维是金牌”，统一“思路决定出路，不做广告做口碑”的思想，努力将“只只蚂蚁捉上树”，为“细节麓外、故事麓外、文化麓外”奠基。二是做事文化。学校提出“低头弯腰接地气、带头干活正风气、做就做好，决不将就”，要求行政干部值班“六走进”（走进教室、走进寝室、走进操场、走进食堂、走进厕所、走进办公室）、用“发现的眼光”不但把事做好，还要把事情说好。三是班级、年级文化建设。用“八维四步”方案（八个维度：教室文化、制度文化、核心文化、团队文化、班会文化、活动文化、沙龙文化、新媒体文化，四个步骤：顶层设计、目标分解、目标分解、德育项目）打造班级核心文化，确定班徽、班歌、班训及班级周刊。

队伍建设。一是落实党建工作。按照上级要求将各项党建工作落到实处，做到两学一做常态化、三会一课制度化、主题党日标准化、特色化。二是完善师德师风。每期开学前开展教师培训，邀请麓山国际实验学校领导、教育教学有特色的教师专家、党校教授来校讲座。号召老师“每日200字接龙”。定期开展评优评先活动，树立榜样，激励先进。三是发挥团队文化。校务会和行政干部会每周定时召开，班主任沙龙、麓外讲堂，年级组、教研组汇报每期一次。教职工大会内容充实，有教师闪亮播报、教师读书分享等。年终喜乐会给老师提供展示和释放的舞台。四是加强学校宣传。学校网站、微信公众号及时发布学校动态，关注度逐年递增。与各级媒体加强联系，2017年被市级以上新闻媒体采用的稿件34篇。（王李军）

科学技术管理

区科技局

党组书记、局长
张　伟

党组成员、副局长
熊伏辉
冯江霞（女）

党组成员 欧阳李欢

纪检组长 程庆荣（1–8月）

【概况】 2017年，区科学技术局以全面落实创新驱动发展战略为主线，围绕全区“三融共进，五化同步”的战略目标，促进科技成果就地转化，发展高新技术产业，加强对全区科技进步事业的组织领导，工作取得明显成效。完成高新技术产业增加值400亿元，占地区生产总值比重40%。有35家科技型企业获评高新技术企业。全年区内专利申请总量14439件，授权专利数5428件。岳麓区获评2017年度湖南省知识产权工作先进县（市、区）。

夯实基础工作。一是高新技术企业培育工作。贯彻落实高新技术强基工程三年行动计划，突出重点、加大投入、择优引进。2017年区新增高新技术企业35家，新增高企数与上年比翻一番。二是产学研合作。促成市科技局对中南大学开通服务试点，获备案技术贸易合同总额2.38亿元。为矿山研究院、湖南大学建筑设计有限公司等技术成果高产单位提供服务，对科技申报项目、高企认定上门指导，共完成技术贸易成交额7.45亿元，较2016年增长200%。三是科技项目申报和管理。全年组织、筛选、申报各类科技项目63项，其中市科研项目申报52项，重大专项11项。落实国家、省、市科技发展资金1081万元，其中国家科技部资金92万余元，省科技厅资金394万余元，市科技局资金595万余元。推荐湖南大学的“功能纳米材料和微生物修复和金属污染湿地新方法”评为2017年国家自然科学奖二等奖；中南大学“红斑狼疮疤诊治策略”获国家科学技术进步奖二等奖；湖南大学“山区大跨度悬索桥设计”获国家科学进步奖二等奖。湖南新云网获评湖南省首届创新奖。全年完成11个科技项目验收工作。

加强科技宣传。一是落实“1+4”科技新政。2017年9月15日，开展“1+4”科技新政宣讲会，邀请市局相关领导从政策出台、制定原则和目标等方面详细讲解“1+4”科技创新政策体系，全区共120多名科技型企业代表参训。二是举办创新创业大赛。2017年10月，组织全区各众创空间、楼宇工作站和创业基地开展岳麓山国家大学科技城“麓山杯”创新创业挑战赛。有43个科技型企业和初创团队报名参赛，参赛项目覆盖机械制造、无人机研发、立体车库建造、医疗健康、高端日化、智能设计等多个行业，在2017年长沙市科技创新创业大赛分组决赛中，“基于人工智能的糖尿病性视网膜病变（DR）检测平台”和“3D组织细胞环培养项目”分别获初创团队组的冠、季军。三是搭建线上平台。2017年5月，指导长沙诺为信息技术有限公司建设岳麓区科技创新平台并上线，动员全区科技企业注册，全年入驻企业260多家，共发布60项科技成果，对接20项服务需求。

强化农业科技服务。一是建设科技特派员队伍。从中南林业学院、湖南农大等高校、科研机构选拔9名专家教授担任岳麓区科技特派员。围绕派驻岳麓区企业的产业特色，制定工作方案，定期现场指导，共同推动农业科技创新，提高广大农民群众的科技素质和种养殖水平，加快发展区域农业经济。二是加强农业科技创新。星海农业有限公司、桃岭农业科技有限公司、莲花镇龙台村3家单位获批2017年市科技特派员项目，含泰社区、森蓝农业、五丰村社区3家单位创建市级12396科技助农直通车示范站，推荐发丫红彩色特种水稻示范基地、爱格设施农艺园、南轩种植专业合作社3家申报市级农村科普示范基地。

加强知识产权管理。一是提供专利保护。岳麓区专利申请、授权量均列各区县第一，申请量首次破万，万人有效发明专利达86.8件。全年协调“双打”成员单位联合执法18次，组织专利执法暨普法行动4次，办结案件65

件，同比增长35%。2次协调中南大学、省高院开展“双师同堂”知识产权普法宣讲，促成省知产纠纷人民调解委员会与区法院签署纠纷诉调对接协议。建立区软件正版化联席会议机制，组织59个机关单位自查整改，新增正版软件授权2658套。二是做好宣传推介。畅通与省市对口信息渠道，定期对接互动。完成长沙区县级首次著作权纠纷行政调解，做法在省市两级网站推广。全年在国家双打网、省市知识产权网、岳麓新闻网等编发工作信息79篇。在区内18个众创空间发放100余份问卷，针对创业者知识产权风险进行调查、普宣及援助。

（袁野）

【长沙市科技创新创业大赛在岳麓区启动】 2017年10月20日，“星创同行”2017年长沙市科技创新创业大赛启动仪式在岳麓区政府会议中心隆重举行。长沙市科技局党组书记、局长赵跃驷，长沙市岳麓区委副书记、区长刘汇，长沙市财政局副局长李玮玮，以及市双创工作领导小组各成员单位以及各创客空间孵化器、咨询机构、投资人代表、创业企业代表、学生代表、新闻媒体朋友约500余人参加本次活动。2017年的科创大赛是按照《长沙市小微企业创新创业基地城市示范三年行动计划（2015–2017）》要求，在成功举办2016年首届长沙市科创大赛的基础上举办。此次大赛报名项目300多个，通过区县（市）选送项目108个，实际参赛项目98个。

【区知识产权局首次成功调解的著作权纠纷案】 2017年11月7日，湖南戎腾网络科技有限公司与长沙高新区某企业软件著作权纠纷一案，经岳麓区知识产权局调解，双方顺利达成和解。作为岳麓区辖范围内首次成功调解的著作权纠纷案，此次行政调解不但为权利人节约了维权的资金、时间成本，使涉嫌侵权企业避免了民事赔偿、行政处罚和名誉损失，同时节约了宝贵的司法资源，为进一步拓宽知识产权保护渠道、营造岳麓良好创新环境提供了有效借鉴。

（袁野）

文体建设

区文化体育新闻出版局

党组书记、局长

李玲艳（女）

党组副书记、副局长

区文化市场综合执法局局长

付杜娟（女）

党组成员 黎中华（10–）

陶季君

副 局 长 安伟峰（女）

区文化市场综合执法局副局长

胡常红

区图书馆馆长、公共文化科科长(兼)

杨 娟（女）

区文化馆馆长

盘易安

【概况】 2017年，区文化体育新闻出版局（简称文体新局）紧紧围绕学习宣传贯彻中共十九大精神这一主线，坚持服务人民、服务中心，讲政治、严纪律、谋发展，砥砺奋进，圆满完成各项任务，岳麓区被评为省公共文化服务先进区，区文体新局获评全市文化系统绩效考核内五区第一名、先进单位，第六年连续获评区内绩效考核一类单位。

文体基础建设。一是完善制度保障。年初，区委区政府专题研究全区文化工作，下发《加快构建现代公共文化服务体系实施意见》、《关于推进基层综合性文化服务中心建设的实施意见》，构建政府主导、社会参与、共建共享的岳麓大文化格局。二是文体设施建设。在全市率先启动区文体中心、区图书中心建设。年度投入资金1.2亿元，已完成场地调规、方案设计及地下部分建设任务。新建荷叶塘等5家示范性社区综合文化服务中心，打造3个精品小区文体阵地、4个街镇文体广场及60处体育健身器材，公共文化服务在家门口迅速升级。发动社会多方资源，由区、街道、企业共同投入，建成八方、米兰春天、枫华府第等4家社区型、街头型、企业型24小时自助图书馆，与区、街、图书总分馆、农家书屋形成立体式服务模式，实现图书借阅“不打烊”。借力湘江新区城市建设，全力推进梅溪湖国际文化艺术中心、谢子龙影像艺术中心标志性文化场馆建设并开馆。李自健美术馆、梅溪书院、岳麓书社等场馆运营火爆，省美术馆、湘江欢乐城、华谊电影小镇、湘军文化园等项目进展顺利，丰富和促进岳麓区文体事业和文化产业的发展。

文化品牌创建。一是打造红色文化品牌。以喜迎十九大为主题，精心组织“欢乐潇湘”、岳麓社区文体节、“百姓大舞台”、全民健身广场舞大赛等全民参与性活动100余场次；创新策划“新时代、新岳麓”社区群众迎春文艺晚会、“铭记光辉历史·激扬岳麓梦想”交响音乐会、“激昂橘子洲”毛泽东诗词朗诵比赛、“众志成城”抗洪摄影作品展、红色文化志愿服务走基层等系列主题活动;组织开展《红于二月花》《大美于心》精品剧目展演、校园文化进社区、群文团队巡演等送演活动200余场次。累计参与人数超过15万人次,多家媒体竞相报道。二是建设红色文化阵地。借区委组织部门开展小区党建的契机,将文化建设与党建工作、意识形态工作融为一体,精心选点、主动对接、整合资源、重点投入,打造龙王港、高鑫麓城、金茂小区、恒大华府4个精品红色文化阵地,并定期开展文艺演出、经典阅读、送电影等形式多样的文化活动,得到省市委主要领导的充分肯定和群众的一致好评。三是发展竞技体育。在市九运会比赛中岳麓区代表队以112枚金牌获得全市第二的历史最好成绩。高标准承办和协办红色马拉松、湘江马拉松赛、中国长沙世界名校赛艇挑战赛、市“羽协杯”区县(市)友谊赛等重要赛事,并摘得市“羽协杯”桂冠。

文艺创作与文物保护。一是打造文艺精品力作。坚持“两为”、“双百”方针,把文艺创作作为文化工作的生命力所在,创作了一系列思想精深、艺术精湛、制作精良的文艺作品。2017年,区舞蹈、歌曲、朗诵、微电影、小品等多项作品喜获佳绩:舞蹈《梅山诀》获评2017年国家艺术基金资助项目;广播剧《好大一个家》获省“五个一”工程奖;翼之梦艺术团的《蒲公英》获“欢乐潇湘”文艺决赛金奖;广场舞《诚信人生金不换》、《唱起来跳起来》获2017年“欢乐潇湘·品质长沙”全民健身广场舞大赛金奖和银奖,廉政文艺节目《牵手》、《家风颂》在长沙市好家风廉政节目文艺比赛中分别获得一、二等奖。二是加强文物保护工作,健全区、街道(镇)、社区(村)三级保护网络。完成刘崐墓保护修缮工程和曾国藩墓保护规划的初稿,主动服务白沙液历史文化街区改造和坪塘大道建设。开展非遗保护传承,评选认定了4个区级非遗项目,1个项目入选2017年市级传承人名录。

市场监管。一是文化市场监管。顺利迎接中央环保督查组专项督查和文明创建国检,确保全区300余家娱乐经营场所未发生一起责任问题。成功查办“4.28”“6.16”两起国家挂牌交办的非法出版案件。区文体新局获评省“扫黄打非”先进单位,荷叶塘社区获评全国“扫黄打非”先进集体和全国“扫黄打非”15个示范点之一,长华社区被评为省“扫黄打非”示范性社区。二是意识形态管控。制定出台《关于加强文化文艺阵地管理的实施方案》、《岳麓区文体新系统意识形态领域专项检查工作方案》,细化责任,明确措施,传导压力,构建文化系统意识形态管控网络。三是日常监管。建立重点网吧监管制度,实施动态管控。结合寒暑假、元旦、春节、国庆等重要时段和校园周边、城乡结合部、人员密集地等重点区域开展专项整治行动和联合执法行动50余次,全年共出动检查人数21600余人次,办理各类案件74件。突出抓好文化市场“12318”举报电话与“12345”热线的无缝对接,妥善处理群众的来信来访,全年共受理300余起举报件,实现核查率、处置率和反馈率3个100%。四是助推文化产业发展。区委政府高度重视文化产业工作,将文化产业列为全区六大主导产业之一,区文体新局作为牵头部门主动担当,积极作为,制定出台《岳麓区文化消费试点工作方案》,精心组织、广泛发动,推荐的梅溪湖艺术中心、华谊电影小镇2个项目被评为市十大消费项目,35个项目入选全市第一批文化消费试点项目,内五区入选数量最多。深入推动网吧行业转型升级,上机堂连锁网吧有限公司被省文化厅评为全省文化产业示范基地。

党建工作。一是强化理论学习,提升党员干部党性修养。按照“两学一做”活动计划,全年开展工作部署会、专题讨论等集体讨论学习11次以上,组织全局党员干部原原本本学习近平系列重要讲话、学党章、谈体会、找差距,真正做到了入脑入心,进一步强化各级党员干部的党性意识,增强明辨是非的能力,全局党员呈现出锐意进取、积极向上的良好风貌。二是严格日常管理,增强党员干部履责意识。全面加强工作绩效管理,成立由局办公室牵头的局考核小组,制定工作目标,落实责任分工,实施年度绩效与评优评先挂钩。坚持业务工作每周一报,信息报送和内部考勤每月一报,工作情况每季干部职工大会讲评,不断提升党员干部履职尽责意识。三是落实组织生活制度,坚持开好民主生活会,深入开展批评与自我批评,让红红脸、出出汗成为常态,及时发现和纠正各级党员干部存在的问题,紧紧围绕“两学一做”,深入开展配套活动,积极参加区直“机关党员大课堂”,全体党员均轮训一次,支部成员、局办公室主任杨思薇同志在第四期专题学习中围绕《文化，让岳麓更美好》主题开讲微党课，彰显了新时期优秀党员的良好精神风貌。

（刘振峰 佘沂乘）

卫生和计划生育

区卫生和计划生育局

党委书记、局长
钟贵荣

局党委副书记、副局长
刘四清

纪检组长 袁文胜

党委委员 蔡振宇
彭上红
康　勇

副 局 长 徐　进（女）
李国华
周　燕（女）

【概况】 2017年区卫生和计划生育局认真贯彻执行党和国家、省、市关于卫生和计划生育工作的法律法规和工作要求，全面履行工作职能职责，促进各项工作的顺利开展。圆满完成全年工作任务，获得全省人口和计划生育2017年度考核评估排队第一名，全省基本药物考核评估排队第一名，继续保持“全国新一轮计划生育优质服务先进区县”荣誉。

2017年全区总人口（含高新区）90万人，其中常住人口63.4万，流入人口26.6万。2017年度出生人口16723人（含流入人口），符合政策生育率99.18%。全区共有医疗卫生机构621家，其中医院54家，门诊部181家，医务室（保健所）50家，诊所187家，社区卫生服务中心16家（桔子洲、观沙岭、梅溪湖和咸嘉湖4家为民营，业务托管高新区麓谷街道社区卫生服务中心），镇卫生院2家，社区卫生服务站46个，村卫生室85个；全区直属系统共有职工1249人。

制度建设。2017年是卫计工作落实年，区卫计局进一步建立健全了各项工作机制和规章制度，先后制定《岳麓区人口计生工作考核评估办法》、《岳麓区基层医疗卫生机构基本公共卫生服务项目经费分配方案》、《岳麓区关于对社区卫生服务中心（卫生院）绩效考核细则》、《岳麓区卫计局关于对服务站、村卫生室考核办法》、《岳麓区关于对社区卫生服务中心（卫生院）绩效奖励细则》、《岳麓区基层医疗卫生机构财务管理办法》、《岳麓区基层医疗卫生机构绩效工资实施细则》、《岳麓区卫计系统人事管理办法》、《岳麓区基层医疗卫生单位领导班子绩效考核管理实施办法》、《岳麓区社区卫生服务站管理办法及设置审批程序》等39个规范性、制度性文件。

依法行政。一是广泛开展法制宣传教育。充分利用宣传栏、宣传册等宣传工具，以世界卫生日、儿童预防接种日、5.29计生协会会员活动日等节点活动为载体，广泛宣传卫生计生法律法规。发放各类宣传资料5万余册。二是健全和完善行政审批制度。制订《岳麓区卫计局行政审批若干规定的通知》、《岳麓区社区卫生服务管理办法及设置审批程序的通知》，落实行政审批责任制，卫生计生行政许可审批全部“一站式服务”。三是推进卫计综合执法。依照法定程序处理卫计案件106起，有效净化医疗服务市场。四是规范检验检测。在人员、设施设备、环境条件、试剂、耗材五个环节实施严格监督，为全区公共卫生安全严把检测基础关。五是主动接受区人大对卫计工作评议。根据人大评议意见全面加强整改落实和提升服务能力。

基本公共服务。全面推进13大类42大项303小项公共卫计服务，2017年，建立居民电子健康档案78.2万份，建档率93.42%。一是落实预防接种服务。狠抓疫苗流通和预防接种质量，筑起免疫屏障，2017年全区共接种疫苗54.8万剂次，在册儿童建立预防接种证96.91%，疫苗电子监管码扫码入库100%，全年未发生疫苗接种安全事故。二是落实妇幼保健服务。全年开展免费婚检、免费孕前优生检查、农村两癌普查、妇科病查治等七大类服务共计8.3万人。三是落实重大疾病防控。落实艾滋病“四免一关怀”政策，加大监测检测力度和病人（感染者）随访和治疗管理，落实宣传教育、高危行为干预等综合防控措施；完善结核病医防合作模式，重点做好学校结核病防控和耐多药肺结核病防治创新项目工作；落实血吸虫病防控螺情监测、查病等工作，巩固和维持传播阻断状态。四是加强传染病信息报告和管理。做好呼吸道、肠道传染病等常见传染病的监测和防控，积极应对H7N9、寨卡病毒病等热点、重点、新发传染病。五是加强监测。加大对食品、水质、公共场所用具的监测工作，科学、规范调查处置食源性疾病事件，全方位筑建公共卫生屏障。六是落实慢性非传染病疾控的综合防控措施，加大慢性病的筛查力度。规范开展高血压、糖尿病等慢性病患者的健康管理，提高疾病控制率。通过组建医疗联合体引导上级专家积极参与基本公共卫生服务工作，不断提高基层服务能力。七是完成计划生育工作。全面加强基层基础工作；全面落实各项计划生育利益导向政策；5.2万余名符合奖励扶助条件对象的奖励扶助资金及时足额准确到位；落实流动人口卫计均等化服务。

卫计体系建设。一是加大公共服务阵地建设。加快推进公卫大楼建设进度，完成4个社区卫生服务中心（院）改扩建和6个村卫生室标准化新改扩建。二是加强卫技人员队伍建设。强化卫技人才保障，通过公开招考补充招聘卫生技术人员19名；通过组织考察公开竞聘的方式完善配齐7个社区卫生服务中心（卫生院）领导班子；组织社区医务人员参加由省市卫计部门举办的各种各类业务培训，进一步提高基层卫技人员的业务素质。三是加强规范社区卫生服务站建设。制定《岳麓区社区卫生服务站管理实施细则》，着力通过完善量化考核、准入和退出机制，促进各社区卫生服务站有序落实基本公共卫生服务工作。四是完善妇幼健康服务体系建设。制定《岳麓区创建妇幼健康优质服务示范工程实施方案》，成立妇幼健康服务队伍体系，做到服务对象更加精准、服务项目更加及时、服务流程更加优化，服务效果更加满意。五是健全区级突发公共卫生事件应急体系。进一步修订和完善各项应急预案和工作方案，组建突发公共卫生事件应急处置机动队，使物资管理和应急队伍建设步入专业化。

健康养老。一是健康产业项目进展顺利。恒大国际健康城项目用地已通过招拍挂，亿达健康科技城项目合作投资协议文本已通过管委会主任办公会，土地即将挂牌，爱尔国际医疗健康产业城项目签订了正式投资协议，洋湖妇女儿童医院项目正在实施主体建设。二是新增长沙汉爵中西医老年康复医院、长沙市岳麓区协盛老年人护养院、松年康养老公寓、青山颐年养老庄园、村之味生态休闲养老观光产业园、森馨舒养生养老创意农业园、莲花骏利老年山庄医养结合养老机构7家，新增养老床位1200余张。

（刘仲谋）

社会事务

民政事务

区民政局

党组书记、局长
龚毅夫

党组成员、副局长
黄奇刚
周　沫（女）
张振华

党组成员　彭振刚
陈汉先

【**概况**】2017年，区民政工作坚持“以民为本、为民解困、为民服务”的宗旨，围绕“保民生、促发展、保稳定”中心，发挥“政府主导、社会参与”两种力量，着重解决困难群众的实际问题，突出抓好社会救助，双拥优抚，社会福利，基层组织和社区建设，社会事务管理、社会组织管理等工作重点，抓好“保障民生、扩展民权、服务社会”的各项工作，圆满完成全年工作任务，在全省综合减灾示范社区审核、考核中，岳麓区观沙岭街道钰龙社区、橘子洲街道师大社区、学士街道斑马塘社区被湖南省减灾委员会办公室、湖南省民政厅命名为“湖南省综合减灾示范社区”。

社会救助。一是城乡低保。加强业务培训，全面开展低保认定清理整顿工作，对岳麓区低保家庭、特困人员重新核算和提标，截至12月，有低保对象4831户、8890人，发放金额3692.49万元。二是特困对象救助和敬老院管理。全面启用特困供养系统，对岳麓区特困供养人员的自理能力重新进行评估界定，截至12月，城乡特困对象（五保对象）976户、1002人，累计发放保障金862.08万元；加强对4所敬老院的管理，共有床位500张，入住老人237人。指导坪塘、雨敞坪敬老院设立照料护理区。指导敬老院进行消防设施改造。三是社会救助。全面建立“一门受理，协同办理”工作机制，设立社会救助一门受理服务窗口，截至12月，医疗救助累计救助6598人次、2041万元；1083名在册社会精神病人接受药物救助，累计救助6922人次、61.95万元，153名重症精神病人接受住院救助；临时救助累计救助1053人次、172.17万元，救助独生子女家庭195户，双女户家庭55户；认定低收入家庭113户。

基层政权和社区建设。一是换届选举。完成98个社区、52个村（居）民委员会换届选举工作，本届村（居）登记选民334855人，实际参加选举321461人，参选率96%。选举产生村（居）委民员会班子成员576人，其中女性成员301人，选出村（居）民小组2876个，村（居）民小组长2876人。二是社区建设项目。申报2017年“三社联动”示范创建项目10个，市级“三社联动”优秀项目3个，市级和谐社区建设示范社区6个，市级和谐社区建设精品社区6个，市级社区服务品牌7个，完成莲花镇金华村等14个农村社区建设试点村任务，完成市级办公服务用房达标建设任务6个。三社区审核移交工作。完成20个筹备社区的现场勘查、资料审核、名称预审、报批成立等工作，岳麓区城市社区增加至106个。对7个社区的管辖范围进行了调整批复；与望城区签订了中南、湘陵两个社区移交协议，原由岳麓区望月湖街道管辖的中南、湘陵社区的行政和社区事务移交望城区接管，解决了两个社区长期“人户分离”带来的困扰。四是社区全面提质提档。对33个提质提档社区进行社区规范化建设，构建社区多元服务体系，加强社区专职人员管理，健全“三社联动”服务机制，确保社区提质提档工作圆满完成。五是村（居）特别法人统一信用代码证办理。按质按量完成岳麓区173个（含高新区管委会下辖16个社区、村）村（居）特别法人统一信用代码证赋码资料收集、录入和信息比对工作，并在省厅统一定点单位印制《村（居）特别法人统一信用代码证》。

双拥优抚安置和军休管理。一是双拥共建。开展双拥共建活动，建军90周年前夕区委联点领导分别走访慰问联点的街道（镇）重点优抚对象34户，区民政局和街道（镇）开展部分困难军队退役人员走访慰问活动。按政策及

时发放义务兵家庭优待金1309.5万元。二是优抚工作。岳麓区现有享受待遇的优抚对象2523人，全年发放优抚金2400余万元，所有优抚对象的待遇按政策落实到位。积极做好优抚对象的矛盾化解和政策解释工作，全年没有发生群体性上访事件。三是退伍安置。2017年以妥善解决退役士兵安置遗留问题为重点，着力抓好符合政府安排工作条件的退役士兵安置工作。按政策做好退役士兵接收工作，全年接收退役士兵271人，发放一次性地方经济补助261.3万元，开展退役士兵免费职业技能培训；协助区人武部广泛开展“双带双促”工作，鼓励退役士兵创业就业。四是军休工作。军休干部和无军籍职工生活费按时足额发放，全年发放经费460余万元，补发2017年地方性生活补助费近300余万元；推进分散供养方式的军休服务管理工作，全面落实军休干部和军休职工的接收安置工作。

社会福利。一是居家和社区养老服务改革试点工作。出台《岳麓区居家和社区养老服务改革试点工作实施方案》，新增养老床位180张，新建日间照料中心11家，居家养老中心9家，新增医养融合的养老机构1家，为岳麓区314个困难老人提供居家养老政府购买服务，与咸嘉街道联合建设具有岳麓特色的养老信息化服务系统。二是困难残疾人生活补贴和重度残疾人护理补贴发放工作。一至四季度发放补贴16728人次、917.42万元。三是老龄工作。开展岳麓区百岁老人和年满80周岁以上且申报高龄津贴的老人资信复核，发放补贴48932人次、795.22万元。抓好养老服务示范点建设，探索建立新型社区居家养老体系。四是中福在线。截至12月31日，中福销售厅累计销量5163万元，与2016年比增长57万元，增长1.11%。

社会组织管理。一是社会组织登记。岳麓区现有登记注册的社会组织386家，新登记注册社会组织40家，变更登记34家，注销登记4家，发放行政许可78份，新登记注册社会组织现场核查率和社会组织法定代表人变更约谈率100%。二是社会组织备案。新增备案社区社会组织104家，岳麓区备案的社区社会组织已达587家。三是2016年度社会组织年检工作。对22家民办幼儿园、民办学校及残疾人康复中心进行现场年检，对存在问题的7家单位下达整改通知书。为已完成年度检查的317家社会组织发放了“三证合一”登记证书。四是推进“三社联动”。编制“三社联动”供需信息手册，上报市级“三社联动”示范创建项目10个，在岳麓区全面推广社区服务“三社联动”服务模式；引进孵化培育公益慈善类、城乡服务类社会组织9家，开展岳麓区“双优”评比表彰和国际社工日宣传工作；切实抓好全国（助理）社会工作师证考前培训，岳麓区报考助理社会工作师和社会工作师376人，通过99人，累计持证人数已达460人。

防灾救灾勘灾。一是防灾救灾勘灾宣传。重点做好“5.12”和国际防灾减灾日防灾减灾日宣传活动，创国家级综合减灾示范社区1个，省级示范社区的3个，市级8个，二是抗灾救灾，2017年6月22日，岳麓区遭受严重暴雨洪涝自然灾害，但抗灾救灾工作有条不紊，累计转移安置受灾人口35030人，发放转移安置生活救助费337.76万元，农村居民房屋倒倒户112户，严重损坏78户，一般损坏473户，需灾后重建过渡期安置人员448人，及时调拨各类救灾物资折价人民币122.42万元；三是灾后恢复重建。经国土、住建、规划、民政最终确认的112户恢复重建户，分两批依程序点对点拨付，共1445万元，救灾物资由救助单位直接送到各受灾街道（镇），各街道（镇））均已登记造册，并及时发放各社区（村），再由各社区（村）及时发放到各受灾农户手中，于12月31日前圆满完成恢复重建任务，2018年春节前受灾群众可入住新居。四是雷锋超市和精减退职发放。新增5家社区（村）雷锋超市，岳麓区雷锋超市已达62家，下拨社区（村）雷锋超市经费28.5万元；岳麓区精减退职人员262人，发放精减退职人员生活费1096人次、17.1万元。

区划地名。完成省民政厅对岳麓区第二次全国地名普查验收工作，完成“寻找回家的路——最美家乡地名故事”征集评选活动以及岳麓区“百里百铺”中“山枣铺、瓦店铺、溁湾桥”的挖掘工作，切实做好无名道路的命名及行政争议区域的调解和协调处理工作，圆满完成由岳麓区牵头与开福区进行的行政区划界线联合检查工作。

慈善工作。开展慈善助学。共援助困难家庭子女152人，发放助学金13.46万元，为低保尿毒症患者发放专项救助资金241人次、14.36万元；组织防汛抗灾慈善捐款活动，共募捐善款1426.17万元。

社会事务。一是困境儿童。完成农村留守儿童、困境儿童两项全国系统的录入，岳麓区共1221名。完成全省“互联网+服务流程”的录入；向岳麓区志愿服务联合会购买服务，已完成对全区农村留守儿童入户走访，签订《农村留守儿童监护责任人确认书》，通过建档建卡全区确认农村留守儿童98名；查出20名委托监护人监护不力，及时向公安机关备案，并督促属地街镇和社区（村）及时更换委托监护责任人。全区已有15个社区（村）建立农村留守儿童关爱保护中心并挂牌；建立部门联席会议制度，明确工作职责。二是流浪乞讨人员救助。做好“寒冬送温暖”、“关爱农村留守儿童新年送新衣”、“夏季送清凉”专题活动，加大宣传力度，提升救助管理站社会形象；加强制度管理，制定破解“跑站骗助”难题相关工作办法；全年共接待和劝导救助人员4125人次，救助率100%。三是婚姻登记。全年办理结婚6991对，离婚3394对，补证1152本，按要求取消了婚姻登记行政事业性收费项目工本费，协同妇联、司法成立婚姻家庭纠纷调解委员会；四是殡葬改革。加大宣传力度，开展违法墓葬专项整治工作，实现全区火化率100%，违法土葬和城区搭棚处置率100%，截至12月，全区发放殡葬惠民补助179.81万元。

（肖向晶）

潇湘园管理

长沙潇湘园管理处

主　　任　周铁军

副 主 任　刘　婷（女）

梁荣伟

李　宇（女）

许名贵

【概况】 2017年长沙潇湘园管理处坚持以党建工作为统领，以优质服务为抓手，不断完善陵园基础设施建设，优化园区生态环境，促进各项工作的顺利开展，圆满完成全年工作任务。

夯实党建强基础。一是以“学习型党组织”建设为抓手，坚持学习制度，采取集中学习、个人自学、组织讨论、建立QQ群和微信群等多种途径和形式，组织党员干部认真学习党章、《中国共产党廉洁自律准则》和《中国共产党纪律处分条例》，学习党的十八届六中全会和党的十九大相关会议精神及省、市、区委相关会议精神。二是强化主体责任，坚持一岗双责，强化班子自身建设。坚持民主集中制原则，重要工作部署、人事调整安排、工程建设等重大事项及时召开班子会议集体研究决定。2017年，领导班子的核心作用得到有效发挥，党组织的战斗堡垒作用明显体现。全年未发生一起违纪违法事件。三是开展两学一做活动。以“主题党日”活动为抓手，推进“两学一做”学习教育常态化制度化工作。坚持一月一活动，按照“3+X”的活动要求和“一季一预告一报备”的原则，要求班子成员和全体党员干部积极参加活动，接受教育。全年安排主题党日活动8次。通过活动开展，激发党员干部党性意识和创先争优的热情，增强党组织凝聚力。

贴心服务促业绩。一是圆满完成销售任务。2017年，实现主营业务收入4872万元，实现主营业务利润2789万元，上交区财政资产占用费380万元。二是开展多元经营。陵园专业礼仪、追思会、代客祭扫、墓位查询、预约安葬办理、墓位特殊维护等服务全面开展。全年完成安葬1284个，安帖瓷像1593个，葬仪服务总收入296万余元。三是全面推行惠民绿色殡葬服务。对退伍军人、特困家庭、伤残人士等服务对象给予5%到15%的优惠待遇，并为符合条件的低收入人群免费提供骨灰抛撒生态葬服务。四是落实“亲情、诚信、主动、周到”的服务宗旨，把群众满意作为出发点和落脚点，不断优化服务流程，规范服务标准，公开服务价格，提高服务水平，全力打造“一站式”服务模式，进一步方便客户，提升核心竞争力。

标本兼治促发展。一是强化安全职责。“两节”期间，共接待祭扫市民20余万人，疏导祭扫交通车辆3万余台，在接待高峰期之前与陵园所驻街道办事处、派出所、区交警队等部门衔接，整个祭扫期间秩序井然，安全稳定，实现“无火灾、无安全事故、无群体性事件”发生的工作目标。切实加强日常安全督查工作。定期或不定期的对办公、生活、生产区域开展督查，特别是对墓区、食堂、配电间等进行重点检查，及时排查险情，杜绝安全隐患，确保各项制度落实到位。加强陵园墓区的安全管理，严格执行安全生产制度，对陵园消防、监控等设施设备进行定期检查更新，巡防队24小时值班巡查，严禁携带鞭炮纸钱等易燃易爆物品上山。清查疏导泄洪排水系统，严防山洪事故发生。设立30个防火设施点，对沿墓区边界和人员活动相对集中区域，砍伐防火隔离带2000平方米；设立火警标示牌，确保安防工作有备无患。二是完善基础设施建设。2017年，完成挡土墙建设1924米，完成福颐园和龙慧、德、恩、善苑等墓区配套设施、上山道路沿线水沟改造、陵园大门入口右侧及办公楼至巡防队左侧景点改造工程基础设施建设。全年未发生一起因施工质量引起的安全责任事故。三是提升服务水平。将瓷像制作及殡仪服务外包给更为专业的团队，为客户提供更为优质、高效的服务；营造整洁、优美、舒适的墓区环境，将环境卫生公共服务进行公开招标，引进专业的环境保洁队伍。墓园整体环境卫生得到大的改观，受到客户一致好评。

（李珊珊）

街道·镇

岳麓街道

工委书记 罗勇刚（1–8月）
区人大常委会副主任、岳麓街道工委书记
张　淳（8–）
工委副书记、办事处主任
侯朝阳
工委副书记
谭　幸（女，1–8月）
佘一夫（8–）
人大工委主任
廖　宇（1–8月）
彭　轶（8–）
办事处副主任、政协联络处主任
刘志装
办事处副主任、武装部长
凌　云
纪委书记 彭勇智（1–8月）
林长茂（8–）
工委委员、组织委员
曾　蓉（女）
办事处副主任
林长茂（1–8月）
罗勇谋（8–）
谢　俊（1–12月）
滕　云（女，12–）

【概况】 1998年5月13日撤销岳麓山乡和麓山南路街道办事处，改设岳麓街道办事处（以下简称岳麓街道）。岳麓街道东临湘江，西靠岳麓山，南与洋湖、学士街道相连，北接桔子洲街道，总面积19.66平方公里，常住人口10万人，总人口15万人，横跨环线内外，岳麓山、桃花岭、寨子岭和后湖四大景区环绕其间。属岳麓区人民政府派出机构，财政财务关系属于岳麓区财政局管理下的一级预算单位。机关人员编制数60人，在职工作人员70人，离退休人员50人。机关内设党政办、党建办、综治办（安监站）、经济发展办（统计站）、财政所、社会事务办、城建办、卫计办、城管办（环保办）、群众工作“三服务”一线办（纪检监察室）、文明建设办、协税护税办等12个职能部门，下辖左家垅、桃花岭、五星、黄鹤4个村，靳江、枇杷塘、云麓园、麓山南路、科学村、麓枫、阳光、中海、湘桥、兰亭社区筹委会10个社区，属城乡结合型街道。辖区内有中南大学、湖南师范大学树达学院、湖南省艺术职业学院、长沙矿冶研究院等高等院校及科研院所。

经济发展。全年完成全口径财税57720万元，区级12134万元；完成社会固定资产投资32亿元；实现社会消费品零售总额43.2亿元；新增市场主体340个，完成5万平方米的二次招商，新增“四上企业”4家，新注册总部企业2家。

项目建设。共承担市、区政府及湘江新区重点工程项目15项。含浦大道一段项目全部完成签约及房屋拆除，南北段全面交地施工建设；西二环交通改善项目签约清零全线开工建设；中南大学科技园研发总部基地项目实现当年立项、当年拆迁清零、当年启动建设、当年基本竣工，在全市重大项目观摩中获评一类，得到市、区领导高度肯定；岳麓山国家大学科技城麓山南路综合整治项目稳步推进，后湖综合整治工程项目有序进行，房屋租赁工作全面启动。

产业培育。高新技术产业强势崛起，中南大学科技园（研发）总部一期已建成面积8.8万平方米，中南大学科技园将打造国家级大学科技园、国家级双创示范基地、国家级科创成果转化示范基地，已有中欧合源、新云网、飞鸟智能等10家高科技公司入驻。创新创业经济逐步集聚，借力大科城发展机遇，重点打造科技创新集聚小镇和大众创业优选小镇，58众创、世界华人建筑师协会、省美术馆、中京合一文化传播公司已入驻。汽车产业链条基本成型，云栖路国际汽车长廊顺利扩容，福特汽车项目已建设完成营业，五星村三马名车项目完成腾地即将启动建设。

城市管理。累计拆除历史违建179处，拆违面积3万余平方米；办理执法案件290件；数字化共接收案卷10436条，结案率100%；清退畜禽饲养60余户；查处关停非法机构作坊40多家；成功处置21起环保督查案卷；完成231台黄标车清退，完成率100%；全面完成靳江社区榨泥湖

黑臭水体整治工作，治理桃花岭、左家垅沟渠3600余米，复绿增绿超过1万平方米；高效完成猴子石斑点整治项目，40余天完成所有拆违协议的签订及全部违建房屋的拆除，拆违面积近1.3万平方米。

综治维稳。全省社区戒毒康复交流研讨会在岳麓街道召开，省戒毒管理局对本街典型经验介绍给予高度肯定；开展“大巡防”治安巡逻防控工作，各类案件发案率同比降低42%；收到来信来访100件，办结率100%；开展春运禁毒、法治宣传等大型活动10余起。

安全生产。督促辖区内企业进行“自查、自纠、自报”，定期抽查，动态管理，现场执法检查单位146次，查处隐患现场整改73处；开展联合整治行动18次，开展消防安全应急演练及培训32次，落实党政领导带队检查安全生产工作，走访企业项目45个，排查安全隐患105处。

文明创建。完成全年文明指数测评任务，半年度考评全区第一；在中国文明网发表主流评论文章38篇；多次开展学雷锋志愿服务、“名师经典进基层”市民学习活动等，对接新华社、湖南日报、长沙晚报等新闻媒体多次宣传报道我街重点工作，取得了良好的社会反响。

卫计工作。清查流动人口2万人次，全面实行流动人口服务均等化；签订育龄妇女合同5000余份；组织开展计生知识系统培训，举办培训班40余次，培训人数5000多人。

民生保障。村社区换届选举全面完成，进一步优化村居两委班子成员结构；完成靳江社区、麓山南路社区、湘桥社区和云麓园社区的提质改造工作；春节走访慰问650人，发放慰问金26.8万元；引进新绿社工、智天使等社会组织服务社区居民；实现城镇新增就业462人，完成新增创业主体658家，带动城乡就业人数1289人，扶持大学生创业96人。共受理“12345”热线工单654件，按时办结率100%；群工“三服务一线”工作累计走访群众2120人次，为群众办实事、办好事130多件。

党的建设。出台汇编12项规章制度，对工作人员定岗定编定责，加强对村社区的规范管理；严把党员发展关，对1名群众有不同意见的发展对象延长考察培养期；在全街开展“群心齐向党·众星耀麓南”首届岳麓街道之星评选活动，10多万居民关注，35万多人次参与投票，推选出4大类40名先进人物，在党员群众中弘扬新风尚，传递正能量；在全体党员中开展民主评议活动，严格按照“一会五评”的要求，达到了红脸出汗、相互监督、相互提醒的效果；邀请市委讲师团为全街800余名党员进行十九大精神专题辅导培训；新建18个“两新”党组织，成立五八众创党委及五八党群服务中心；绿色潇湘环保科普中心党支部代表两新党组织迎接市检，得到检查组一致肯定。

党风廉政建设。全年召开5次专题会议，研究部署党风廉政工作和反腐败工作，把反腐倡廉纳入干部教育培训工作总体部署，列为中心组学习、民主生活会和“三会一课”必学内容；组织党员干部观看反腐电影《反腐枪声》、《决不饶恕》；组织新任村（社区）党支部委员到长沙静园廉政警示教育基地参观学习；召开岳麓街道工委中心组关于加强村（社区）制度管理及作风建设学习会议；开展“纠‘四风’、治陋习”专项整治，各种节假日前对辖区内居民小区、宾馆酒店进行暗访已成常态。认真执行述职述廉和领寻干部报告个人有关事项等党内监督制度。全年共开展廉政谈话、提醒谈话等累计224人次，上报第一种形态反映问题线索处置表26张，查处第二种形态问题8人次，其中警告处分7人，行政记过处分1人。

【全省社区戒毒康复示范站点交流研讨会在岳麓街道召开】 4月7日，湖南省社区戒毒康复示范站点交流研讨会在岳麓街道召开。湖南省戒毒管理局副局长张军，省戒毒管理局总工程师赵桂保等参加研讨会，诸多专家和业内人士，对岳麓街道社区戒毒（康复）工作先进经验表示肯定，纷纷点赞。岳麓街道麓枫社区戒毒康复工作站于2015年建立，管控率、后续照管率、尿检合格率均达到100%，2016年12月获评全省“社区戒毒（康复）一级工作站”。

【中南大学科技园研发总部基地项目动工】 5月20日，岳麓山国家大学科技城建设取得重大进展，其东核引爆项目中南大学科技园研发总部基地项目正式动工。中南大学校长张尧学，市委副书记、市长、湖南湘江新区党工委书记陈文浩，市委常委、湖南湘江新区管委会主任曹立军，市委常委、常务副市长张迎春，副市长李晓宏等出席开工仪式。中南大学科技园研发总部基地项目位于岳麓区岳麓街道桃花岭村，是大学科技城重点引爆项目和区校合作示范工程，以创核、创街、创坊为核心，定位为依托高校、融合城市、创新发展的“科技之源”。5月25日上午，湖南省委书记、省人大常委会主任杜家毫在中南大学科技园（研发）总部基地项目进行调研，湖南省委常委、长沙市委书记易炼红，市委副书记、市长、湖南湘江新区党工委书记陈文浩等陪同调研。中南大学科技园研发总部基地项目实现当年立项、当年拆迁清零、当年启动建设、当年基本竣工，12月份在全市重大项目观摩中获评一类，得到市、区领导高度肯定。

【心齐向党·众星耀麓南】 9月1日，岳麓街道组织召开“群心齐向党·众星耀麓南”首届岳麓街道之星评选动员大会。首届岳麓街道之星的评选对象为在岳麓街道居住或从业的人员，严格按照流程依次进行村社区初选、候选人审定、微信网络投票等环节，分为创新创业之星、爱岗敬业之星、自强自立之星、廉孝友善之星四个大项，每项评选10名，共40名。岳麓街道之星的评选按照“挖掘典型、激励先进、弘扬正气、示范引领”的思路，挖掘、宣传、评选街道辖区内的先进典型，弘扬和传递社会正能量，以昂扬斗志助力岳麓山国家大学科技城建设，打造创新创业、美丽和谐的幸福岳麓。　（沈定根）

橘子洲街道

工委书记　肖　弘

工委副书记、办事处主任

李泽亮

工委副书记

陈　灿（4–）

工委副书记、人大工委主任

陈　斌

工委委员、政协联络处主任

李　志（8–）

工委委员、办事处副主任、人武部长

范　彪

工委委员、纪工委书记

陈海清

工委委员、组织委员

吴漫红（女）

工委委员、办事处副主任

易江泉

人大工委副主任

孔　明

办事处副主任

周海宁（女，4–）

【概况】 橘子洲街道地处湘江西岸、岳麓山下，东起橘子洲头，西抵岳麓山脊，南接湖南师大南院，北至湘江一桥、枫林一路，总面积16.02平方公里，常驻和流动人口共16.8万人，下辖9个社区、1个村。辖区有岳麓山、橘子洲、岳麓书院、新民学会等旅游胜地，有湖南大学、湖南师范大学、中南大学等重点大学，有国家超级计算长沙中心、省中医药研究院、省民主党派机关等中央、省、市卫生科研机关单位。2017年，橘子洲街道工委、办事处围绕区委“三融共进、五化同步”的发展思路，把握岳麓山国家大学科技城建设契机，抓住新一轮发展机遇，街道社会发展大局呈现和谐稳定局面。年度内获得“全市月度劳动力调查工作考核先进街道”，“全市人口和计划生育工作优秀单位”，“长沙市乡镇街道统计站目标管理综合考评一类单位”。

经济建设。一是财税任务超额完成。推进“6+2”网格化综合治税、“三服务”网格化综合治税、财源建设“双培”活动，财税完成全口径46530万元，完成年度目标任务129.25%，以长效税源为主体的税源结构得到进一步调整。二是主要指标形势趋好。实现固定资产投资11.5亿元，完成全年任务的115%；街道商事主体总量已达8685家，其中，企业2012家，个体6664家；新增商事主体1722家，其中新增企业286家，个体1436家；实际到位外资1100万美元，各项经济指标形势趋好。三是收支管理平衡有序。积极争取各级财政下拨资金，努力盘活存量的账面资金。加强财政预算控制，注重资金使用效率，规范财务审批管理，总体实现2017年度街道财政收支平衡。

城市管理。一是大科城综合整治有序推进。街道对征拆、整治、安置等提出了相关建设性意见和方案；麓山路、麓山南路节点打造和提质改造逐步推进实施；二里半区域国有土地项目按时序推进，签约腾房工作提前在春节前完成；矿山路区域集体土地正逐步推进征收程序。二是重点项目进展顺利。地铁3、4号线项目建设加速推进，师大站、湖大站和清水路站主体结构已基本完成；后湖路项目拆迁共签约84户，集体土地已全部完成清零任务。三是节点改造焕然一新。做好锦绣潇湘文化产业园、村组及部分村民以及驻街单位和居民的思想工作，完成锦绣潇湘、天马路节点的改造任务，完成湖大社区与师大社区提质提档，社区环境不断改善，配套功能不断升级，服务能力不断增强，学堂坡社区获评市级示范社区。四是综合整治，改善城乡面貌。以打造“品质桔洲”为目标，联合公安、工商、高校等开展集中整治，有效解决辖区市容市貌的难点问题。对照中央环保督查要求，开展天马小区专项整治工作，迎接环保督查工作。积极配合大科城市容整治工作，全力做好斑点整治工作，对流动摊贩、店外经营、违章占道、违规夜市、共享单车等问题进行专项整治，开展集中整治60余次，组织拆违行动30余次，拆除违章建筑约3000平方米，湖南经视、政法频道采访报道5次以上。

社会治理。一是推进平安创建，强化安全保障，落实安全生产“三大体系”建设，完善管理台账，开展隐患排查，确保辖区生产安全。落实食品安全城市创建工作，对全街食品生产和经营企业进行全面梳理和摸底，实施动态监测和管理。辖区肯德基有限公司登高路店被评为全市示范餐饮服务企业，登高路成功创建市级“餐饮服务食品安全示范一条街”，多次接待外省食药系统的现场观摩，《中国食品报》把登高路商业街列为宣传点。二是做实群众工作，提升治理水平。不断调整“区域联创”社会治理模式，推进“平安桔洲”建设，突出问题化解，积极有效处理彭某某、刘某某等重点信访个案，确保辖区安全稳定。做实“三服务”一线工作和群众工作，做好“12345”市民服务热线工作，按时签收和处置回访，全年共接待群众563人，走访群众4513户，走访企业13家。组织开展网格长组团服务大科城建设活动，65位网格长组团式服务、点对点政策宣传，为大科城建设发力添彩。

民生福祉。一是不断加强公共服务。推出“家庭医生服务”“无陪护病房”等一批新项目，以同伴教育为载体，着力构建学校、社区和家庭“三位一体”的青春健康教育新模式，大学生青春教育工作取得长足进步。湖南大学和湖南师范大学被中国计生协授予青春健康教育示范基地，典型经验在全国示范、全省推广。街道先后接待了中国计生协、湖南省计生协、遵义市计生协的考擦学习代表团。二是推进文明创建。严格按照标准查漏补缺，加强整改落实，文明创建工作顺利通过检验。开展街校共建，与高校建立全方位的共建、共享、共担、共荣关系，为辖区高校大学生提供广阔的志愿服务和社会实践平台，打造大学生德育教育高地。国家省市领导先后调研肯定街道工作，人民日报等20多家主流媒体专题采访，并在人民网等媒体争相刊登报道。同时创新开展志愿服务，引领良好社会风尚，“崇尚新家风，德润好家庭”、“喜迎十九大，歌颂献给党”等活动被中国文明网、长沙晚报等主流媒体报道；深入挖掘文明新典型，辖区医生李良义获得“中国好人”和“全国五一劳动奖章”，长沙市四医院副院长胡国潢被推荐为长沙市第四届道德模范候选人。580服务团队工作站点成为岳麓区学雷锋志愿者服务示范点位，学堂坡社区、通程商业广场、新民路商业街、新民学会旧址公交站成为长沙市文明排队示范点位。三是全面增进民生福祉。推动就业创业，举行“和煦春风送岗位、就业政策惠民生”大型招聘会，促成108人与企业签约，创业带动城乡劳动者就业人数1612人，新增创业主体670户，扶持大学生创业人数80余人。做好各项求助工作及慰问工作，服务好辖区内老年人、残疾人、优抚人员等重点对象，解决了一大批民生问题。防汛期间，集中人力、物力、财力做好抗洪救灾工作，连续奋战八天八夜，坚持24小时值守，进行安全隐患排查，稳妥处置4处小区内涝、25处地质灾害，转移450余名受灾群众，做好灾后防疫、清扫及灾后复工复产安全生产工作，全力守护群众安全。

党的建设。一是不断夯实基础工作。完善“党建三责”的工作体系，党政班子成员每月到联系党支部指导督促党建工作。坚持“三会一课”、民主评议等党内基本生活制度，抓好“两学一做”学习教育，开展“四微一说”活动。严格按照要求，集中力量抓换届选举，于5月底圆满完成，成立4个新党总支，新建3个小区党支部，加强了党组织的战斗堡垒作用。同时，按要求落实多党合作、民族宗教、对台工作、侨联工作等政策，严格执行“三个机制”，做好老干部工作。接待省人大常委会、省委相关部门、海外45家“华助中心”考察团的调研视察。“以侨为桥通达四海，恋祖爱乡助力岳麓”活动启暨博海关爱行动在学堂坡社区举行。二是积极推进载体创新。坚持巩固党建品牌成果，创新打造“小区党支部示范点”。严格落实“3+X”模式，围绕中共十九大，创新“主题党日”活动形式、丰富活动内容，湖大社区岳麓书院集体朗读党章，学堂坡社区分享入党故事、重走红色路线、重温入党誓词等。人民日报对学堂坡社区《“3+X”模式过主题党日》进行了专题报道，街道接待全省党建工作观摩和省委组织部组织的调研观摩。三是抓好宣传推介。在街道掀起学习贯彻中共十九大热潮，邀请湖南师范大学党委副书记、省委宣讲团核心成员刘起军教授为全街党员干部群众进行专题培训。组织开展“学习宣传党的十九大精神，携手共建法治新社区”主题红色论坛，邀请湖南师范大学党委书记李民、基层干部、师生代表、党员代表等现场畅谈心得感受。围绕中共十九大、街校共建大学生道德教育高地、大科城建设等重大主题进行集中宣传报道，向上级宣传部门报送信息400余篇，岳麓新闻网上稿147篇，市级以上媒体报道30余篇，《长沙宣传》上稿一篇街，道微信公众号推出“桔洲名片”。新时期共产党人的楷模—学堂坡社区党支部书记余海艳深入学习廖俊波先进事迹感想被《光明日报》刊登等。

【岳麓山大学科技城建设】 坚持高起点定位、高标准规划，聘请专业公司编制麓山南路、后湖等设计方案，协助编制了《岳麓山国家大学科技城建设三年行动计划（2017–2019）》，为大学科技城整治建设提供有力保障。麓山南路“两段三坪”示范节点改造基本完成；登高路两厢实现提质；后湖清淤截污基本完成，水体治理、驳岸工程及生态走廊建设加速推进；天马路、后湖路路基建设基本完成，片区路网更加完善。麓山南路综合整治国有土地房屋征收一期155户公私房全部签约，7家单位有6家完成签约，二期征收程序按时序推进；麓山南路综合整治集体土地拆迁一期桔洲分部22户，完成签约19户，进入最后扫尾阶段。桃子湖高校双创街正式运行，长沙智能机器人研究院、湖南大学机器人学院运营良好，湖南师范大学桃子湖文化创意产业园全面开园，大学科技城的科创、文创氛围更为浓厚。（龚平）

望月湖街道

工委书记 王　洪

工委副书记、办事处主任
许望兴

工委副书记、人武部部长
廖建兵（11–）

工委委员、人大工委主任
唐　凯

办事处副主任、政协联络处主任
彭跃武

工委委员、纪委书记
朱继忠

工委委员、办事处副主任
石　健（1–5月）
虢　旭（5–）
黄　琼（女，8–）

工委委员、组织委员
蒋　敏（女）

人大工委副主任
徐佳帅

【概况】 1952年设镇，名溁湾镇。1956年撤镇设溁湾路街道办事处，1997年改名为望月湖街道办事处。下辖岳龙社区、荣龙社区、荣华社区、湖中社区、湖东社区、溁湾镇社区六个社区居委会。总面积1.57平方公里。2017年，全街完成税收1亿元，社会消费品零售总额1.09亿元，固定投资23亿元，个改企3家，新增“四上”企业2家，新增企业88家。

项目建设。白沙液街有机棚改项目是岳麓山国家大学科技城2017年“十三大项目”之一，项目二期征收涉及楼栋私房328户，单位6家（公房49户），10月12日正式签约选房，年内完成327户楼栋私房和4家单位签约。施工单位于12月进场施工，主街一段4栋房屋立面改造施工建设加快推进。绿地湖湘中心S5地块建设全面完成，其住宅和商业销售势头良好，7、8号栋基本售完。街道闲置物业全面盘活，现代城一楼空置物业完成10000平方米招商，正在打造成集文化休闲、新农超市、教育培训等一体的“溁湾新街市”；麓山才苑一楼5000平方米闲置物业引入多家超市。

综合治理。坚持全域化、精细化、常态化管理，理顺管理体制，把市容环境维护职能、维护经费和环卫工人下移到各社区网格，环境维护水平进一步提高；启用街道城管指挥中心，成立城管综治特勤中队，创新实施“721”工作法，持续开展店外经营、流动摊担夜市扰民等专项行动，顺利取缔存续十多年的夜市，市容秩序大幅提升；强力实施违章整治，拆除违章67处。扎实开展“黄标车”治理、湘江和龙王港垃圾清理，引导餐饮企业使用清洁燃料，规范建筑工地标准作业，推行垃圾分类，望月湖的“颜值”大大提升。高度重视安全生产工作，不断完善三大清单体系，继续压实责任，落实排查整改，持续开展“打非治违”，实现全年平安无事。实行包案负责、责任到人，确保中共“十九大”和全国“两会”期间进京零非访。积极对接项目结算，进一步争取轨道公司资金支持；成功化解窑坡山信访件积案14户，解决张灵芝、刘日健等重点对象遗留问题。

社会事业。全力推进岳龙、

荣龙两个社区提质提档，岳龙、荣龙社区分别评定为市级提质提档示范社区和良好社区。积极推进“网格化+”，重新划分三级网格，全面推动网格管理向精细化转变。人口计生工作继续保持全市优秀街道荣誉，获评全省流动人口均等化示范街道（湖南省卫生和计生委员会授奖）。不断丰富群众文化活动，《唱起来跳起来》全民健身广场舞获得长沙市银奖、岳麓区金奖。加大就业培训，组织3场招聘会，扩充就业岗位近百个。实施百万助老济困益寿工程，规范提质社区日间照料中心，探索“智慧养老”服务，构建起以居家为基础、社区为依托、机构为补充、医养相结合的养老服务体系。继续深化平安社区建设，完善派出所、社区、单位、志愿巡逻队“四位一体”治安防范体系，推动法治、自治、共治“三治融合”，全面提升居民群众法制意识。开展食品安全示范社区建设，抓好食品药品安全专项整治和日常监管，荣华社区获评市级食品安全示范社区。积极探索健康社区建设。进一步规范低保、社保工作，积极开展困难救助和走访慰问，残疾、困难群体基本生活得到保障。组织开展重阳节主题活动，大力弘扬“德孝”传统文化；组织开展“首届望月湖之星”评选活动，注重典型引路、榜样带动；广泛开展志愿服务活动，充分发挥社工和志愿者力量，培育和践行社会主义核心价值观；积极挖掘身边好人，溁湾镇社区潘利文事迹获选2017年第四月的湖南好人（长沙市文明办授奖），入选长沙市第四届道德模范，湖东社区王宜花家庭入选长沙市文明家庭。

队伍建设。圆满完成社区“两委”换届，选优配强社区领导班子和干部队伍；进一步完善绩效考核、财务管理等各项规章制度，强化日常管理考核，坚持用制度管人管事；坚持从严治党，突出学习教育、自查剖析、整改落实三个重点，将学习教育、正风肃纪贯穿始终；大力弘扬负责、担当、落实的工作作风，干部队伍面貌焕然一新。在7月份的抗洪抢险中，全街干部万众一心，及时处置龙王港管涌等重大险情，取得抗洪抢险工作全面胜利。

【运用“721”工作法取缔月宫街夜市】 针对夜市扰民，严重影响周围居民居住环境和生活休息的情况，街道强力整治市容秩序，在走访、调查、讨论的基础上，探索出“721”群众工作法，即：即70%通过做思想工作解决，20%通过解决困难、做好服务解决，10%通过执法手段来解决，坚持宣传发动到位、思想工作到位、群众参与到位、优质服务到位、强力整治到位“五个到位”，做实群众工作，全面取缔夜市经营摊点60家，拆除并销毁违规搭建大篷26个，整治店外经营50余处，安装排烟管道和油烟净化器36处，收缴煤炉30个。困扰社区居民多年的扰民夜宵问题和户外搭篷、油烟扰民、秩序脏乱等问题得以彻底解决，城市管理和市容环境秩序得到大幅度提升。

【望月湖卫计工作再创佳绩】 街道依托望月湖社区卫生服务中心，在建立健全流动人口健康综合档案的基础上，积极探索分类精准服务模式，于2017年12月26日荣获湖南省流动人口基本公共卫生计生服务均等化示范街道称号。（熊丽洁）

银盆岭街道

工委书记 文注桃

工委副书记、办事处主任
唐南沙（女，3–）

工委副书记
谭　楠（女）

工委委员、人大工委主任
彭　轶（1–7月）
廖　宇（8–）

工委委员、纪委书记
刘晓林

工委委员、政协联络处主任
陈松林

工委委员、办事处副主任
佘劲光

办事处副主任
陈　良（女）

工委委员、组织委员
戴校丰

工委委员、办事处副主任
高　勇

【概况】 银盆岭街道办事处位于岳麓区银盆南路，下辖11个社区和1个行政村，辖区面积7.99平方公里，正式员工73人。

经济发展。全年完成财政收入9.58亿元，增长11.5%；完成基础性税收4.76亿元，占比49.7%。完成社会零售总额约9.1亿元，全社会固定资产投资约43亿元。年初开展楼宇经济调查摸底，实施楼宇联合整治行动，创新建立“两站三单四制”楼宇经济管理模式。征拆扫尾项目取得突破性进展，桐梓坡项目扫尾实现楼栋房、单位和独栋纯违章全面清零；地铁四号线六沟垅站项目涉及8大栋独栋私房22户，5月6日正式启动签约，实现5天内签约清零，10天内腾房清零，创造国有土地上独栋产权私房征收新经验；滨江片区银盆岭分部征收项目扫尾已完成签约6户。完成保利住宅部分一、二期、雍景阁、香江国际的建设并售罄，三期保利·天禧已全面开建并开盘销售；保利商业综合体办理报建手续；世茂希尔顿酒店、富洲滨江雅苑主体完工；圆泰国际广场在10月开始预售并加快建设。实行街道与工商、国税、地税“阳光定税、联合征税”模式进行征管拓面，完成新增400家共1400家个体户开征和调增，增缴年税收约1000万元。完成“个改企”任务15家，“小升规”8家。

城市管理。出台《城市管理考核奖罚制度》，建立问题台账，实行定位定责管理。强化“门前三包”责任制，处理各类环境卫生问题822件，开展夜市整治12次。成立“两违”专项整治小组，全年拆除违法建设190处，4600平方米，拆除违章广告638块，在全区排名第一。开展除四害工作。抓好中央环保督查迎检工作，整改6类17个方面的问题，全部办结交办的12件案件，淘汰黄标车602台。制定《银盆岭街道2017年度文明创建目标管理考核实施细则》，持续开展“四保十看四查”行动。开展“我的中国梦”、“我们的节日”主题活动。投入4000万元完成银星、林海、银桥三个社区提质提档，新建一栋三层的林海社区公共服务中心用房阵地，完成道路“白改黑”45条，绿化提质650平方米，打造阳光新城小区文化楼道、文体广场等亮点工程。银星社区被评为长沙市提质提档示范社区和长沙市和谐示范社区，林海、银桥社区被评为长沙市提质提档先进社区。

民生工程。全年落实城市居民低保245户，保障人口364人，慰问救助困难群众200万元。搭建“就业直通车”平台，开展“就业帮扶、真情相助”为主题的就业援助月专项活动和“和煦春风送岗位，就业扶贫惠民生”大型招聘会。全年新增城镇就业人数807人，零就业家庭援助100%，实现了动态清零。配备12名物业管理社工，建立多层次的物业管理纠纷调解工作体系。为11879名妇女、儿童以及65岁以上老年人提供免费体检。深化“心桥”助梦工程，聘请“阳光天使”为28户63名失独对象提供优质服务。严抓禽流感防控工作以及2017年7月特大洪涝灾害后的卫生防疫工作。三服务一线共接待来访群众640人次，走访居民住户556余户，走访企业96家，排查安全隐患84个，收集解决群众反映问题51件，为群众办实事48件。积极开展“与群众交朋友，帮基层解难题”主题活动、网格长“换位体验”活动，推行手机APP平台。发展群众文体团队，涌现《新女人花》、《绣鞋垫》、《红莓花儿开》等一批优秀节目在省、市、区获奖。新增铜盆湖社区文化活动中心，开设绿色网吧、未成年人活动室、多功能活动室等文化阵地。制定食品安全投诉、检查、宣传等工作制度和食安应急处理预案。与工商、城管等部门开展食品安全联合执法10余次，累计出动执法人员1100余人次，检查各类生产经营单位600余户次，快检700余批次。

社会治理。以“网格化”管理模式为载体，全年接处警5470起，化解信访积案19件，处理群体性突发事件6起，成功调处各类矛盾纠纷300余起。开展信访积案化解百日攻坚行动，签订息访息诉协议22人。积极参与保障湖南省“两会”、长沙市“两会”及中共“十九大”会议等多个重大特护期维稳工作。深入开展“法律进社区”等活动，12个公共法律服务点全部到位，43个公共法律志愿点全部挂牌。开展平安进基层综治大走访、综治宣传月集中宣传等活动。统筹推进防范和处理邪教、护路护线及禁毒等工作。建立街道牵头、党建引领、社区联动、社团发力、居民参与的社会治理“3+”模式，将全街55个社会组织从作风建设、经济发展等九个方面构建定位准确、职能清晰、全面覆盖的社会组织网络体系。培育家长里短帮帮团、绿色营、天使儿女、物管联盟等优秀社会组织，家长里短帮帮团被评为“长沙市十佳法治文化精品”。开展安全生产“打非治违”“春雷”“飓风”“霹雳”等一系列行动，共组织集中执法行动11次，出动执法人员150人次，检查生产经营单位200余家，排查隐患106处。集中开展易燃易爆危险品场所、超高层建筑消防安全专项整治，组织火炬城片区消防安全隐患整治“回头看”。积极应对七月洪涝灾害，动员3000余名干部、职工、志愿者奋战防汛一线，在2.2千米沿江堤岸每50米一人，每100米设棚，24小时巡查确保沿江大堤寸土未失。

党建工作。依法依规依程序推进社区（村）党组织和居委会换届选举工作，明确用人导向，增设7个党总支，提拔正职2人、副职1人，正职降职使用1人，交流正职4人、委员8人，到龄退职4人、劝退3人，配优配强配顺两委班子。开展“双述双评”，出台机关临聘人员、巡防队员、流动人口协管员、城管协管员等管理考核办法。举办社区干部培训班，邀请省、市委党校专家教授授课。建立绿地楼宇党总支，成立红星美凯龙商圈党总支，打造红星美凯龙商圈党建品牌。在润泽府小区、雄海花园和阳光新城小区试点小区党组织建设，在家长里帮帮团成立拓展型支部。成立“两新”党组织15个。落实“三会一课”、党员民主评议等制度，将党员参加“三会一课”情况纳入党员积分管理和民主评议。深入开展主题党日活动和微党课、微心愿系列活动。开展“雁过拔毛”专项整治，聘请23名作风建设群众监督员，查处违规违纪案件2件，纪律处分2人，诫勉谈话2人，提醒谈话10人，通报批评10人。

（刘钰琪）

【全力以赴防汛抢险救灾】 7月，长沙持续暴雨导致湘江长沙水位超出警戒线，银盆岭街道组织开展防汛抗洪救灾行动。街道全体党员、干部带头排查险情和现场处置，迅速组织工作人员在围墙护坡、低洼积水、危旧房屋、车库工地等区域巡查并积极安置受灾居民，排除水患险情。加强现场安全管理，落实防触电、防坍塌、防坠落等各项安全防护措施，加强基础工程的维护和排水，防止汛期塌方事故的发生。这一系列紧急措施大大地减少了灾情影响，未出现群众伤亡情况，保证辖区内居民群众生命财产安全。

【开展“绿色你我他，环保靠大家”绿色营创建活动】 9月14日上午，由长沙市文明办、长沙市两型办、长沙市环保局主办，由岳麓区文明办、岳麓区两型办、岳麓区环保局、岳麓区银盆岭街道工委、办事处承办的银盆岭街道绿色营创建活动启动式在裕湘纱厂举行。省内部分环保组织负责人、资深环保志愿者、绿色营首批参与创建活动的100户家庭参加了启动式。本次活动通过成员的个人践行、宣传推介、示范带动，引导居民群众接受并自觉采取绿色生活方式，主动加入绿色营并不断发展壮大，增强居民绿色环保意识，帮助减少资源浪费，降低污染排放，共建生态、文明的幸福家园。市两型办、市环保局对绿色营的创建给予了肯定、支持，岳麓区副区长张永久宣布绿色营创建活动正式启动。

【“家长里短帮帮团”获评长沙市“十佳法治文化精品”】 11月22日，银盆岭街道家长里短帮帮团获评长沙市司法局颁发的“十佳法治文化精品”。近年来，银盆岭街道经济建设突飞猛进，街区面貌日新月异。面对日益复杂的社情民意和矛盾冲突频发等问题，银盆岭街道“家长里短帮帮团”应运而生，为居民群众提供政策宣传、民情了解、调解纠纷、帮困解难、未成年人教育等五个方面的义务服务，帮助社区居民处理纠纷，提供法律援助，开设法律咨询工作室，纠纷调解和代为申请法律援助，及时有效解决群众的法律难题，推进法律援助惠民服务机制建设，为低收入及弱势群众提供免费的法律服务，受到居民群众一致好评。

观沙岭街道

工委书记 李　江

工委副书记、办事处主任

苏文斌

工委副书记

赵　嫚（女）

梁鑫娟（女，4–）

工委委员、人大工委主任

周　宇

办事处副主任

李尚武

办事处副主任、政协联络处主任、武装部长

刘　勇

工委委员、纪委书记

胡继军

工委委员、办事处副主任

邱　铭

李　戒

工委委员、组织委员

魏养亲（女）

【概况】 观沙岭街道成立于1998年1月，东临湘江，西傍望岳街道，南起安居路，北接望城区，处于滨江新城核心区，总面积14.17平方公里，辖观沙岭村、岳华村2个行政村，滨江金融、长望、钰龙、岳北、三汊矶、桔洲新苑、金岭、石岭塘、土城、公园里、观裕和施家港12个社区，滨江南山和阳光丽城2个筹备社区。2017年全口径财税收入完成9亿，区级财税收入完成2.08亿，基础性税收收入完成3.85亿。全社会固定资产投资总额预计完成82亿元。全社会消费品零售总额完成4.8亿元。引进市外境内资金固投33亿元。新增“四上”企业完成

10家，个转企完成13家，引进总部企业5家，楼宇企业60家。

产业发展。主动融入湖南金融中心建设，实施“金融产业兴街，总部经济富街”战略，创新设置楼宇经济工作站，积极响应区“产业发展年”活动。全年引进长沙银行全国总部、五八消费金融股份有限公司等总部企业5家，引进天地人律师事务所、邵阳资本管理等楼宇企业60家，完成“个改企”13家，新增湖南乐住置业投资有限公司、湖南经致置业有限公司等“四上”企业10家。7月，全省首个基金小镇——湘江基金小镇正式挂牌，湖南泊富悦盈企业管理等8家金融类企业入驻，街域经济创新创业活力迸发。

项目征拆。全年共铺排项目62个。谷岳路拆迁全面清零；坦山路二标（观沙路—支路八）实现通车；坦山路三期、市少年宫用地2个项目已严格按照630新规，在奖励期间实现签约99%，预计1月底前完成腾地任务；岳华路项目完成房屋外业调查、进行第一榜公示和相关资料收集工作；岳北农贸市场重建选址问题、岳北渔场农民安置房问题等项目遗留问题妥善解决。

民生保障。年内，街道城镇居民医疗保险共参保28180人，城乡低保户共1049户，累计发放保障资金72万元。做到应保就保；走访慰问困难群众845余户，发放各类慰问金、慰问品合计32万元；开展“春风行动”、“就业援助月”等专项招聘活动；积极开展各类计生健康教育主题活动，累计服务居民1万余人次；受理“12345”市民热线1206件，办结率100%。对石岭塘村已抽签安置公寓房屋进行维修整改，岳北渔场完成安置房抽签11套。

城市管理。结合创建文明城市工作，加大环境综合整治力度，大力整治“五小行业”，加强门前三包、垃圾袋装、路面保洁等工作，加大拆违控违力度，全面贯彻落实环保目标责任书要求，整治辖区煤烟污染，劝退生猪养殖。全年共计组织各类整治行动50余次，关停煤烟污染单位8家，取缔流动摊点600多起，拆除各类违法建筑23000平方米，辖区市容秩序明显提升。

综治维稳。紧安全生产阀门，落实“党政同责、一岗双责”，加强“三调联动”，建立矛盾排查调处机制、信访问题包案机制。夯实基层重点整治基础，加强治保、调解、“三防三治三优”工作，全面推进网格化管理，开展基层平安建设宣传教育活动及“红袖章工程”。全年网格化管理服务系统共采集录入人数为80185人，其中常住人口65778人，流动人口17707人，覆盖率98%、准确率95%，实行党政领导包案处理责任制，对辖区内的信访维稳重点对象全部逐人落实包案领导和“五包一”措施，共组织调处各类社会矛盾纠纷141件，调解成功率达98%。

安置建设。茶子山村“两安”用地红线清零，滨江片区道路修建，银杉路建设项目稳步推进，观沙岭路、北津城路亩、潇湘中路、双河路亩占地面积初步核实。积极服务桔洲移民、岳华村69亩安置房建设，完成岳华村拆迁补偿费用预估，按人口认定补偿，确保桔洲移民拆迁安置工作落实到位，全力解决岳华村两安用地项目、北津城路历史遗留问题。

文明创建。加强街道精神文明建设，打造“学习型、文明型街道”，帮助各社区、村成立威风鼓队、腰鼓队、舞蹈队、合唱队等文化活动队伍4支，组织辖区群众团体参加长沙市老年人协会、长沙门球协会系列比赛、长沙市、岳麓区各级广场舞比赛约7次；组织开展“电影下乡”、门球、广场舞等文体活动37次；街道文化站及各文体活动室、文体活动中心均按照国家公共文化服务体系示范区标准建设图书室，增添图书3000余册，添加健身器材10余套，全面丰富居民文化生活。

党组织建设。开展基层党建工作述职评议，建立党建责任“问题清单”和“整改台账”；组织街道机关党员和各基层党支部共1428名党员开展民主评议党员工作；全面推行“主题党日”“我身边的好党员”活动，开展农村党员冬春训，慰问困难党员152人次；组织党员干部、村（社区）“两委”参观静园警示教育基地，观看《永不饶恕》、《廖俊波》等警示教育片；打造小区党支部示范点，认真筹划旭辉藏郡小区、德润园小区、好家园小区、金麓小区等4个小区党建阵地建设；深化作风建设，开展“雁过拔毛”、“小官大贪”式腐败问题专项整治，全年共开展作风建设督查检查14次，廉政谈话516人次，提醒谈话20人次，查处各类违纪案件6起。

【举办“社会工作个案服务”培训会】3月24日，观沙岭街道卫计办联合广惠社会工作服务中心在长望社区二楼会议室举办“社会工作个案服务”培训会。特邀湖南商学院社会工作系主任，副教授，心理学博士，国家级二级心理咨询师向秀英，为社区卫计专干专进行业务培训。现场，向老师通过多媒体对自己制作的案例进行讲解分析，并联系实际与大家分享个案心得，并结合“观沙颐年”项目，从工作团队如何深入服务对象家庭，到采取“助人自助”的专业理念，修复服务对象受损的家庭功能、社会功能，受到服务对象一致好评。

【农贸市场食安溯源体系建设培训】 5月4日下午，观沙岭街道食安办在长沙市零售商业行业协会二楼大会议室召开“农贸市场食安溯源体系建设”培训会，区食药监局副局长谭葵出席，辖区四个农贸市场开办者及市场经营户、市场所属各社区食安专干参加。本次培训共发放《中华人民共和国食品安全法》400余本，宣传资料400余份。参会者纷纷表示，要认真落实农贸市场经营者主体责任，确保食品安全溯源有据可查，防范食品安全事故发生。

【“我身边的好党员”演讲比赛】 6月29日，观沙岭街道在二楼会议室举办“喜迎十九大·我身边的好党员”演讲比赛，街道全体机关党员、各村（社区）书记、主任、组织委员、党建专干等近百人参加。此次演讲比赛，演讲者们用激动的话语向大家展示了一批优秀党员的典型，展现了街道各基层党组织和广大党员干部的精神风貌，用身边的典型教育广大党员，营造积极向上、争当表率的氛围，为进一步深入推进“两学一做”学习教育常态化制度化树立榜样，增强信心。

【中共湖南天地人律师事务所委员会落户观沙岭】 10月16日，天地人律师事务所在新址楷林国际大厦举行中共湖南天地人律师事务所委员会揭牌仪式，发布社会责任报告，以实际行动向中共十九大献礼。湖南省政协副主席胡旭晟，湖南省政协社法委主任李微，湖南省司法厅党组成员、副厅长方华堂，湖南省工商联原副主席肖翔，湖南省工商联副巡视员甘露，湖南省委“两新”工委办公室主任蔡文辉等领导出席活动。未来天地人将以党建带所建，把好律所发展的“方向盘”；以规范创典范，念好律所发展的“紧箍咒”；以公益促效益，用好律所发展的“助推器”；奠定滨江新城作为湖南金融中心的至高地位。

（黎思思）

西湖街道

工委书记 王　军（1–8月）
沈　毅（8–）

工委副书记、办事处主任
吴　卫

工委副书记
周　波

人大工委主任、党政办主任
康腾飞

办事处副主任、政协联络处主任、人武部部长
张亮宇

工委委员、纪委书记
周应辉

工委委员、办事处副主任
朱　军
楚未平

办事处副主任
曾　炼

工委委员、组织委员
卞　庄（女）

【概况】 西湖街道办事处辖1个村（茶场村），1个管区（二三管区），8个社区居委会（咸嘉湖社区、金星社区、黄泥岭社区、龙王港社区、谭家冲社区、先锋社区、省委党校社区、石佳冲社区），常住人口26233人，10556户，其中农业人口5410人；流动人口14885人。总面积8.22平方公里。2017年，街道实现财税全口径税收18097万元，完成计划目标的113.11%；区级税收3492万元税收，完成计划目标的102.71%；基础税收9500万元，完成计划目标的100%。固定资产完成14.5亿元，完成全年任务的121%;全街实现外贸进出口总额360万美元，实现社会消费品零售总额8310万元，实现“个改企”9家，“小升规”5家，培育高新企业南岭民爆工程有限公司，新增市场主体1080个，完成任务数的133%。

招商引资。引进注册资金21亿的总部企业湖南众投建设投资有限公司，金谷大厦写字楼总面积23646 m²，已全部出租，佳兴国际汇写字楼已出租15159平方米平方米，出租率为92%，湖韵佳苑已招租7800余m²，宇洋西海项目逐步有序交房，恩瑞万豪酒店顺利复工，并启动主体结构施工。58互联网产业园正式落户西湖文化园双创基地，园区计划总投资1亿元。

项目建设。西二环交通改善工程全面腾地交施工单位入场建设。老咸嘉湖路两厢棚改项目街道范围内279户全部签约，完成腾地。西韵佳苑安置小区分房工作圆满完成，共计分房660套，面积60060平方米。重点对龙王港社区、省委党校社区、石佳冲社区和咸嘉湖社区进行提质提档建设工作，其中龙王港社区顺利通过全市提质提档工作观摩，被定为2017年长沙市提质提档示范社区，接受全市四大家领导现场示范观摩。咸嘉湖社区“创客空间”正式启动，成为湖南省首家“双创”工作进社区的单位，引进“高等院校、创意企业、社会组织”三类资源，打造“智慧+双创”融合社区新路径，已有20家企业入驻。麓山景区西门、白云路景观改造项目纳入大科城项目拆迁范围。年内，白云路项目全面完成。景区西门项目正式启动，各拆迁组完成房屋测量，征拆工作有序推进。

综合治理。构建街道、社区、楼栋食品安全三级联动监管模式，结合“三服务一线”网格开展领导干部带队检查安全生产工作。全年组织专项整治行动19次，监督检查各类食品生产经营单位500家，创建“食品安全示范城市”，评为长沙市安全生产示范街道。全面完善涉军、涉拆、失独对象台账及维稳方案，对重点对象实行重点稳控，实现特护期间“零进京”上访目标。全年开展大型综治宣传活动3次，制作并发放平安建设系列宣传资料5万余份，调处矛盾纠纷94起，成功率达100%，切实维护街道社会大局和谐稳定。街道政务服务中心正式投入使用，将项目审批、证照办理、便民服务等78项服务事项纳入窗口服务。同时，整合派出所、司法所、综治办成立西湖街道综治中心，综合统筹证件办理、司法调解、社区矫正、天网监控等民生服务项目，切实方便居民群众办事。

城市管理。坚持依法拆违，完成项目外拆违4760平方米。街道16条主次干道、背街小巷实现“门前三包”责任公示牌和路段公示牌全覆盖。大力实施绿化工程，依托麓山景区、西湖文化园，积极开展拆违还绿、增绿添景，完成植树造绿任务1.5公顷，切实改善居民群众的居住环境，努力打造美丽品质西湖。

文明创建。广泛开展“讲文明树新风”、文明餐桌等公益广告宣传，各社区定期发布文明“红黑榜”，确保“牛皮癣”整治行动和“四保十看四查”专项行动落到实处。同时积极推选文明单位、文明家庭、中国好人。全街上下以最佳的状态顺利通过国检“大考”，为长沙文明城市创建贡献力量。年内，党校社区通过市级“示范社区”验收，金星社区荣获市级“文明社区”称号。

社会事业。街道社区卫生服务中心创新工作机制，实行家庭医生团队签约服务，所有药品实行“零利润”销售，居民在家就可以轻松就医。2017年，中心获评“全国百强社区卫生服务中心”称号。探索多元化居家养老服务，石佳冲、黄泥岭、省委党校、先锋社区将便民服务活动室改造成居家养老活动室，总面积达400平方米，设置棋牌室、保健室、康复室、餐厅、图书阅览室和书画活动室，真正实现老有所养、老有所依、老有所乐。先锋社区普亲老年养护中心居家养老经验分别在长沙晚报刊登、央视新闻联播播放。联合湖南师范大学，在龙王港社区成立岳麓区首个“区校共建”的社区学院，依托师大优质教育资源与办学经验，为社区居民提供高品质的教育服务，让市民在家门口就能“上学”，积极营造好学乐学善学、共建共享共治的氛围，全力打造岳麓区的民生品牌，真正营造社区教育是青少年的“第二课堂”，是新市民的“心灵家园”，是在职人员的充电站，是老年生活的新舞台，是社会建设的“助推器”。

抗洪防汛。7月，龙王港水位达历史最高水位39.51米，防汛形势十分严峻，街道党政领导班子带领全体干部职工坚守抗洪抢险一线，坚持24小时不间断巡堤查险，及时处理龙王港大堤麓山垸段管涌等险情，科学部署灾后防疫工作，协助受灾群众渡过生活难关、恢复生产，打赢了抗洪防汛这场硬仗。街道共慰问安置转移1337名群众，发放物资2000余份，防疫面积累计1.3万平方米，灾区防疫覆盖率100%，清理垃圾145吨。

基层党建。年内，9个村（社区）进行“两委”换届选举。按照标准，依法依规，共选举产生党支部委员35人，其中新委员16人，大专及以上学历34人，达到提高素质、优化结构、增强活力的目标。策划拍摄电视片《“微党课”的大能量》，积极推进党小组互动式“微党课”，在“微”语言中，传递党的“好声音”。开展“四讲四赛”党建系列活动，推动“两学一做”学习教育融入日常、抓在平常。注重典型引路，示范带动，先后推出“党小组互动式微党课”、“惠客厅”、“云嘉E站”等党建品牌，浓厚基层党建氛围，激发西湖党建特色工作活力。压实责任，推进党风廉政建设。全年召开4次专题会议研究部署党风廉政建设和反腐败工作。印发《西湖街道2017年党风廉政建设主体责任和监督责任清单》，进一步明确工委书记“第一责任人”

要求。机关各部门负责人和各村（管区）、社区书记、主任签订《党风廉政建设责任书》，全年开展“雁过拔毛”式腐败专项整治、纠正“四风”专项整治、抗洪救灾款物管理使用专项检查、换届选举纪律专项检查等多次专项治理和检查工作，开展作风纪律检查60余次，受理各类纪检信访12件，回复处理率为100%。街道工委开展廉政谈话、提醒谈话、任前廉政谈话和诫勉谈话近百余人次。领导支持和保障街道纪委正确履行纪律审查和查办案件职责，全年立案5件，结案5件，给予开除党籍处分1人、党内严重警告处分3人、行政记过处分1人。（陈娟）

【“共享关爱，我们在一起”】3月26日，“共享关爱，我们在一起”岳麓区关爱特殊群体未成年人暨唐氏宝宝与自闭儿童帮扶成果展示活动在西湖文化园举行，长沙市文明办副主任梁飞彩、市文明办未成处处长朱治东及区委宣传部副部长、区文明办主任雷云飞等出席活动，开音教育、唐氏互助中心特殊儿童，博才西湖小学、石佳冲小学师生及志愿者约200人参加活动。活动现场播放关爱儿童的宣传片，唐氏宝宝们展现自己主动融入社会、希望被平等对待的愿望。精彩表演让在场所有人看到唐氏家长们不被困境打倒、不屈不挠的拼搏精神。唐氏宝宝的乐观与坚强,让大家为之动容。活动中对唐氏综合症儿童和开音教育自闭症儿童帮扶成果进行了展示，博才西湖小学、石佳冲小学、西湖街道团委及西湖街道社区卫生服务中心现场与唐氏互助中心和开音教育签订长期帮扶合约。与此同时，石佳冲、博才西湖两所小学的学生与唐氏宝宝及自闭儿童友谊结对，互相交换联系卡。领导和志愿者一起给特殊儿童捐助书籍和纪念品。通过本次活动，让所有人走近唐氏宝宝和自闭症等特殊群体，为他们营造健康、快乐、平等、和谐的成长环境。

【“雨生百谷春满星城”】4月20日，“雨生百谷春满星城”二十四节气长沙雅集·谷雨暨全民中华经典诵读活动启动仪式在西湖文化园内举行，长沙市委宣传部副部长、市文明办主任郭润葵、市城投集团党委副书记、董事、总经理田安阶、市文明办未成年人工作处处长朱治东、市城投河西投资开发有限公司总经理刘钢、长沙晚报新媒体执行总编辑周艺及岳麓区、西湖街道相关领导出席活动，德润园、石佳冲小学学生代表及附近居民约300人参加活动。活动集国学诵读、名家讲坛、非遗展示、节气传承于一体，借助全新的全媒体传播手段，将二十四节气的文化传承与长沙民俗非遗无缝衔接，与诗词和国学经典交融结合，与崇德尚礼的文明新风弘扬相结合，展现中国人的天人观、天地观，进而带领大家去感受、去敬畏、去思考，感悟古人的智慧，找寻文化之根。

【讲党课、赛水平】为庆祝中国共产党建党96周年，持续推进西湖街道“两学一做”常态化、制度化教育活动深入开展，进一步营造广大党员抓学习、强素质、提能力、作表率的浓厚氛围，6月29日下午，西湖街道组织开展“讲党课，赛水平”党组织书记讲党课竞赛，由街道党政领导担任竞赛评委，机关支部党员、各村（管区）社区和“两新”党组织党员代表参加听课。各村（管区）、社区书记及“两新”党组织书记代表，共11名参加竞赛。各位选手围绕“两学一做”学习教育主题，结合工作实际为党员代表们呈现一堂堂浓缩的精华党课。活动持续4小时，竞争激烈，茶场村党支部书记林文最终摘得桂冠。

【众志成城 防汛抢险救灾】6月22日至7月7日，防汛Ⅲ级应急响应以来，岳麓区西湖街道按照市区上级工作要求，做好防城区内涝应急预案，组织人员成立“防涝排渍应急抢险队”，街道领导带班做好防涝排渍值班安排，应急抢险队仓库已备好编织袋、铲子、电筒、水泵等应急物资。此次防汛期间共累计投入1960人，其中街道、社区1340人，社会人员200人，累计发现隐患84处。本次受灾人口达到2867人，损坏房屋29间，受灾面积605.4亩，造成直接经济总损失达1095万元。设立安置点，共慰问安置转移 1337名群众，发放物资2000余份；防疫面积累计13000平方米，灾区防疫覆盖率100%，清理垃圾累计145吨。用去编织袋1.6万个、彩条布1700平方米、砂卵石3000吨、钢管5吨、铁铲、电线、灯具等，张贴宣传横幅200余条，发放减少疾病发生的温馨提示3000余份。防汛期间市委常委、湖南湘江新区管委会主任曹立军，湖南湘江新区党工委委员、管委会副主任凌勤杰，副市长陈中，区委书记周志凯，区委副书记、区长刘汇、区政协主席袁精华、致公党岳麓区工委等市、区领导前来西湖街道防指麓山垸堤委会现场慰问、督查指导救灾工作。

【龙王港社区学院开学】 10月17日晚，西湖街道龙王港社区学院开学仪式在社区服务中心多功能报告厅正式启动。参加此次社区学院开班仪式的嘉宾有西湖街道办事处主任吴卫同志、湖南师范大学继续教育学院钟荣华院长、区环保局驻龙王港社区群工站负责人甘建文等。湖南师范大学继续教育学院钟荣华院长、龙王港社区书记沈材政、西湖街道办事处主任吴卫先后为社区学院开学仪式致词。龙王港社区学院是岳麓区第一所与高校合办的社区学院，是继中小学教育、高校教育、技能教育之外的又一个社会教育的补充。社区学院一期开设了合唱班、太极班、广场舞班、书法班供居民学习，报名情况异常火爆，仅两天时间招生人数超过100人，广大群众积极参与为社区学院的开办注入活力。学院将严格按照教育部等九部门关于进一步推进社区教育发展的意见，以湖南师范大学优质师资为依托，街校共建，资源共享，推进社区教育，提升社区居民综合素质，丰富社区居民精神文化生活。（陈娟）

望城坡街道

工委书记 陈海军

工委副书记、办事处主任

张智余

工委副书记

廖科仁

工委委员、人大工委主任

刘　坤

工委委员、办事处副主任

李胜宏

文　丹

工委委员、纪工委书记

肖　然

办事处副主任、兼政协联络处主任

黄英廓

工委委员、组织委员

王　山

办事处副主任

饶　艳（女，9–）

人大工委副主任

刘　钰（女）

【概况】 2017年，望城坡街道始终紧扣全区“三融共进，五化同步”的发展主题，围绕打造“西引擎，西高地”的战略部署，以建设“枢纽型经济强街、引领型双创名街、智慧型宜居新街”为目标，全街上下勠力同心、攻坚克难、务实进取，经济社会发展开创崭新局面。

经济发展。全年完成全口径税收49500万元，完成区级税收10400万元，完成基础性税收30900万元，国地零散税收入库约450万元，完成实际到位外资2350万美元，引进市外境内资金形成固定资产122000万元，完成外贸进出口总额1200万美元，全年完成固定资产投资7.8亿元。全年铺排建设项目17项，其中续建项目4项，新建项目9项，预备项目4项，完成望新正圆棚改项目，龙王港黑臭水体治理工程完成施工，美麓阳光项目年底实现预售。完成“个转企”13户，“小升规”7家，引进高新企业1家、总部企业3家，新增楼宇企业500余家，全年新登记市场主体3000余家。成立西中心楼宇工作站，西中心、长房时代、达美写字楼三个商务楼宇共实现招商面积5万平方米，入驻企业820余家，全年引进企业120余家，楼宇经济、枢纽经济成果明显。

体制改革。主动承担岳麓区城区街道管理体制改革试点任务，整合、理顺街道内设机构的职能职责，统一设置8个内设机构和公共服务中心、网格化综合管理中心两个二级机构，完成中层干部竞聘上岗，充分激发干部队伍活力。投入经费近1000万打造街道网格化综合管理中心，做实“科学决策、智能数据、高效指挥、应用拓展”智能平台和一站式公共服务平台。遵循“四级处置”、“五个统一”、“六步闭环”工作机制，建立“421”网格化社会综合管理模式。铺设摄像头569个，完善视频监控系统，做到问题发现及时，反馈快速，处置高效。9月平台建立至年底，指挥调度中心共发出指令8000余条，发现、处理矛盾问题200余个。

综合治理。继续深化“大城管、大综治、大安全、大服务”工作机制，以网格化管理为抓手，创新方式和方法，基层社会治理取得显著成效。一是城市管理持续提升。全年办理市、区两级数字化城管案卷9800余件，全部按期结案。加大综合执法力度，共办理案件1364件，罚款20.3万余元。二是综合治理持续深化。街道斥资100余万元建设总面积约400平方米的街道综治中心，打造了“平安在线”工作体系，落实“信访积案百日攻坚”工作任务，街道历年所有信访积案全部清零，望新景园、经阁铝型材、望城坡大市场、九旺股份制公司矛盾纠纷等群体性事件得到有效稳控。三是平安建设持续巩固。加大政府购买服务力度，聘请专业公司开展专项治理，推动安全生产专业化、市场化，全年开展打非治违联合行动48次、行政执法检查138次、排查各类单位4000余家、发放安全生产宣传资料5000余份，全年辖区内未发生一起安全生产责任事故。四是三服务一线工作持续改进。不遗余力地解决好群众提出的具体问题。全年共接待群众523人，走访群众629户、项目企业31家，收集民情问题52个，明确承诺办事事项30件。

公共事业。一是全面推进社区提质提档。投入7600余万元对箭弓山、南家塘、竹马塘、商贸城、涧塘5个社区全面提质提档，长华社区被评为长沙市全面提质提档示范社区。二是全面完成文明创建任务。圆满完成文明创建国检测评，全年开展主题活动73次，全市“文明从排队礼让开始”活动启动仪式在湘江新区交通枢纽举行。三是全面取得抗洪救灾胜利。积极组织抗洪救灾，共出动应急队员200余名，大型机械设备10台，排危拆违约3000余平方米，紧急疏散湖南大学学生公寓师生3800余人，安置转移受灾严重的望麓、望新社区居民973人，发放慰问物资达1800余套，发放救助资金22万元。四是全面提升公共服务水平。完善社会救助，全年累计发放低保金139万元，发放救助金53万余元，帮扶困难群众105人次。政务中心转型升级，打造“一站式服务+全科式窗口”的便民服务模式。卫计工作圆满完成各项年度考核任务。人武、科技、工青妇及残联、统战、工商联等工作齐头并进。

基层党建。全年新成立党委2个（社区党委1个，楼宇党委1个），党总支部6个，党支部40个，完成社区两委换届选举，新一届两委成员平均年龄37岁，大专以上文化程度占88%；开展区校共建、区企共建、区社共建，打造了一批各具特色的服务品牌，如长华社区“长相依、长相伴、长相守”、箭弓山“三情三线”、竹马塘“红色聚力”等；继续开展“四联四进四促”活动，全街64个基层党组织、108个党小组全部建立在87个网格中，街道党政领导下派到三级网格中担任社区党组织第一书记、街道机关党员干部均下派到四级网格担任网格长，创建以“格”为基础、以“网”为依托的网格化党建品牌，区域化党建新格局初步形成。

党风廉政建设。一是严格履行主体责任。建立工委书记带头抓、党政班子成员分头抓、基层党组织常态抓的工作格局。坚持“一岗双责”机制，党工委与分管领导、基层支部书记分别签订党风廉政建设工作责任书，一级抓一级，层层抓落实。二是严格恪守纪律标准。深入开展“三个专项”整治行动，明确纪律要求，高悬执纪利剑，坚持做到党风廉政建设、反腐败工作与街道中心工作同部署、同落实。三是严格开展纪检工作。全力开展“互联网+监督”工作，全面清底，全面录入，全面挂网，全面完成进度。继续深化重点领域和点位的监督力度，全年开展各类督查40余次，提醒谈话20余次，全街通报批评20余人，对6名违纪人员分别给予开除党籍、党内警告等处分。

（覃文清）

【创新网格化管理模式，构建社会治理新格局】 望城坡街道探索建立“421”网格化社会综合管理模式。全街共划分87个单元网格，构建“街道+片区+社区+楼栋（小区、楼宇）”4级网格体系，打造网格化社会服务和社区一站式公共服务2个管理平台，形成了1个具有望城坡地域特色的网格化品牌，研发网格化综合管理网站、平台系统和移动APP软件。自网格化管理模式运行以来，共排查上报七大领域问题9127起，其中已办结8991起，排查上报社情问题52个，已办结52个，网格化管理服务水平成效显著。

【提质提档建幸福家园】 对箭弓山、南家塘、竹马塘、商贸城、涧塘5个社区进行全面提质提档，完善基础设施配套，路面铺油59200平方米，立面改造29栋、外墙粉刷5200平方米，统一门店招牌89户，空调、护窗、雨阳棚整改54栋，网线整理93栋，地下网改造、疏浚13700米，增设摄像头30个，绿化提质改造面积5740米，化粪池改造11个。建成竹马塘社区、望新社区、南家塘社区、达美D6等4个生态停车场。

【湖南省“扫黄打非”基层示范点】 长华社区“扫黄打非”工作多举措，被评为2017年湖南省“扫黄打非”基层示范点。社区成立志愿服务团队，通过发放宣传资料、问卷调查等方式，倡议居民深入开展“扫黄打非”斗争；通过开展暑假关爱少年之行系列活动，向青少年提供优质文化服务，进行正面引导；由爱心妈妈王爱萍牵头成立“爱心帮帮团”，为未成年人提供个性化服务，减少未成年人在转型期和叛逆期遇到的困惑和挫折；与辖区内物业服务公司签订《“扫黄打非”工作责任承诺书》，共同加强门店监督，堵住非法出版物源头。

【文明从排队礼让开始】 11月11日，长沙“文明从排队礼让开始”市民素质提升主题活动启动仪式在望城坡街道长沙西中心广场举行，长沙市委常委、宣传部长高山出席并宣布活动启动。现场聚集近500名市民朋友，来自10个不同行业的志愿者代表宣读了“文明从排队礼让开始”倡议书，共同承诺在公共场所加强文明排队礼让劝导，市文明办为全市10个排队礼让示范点授牌，望城坡街道工委书记代表辖区排队礼让示范点表态发言。此次活动旨在引导辖区市民树立文明观念、争当文明市民、展示文明形象，不断提升市民素质和社会文明程度，构建文明创建新常态。

（覃文清）

望岳街道

工委书记 龙明星

工委副书记、办事处主任

周　云

工委副书记、宣传委员

陈　裕(女)

工委委员、人大工委主任

曾　伟（1—7月）

工委委员、人大工委主任、纪工委书记

肖春华（12–）

工委委员、办事处副主任、政协联络处主任

陈利华（女）

工委委员、纪工委书记、政法委书记

肖春华（1–11月）

工委委员、组织委员

曾利民

工委委员、办事处副主任

李毅飞

工委委员、办事处副主任、武装部长

何剑波

人大工委副主任兼党政办主任

罗　列

街道办事处副主任

余亚锋（12–）

【概况】 望岳街道东西宽4.2公里，南北长5.7公里，总面积达13.6平方公里，下辖3个村、6个社区，总人口约4.7万人。在经济增速放缓、项目延迟启动的情况下，街道全年财政完成区级税收9340万元（其中：国税4698万元，地税4642万元），完成全口径基础税收7668万元；完成全社会固定资产投资约35亿元，全社会消费品零售总额约2.92亿元，外贸进出口总额1550万美元，实际到位外资1680万美元，引进市外境内资金形成固定资产12亿元。

项目建设。牢固树立抓项目就是抓发展的理念，制定《望岳街道2017年度项目征拆计划一览表》，按照“坚守底线、创新推进”的思路，全力破解“6·30新规”内街征拆难题。金星片区已启动预签约，截至17日，已签约111户，完成77.6%，其中实验小学项目实现首日清零。金峰公园、杜容路北段顺利完成签约腾地。城投40亩融资用地、谷山垃圾中转站、湘麓山庄市场化扩建项目和区“三馆”项目已完成扫尾清零。

产业发展。按照全区“6+1”主导产业规划，立足街情实际，大力开展二次招商，重点发展楼宇经济、总部经济。街道全年引进总部企业3家，中国人寿长沙分公司、辣妹子食品股份有限公司长沙办事处、华润湖南瑞格医药有限公司落户我街。引进楼宇企业38家，其中，恒晟湘江中心引进楼宇企业14家，奥克斯缤纷广场引进楼宇企业24家。全年新增企业833家，新增个体786户。初步形成以恒晟湘江中心、奥克斯缤纷广场、荣泰广场等星级写字楼为核心的市府区治行政商务圈，依托奥克斯缤纷广场、龙泊湾、湘高记、熙源、新长福等沿线商贸载体的杜鹃路社区商业发展轴。

城市管理。以创建文明城市为载体，完善城市管理长效机制，全面落实强化城市管理的各项工作措施。全街共接收数字化案卷4355件，按期结案率为100%；开展专项整治行动118次，办理案卷79宗；集中开展“白色垃圾”整治行动，共完成市区督办问题108起。对违法建设实施“零容忍”，我街全年共拆除违建30处，合计面积10012.7平方米。创新管理模式，构建物管联盟，进一步提升城市管理水平，时刻保持辖区市容市貌整洁。全年迎接市对区城市管理交叉检查四次，分别名列第一、第五、第二和第三，多次受到上级领导肯定。

综治维稳。一是加强硬件设施建设。按照市、区综治工作要求，街道机关综治中心和七里营社区、恒华社区、府后路社区综治中心均已建成并投入使用。二是大力开展宣教活动。通过建立800人的“红袖章”巡查队伍，开展防范宣传、巡逻守望、信息收集、矛盾纠纷排查等工作，准确掌握情况，及时化解矛盾。三是突出特护期维稳。严格落实信访维稳工作机制，做好基层信访接待工作，尤其是在中央“两会”、“建军九十周年”和党的“十九大”等重要时间节点，做到底数清、情况明，有的放矢，有效维护大局稳定。全年未发生群体性事件，无重特大责任事故和刑事案件，未发生重特大交通、火灾案事件，无进京非正常上访。

社区提质。社区提质提档工作有序推进。街道完成了府后路社区提质提档示范社区建设，目前，全街实现恒华社区、七里营社区和府后路社区全面提质提档。加强文化强街战略，着力打造望岳街道综合文化站，与长沙市两型宣教基地联手，常年开设两型科技益民展览，村（社区）开设文化活动室、阅读室等阵地。八方社区、金星新村社区、府后路社区、七里营社区等地的5个户外全民健身中心项目已向市民开放，满足了居民休闲娱乐的生活需求。

文明创建。搭建多元平台，形成创建合力，打造文明创建“望岳样本”。开展“中国好人声音故事”进乡村等志愿服务活动30余场，率先推出“三社”联动工作模式，破除基层治理新瓶颈；成功打造了“践行文明 快乐暑假”、“护苗成长营”等未成年人创建品牌，全街亮点工作在省、市主流媒体报道70余次，官方微信公众号“望岳优生活”推送200余期，关注量达6万余人，全面弘扬了社会正能量。街道文明创建全年成绩排名靠前，谷山村获评“全国文明村镇”，恒华社区获评“湖南省最美志愿服务社区”，望岳门球队荣获长沙市第九届运动会老年组门球赛男子组第二名。

（李超）

【长沙市首个两型宣教基地正式挂牌成立】 6月25日，长沙市两型宣教基地揭牌暨社会组织参与两型社会建设签约仪式在岳麓区望岳街道恒华社区举行，省两型管委宣教联络处、市两型办相关负责人出席活动，市绿动社区环保服务中心、乐享两型志愿服务中心、小袋鼠资源环境公益服务中心、野生动植物保护协会等4家社会公益组织近300人参加了活动。市两型办相关负责人在致辞中指出，成立两型宣教基地、两型公益宣讲队伍，是长沙市引导社会力量参与两型社会建设的改革之举，将推动两型社会建设基本国策、长沙两型改革政策制度与基层公众参与的无缝对接，为建设“四更”长沙增添更多两型发展正能量。

【望岳街道谷山村顺利通过省级文明村验收】 7月15日，受省文明办委托，市文明办副主任梁飞彩一行深入岳麓区望岳街道谷山村，对谷山村创建省级文明村工作进行现场复查验收。区文明办、望岳街道相关负责同志参加了验收汇报会。在工作汇报会上，市文明办验收组对谷山村巩固“省级文明村”创建成果的工作给予了肯定，认为谷山村文明创建态度好、机制全、思路清、工作实，社会安定、民风淳朴，并就文明村创建工作提出了三点要求和希望：一是要进一步美化亮化环境，逐步引导村民养成良好习惯；二是要加大宣传教育力度，开展丰富的文体活动，进一步提升村民的文明素养；三是要进一步营造文明、安定、和谐的环境，浓厚文明氛围，继续坚持高标准抓创建，团结和带领广大群众积极参与新农村建设，使经济发展建设和精神文明建设同步协调发展。

【弘扬雷锋精神 推进职业道德建设】 12月7日，由湖南省文明办指导，长沙市委宣传部、长沙市文明办、岳麓区文明委主办，岳麓区委宣传部、岳麓区文明办、岳麓区社科联、岳麓区望岳街道办事处承办的“宣传贯彻十九大精神——以雷锋精神推进职业道德建设”群众性主题宣传教育暨第32个国际志愿者日纪念活动在长沙市老干活动中心举行，长沙市委宣传部副部长、文明办主任郭润葵、长沙市文明办副主任丁德喜、长沙市文明办学雷锋志愿服务处处长袁军、岳麓区委宣传部部长罗予武、第四届全国道德模范李国武、2015年“中国好人榜”助人为乐好人杨士泉、岳麓区直各机关单位代表，社区居民代表，学生代表等400余人参加。郭润葵强调，广大志愿者要以先进典型为榜样，进一步壮大志愿服务队伍，健全志愿服务工作机制，广泛开展学雷锋志愿服务活动，持续打造形式多样、特色鲜明的志愿服务品牌，推动学雷锋志愿服务工作再上新台阶。

（李勇焜）

咸嘉湖街道

工委书记 李群素（女）

工委副书记、办事处主任
潘绍辉

工委副书记、武装部长
熊 杰

工委委员、人大工委主任
钟兴志

工委委员、办事处副主任、政协联络处主任
谭景佳（女）

办事处副主任

黄 巨

工委委员、纪工委书记

谭 旦

工委委员、办事处副主任

何鑫华

欧阳文中

工委委员、组织委员

杨 晴（女）

【**概况**】咸嘉湖街道位于岳麓区中部，北与望岳街道接壤，西与望城坡街道为界，南和西湖街道相连，东与银盆岭街道为邻。占地约2.88平方公里，下辖咸嘉新村、润泽园、西大门、白鹤咀、荷叶塘、银谷国际6个社区，常住人口4.8万人，驻街企事业单位2100余家。截至2017年，街道和社区累计获得国家级荣誉37项，连续9年在岳麓区绩效考核中被评为一类街道。

经济发展。2017年完成全口径税收41578万元（其中国税21649万元，地税19929万元），超额48%完成年度任务；区级税收9157万元，超额79%；基础性税收19590万元，超额25%；实际到位外资2400万美元，外贸进出口总额2000万美元；完成限上社零22亿元；引进固定资产投资5亿元。深入开展"保姆式服务，助企业发展"大走访活动，率先建成河西王府井楼宇经济服务站，2017年新增商事主体1699家，入驻楼宇企业124家，新增"四上"企业8家，新增总部企业4家，完成"个转企"13家、"小升规"备案6个。第三产业税收贡献率达65%以上，河西王府井楼宇年度税收超亿元。

重点工程。全年共铺排重点项目16个，计划投资约4.8亿元。老咸嘉湖路棚户区改造项目集体土地10天32户签约全部清零，于8月完成32户腾房，实现"6.30"拆迁新规后全区内街拆迁工作新的破题；国有土地完成41户签约腾房及8户强征。建成荷叶塘社区公共服务中心2100平方米并投入使用，中央·美郡项目二期工程已竣工并完成验收，湘腾大厦项目已启动基础建设，谷丰路南段已启动征拆。

城市管理。一是创建示范片区，每月评比21家星级门店，对星级门店授牌并给予500元奖励，创建示范路段多条、示范社区1个。定期开展以牛皮癣清理为主的"清洁行动"、以纠正违规占道为主的"畅通行动"、以拆违控违、广告标牌整治为主的"靓丽行动"等三大行动，处理数字化案卷4000余条，处罚金额95890元，清理"牛皮癣"8000余条，纠正违章占道和非机动车乱停乱放500余人次，查处流动摊贩、店外经营等760余处，拆除违法建筑7处560平方米，整治违规广告460余处，在主干道建设100个样板示范招牌。实行"城管物管联盟"，对润泽园、教师村、电表厂、安塑等小区推行开放式物业服务，白鹤咀、银谷国际、咸嘉新村保牌"长沙市开放式物业服务精品社区"，润泽园、西大门保牌标杆和样板社区。落实生态文明建设责任，整改中央环保督查问题8件，完成黄标车淘汰94台，整治燃煤门店30余家，收缴并销毁煤炉200余个；推行"河长制""路长制"，补栽苗木15万株、草皮8000平方米，完成金星中路综合提质改造并迎接全市观摩。二是社区提质提档。按照"高起点谋划、高标准定位、高水平推进"的思路，一社区一方案，从群众最关心、最直接的热点难点突破，大力推进社区全面提质提档工作，着力实现"提档品质化、治理精细化、服务多元化、运转科学化"。完成润泽园社区和白鹤咀电表厂宿舍水网改造、道路"白改黑"、人行道改造、绿化提质、增设停车位、屋顶修葺等项目，润泽园社区作为全区示范点迎接了全市验收，润泽园社区、白鹤咀社区均成功创建长沙市2017年度社区全面提质提档工作示范社区。完成咸嘉花园小区18户和美林银谷小区789户电力"专改公"项目。三是打造"文明创建示范片区"，深入开展"四保十看四查"专项行动，整改问题清单348项，圆满完成咸嘉湖街道"市级文明标兵单位"和咸嘉新村社区"全国文明单位"的复查验收；建成王府井、步步高商圈公益广告示范点和咸嘉新村"社会主义核心价值观"主题文化广场，全年制作公益广告5000余块，制发宣传资料33000余份；开展"文明从排队礼让开始"主题市民素质提升行动，建成"长沙市排队礼让示范点"有：市妇联公交站、白鹤咀公交站，银谷国际、荷叶塘、咸嘉新村、白鹤咀社区一站式服务大厅；全年开展"公交文明在我心、雷锋精神伴我行"等道德教育和志愿服务活动100余场。四是完善公共文化服务体系，荷叶塘社区建成长沙市示范性社区综合文化服务中心，在咸嘉新村绿化广场更新建设户外全民健身中心。加强文化市场监管，对辖区KTV、网吧、打字复印店、报刊亭、经营出版物的文具店、书店、电影院，深入推进"扫黄打非"。承办岳麓区"绿书签2017"系列活动启动仪式暨网络安全教育进课堂活动。

综合治理。一是打造“实时监控、联网布控、定向防控”的立体治安防控体系，全年发生各类刑事案件323起，同比下降23.3%，排查调处各类矛盾纠纷162起，其中重大矛盾纠纷2起，稳妥处置了各类群体性、突发性事件；加强“三治三防三优”专项整治，清查出租屋2000余户，更新、登记流动人口14571人，整改不规范出租屋和小旅馆300余户，行政处罚30余人，采集实有人口信息79925条、实有房屋信息41396户、实有单位2355家、实有车辆11333台，办理居住证10897本；在册刑释解矫人员29名，安置率100%，零重新犯罪率，社区服刑人员16名，无脱管、漏管，无重新犯罪，“法轮功”管控对象3名。建立健全安全生产三大体系，签订目标管理责任书147份，开展“春雷”“飓风”“霹雳”“清剿”等专项行动，排查整治各类安全隐患162起；安全集中执法行动13次，出动执法人员136人次，检查生产经营单位206家，排查整改安全隐患32处。做好了2017年汛期防汛抢险和灾后恢复工作，完成街道应急管理规范化建设。二是食品安全。全年办理食品经营许可证397本，实施“明厨亮灶”改造20家，对900家监管单位实行“一户一档”；开展专项整治30余次，出动执法人员280余人次，立案11件，下达责令整改通知书58家；全面宣传食品安全，发放宣传资料3.9万余份，制作横幅50余条，在人员密集场所和城市主干道制作固定大型文字宣传标语12处、大型喷绘橱窗7处、宣传栏21处、小型喷绘宣传32处，利用电子显示屏、门店行业群等强化宣传效果；成功创建一个示范社区（银谷国际社区），一条示范街（沁园春·御院商业街），一个示范小学（博才咸嘉小学）；择优选聘100名食品安全义务监督员上岗，鼓励居民群众参与共同监督、加强投诉举报。三是整合“三服务”一线网格管理、群工站、“12345”市民服务热线平台，全年走访群众1895户、接待居民678人次、走访企业368家，慰问资金达20万元，帮扶困难群众576人，2017年创建“五星网格”24个，“四星网格”6个；受理“12345”市民服务热线工单432件，办结工单354件，按时办结率100%，市民满意率为96.32%。

社会保障。就业服务：新增城镇就业1112人，失业人员再就业261人，就业困难对象再就业84人，新增创业主体736户，创业带动城乡就业人数1419人，新增创业担保贷款发放110万元，办理《就业失业登记证》217本，就业困难对象认定37人。社保：城乡居民养老保险征缴基金51.1万元，人均缴费356.01元，全年新增参保107人，发放待遇8329人次，累计发放金额1339575元；城镇居民医疗保险缴费人数10452人，缴费金额158.425万元，享受待遇人员1870人；灵活就业人员参加养老保险317人（其中外地户口参保110人），医疗保险472人（其中医保退休的42人）；小工伤参保5家单位65人，缴费金额17514.96元；失业保险签到3480人次，申报待遇补贴12人49157元；社保补贴64人次，补贴金额341937.1元；全民参保登记人数1950人，其中录入系统人员1811人，未录入系统133人，新增未参保登记6人。退休人员社会化管理：退休人员人脸建模认证2021人，登记退休人员2884人（省级305人、市级1325人、区级413人、异地841人）；异地退休人员领取养老金资格认证纸质认证31人次。低保：居民低保对象101户144人（荷叶塘9户13人、咸嘉新村社区31户42人、白鹤咀社区14户17人、西大门社区38户56人、润泽园社区9户16人），累计发放保障金710896元；节日费累计发放25280元。特困对象1户1人，累计发放保障金8580元，节日费累计发放160元。辖区有60岁以上老人约6300人，按照“一核两翼N空间”的服务模式（即以街道智慧养老服务平台为核心，以线上云平台和线下养老服务资源为两翼，N个共享活动空间为载体），以“重点+全面”“线上+线下”“生活照料+医疗护理”为服务思路，促进“共享+专业养老服务”，以居家养老为基础，社区养老为依托，医疗卫生服务为保障，打造15分钟医养e+社区居家养老服务圈，建成润泽园、荷叶塘、咸嘉新村、白鹤咀等5个社区老年人日间照料中心，中心设按摩室、棋牌室、理疗室、书法中心等，举办义诊、手工课、唱歌表演等公益活动，满足老年人多样化、个性化需要；同时，推进“智慧养老”平台建设，实现智慧化、专业化、系统化养老。

卫生计生。卫生：社区卫生服务中心全年就诊10.2万人次，提供出诊服务1421人次，提供随访服务5.9万人次；健康档案建档38848人，建档率118%，健康档案合格率88%，动态使用率达到50%；开展义诊30余次，举办讲座20余次，惠及居民3000余人次，发放宣传资料2000余份；65岁以上老年人健康建档3240人次，体检1637人次，建档率98.8%，健康管理率50.52%，体检表完整率70%；加强慢性病管理，高血压管理2118例，管理率42.96%，糖尿病管理791例，管理率31.09%，血压、血糖控制率均达50%；预防接种管理7岁儿童以内4197人，建卡1010张，建卡建证率100%，一类疫苗接种7084人19579剂次，二类疫苗接种6078人14893针剂次；传染病防治坚持门诊登记和疫情自查制度，报告传染病163例；7岁内儿童2640人，系统管理率96%，新生儿访视482人次，访视率99%，0–3岁体检儿童体检5396人次；户籍管理孕产妇474例，产后访视470人，产检470人，建卡470人，系统管理469人，住院分娩活产数486人，住院分娩率100%；家庭医生签约达1.7万人，重点人群签约率80%以上。计生：全街（下辖6个社区、4个驻街计生直管单位）2017年计生人口22861人，其中已婚育龄妇女4512人；流入人口17152人，其中已婚育龄妇女3034人；按统计责任上报出生人口699人（含流动人口252人），其中男孩339人、女孩360人，政策内出生上报697人，符合政策生育率为99.71%，出生人口性别比94.2:100；重新核实、录入独生子女保健费发放对象846人，共计发放97440元；特别扶助共计发放22人（独生子女死亡家庭16人、伤残家庭6人）105600元，农村奖扶共计发放41人39360元，城市低保户部分计生家庭奖励共计发放6人3300元，特别扶助对象老年护理补贴8人19200元；城镇独生子女父母奖励对象共计发放761人594800元。发放计生科普知识册子3000多册，发放宣传单5000多份，接受咨询1000余人次；组织动员49周岁以下4295名妇女参加妇女病普查，到位率95%；落实计生四项手术共53例，术后回访53人次；完成产前筛查235人，无一例新生儿病残儿鉴定申请。

体制改革。作为全区试点之一，街道以党建为引领，“集约化、网格化、智慧化、特色化、多元化”“五化”同步地推进街道管理体制改革工作。对全体干部职工重新定岗定责，按“6+1”模式设置党政综合办公室、城市管理办公室、综合治理办公室、公共服务办公室、区域发展办公室、卫生和计划生育办公室和党建办公室，下设网格化综合管理中心、政务服务中心，加挂党群服务中心、智慧居家养老指导中心、区域发展服务中心，在社区设“一网三站”。以“扁平化”的思路，资源整合、重心下移，根据社区居民分布和人口构成等实际状况，将全街重新划分为92个三级网格，统筹整合街道和社区工作人员、各类协管员、楼栋长等力量，将全街90%的人力资源下沉到社区，推进“全科职能”。

党的建设。一是加强基层党组织建设，将6个社区划分21个小区党支部，41个网格（楼组）党小组，构建“街道工委–社区党总支–小区党支部–楼组党小组–党员家庭户”五级联动、分层负责的组织格局；创新楼宇党建模式，试点王府井写字楼、茉莉花创客空间等，设立“楼宇（联盟）党组织和党群服务站”，探索和推广“楼宇（联盟）设总支、企业设支部、社区派专人、物业作保障”的组建方式；组建网格党建联盟，采取街区统筹、社企统筹、商圈统筹、楼宇统筹等模式，推行“三联”工作法，即“分层联点、分片联建、分组联管”，推广区域党建工作联席会议、民主协商会议等平台；实现党群阵地共用，构建“1+N”党群服务阵地体系（即1个街道党群服务中心，N个小区（楼宇）党群服务站），建成“共享+”党群服务阵地1万余平方米。城市基层党建工作探索出“培育党建‘新力量’、拓展党建‘新阵地’、丰富党建‘新内涵’”的“三新”工作机制，经验做法被中宣部《党建》杂志、《湖南领导专供》“特别关注”栏目、《湖南日报》和《长沙晚报》头版宣传推介。二是落实党管意识形态责任，坚持“六个纳入”，严格落实十项推进机制，与各部门、各社区签订责任书，强化对五类重点人员、七大类阵地的管控，出台并执行意识形态领域问题处置方案、工作流程和风险隐患排查整治方案，实行每月一排查、每季一通报。三是加强党的思想理论建设，深入学习贯彻习近平总书记系列重要讲话精神，开展“党管意识形态”专题讲座、“微理论微宣讲”理论宣讲进网格等理论学习10余场，组织全市先进典型人物、党员群众集中观看了十九大开幕。四是加强新闻舆论引导，全年在岳麓新闻网上稿227篇，街道各项重点工作被湖南新闻联播、《湖南日报》、红网、《长沙晚报》等主流媒体报道49次；妥善处理负面舆情，完成各类跟评任务107条，上报网络舆情456条，在街道网站主动公开信息616条。

干部队伍建设。推进“素质

提升工程”，设立“党员加油站”，开展“党的十九大会议精神解读”等12期“凝聚力”党课。率先推出“主题党日”活动“3+X”模式，在完成“诵读党章、缴纳党费、学习党规”三个常规动作基础上，多形式开展“访百户、知民情、解民忧”大走访、凝聚力精品示范党课评选等主题活动和志愿服务项目。推进党风廉政建设，加强对一把手“八小时以外”的监督，落实党员干部“勤廉双述”制度；全年开展廉政谈话128次，谈话人数538名，开展作风纪律督查和暗访25次，对18人进行通报批评、3人诫勉谈话、11人提醒谈话，自办案6件，对6人给予党纪政纪处分；建设润泽园社区廉政文化墙，打造“银谷联盟”——“廉政促联盟”“廉洁兴联盟”等特色品牌，党员干部参与党纪条规答题达1500余人次。

（孙萍）

【智慧街道建设】 打造首个国家级“智能移动”生活街区，依托街道智慧服务中心，研发“智慧咸嘉”管理系统，涵盖党政建设、城市管理、产业发展、综合治理、安全生产、卫生计生、社会事务、食品安全等8大板块内容，集互联网+、三维地图和大数据应用于一体，通过“一张图”整合街道网格楼栋信息、各类基本数据，实现街道和社区主要日常工作智慧信息管理，促进社会治理手段智能化。其中“智慧综治”建设，将公安“天网”接入街道综治指挥中心和社区分控平台，同时铺设“地网”，在润泽园、咸嘉新村等社区安装智能人脸卡口摄像机和人脸识别综合布控实战平台，对辖区主要道路、小区出入口等监控全覆盖，对“人”“事”“物”进行动态管理，形成立体的监控体系和工作格局；“智慧城管”建设，利用网络通讯、数据分析等现代信息技术手段，通过手机APP采集信息，集“感知、控制、分析、服务、监管”五位一体，实现城市管理要素、过程、决策等全方位的高效化。引进智慧停车系统、共享汽车，在荷叶塘丽臣小区建成全省首个人工智能无人值守停车场。

【咸嘉新村社区荣获三项全国荣誉称号】 2017年3月，咸嘉新村社区被国务院防范和处理邪教问题办公室授予“全国2015百县千乡万村无邪教创建示范工程活动创建无邪教示范社区”称号。自2014年国务院防范和处理邪教办在全国部署开展“百县千乡万村无邪教创建示范工程”活动以来，咸嘉新村社区成立创建无邪教示范社区工作小组，实行不定期排查制度，与辖区单位、个体商户签订综合治理目标责任书；定期开展法律知识讲座、法律咨询及科普进社区等活动，利用“咸嘉里手”、电子显示屏、宣传栏等多种形式，宣传邪教组织的危害性，提高居民对邪教的判断能力；将邪教活动纳入常规性矛盾纠纷和不稳定因素排查，充分发挥基层组织反邪教第一道防线的作用。4月11日，由中国气象局主办，湖南省、长沙市气象局承办的“流动气象科普万里行——走进湖南”科普进社区活动到咸嘉新村社区，为咸嘉新村社区授“全国气象科普教育基地 基层防灾减灾社区（乡镇）”牌匾。该社区自2013年选为全国首批城市气象防灾减灾社区试点后，严格做到“职责落实到位、组织建设到位、队伍建设到位、设施建设到位、应急准备工作到位、防御知识宣传到位”。在社区建立气象信息服务站，建立健全应急处置机制和预警手段，由辖区离退休干部、热心居民、楼栋长等137人组成气象灾害志愿者队伍。设立气象自动观测站，实时监测社区风向、风速、降雨量、温度等情况，在各主要路口、庭院门外共设置10个气象信息发布栏和电子显示屏，全天候滚动播出气象信息。11月，中央文明办根据《全国文明城市测评体系》复查确认，咸嘉新村社区继续保留“全国文明单位”荣誉称号。该社区2009年获评“全国文明单位”，社区以党建为龙头，以“三联动”为抓手、群众工作为根本、文明创建为重点，从强化基础设施、活跃社区文化、保障社区治安、美化社区环境、拓展社区服务等方面着手，唱响文化“四季歌”，创建“雷锋超市”“道德银行”等公益平台，着力构建学习型社区，创新基层社会治理，居民群众参与文明社区创建的积极性和主动性高涨，辖区城市文明程度、居民生活质量、市民素质均得到提高。

【荷叶塘社区获评全国“扫黄打非”进基层示范点、示范标兵、先进集体】 11月，荷叶塘社区被全国“扫黄打非”工作小组办公室评为“全国‘扫黄打非’进基层示范点”“全国‘扫黄打非’进基层示范标兵”,2018年1月被评为“全国‘扫黄打非’进基层先进集体”。荷叶塘社区坚持“标本兼治、重在治本”，将“扫黄打非”工作与文明城市创建、社会管理综合治理等工作相结合，“扫黄打非”工作按照强监管、优服务、促发展、抓队伍的工作思路，以“三张网、三支曲、三扇门”为后盾，扎实有效开展“扫黄打非”专项行动，充分调动全社会各方面的积极性，加强横向和纵向的信息传递、情况沟通，构筑群防群治的严密防控体系，使社区“扫黄打非”工作的常态化、规范化、长效化，为维护社区文化安全筑起一道坚强防线。

【白鹤咀社区获评全国“流动人口社会融合示范社区”“国家地震安全示范社区”】 11月，白鹤咀社区被国家卫生计生委办公厅评为第一批“流动人口社会融合示范社区”。白鹤咀社区顺应流动人口年轻化的特点，运用“互联网+”，以流动人口需求为导向，在社区阵地中打造“曹蕊菲工作室”，用“民意直通车”等小项目发挥大融洽作用，以“全覆盖、同待遇、共享受、促融合”为目标，通过搭平台、强阵地、优服务、聚资源等多方合力创新，推进流动人口社会融合工作实现新突破。社区通过组织各类活动，引导流动人口从“封闭人”走入以兴趣爱好而集结的“社群部落”，将流动人口、居民、社区连成一个互帮互促、温馨和谐的“大家庭”，让“生人社区”变“熟人社区”，实现从生人社会到熟人社会、生活共同体，再到价值共同体的大融合，让流动人口在享受社区服务的同时增强参与社区建设的认同感和支持力。12月，该社区高鑫麓城公园里小区被中国地震局认定为2017年第二批“国家地震安全示范社区”。白鹤咀社区在创建地震安全示范社区过程中，一是夯实基础，成立防震减灾领导小组，设置应急管理工作站，配备应急物资储备库，建立以居民组长为骨干的应急工作网格和100人的防震减灾三级应急处置网络，制定社区防震灾害风险隐患图，设立7个应急避难场所。二是宣传演练，修订完善《白鹤咀社区地震应急处置预案》，组织应急救援队伍、学校师生、居民群众等开展防震减灾实地演练活动，通过微信公众号、宣传横幅和宣传专栏、发放宣传资料、专家讲座进社区等形式广泛宣传，提高应急队伍应急指导处理、防范和抢险救援能力，提高居民公共安全意识和自救互助能力。三是建立长效机制，设立“红旗帜”等七支志愿服务队，定期开展走访活动、召开恳谈会议、进行安全排查，形成安全隐患排查整治清单，并建立灾害信息告知和报送制度，突出“预测、预报、预防”三个环节，将灾害不良影响降到最低程度。

【咸嘉湖街道社区卫生服务中心获评全国“优质服务示范社区卫生服务中心”】 2018年2月，咸嘉湖街道社区卫生服务中心获评全国“2017年优质服务示范社区卫生服务中心”。该社区卫生服务中心提出“只有为居民创造健康，才能为自己创造价值”的核心价值观，明确“精诚·仁爱·团结·创新”四大发展理念，建设家庭健康中心、妇幼保健中心、中医康复中心，全科医生社区实践基地和全科护理社区培训基地，做到“群众满意、政府认可、职工幸福”。该中心以临床一线和行政后勤、管理岗位和普通职工相互依靠、相互成就、相互监督为原则，根据实际情况不断调整岗位制度和法规性制度；明确组织架构、岗位职能、工作流程，提高医疗服务能力和同质化程度。实施“泳桥计划”，一年外派业务、管理学习超100人次；坚持院内业务学习，开展“人人都讲一堂课”系列活动；与中南大学、湖南师大对接，建立全科医生社区实践基地和全科护理社区培训基地，提升基层服务能力；与湘雅三医院、长沙市四医院、长沙市第一医院、湖南中医药大学附属第一医院建立双向转诊机制；以“家庭医生”为抓手，扎实推进13大类公共卫生服务项目。

【社区“支居”两委选举换届】 3月中旬启动社区“支居”两委换届选举，严把人选关、严把程序关、严把时间关，实行街道领导干部包社区责任制，分别于4月和5月完成社区党组织和居民委员会的换届选举，共选举产生社区“两委”成员38人，新当选的社区党组织书记（含副书记）平均年龄43.5岁，全部具备大专以上学历。其中，白鹤咀作为全区“支居”两委换届试点社区，率先完成换届工作，并接受全区现场观摩。4月26日，白鹤咀社区在各居民小区设立选举投票站投票，选举产生新一届社区居民委员会主任、委员。

【“公交文明在我心、雷锋精神伴我行”】 3月3日上午，由长沙市文明办、岳麓区文明委主办，区委宣传部、区文明办、咸嘉湖街道、岳麓区第一小学、白鹤咀社区等共同承办的“公交文明在我心、雷锋精神伴我行”学雷锋志愿服务活动启动仪式在岳麓一小礼堂举行。市文明办副主任丁德喜，区宣传部副部长、文明办主任雷云飞，咸嘉湖街道工委书记李群素、纪委书记谭旦，岳麓区第一小学校长李晖等出席启动仪式。200余名岳麓一小的少先队员，咸嘉湖街道志愿服务队、岳麓一小党员志愿服务队、白鹤咀社区七彩志愿服务队、岳麓一小乐善志愿服务队成员代表参加活动。仪式启动，全体人员起立齐唱《学习雷锋好榜样》，李群素致辞，少先队员代表谭沛琦宣读文明出行倡议书。小学生们前往王家湾公交首末站开展新时代雷锋精神体验活动。

【“推进企业诚信 建设和谐街区”】3月14日下午，由长沙市文明委主办，长沙市文明办、岳麓区文明委、岳麓区委宣传部、岳麓区文明办、咸嘉湖街道办事处及咸嘉新村社区承办的“名师经典进基层”之“推进企业诚信 建设和谐街区”市民主题教育活动在咸嘉街道七楼“道德讲堂”开展，街道辖区企业、商户、党员和居民代表，社区工作人员、青年志愿者们共计150余人参加活动。市文明办副主任丁德喜、市文明办创建综合处处长刘爱梅、区文明办副主任张凯博及咸嘉湖街道负责人出席。活动进行《诚信最可贵》等经典诵读，岳麓区装饰协会会长吴梁发起诚信经营倡议，企业和商户代表现场作出诚信经营承诺，并特邀中南大学国学研究院赵子维老师开展“以诚为本，从心开始”主题讲座。

【润泽园社区提质提档接受全市观摩】11月15日上午，长沙市委副秘书长谭慧慧率队观摩咸嘉湖街道润泽园社区提质提档工作，市、区相关领导陪同。润泽园小区建设于2006年，当时按照农民安置小区标准建设，配套设施不足、基础设施老化。2017年该社区实施“高起点规划、高标准建设、高水平管理”，提质提档。一是规范道路通行，完成社区道路“白改黑”58500米，人行道混凝土压膜改造24380平方米，实施交通微循环，缓解社区内停车难问题；二是绿化提质升级，对社区中心花园进行建设，完成绿化提质4200平方米，增加健身设施20套，丰富居民休闲活动空间；三是完善便民设施，增设宣传栏65个、修复照明设施30处、完善门禁设施58栋、监控系统9处，满足居民日常生活需求；四是畅通下水管网，完成栋间淤塞排水管道清淤疏浚6606.8米，清淘化粪池62个，恢复管道排水功能；五是美化人居环境，打造社区服务中心配套设施，增设润泽文创雕塑4组，整治规范门店招牌160处，提升社区整体品质，建设“精致、文化、和谐、智慧”的现代化新型社区。（孙萍）

梅溪湖街道

工委书记 沈　毅（1–8月）
罗勇刚（8–12月）
工委副书记、办事处主任
范　璐（1–3月）
程　勇（3–12月）
工委副书记
姜　林
工委委员、人大工委主任
王　华
办事处副主任、政协联络处主任
许　伟
工委委员、组织委员
彭　波（女）
工委委员、办事处副主任
李志刚
办事处副主任
伍志坚
工委委员、纪工委书记
刘建新
办事处副主任、人武部长
钟　凯

【概况】2004年4月，从岳麓区天顶乡析出联络、学湖、中塘、天顶、骑龙5个建制村及阳明山庄社区，成立梅溪湖管理委员会。2007年撤管理委员会，设梅溪湖街道办事处。位于岳麓区西南部，总面积20.2平方千米，辖中塘、联络2个村及阳明山庄、润龙、金茂、梅园、嘉顺、骑龙6个社区。常住人口共4.6万人，其中拆迁居民1.8万人。全年实现全口径税收入库超13亿元，完成固定资产投资102亿元，引进市外境内资金形成固定资产投资22.45亿元，新增商事主体946家，完成外贸进出口总额356万美元。

经济发展。融入和借力国家级湖南湘江新区建设，坚持“优服务、创环境、树品牌”产业工作思路，华大基因长沙生命科技园、亿达健康科技城、湖南爱尔国际医疗健康产业城落户梅溪湖，总投资300亿元。引进泰康之家湘园（长沙）置业有限公司、晟通梅溪湖公司，引进楼宇企业32家。F13地块、F11地块CEO项目启动建设，F19、F20地块摘牌，首个商业综合体项目弘坤花样汇落户。全年共22个楼盘实现销售，实现商品房销售64.3万平方米，销售额75亿元。

项目建设。梅溪湖国际度假酒店协议拆迁项目、象鼻窝公园协议拆迁、二环线拓改工程项目顺利清零，全年共签约拆除10户。全面完成中塘村整体拆迁项目保障性住房分房工作，共安置拆迁居民665户2038套房。全年铺排重点建设项目43个，年度投资97.17亿元。湖南省图书馆等新项目破土动工，借势借力大学科技城建设，麓景路南延工程、西二环交通改善工程及配套道路2个大科城产业标志项目开工建设。

城市管理。全力护航在梅溪湖片区召开“9+2”峰会，保障会议期间城市面貌整洁干净。抓好7大专项整治行动，全年开展专项整治行动12次。拆除违章建筑2661.1平方米，实现违章建筑零增长，开展渣土扬尘整治行动15次，开展专项拆除违章户外广告牌整治行动17次，累计拆除违章广告招牌288块，完成绿地建设任务3.23公顷。

文明创建。秉持文明创建常态化理念，广泛开展社会主义核心价值观和“讲文明、树新风”公益广告宣传，组织开展雷锋月系列志愿活动、“礼赞好人 大爱有声”中国好人声音故事进校园活动、爱心义剪、慰问孤寡老人、“防艾宣传”等文明创建活动，引领社会文明新风。建立日常督查机制，定期发布文明“红黑榜”，确保“牛皮癣”整治行动和“四保十看四查”专项行动落到实处。街道顺利通过全国、全市文明城市指数测评，实现了“不扣分，得高分”的目标，阳明山庄社区被评为湖南省文明社区、2016年度长沙市文明创建“红旗”社区、长沙市排队礼让示范点及长沙市社区家庭教育服务站（家长学校）示范点。

综合治理。组织开展消防安全警示教育、校园安全、交通安全等各类培训20余场，组织开展消防安全应急演练31场，有效提升了广大人群遇险应急处置能力。街道争创市级食品安全示范街道，长郡梅溪湖中学、湖南师大附中梅溪湖中学作为岳麓区范围内仅入围的两所学校荣获“湖南省2016年度食品安全示范学校”，阳明山庄社区荣获长沙市“食品安全”示范社区。加强综治网格化管理，健全基层调解组织网络，全年共受理各类纠纷41起，调解成功率100%。强化群众参与，实施“红袖章”工程，组建义务巡防队伍414人，定期实行安全提示和治安巡防。积极践行“三服务”一线工作，扎实开展“一推行四公开”活动，共接待群众689人、走访852人、走访企业57家、排查安全隐患41起，发放慰问金8.6万元，解决群众反映问题63个，深受群众好评。成立了“170亩”安置小区办证问题领导小组，加强同170亩安置村民沟通，得到群众的支持理解。

民生工程。成立金茂、骑龙、嘉顺、梅园4个新建社区，并落实了社区办公用房4处，共计2300余平方米，润龙社区提质提档项目顺利竣工并通过评检。加强文体阵地建设，润龙社区全民健身中心、嘉顺社区示范性综合文化中心完工。社会就业不断扩大，扶持大学生创业28人，开展大型招聘会3场，企业招聘进社区11场，提供就业岗位1200余个，帮助957人实现就业创业。西雅中学顺利落成并开学，片区教育事业版图进一步扩大，实现了长沙名校全覆盖。严格落实卫生计生惠民政策，全年发放奖扶费用17.39万元，街道被评为“全市人口和计划生育工作优秀单位”、“全市计划生育协会工作优秀单位”。协助推进“为爱同行”2017（长沙）公益健行活动、2017年长沙国际马拉松赛等活动，片区文化氛围日益浓厚。街道文体站按要求组织了老年组气排球队参加长沙市第九届运动会，并获得女子组第三名。7月长沙遭遇严峻汛情，街道党政领导班子带领全体干部职工坚守抗洪抢险一线，及时处理联络村牛形山山体滑坡、龙王港石咀子段堤坝管涌等险情，科学部署灾后重建及防疫工作，协助受灾群众渡过生活难关、恢复生产，慰问安置转移100余名群众，发放物资20余万元，卫生防疫面积85000平方米，灾区防疫覆盖率100%，清理垃圾2500余吨。

党的建设。举全街之力，完成社区（村）换届选举，选举出村（社区）两委成员48名。完善基层党组织设置，新建4个社区党支部、4个非公企业党支部，撤转2个非公企业党支部，重塑全街基层党组织体系。注重推优入党，发展新党员8人。创新基层党建品牌大社区小支部，中海梅溪湖壹号小区党支部创新打造“红星驿站”，相关宣传报道《“红星驿站”擦出党群关系新火花》在人民网、湖南日报发表。积极践行“两学一做”，深入开展坚定理想信念、学习廖俊波先进事迹、赴静园接受廉政教育等8次主题党日活动，进一步提升了党员的党性修养。扎实开展党的群众路线教育实践活动，认真查摆问题，严格落实整改，活动效果显著。坚持标本兼治、惩防并举，注重预防，推进惩治和预防腐败体系建设。聘请“作风卫士”和“五老”特约监督员，加大督查力度，基层作风建设展示新形象。

【润龙社区提质提档】 润龙社区列入长沙市提质提档社区，区级投入500万元，街道、社区自筹3250万元，围绕打造农安型示范社区目标，紧扣“党建领航，幸福润龙”的主题，顺利完成提质提档工程并通过验收。通过改造绿化提质面积28000平方米、小区人行道4500平方米，更换破损窨井盖300米，增设车位210个、监控168处、雨棚80米、单元门73个，拆除广告招牌126块，对36个单元门厅进行改造，新增两型垃圾桶10个，实行人车分流，进一步提升小区环境品质，增强居民的舒适度和幸福感。全新打造先锋广场，主题雕塑“为人民服务”宗旨迎风鼎力，“XING”“FU”“RUN”“LONG”艺术字展现浓厚的党建氛围，新建一处近3000平方米的集党建文化广场、悦桂广场、点赞长廊的社区花园，新增主题宣传小品集3处，进一步彰显党的核心领导作用,传播正能量。联合专业社会组织量身打造“新市民加油站”、“护航工程”等市、区级三社联动示范项目，形成了向上吧少年、五彩夕阳、润龙微舞台等系列品牌，建立“3F”模式培育发展悦享读书会、同心艺术团、魅力妈妈工作室等一批优秀的社区团队，先后举办培训150余次，开展活动百余场，参加人数达3000余人次。

【设立新市民加油站 助力失地农民就业创业】 为妥善解决拆迁居民的长远生计和社会保障问题，街道设立“新市民加油站”项目，建立五送“送信息、送技术、送岗位、送保障、送政策”关怀机制，主要从加强培训、建立促进制度、拓宽渠道三个方面提升新市民的创业就业率。在创业上，紧抓“创新创业”和“三社联动”两大新兴平台，形成集创业者-社区待业居民，创业服务者-社区、社会组织、社工，创业投资者-政府及成功企业和创业教育者-专业培训机构四位一体的“1+1+4”模式。在社区的引导下，一批创业者开办的“筷乐梅溪”、“呷到好处”、“麦缇香”等餐饮门面走上正轨，不仅赢得消费者的口碑，更为乡里乡亲提供了家门口就业的机会。在就业上，构建“7步走”体系，为新市民提供从宣传引导一技能培训一考证一见习一岗位推荐一跟踪服务一稳定就业的全方位服务。社区先后开展计算机操作员、SYB（创办你的企业）、小儿推拿师等职业技能考证培训班6场，授课420课时，有175位学员参加，持证率达100%；开展手工针织、烘焙及面试技巧等学习培训100余场次，累计521人参加；开展大型招聘会3场，企业招聘进社区11场，提供就业岗位1200个。有效促进957人次在新市民幸福加油站逐步成长，成功走上新的岗位。

【打造党群服务平台】 中海梅溪湖壹号小区党支部以“凝聚、服务、教育、引领”为理念，按照小区党支部牵头引领小区治理和服务，整合小区单位、社会组织、群团组织等三方资源力量，实现1+3+N的服务模式，成功将小区党群服务站——“红星驿站”打造成服务党员、群众的平台。“红星驿站”设置了“红星会客厅”、“红星讲堂”、“红星少年”、“红星文苑”、“红星律动”、“红星氧吧”等服务活动阵地，组建了红星议事会、育晨工作室、家长导师团、小区国学课堂、星海艺术团、仁和家庭教育等多个服务团队，采取资源清单、项目清单、需求清单 “三张清单”的服务模式， 采取“五联”工作法，“五联”即“组织联盟、工作联动、学习联组、娱乐联欢、感情联络”，充分调动了小区党员、居民和驻区单位的积极性，形成共商共议、共建共享的格局，实现问题在一线解决、矛盾在一线化解、情感在一线融合、形象在一线树立，使党员群众生活在小区更方便、更舒心、更安全、更美好。（戴湘蓉）

天顶街道

工委书记
蒋志国（1–8月）
王　军（8–）
工委副书记、办事处主任
李　定
工委副书记
卢艳（女）
杜宸亿（挂职，5–）
工委委员、人大工委主任
王钟元
办事处副主任、政协联络处主任
刘虎踞
办事处副主任
戴正江
工委委员、办事处副主任
赵国亮
办事处副主任、武装部长
卢　毅

工委委员、组织委员

伏　灿（女）

工委委员、纪工委书记

刘华维

【概况】 天顶街道位于湘江新区核心区域，是长沙高新区麓谷基地的发祥地，也是原先导区的起步区。辖区东邻汽车西站，西邻第一师范学院，北靠望城区雷锋塑像，南抵梅溪湖北岸，为梅溪湖国际新城的核心组成部分。街道下辖航天、青山新村、川塘、尖山、燕联、清水、永恒社区七个社区，永燕新村一个村，总面积20.86平方公里，总人口近7万人。街道内设党政办、党建办、食安办、纪检监察室、卫计办、社会事务办、综治办、安监办、城管环保办、城管执法中队，共有工作人员76人。2017年，全面贯彻岳麓区“打造长沙西引擎、建设长沙西高地”战略部署，依托环梅溪湖国际新城区位优势和功能组团，坚持项目兴街、产业强街、管理稳街、民生惠街，全面落实从严治党部署要求，为把天顶街道建设成长沙河西新城区的“产业西引擎”和“文化西高地”而努力奋斗，全街各项工作取得一定进展和成效。

经济发展。全年实现全口径税收10.44亿元，完成任务的145%，其中区级税收2.56亿元，完成任务的126%；实现社会消费品零售总额10.02亿元，完成任务的137%，完成社会固定资产投资81亿元。街道产业培育日趋成熟，以金茂国际广场、金茂览秀城、中建·梅溪湖中心、梅溪湖国际文化艺术中心等二次招商现代服务业为主体的产业结构进一步完善。其中，金茂国际广场5A超甲级双塔写字楼投入使用，引进湘江集团和沃尔玛区域总部等世界500强企业总部入驻，豪华精选酒店承接9+2峰会论坛省部级会议。韩国CGV星聚汇影城、快乐星球、西西弗书店等品牌商家目前运营良好；梅澜坊商业街成为市级食品安全特色商街；梅溪湖创新中心规模效应和集聚态势凸显，进驻八戒合创股份有限公司等90余家电子商务企业；梅溪湖国际文化艺术中心投入使用，完成国内外大型商业演出和群众演出二百余场。振业城、高鑫·天麓、金科·世界城、长房·云时代、金鹰玖瓏山等楼宇经济住宅项目销售情况良好。同时各项项目建设进展顺利，完成信息产业园中电三期拆迁扫尾，启动北斗微芯和区公共卫生服务中心项目建设，启动青山广宇置业储备用地项目拆迁；完成湖南茶厂国有土地征收签约并启动桐宁路建设；长株潭城际铁路西延线正式通车；金鹰博才小学、附中博才（原川塘中学）全面竣工，实现正式招生。

社会事业。助推失地农民再就业421人次，培训500余人次；筹资1000万元打造国际化星湖社区；全面推进食品安全城市创建工作，梅澜坊商业街已成为全市食品安全示范商业街；振业小学基本完成主体建设；推进航天社区提质提档和环境综合改造，完成区级部分改造任务；加快航天管理局“三工一业”社会化移交工作，岳麓区政府与湖南航天有限责任公司签订《中央试点企业退休人员社会化管理移交协议》。

城市管理。开展拆违行动，组织大小拆违行动45次，累计拆除历史违章建筑67处，面积18250.6平方米，控违46处，面积1380平方米，全面完成上级下达全年拆除15262.9平方米的工作任务；按照文明创建国检要求，加大城乡环境整治，落实“门前三包”责任制，开展“星级门店”创建工作，加强辖区市容市貌和城乡环境卫生整治工作，共组织开展专项整治行动170余次。

安全生产信访维稳。重视安全生产工作，定期开展党政领导带队安全生产大排查大管控大整治行动，在特大汛期期间积极应对青山地质灾害，迅速转移、妥善安置受灾群众150余人，未发生一起人员伤亡；贯彻落实信访工作责任制，畅通民意表达渠道，积极引导群众依法依规表达诉求，前期实现“两会”期间和中共十九大会议期间无一人进京非访；开展“三服务”一线工作，干群关系更加和谐；文明创建、人大、政协、武装、统一战线、老干和群团等各项工作统筹推进。

党建工作。新成立尖山、青山新村、永恒、燕联、清水、川塘六个社区及社区党（总）支部委员会。圆满完成各村（社区）换届选举工作。开展“学习贯彻十九大精神，党风廉政教育活动”主题活动，召集街道全体党政领导、机关干部、各村（社区）“两委”成员及非公党组织负责人150余人赴静园廉政警示教育基地进行参观，优秀《观后感》以连载的形式刊登在天顶之窗微信平台；邀请市委党校、区委党校、五老”金牌讲师团等老师为党员们作十九大专题党课辅导报告。同时开展“两学一做”学习教育常态化制度化，组织开展四次集中学习教育和专题讨论；组织基层党组织书记和党建专干到红色圣地延安和湖南党史成列馆进行参观学习，组织党组织书记和党小组长进行业务培训，督促各党支部落实“三会一课”、“双述双评”和“四议两公开”、党员积分管理、主题党日+等工作，积极开展农村党员冬春训。“七·一”表彰先进党支部6个、优秀共产党员89人；发展新党员8名；处置违法违纪党员6人；重点打造了“一中心、一工程、一站点”，即街道党群服务中心为“红色指挥中心”、清水社区红色教育基地为“红色引擎工程”、梅溪湖金茂ACC、梅溪湖创新中心楼宇和盛世东方小区党群服务站为“红色示范站点”；投入200万元完善各级党建品牌阵地建设，挖掘清水社区党支部为原长沙河西第一个地下党支部的光荣历史，收集整理原保存的照片，拍摄《不能忘却的光荣历史》宣传影片，对相关资料进行整理和提升，在湖南日报专版发表《让红色基因在时代血液里燃烧——天顶街道创新党建工作纪实》理论性文章。重视居民精神文化生活，成功举办“欢乐潇湘 激情岳麓”系列活动、“大爱天顶2017年抗洪救灾暨喜迎党的“十九大”舞出和谐正能量全民广场舞大赛”、“忆峥嵘岁月，树文明新风”喜迎十九大党史国史知识竞赛”、“诵千古美文祭先贤 做少年君子育美德”孔子诞辰纪念活动、“庆祝党的十九大，尊老敬老庆重阳”文艺汇演等活动；关心下一代工作经验和综治司法工作经验在市、区推广；计生工作被评为市级优秀；统计工作获得市级先进统计站荣誉；人大、政协、武装、妇联等各项工作齐头并进。

【召开新社区成立暨村（社区）换届选举动员大会】3月17日，天顶街道新社区成立暨村（社区）党组织、第十次村民委员会和第九次居民委员会换届选举动员大会在天顶街道五楼会议室召开。区人大常委会副主任、街道联点区领导曾跃平、区委组织部纪检组长段敏出席会议。会议宣读长沙市岳麓区人民政府关于同意天顶街道新成立清水社区等六个社区的批复，并为新成立的社区举行授牌授印仪式。街道联点区领导曾跃平对天顶街道村（社区）“两委”换届选举工作提出具体要求。

【校园足球嘉年华活动启动】4月26日，2017年中国青少年运动兴趣培养普及工程“快乐足球·健康成长”校园足球嘉年华活动在长沙市一中岳麓中学启动，市体育局，市、区教育局等相关单位负责人出席启动仪式。本次足球嘉年华活动旨在围绕智能、科技、文化、竞技等方面给予每一位参与的中小学生全新的足球运动感受，切实提升青少年学生运动参与的积极性，促进广大青少年“天天锻炼、健康成长、终身受益”目标的实现，满足校园体育文化多元需求，助力中国校园体育发展，促进健康中国战略目标实现。

【举办青少年“忆峥嵘岁月，树文明新风”喜迎党的“十九大”党史国史知识竞赛】7月20日，以“忆峥嵘岁月，树文明新风”喜迎党的“十九大”为主题的青少年党史国史知识竞赛在天顶街道机关举行，全街8支社区（村）青少年代表队参赛。此次活动旨在喜迎党的十九大召开，以践行社会主义核心价值观为主线，广泛开展“学史明理，立德树人”的主题教育活动，激发广大青少年积极学习和了解“两史”，忆党恩，跟党走，听党话。活动共分为三个环节，必答题、抢答题和风险题。经过1个小时的激烈比拼，燕联社区代表队获第一名、清水社区获第二名、航天社区获得三名和青山新村社区等5队获优胜奖。市文明办副主任梁飞彩为前三名颁发荣誉证书。

【长株潭城铁西延线正式通车】12月26日，长株潭城铁西延线正式开通运营，长沙、株洲、湘潭三城正式开启“同城”模式。长株潭城铁西延线自雷锋大道站起，经省少管所后折向北，依次经永青路、尖山路、金科东方大院地块，而后穿尖山出洞，跨东方红路、绕城高速公路、雷高路进入黄金镇站，全长9.022公里，设有尖山、麓谷、湘江西3个站点。其中，尖山站建于永恒社区尖山路东侧、望青路北侧，对加快天顶北片区域经济发展具有十分重要意义。（孙思杨）

坪塘街道

工委书记 张胜良

工委副书记、办事处主任

吉文斌

工委副书记

谭　幸（女，9–12月）

工委委员、人大工委主任

方　强

办事处副主任、政协联络处主任

张　驰

工委委员、组织委员

吴　浪

工委委员、纪委书记

徐云武

工委委员、办事处副主任

邬　炼

佘一夫（1–8月）

工委委员、人武部部长

黄炼钢

人大工委副主任

黄　捷（女）

办事处副主任

欧卫中（8–12月）

【概况】 坪塘街道地处长沙市岳麓区南端，东临湘江，南抵湘潭九华工业园，西与岳麓科技产业园毗邻，北接洋湖街道，是岳麓区的南大门。全街总面积约90.13平方公里，总人口4.8万人，辖狮峰山村、红桥村、莲花山村、太平村、白泉村、兴合村、双湖村等7个行政村和桐溪港、观音港2个社区。内设机构13个，工作人员218名。

项目建设。2017年铺排重点项目建设任务49个，其中省市重点项目2个（狮峰山、红桥村级活动场所及综合楼工程），其他投资项目47个。全年实现固定资产投资71.33亿元，同比增长21%，引进市外境内资金3.095亿元，引进总部企业1家（长沙恒大童世界旅游开发有限公司），新增“四上”企业4家（长沙恒大童世界旅游开发有限公司、长沙国宇建材有限公司、湖南广顺建筑有限公司、长沙七九餐饮服务有限公司），全年完成财税收入8600万元，同比增长126%，街道其他各项经济指标均实现稳步增长。

征地拆迁。全年完成集体土地扫尾项目23个，签约私房5户，企业2家，腾地总面积6000余亩；启动并完成集体土地拆迁项目8个，签约私房427户，企业13家，征地总面积1556.75亩。全部实现了签约首期必清零的目标，集体土地拆迁的坪塘样板更加巩固。其中，恒大二期等项目的征拆经验做法《保持传统、履责担当，坚决打赢项目征拆攻坚战》被区委通报转发，征拆工作被湘江新区管委会通报表彰。

产业发展。随着湘江新区核心战略的纵深推进，坪塘告别老工业基地的落后产能，形成以文旅产业为核心的高端产业集群。街域内恒大童世界、湘江欢乐城、华谊电影小镇、湘军文化园等知名文化旅游品牌项目顺利推进，品牌初现雏形。截至目前，湘江欢乐城（一期）欢乐天街、朗豪五星级酒店和四星级酒店项目主体完工，欢乐雪域、欢乐水寨等其他项目有序推进；恒大童世界住宅在建100万平方米，儿童主题公园一期全面启动建设，桐溪古镇商业街部分主体封顶，创造了项目建设速度奇迹；华谊电影小镇一期建筑面积6万平方米，已完成项目结构封顶；湘军文化园已完成主体及雕塑，桐溪寺接近全面竣工；湘军文化博物馆主体已完成，园林绿化大面积施工中。项目建设全年累计实现总投资近72亿元，一个融合历史、时尚、影视、创意、休闲度假于一体的新型综合旅游度假区正在坪塘迅速崛起。

农村发展。聚焦南部农村区域的基础设施改造，争取上级资金500万元对辖区内主要交通要道进行整修，并同步实施亮化工程，申报4条干道纳入区级美丽乡村建设“白改黑”工程；深入开展水利和水毁工程建设，投入资金2800万元对白泉河、观音港流域进行综合治理；投入资金635万元进行水毁工程修复；计划投资近4.8亿元实施湘江坪塘段堤防和景观工程，农业农村工作的基础得到进一步夯实和巩固。

环境整治。认真排查辖区内“一江两河”和建筑工地、农村“四边”的重点部位，全面清理生活垃圾，严控“扬尘”和水源污染。全面退出规模养殖，共清退规模养殖72家，环保整治资金投入500余万元。环保督察期间自查问题30余处，全部整改到位。以植树节为契机，共投入80余万元购置树种、花苗，广泛发动村社区及人民群众开展植树美化活动，并在太平村设立一个申报市级的义务植树基地。绿心区生态补偿工作顺利实施，白泉河流域生态整治正式立项。投入资金500余万元，重点对坪塘大道全线、巡抚路、督府路实行专业管理与维护，实现主干道管理标准与城区无差别。不断创新城管工作考评机制，辖区内违章建筑实现零增长。深入开展创建“全域美丽乡村”活动，全面铺开创建“美丽庭院”、“畅安公路”、“清澈河流”、“无违片区”四项工程，预计投入专项考评资金200万元，可实现撬动村级和社会投资近1100万元。创新工作考评机制，实行周督查、月考评、年底总评、兑现奖惩的常态化考评机制，形成城乡环境综合治理的长效机制，改善城乡居民生活环境，建设美丽幸福家园。

抗洪救灾。面对2017年汛情最急、水位最高、压力最大的防汛抗洪工作，全街上下一心、众志成城，主动履职尽责、勇于担当作为，连续奋战10天10夜，共发现处置湘江干支流大小隐患101处，其中处理湘江干流中等以上险情34处、可能溃堤性重大险情3处，累计修筑子堤近6公里，转移受灾群众1376余人。全街未垮一堤、未溃一垸、未伤亡一人，取得了防汛抗洪的巨大胜利，得到上级党委政府和广大人民群众的高度肯定，坪塘街道作为全区唯一的街镇被评为“长沙市抗洪救灾先进集体”。

住房安置。在强力推进征拆工作同时，下大力做好拆迁群众的住房安置工作。成立安置工作领导小组，认真组织实施住房安置工作，积极协调湘江新区相关部门，加快南片安置小区第二期建设达标验收，确保街道范围内拆迁群众安置到位。圆满完成第六批次安置分房工作，共计安置205户、400人，分配住房253套，累计完成住房安置1523户、3590人，累计分配住房2714套，拆迁群众实现安居乐业。

关注民生。全年完成城乡居民养老保险缴费10346人，征缴金额132余万元，超额完成目标任务；完成城乡居民基本医疗保险参保续费3.3万余人，征缴金额为602.5万元；累计发放低保8136户、15459人，发放资金近460万元；深入开展再就业培训三年行动，新增就业人数317人，失业再就业人数672人，就业困难人员实现就业人数274人；积极开展卫计服务，开展免费孕前优生健康检查217（对），发动全街干部群众参加义务献血169人，超额完成11%；探索食安工作新机制，创造全年三个第一，全街农村集体聚餐监管达到100%全覆盖，全年未发生1起食品安全事故。

基层党建。全年召开党（工）委会议专题研究部署党建工作6次，开展党建工作例行讲评12次，深入基层集中调研党建工作10次；圆满完成村（社区）换届工作，完全实现组织意图，广泛体现群众意愿。在全街范围集中选拔，确定培养村级后备干部17名，选优配强村（社区）两委班子；发展壮大村级集体经济，共竣工村级物业12万平方米，预计三年后可实现每年增收2500万元；加强村（社区）服务阵地改造升级，实现全街标准化一站式村（社区）服务阵地全覆盖，村（社区）实力不断发展和壮大。

党风廉政建设。坚决贯彻落实上级纪委的工作部署要求，把党风廉政建设和反腐败工作纳入街道经济社会发展和党的建设总体布局。研究制定党风廉政建设工作目标和具体措施，不断加强纪律作风建设，提高党组织的凝聚力和战斗力。以开展“五型”机关创建活动为抓手，强化廉洁自律、加强纪律约束、厉行勤俭节约，切实树立行为规范、为民务实、高效廉洁的机关形象。调整机关临聘人员工作岗位，使机关行政成本得到控制，工作效率不断提高。

宣传工作。围绕全街党政大局，结合迎接、学习和贯彻中共十九大，超前谋划，精心组织，着重在项目建设、产业转型的宣传造势上发力。进一步深化文明创建，坚持用核心价值观引领，推动核心价值观学习教育全覆盖。积极组织正面宣传报道，在区级以上媒体网站采用稿件192篇；共悬挂宣传标语横幅320余条，制作宣传专栏52期，出动宣传车120余台次，发放各类宣传资料6000余册。积极开展舆情研判及分级响应处置，做到敏锐判断、应对科学、反馈真实、处置有力。

【恒大童世界项目正式开工】 1月13日，世界500强恒大地产集团投资500亿元的恒大文化旅游城第一个文旅项目——长沙恒大童世界项目正式开工启动建设，长沙市委副书记、市长陈文浩、恒大集团董事长肖恩亲临现场，市领导张迎春、黎春秋，湘江新区、湘江集团领导刘中杰、区委书记周志凯、区长刘汇等出席，坪塘街道全体党政班子成员参加开工仪式。

【巴溪洲获评国家AAA级旅游景区】 12月5日，长沙市旅游景区质量等级评定委员会发布《关于批准巴溪洲生态旅游景区等5家景区为3A级旅游景区的公示》，依据中华人民共和国《旅游景区质量等级的划分与评定》与《湖南省旅游景区质量等级管理办法》，经区县（市）旅游景区质量等级评定机构推荐，长沙市旅游景区质量等级评定委员会组织评定，巴溪洲生态旅游景区达到国家AAA级旅游景区标准，批准为国家AAA级旅游景区。

【顺利完成“两委”换届选举】 5月29日，坪塘街道7个村2个社区顺利完成“两委”换届选举，圆满实现组织意图和群众意愿。其中村（社区）党组织选举选出书记9人、委员36人；村（居）委员会选举选出主任9人，委员22人。“两委”成员共65人，交叉任职11人，新进成员9人，女性21人，占32%。

【谢海华获全国道德模范敬老爱

亲奖提名】谢海华，男，汉族，1964年10月生，中共党员，湖南省长沙市岳麓区坪塘街道敬老院保安员。谢海华与谢芳的结发之情，源于29年前的一次见义勇为。1988年2月，23岁的谢芳与入室盗窃歹徒搏斗，身中9刀，留下了多种后遗症。谢海华从部队复员回乡，得知谢芳的故事后，毅然与谢芳结婚，撑起妻子病痛的人生，29年来，以爱之名诠释了“陪伴是最长情的告白”。2012年，谢芳荣登中央文明办发布的“中国好人榜”，当选“见义勇为好人”。2016年，谢海华也荣登“中国好人榜”，当选“孝老爱亲好人”。2017年，谢海华获全国道德模范敬老爱亲奖提名。

（李文郁）

洋湖街道

工委书记 黄大勇

工委副书记、办事处主任

刘振乾

工委副书记

丁 玲（女）

工委委员、人大工委主任

刘 辉

政协联络处主任、办事处副主任

陶华山

工委委员、纪委书记

彭勇智（8–）

刘 成（1–8月）

工委委员、办事处副主任

廖 曦

工委委员、人武部长、办事处副主任

刘正武

工委委员、组织委员

周 晗

办事处副主任

侯 光

【概况】 洋湖街道是2013年1月由原坪塘街道析置后成立的新街道。辖区范围东至湘江，西、北沿靳江河与学士街道相邻，南与坪塘街道交界，全街区域面积23.88平方公里，户籍人口约2.8万人，共设3个行政村（洋湖村、连山村、蓝天村、村）和4个社区居民委员会（白庙子社区、新生社区、山塘社区、龙骨寺社区）。2017年，被评为岳麓区绩效考核一类街道。

经济发展。2017年度街道完成全口径财税收入4.35亿元，全社会固定投资82亿元，新增“四上”企业6家，新增商事主体725家，其中企业320家、个体户405家，新引进总部企业4家。2017年，街道精准开展以商招商、二次招商，注重一次招商与二次招商的深度融合，湖南三书礼、深圳芯易德、北京世纪千府、湖南众益传媒、厦门德润集团、曹操专车等优质企业纷纷入驻；龙湖地产、德国卓伯根成功落地。优质高效服务项目企业，成立洋湖总部企业服务中心，为落户洋湖的总部企业提供全程、跟踪、一线服务，湖南省建筑设计院、先导投资控股集团、湘熙水郡（水电八局）等单位整体搬迁入驻，总部集聚效应显著增强；长沙首条川派风情主题商业街—蓝光耍街正式开街，长效财源实现重大突破。加快推进重点项目建设，宜家购物中心、省妇女儿童医院正式启动建设，谢子龙影像馆建成对外开放，洋湖湿地体育公园建成投入使用。

项目征拆。全年全街共有17个扫尾任务项目，共计签约私房9户，拆除私房12户，8个项目实现清零。有序推进集体土地新项目征拆，共启动三批次13个项目，涉及私房451户、企业16个，土地1360亩，签约拆除率为100%，实现开机即清零，签约即腾地的工作目标。同时，在区委政府的统一部署下，强力推进国有土地征收，其中滨江巷棚改项目17户私房，全部完成签约、选房、拆除工作；围绕“奋战100天，年底全面签约腾地”的工作目标，举全街之力攻坚新生国有土地项目，共计561户，于2017年12月20日启动签约，截至12月31日，已签约375户，签约率达66.8%。洋湖街道征地拆迁得到区委政府高度肯定，区委第11期通报进行通报表扬。

文化发展。全街共有群众文化团队7支，其中山塘村“好运来”艺术团于2005年5月8日成立，2007年、2008年、2010年、2012年获得“长沙市百佳群众文艺团队先进团队”的称号。8月22日，在湖南省艺术职业学院实验剧场，岳麓区洋湖街道好运来团队从岳麓区30多支群文团队中脱颖而出，荣获2017“欢乐潇湘·激情岳麓”——百家团队优秀文艺作品汇演决赛第一名。在2017年岳麓区农家书屋星级评定中，白庙子社区农家书屋获评三星级，山塘社区农家书屋及综合文化站获评二星级，洋湖村农家书屋获评一星级。

社会治理。街道坚持全域治理、源头治理、立体治理、精细治理、常态治理，主次干道基本实现“五无五净”目标。全年动态拆除违建面积2730平方米，其中拆除新增违法建筑面积510平方米，完成132处遥感卫星图斑处理，完成造绿复绿面积3500平方米。开展安全生产执法检查218次，排查整改各类安全隐患218处。全面开展“春雷行动”“飓风行动”“霹雳行动”三大打非治违行动，整治了一批群众反映强烈的非法违法、违规违章行为，特别是对柏家洲、洋湖湿地公园周边、洋湖景园周边等重点难点区域进行铁腕整治，辖区生产生活秩序持续稳定。

文明创建。全年，街道共计承办市级线下活动10次。其中，线上网传活动1次，市级各类如“传承好家风·汇聚正能量”之“慈母、贤妻、悌媳、孝女”评选主题活动9次，新闻报道共4次。其中，人民日报《酒席瘦身 人情减负（让“光盘”成为习惯）》采用洋湖街道蓝天村案例。2017年5月，中共长沙市委、长沙市人民政府授予洋湖街道“2017年度长沙市文明单位称号，洋湖街道山塘社区被评为“长沙市文明创建示范社区”，山塘社区王正湘获评“长沙好人”。

综治工作。5月，街道开展2017年度“综治宣传月”集中宣传活动。发放各类宣传资料、宣传手册共2500余份，悬挂横幅12条，宣传展板32块，为群众解答相关法律法规50多次，受教育群众达1000余人次。2017年6月，岳麓区洋湖街道赴坪塘强戒所进行观摩学习。进一步加大全街禁毒知识宣传教育工作力度，切实增强辖区居民禁毒意识。7月份，整合资源，建立洋湖街道综治中心，全年调处各类群众矛盾纠纷73起，稳妥处理三环公司与黎家塘组土地纠纷等遗留问题，全街社会大局持续和谐稳定。

民生保障。精准对接民需，结合“一推行四公开”，深入开展“三服务”一线工作法和“双百大走访”，访民情、惠民生、聚民心。共走访居民群众518户，接待来访群众320人次，解决具体民情问题30余件。共受理12345市民热线工单137条，办结满意率达98%以上。认真落实各项惠民政策，重点抓好社区提质提档、失地农民创业就业、农安小区创新管理等重要民生工程，高标准完成山塘社区、白庙子社区提质提档任务；150余人实现稳定再就业；累计分配安置房屋1478套，1827名失地农民住上新房。加快民生配套项目建设，洋湖雅礼中学建成开学，兴联小学、先导洋湖中学启动建设。强化“守土有责”意识，全力以赴打赢历史罕见洪涝灾害抢险攻坚战，全街未垮一堤一垸、未死伤一人，确保辖区平安度汛。

宣传推介。全年，发表各类新闻信息稿件300余篇。国家级宣传报道4次，省级以上文章5篇，市级以上文章3篇。其中，《埋头扎扎实实干事 心中时时刻刻有民——岳麓区洋湖街道重大项目建设锤炼干部作风》、《打通服务企业的“最后一公里”》2篇文章在《长沙晚报》头版头条刊登；《核心起步区展气质气场，有范新洋湖向幸福前行》在《湘江早报》专版栏刊登；《用系统的思维和创新精神做好招商引资工作》和《岳麓干群急堵管涌》在《湖南日报》要闻发表；《推行四大举措 建强基层堡垒》《长沙组工通讯》上发表；《人民日报》要闻4版《酒席瘦身 人情减负（让“光盘”成为习惯）》一文采用洋湖街道经验做法；街道“三定四结合”组织生活工作法获第44期省委改革简报重点推介；CCTV国家级媒体2次对洋湖湿地进行宣传推介。

党建教育。街道建立“大党建”工作机制，围绕“正党风、转作风、淳民风、立家风”主题，认真落实党建主体责任，强化党员教育管理。街道工委先后10次专题研究部署党建工作，将党建工作和征地拆迁、项目建设、产业发展等中心工作同谋划、同部署、同推动。严把党员入口关和出口关，全年发展党员9名。圆满完成7个村（社区）换届选举，实现基层班子队伍新老交替。街道首个城市化社区—龙骨寺社区获批成立，白鹭社区筹委会正式挂牌运作，社区建设迈出重要一步。全年共举办“润民讲坛”党员教育活动13次，邀请市委讲师团讲师授课8次，开展“我的名字叫做红”、“学国学经典·养浩然正气”“喜迎十九大·党建知识竞赛”等党建主题活动。积极开展基层党建工作改革，创新推行“三定四结合”的组织生活工作法，着力破解基层党员组织生活形式化、空洞化问题，获省委改革简报重点推介。创新提升35岁以下年轻干部“岗位大练兵”活动，组建“两社两团”，实行“社团化、个性化、自主化”管理模式，建立健全“岗位大练兵”考核机制，定期开展写心得、升国旗、广播主持、文化考试、演讲比赛、跟班拆迁等“练兵”活动，培育“萤火虫”“天天帮学团”等志愿服务新品牌，干部队伍素质明显提升、活力不断增强，全街上下形成积极向上、爱岗敬业氛围。

【减轻社区灾害风险，提升基层减灾能力】 5月12日上午，由湖南省减灾委、湖南省应急委主办的以“减轻社区灾害风险，提升基层减灾能力”为主题的全国第九个“防灾减灾日”集中宣传活动，在岳麓区洋湖街道洋湖湿地公园举办。省减灾委副主任、省政府副秘书长黎咸兴主持活动仪式。省减灾委副主任、省民政厅厅长唐白玉宣读防灾减灾倡议书，并与省应急办负责人共同向观众代表发放应急包。长沙市副市长李蔚作表态发言。岳麓区委书记周志凯，区委副书记、区长刘汇等出席活动。

【奋不顾身，抢救落水女子】 12月23日下午，岳麓区洋湖街道白鹭社区筹委会辖区江雅园附近，一女子不慎坠入雅河中，情况十分危急。现场一名80后小伙闻讯，毫不犹豫地冲入冰冷的河水中，成功救起落水女子。据了解，该名救人者名叫唐波，是湖南保利物业物业管理公司清江雅苑（江雅园）物业服务中心的一名安防员。在危急时刻，唐波奋不顾身、见义勇为，体现了一名基层工作者高尚的道德情操和高度的社会责任感，是发扬和践行社会主义核心价值观的具体体现，弘扬和传播了社会正能量，他用行动为建设“平安长沙”贡献自己的一份力量。　（廖雅）

学士街道

园区党工委副书记、街道工委书记
罗　政
工委副书记、办事处主任
吴静波
工委副书记
曾　兵
工委委员、人大工委主任
殷建国
办事处副主任、政协联络处主任
曹春辉
工委委员、办事处副主任、人武部长
刘金顶
工委委员、纪工委书记
李昌遐
工委委员、办事处副主任
徐祎琳（女）
工委委员、组织委员
彭　阳
人大工委副主任
周海波

【概况】 学士街道地处长沙西南门户，湘水之滨、麓山脚下，与岳麓产业科技园相伴而生，产业和生态优势明显，兼顾生态环境与经济发展。2017年选出基层“两委”好班子，打赢抗洪抢险保卫战，取得项目征拆大胜利，先后荣获全市经济社会发展十快街道、食品安全示范街道、综治考核红旗单位、计生工作优秀单位和市级文明单位等荣誉称号，连续五年跻身全区绩效考核街道类一类单位序列，全区绩效考核街镇类排名第一。学士街道总面积42.28平方公里,辖3村6社区，总人口约15万人，145个村（居）民小组。2017年，街道完成全口径税收任务45000万元，基础税收任务11200万元（超额1600万元），区级口径税收任务11000万元，限上社零任务159000万元，实际到位外资1300万美元，引进市外境内资金固定资产投资118000万元，完成外贸进出口任务960万美元，完成固定资产投资任务27亿元。完成新登记市场主体2334家，超任务156%。新增四上企业10家，完成个改企任务8家（超额2家），入驻楼宇企业60家，总部企业3家，高新技术企业认定3家（超额2家）。实现粮食总产量5845吨。

项目征拆。按照全区重点项目铺排计划，服务园区项目发展需求，成片区推进新拆项目18个，面积约2600亩，涉及拆迁470户，已签约465户，签约率98.9%，已拆房453户，拆除率96.4%。有成光电三期、中医药大学（含德利迅达、智真路）、轨道交通项目、未来科技城、联东厂房项目签约率达100%，拆除率100%。瑞露高新科技园项目、赤江保障性住房项目、湖南省建筑设计研究所项目、玉江保障性住房项目、创业文化基地及观音路项目、含浦大道第四段签约率达签约率100%。积极融入“岳麓科技产业园组团”，全力保障湖南省检验检测认证产业园、湖南中医药大学岳麓附属医院、洋湖滨水等重大项目加速推进。推动中通快递华中区域总部落户，引进社会投资1千万美元。协助中汽检测公司注册成立并落户检验检测园，助力产业园国家检验检测认证公共服务平台示范区建设。新引进融创融公馆、南山白鹤天池、中铁城建、蔷薇国际等房地产项目，房地产税收同比增长10%。通过把握重点、突出亮点、抢抓工期，用一百天时间完成市三环绿带暨岳麓农趣谷项目建设，新增绿地面积5.5公顷，结出全市环城绿带“长藤延蔓”的第一个“甜瓜”，获评长沙市精品工程项目，并代表全区接受市“四大家”观摩，获得市区主要领导一致好评。依托都市农业发展大局，引进湖南畅图信息科技等投资500万元以上的农业科技项目6个，培育隆鑫、山水湾等一批现代农庄、特色基地，大力扶植羊肚菌、观赏金鱼等特色农业种养，引进逸林居、两棵杉等特色民宿。

社会管理综合治理。一是运用“互联网+”和“大数据”，构建起集安全生产全域监管应用服务中心、社会综合治理快速反应服务中心于一体的“小安大爱”云服务指挥平台。首创“专职安全员+云平台”模式，还原地区安全领域隐患“真相”，实现街域范围安全监管“全领域、全前置、全信息”。全年共计开展各类安全检查5724次，排查经营单位3526家，发现隐患801处，整改442处，责令6家企业停产整顿，关闭取缔3家非法生产企业。二是守住信访维稳工作底线。继续深化街所联动机制，实行“一呼百应、快速反应、全面响应”，全年无进京赴省非法上访。着力化解“楼跑跑”等不稳定问题，实现米兰春天等三个“楼跑跑”顺利复工、“涅槃重生”。三是巩固食品安全示范品牌。依托“职业安全员+云平台”，升级完善食品安全监管机制，建立三级联动监管模式。全年科学部署校园周边食品安全、肉及肉制品质量安全等各类专项整治工作11项，检查经营门店1359家，办理《食品经营许可证》《小餐饮经营许可证》1152本，辖区内食品经营门店持证率达98%。斑马塘、学联社区获评市级食品安全示范社区，橡树湾商业街获评区级食品安全示范街。

社会事业。一是实施城乡低保动态管理。建立“一门受理、协同办理”社会救助模式，全年发放优待抚恤金、低保补助资金等各类社保资金近300余万元。新增学华村医疗卫生室、养老服务床位20个、日间照料中心3个，一批重点民生实事工程得到有效落实。全力推行“网格化+民生实事”，开展“让我们在家门口就业吧”招聘会，提供近1500个“接地气”的岗位资源，会后150余人达成就业意向。开展医疗卫生服务进村（社区）活动12次，累计服务4000余人次。二是致力公共文化大繁荣。巩固“书香学士”品牌，开展学士街道“点亮市民心中那盏灯”全民阅读行动暨24小时市民免费图书馆开馆启动仪式等大型群众文化活动10余次。建成户外全民健身中心1个，完成全民健身工程建设3个，获评市级街道群众文化体育活动中心，学联社区获评市级示范性社区综合文化服务中心。建成街头24小时市民免费图书馆两座，其中米兰春天分馆获批长沙市图书馆分馆。5月9日市委常委、宣传部长高山现场调研时评价：“‘24小时市民免费图书馆’将城市管理和文化相融合，优化便民服务，提高文明素质”。三是打赢防汛抢险攻坚战。面临百年罕遇的洪涝灾害，街道投入3800人次参与汛期救援行动，转移群众4077名。5日内铺排人力1800余人次，累计清理垃圾2000余吨，完成约150万平方米消毒防疫，确保“洪水退到哪里，城市清洁就还原到哪里”。同时，全面推进灾民救助和灾后重建，向因灾转移安置144户居民发放救灾救济补助20.4万元，向4户一般倒损户发放8000元救助资金，完成18处水毁道路修复及冬修水利项目，拆除危房21栋，完成9户新建。

党建纪检。以“两学一做”常态化制度化为引领，创新开展“党的一切工作到支部”主题学习教育活动。由街道班子成员带头，倡导全街党员在工作时间和公共场合主动自觉佩戴党徽，在城区楼栋、农村庭院张贴党员公示牌，党员自觉佩戴党徽、亮明身份。加大党（总）支部书记定期与班子成员和党员交心谈话力度频次，同时要求每名党员主动向党（总）支部书记每半年至少进行一次思想汇报，全年共开展常态化谈心谈话共146次，有效促进了沟通交流、达成了思想共识。选准配优基层队伍。选准“领头雁”，精心搭建9个村（社区）班子，大胆调整主要负责人4人，大力选拔23名30岁左右的年轻优秀党员充实“两委”后备干部库。完成下设16个基层党支部的换届选举工作，将原有29个党小组科学细分为55个，择优选任45岁以下、高中文化以上的骨干党员担任党小组长。初步构建以街道社区党组织为核心，中医药大学等高校和中柱建设公司等企业单位党组织为纽带的党建联席会议制度。打造学联“四联创建”、白鹤“五红品牌”、农趣谷联合支部“城乡融合”党建示范点。全面推行党员服务项目认领，根据不同层次群众需求科学定制服务清单，实现960名党员全员认领、全程参与志愿服务。

成立党风廉政建设责任制工作领导小组，年内，党政办公会议先后4次专题研究党风廉政建设工作，工委书记主持研究部署基层党风廉政建设工作12次。全面贯彻学习中共“十九大”精神，开展专题学习活动4次，组织开展党性教育、廉洁警示教育22次。积极组织党员干部述职述廉，召开民主生活会开展批评和自我批评，严格遵守和执行工作8小时之外的监督要求。下发《学士街道2017年党风廉政建设部门责任目标》，将党风廉政建设各项责任分解至全体班子成员肩上，将工作责任细化至各办站所、村（社区），进一步明确工作要求、责任目标。选优配强纪检监察队伍，就"治四风、纠陋习""小官大贪""雁过拔毛式腐败问题""公职人员违规涉矿"四个方面分别制定专项整治方案，并在4个村（社区）及征拆指挥部等重点部门成立纪检小组，积极推进专项整治行动。在国庆、中秋、元旦、春节等节假日，先后到酒店、餐馆、农家乐、KTV等娱乐消费场所调查、暗访，调查走访18家单位共26次。严格落实换届纪律，确保村（社区）换届选举未发生任何违法违纪情况。明确提出"三个严禁""四个必须"，进一步明晰执纪监督"四种形态"的实践运用，让"坚持严管厚爱，及时咬耳扯袖"成为常态。全面开展干部自查自纠，对群众举报反映的线索积极调查处理，并对处理结果进行信息公开。一年来通过市长信箱、区长信箱、问政湖南投诉信息处理相关问题40个，查处党员违纪案件6起，结案率100%，党纪处分6人、处置不合格党员6名、通报批评13人次、追责14人次。（朱锐）

【"小安大爱"云服务 社会平安新概念】 学士街道地处城乡结合部，总面积42.28平方公里。近年来随着城市边界不断拓宽、产业要素不断富集，各类人员不断涌入，街道安全形势日益复杂，综合监管压力持续增长。为改变以往安全生产工作被动应付的传统模式，街道遵循安全生产"三大体系"，"实战、实用、实效"，创新工作方法、理顺体制机制、构建平安体系，在2015年打造"1+1"街所联动模式、搭建"小安大爱"调度指挥中心的基础上，进一步对中心进行软件提质和硬件升级，构建起集安全生产全域监管应用服务中心、社会综合治理快速反应服务中心于一体的"小安大爱"云服务指挥中心，实现街域范围安全监管"全领域、全前置、全信息"，探索出一条城乡结合部"大安全"治理的基层实践之路。一是全域监管、精准服务，把安全生产抓得更实。做到"三全"。全面立体摸排，健全隐患清单排查体系；全员责任倒逼，构建安全责任监管体系；全程考核定向，建立常态长效管理体系。二是街所联动，快速反应，把综合治理抓得牢，做到"快反应、无盲区、无死角。"强化基础保障，实现区域监管"快反应"；注入科技元素，确保动态监控"无盲区"；落实联动机制，保障治安防控体系"无死角"。三是云端服务，中心调度，把平安服务抓得新，落实"三实现"实现平安服务从传统手段到科技创新的"全信息"转变；实现平安监管从分线作战到统一作战的"全领域"转变；实现平安隐患从事后补救到事前防范的"全前置"转变。通过创新社会治理，地区经济发展环境日益优化，居民群众的幸福感、获得感与日俱增，"创新、效能、繁荣、幸福"的学士之船行稳致远。

【美丽乡村建设】 街道秉持"绿水青山就是金山银山"的发展理念，在学华村以"就地取材、就地造景、就地就业、就地创业"为发展思路，积极推动"岳麓农趣谷"建设，探索"政府引导、社会投资、农户参与"的两型社会建设实体模式，成立学华村现代农业有限公司，鼓励农户主动融入并参与建设运营，因地制宜在学华村发展观光农业，打造区"四化两型"发展的主引擎。9月27日，市委副书记徐宏源带队观摩学华村美丽乡村建设。学华村获评2017年全国文明村、长沙市美丽乡村建设示范村。（朱锐）

含浦街道

工委书记
肖盛辉
工委副书记、办事处主任
夏　峰
工委副书记
熊海江
人大工委主任
严民意
工委副书记、政协联络处主任
杨岳军
办事处副主任
伍永华
工委委员、纪委书记
谭水清（1–11月）
骆红勇（12–）
人大工委副主任
黄立刚
工委委员、组织委员
陈星宇（女）

【概况】 含浦街道地处长沙西南，总面积51.17平方公里，辖1个社区居委会、4个建制村。共有221个村（居）民小组，9362户，28708人。2017年，在岳麓区街道（镇）绩效考核归属一类街道。

经济发展。2017年，街道实现全口径税收4606万元，提前超额完成年度任务。产业发展、固定资产投资、外贸进出口产值等经济指标任务稳步推进。固定资产投资达到0.35亿元，新增限上企业2个，新增商事主体15户，农民人均纯收入达到9560元。首条公交线路235路在境内开通。建成君子文化广场，丰富群众日常文化生活。大力推进湖南九源生态农业产业园建设，重点打造长沙示范性滨河生态农业体验园区。山塘清淤21处，小河坝维修加固3处，水渠护砌15处。水稻种植1.83万亩，连片油菜3500亩，连片绿肥5600亩。绿化面积550亩，植树72000余株。

项目建设。完成湘江新区智能驾驶区、学士路南延线等拆迁项目。做好黄桥大道南延线、长沙市南横线等项目前期准备工作。3月，街道精心组织举办“田园山水·诗画含浦”第二届含浦油菜花节。活动期间，举行摄影大赛、风筝大赛、诗词大会和乡野骑行等系列活动，推出“乡野诱惑·食在含浦”旅游手绘地图，修建近5公里的自行车道。《长沙晚报》、腾讯大湘网、长沙政法频道等10余家主流媒体相继报道，提升了含浦的知名度和美誉度，促进街道乡村旅游发展。完成社区卫生服务中心建设，12月28日开业运营。

社会管理。深化“平安含浦”建设，大力开展“七五”普法宣传，积极推进街道和村级综治中心建设。化解基层矛盾纠纷78起，调解成功率100%。落实信访维稳属地管理责任机制，强化领导接访、干部下访、包案负责制，全年内未出现赴省市集体访、进京非访。落实“三服务”一线工作法，共收集民情问题76个，全部解决到位。取缔辖区内无证经营的黑作坊，落实农村聚餐报审检查制度。全年未发生重大安全责任事故。落实非煤矿山尾矿、道路交通、易燃易爆物品、油气管道、校园周边等重点领域的安全隐患排查工作任务。严格落实安全生产“一岗双责”和领导带队检查制度。完成“三服务”一线工作法目标任务，共收集民情问题76个，全部解决到位。

环境卫生。按照新“三年造绿大行动”要求，对街道出入口和主要交通干道等关键节点进行美化、绿化、亮化，全街共完成绿化面积550亩，植树72000余株。积极开展乡村环境卫生整洁行动和农村环境连片综合整治，全年开展卫生清扫大型环境保护活动共4次，清理卫生死角120余处，清理陈年垃圾500余吨。开展“星级庭院”评比活动，创建30个“美丽庭院”。共购置分类垃圾桶2500余个。实行垃圾上门收集和分类处理，含泰社区通过岳麓区垃圾分类示范村验收。新购置分类垃圾桶2500余个，落实村（社区）垃圾分类建设。完成秸秆综合利用，秸秆禁烧工作。落实动态保洁制度，实现村内村外、路面路边、集镇中心与周边保洁全覆盖。

规划治理。开展“三整三化”专项行动，对社区集镇和主干道两厢的乱堆乱放、违章搭建、陈年垃圾、店外经营、户外广告、设施破损等情况进行集中整治，共组织拆除行动25余次，拆除违章建筑34处，拆除面积1.15万平方米。按照“拆除一片、清理一片、美化一片、提质一片”的总体要求，完成拆后清场23处，共1.2万平方米，清运建筑垃圾5200余吨，复绿面积1468平方米。积极做好农民建房办证服务工作，全年共为群众办理建房证136本，规划证140本。开展打非治违“春雷行动”，完成处理中央环保督察组督交办办问题。强制取缔非法洗沙场3家、非法腊制品加工厂3家、非法洗衣厂6家。关停无证养猪场76家，退出生猪8700头。加强河道巡查，落实“河长制”长效机制。

民生保障。开展“服务育龄群众百日行”活动和计生协会5.29活动，推行“亮灯式”管理模式，完成孕前优生健康检查的对象共238对，超额完成目标任务。健全社会基本保障体系建设，加大助残、助孤、助困、助学帮扶力度，全年完成低保审核388户、898人，发放救助金239.16万元。完成农村养老保险的参保人数9525人。成立岳麓区社会保障卡服务中心含浦分中心，完成信息采集1684人，发放社会保障卡2435人。积极开展“春风行动”、蓝思科技专场招聘等大型招聘会，为825人提供就业岗位。探索居家养老服务新模式，新建含泰社区、芝字港村、干子村居家养老中心。扶持“含浦诗社”等民间文艺团体，丰富群众文娱生活。

党建事业。严格落实“三会一课”制度，严格规范“四议两公开”工作。多次召开全街党建工作推进会，完善细化党建工作考核细则。制定完善基层党组织书记履责清单和责任状。实行党建工作“月调度、季讲评、半年度督查通报”制度，落实开展“两学一做”活动及党建工作七项重点任务。夯实基层党建基础。加强基层党建力量，落实党务工作者全覆盖，在各村（社区）后备干部中择优挑选7名村级党建专干，加强业务培训和量化考核。按照“六有”标准新建1个非公组织，撤销6个不合格非公组织。明确工作目标、措施、责任，推动合并村党组织平稳顺利过渡。落实基层党组织书记培训工作，选送村（社区）党组织书记参加市、区组织的基层党组织书记培训。全面开展党员组织关系集中排查，按照“六有”标准建立档案室，建立完善党员档案624份。严格落实“三三制”党员发展办法，全年发展党员9名，新培养入党积极分子17名。落实以党员积分为基础，开展党员“亮身份、找差距、作表率”活动。以“两学一做”、党员冬春训为契机，下乡党课覆盖面广，邀请专家对各支部党员进行培训10次。

党风廉政。学习《关于新形势下党内政治生活的若干准则》和《中国共产党党内监督条例（试行）》，全面贯彻从严治党的各项工作要求。落实党风廉政建设“两个责任”和党政领导“一岗双责”，全面推进惩治和预防腐败体系建设，不断深化廉政风险防控机制建设，强化权力运行监督制约。组织街道党员干部观看《永远在路上》、《迷失》等警示教育片，参观长沙廉政警示教育基地。坚持“零容忍”查处各类违法违纪行为，全年共查处各类违纪案件6起。贯彻执行《岳麓区构建“九责体系”落实党风廉政建设“两个责任”》，《岳麓区2017年党风廉政建设党委主体责任、纪委监督责任清单》。党政联席会议先后3次听取纪检工作情况汇报，6次中心组理论学习会议和10次中层干部会议对党风廉政建设和作风建设等方面进行专题学习、研究。

【“油菜花开的声音‘美丽含浦，乡韵春天’”】 3月26日至4月20日，含浦街道开展“快乐长沙·‘乡’约四季”2017长沙乡村休闲旅游节系列活动之——“田园山水诗画含浦”第二届油菜花节。辖内连片油菜花面积3500亩，是长沙市城区面积最大的油菜花基地。为游客推出手绘导航地图，突出最佳赏花路线、最佳赏花点，标注沿途特色土菜馆、蔬果采摘点，含浦乡韵美食推介，为游客提供丰富全面的基础旅游信息。沿途举行“烂漫花语·定格春天”摄影大赛、“放飞纸鸢·翱翔蓝天”风筝大赛、“植绿护绿·梦幻哈雷”乡野骑行、“踏歌靳江·诗涌含浦”诗词大会等系列活动。为市民朋友，游客提供手绘风筝乐趣体验，感受限量款哈雷摩托魅力，体验湖南首个油菜花迷宫，乘坐热气球赏花，共接待游客5万余人次。

【顺利完成村（社区）“两委”换届选举】 4—6月，含浦街道以“五严”工作法为抓手，压实责任、严格要求、规范程序、稳步推进，圆满完成村（社区）“两委”换届选举工作。一是街道对各村（社区）开展村（居）财务清查及村（居）组成人员任期经济责任审计，各村（居）委会清理和审计结果均在村（居）公开栏进行公示。对清理和审计中发现的问题，逐村（居）进行整改。二是深入调查研究。由街道党政班子成员带队到村（社区）入户走访谈心，广泛听取党员、村（居）民代表，离任村干部，基层群众对换届选举工作的意见建议，做到“五个清楚”，即村（社区）基本情况清楚、党员群众思想状况清楚、班子现状和后备人选情况清楚、影响换届选举因素情况、工作思路和对策措施清楚。调查摸底后，街道列出具体问题清单，街道纪委全程跟进，明确整改时间和举措，整改各类问题12个。按要求完成软弱涣散党组织、重难点村（九丰村）的整顿工作，建立整顿工作台账和应急工作预案。三是成立由街道工委书记任组长的换届选举工作领导小组。各村（社区）成立相应的组织机构，明确村（社区）党组织书记为换届选举工作直接责任人，“两委”成员分片包干负责。街道制定换届选举工作方案，明确时间节点、工作内容要求和责任人。各村（社区）制定切合实际的选举工作方案、办法，做到“一村一策一方案”。6月上旬，全街1个社区、4个村共选举出“两委”班子成员36人，平均年龄40岁，换届后的“两委”班子成员平均学历为大专。同时选拔5名优秀后备村级干部、1名优秀党小组长充实到村（社区）党组织班子。

【抗洪救灾全面胜利】 6月底至7月初，大雨普降，导致街道辖区内7个堤垸全部漫堤，受灾群众16000余人，转移群众9140余人，集中安置群众1438人。水淹面积达9500余亩，倒塌房屋300余栋，房屋全倒户49户。灾后集中完成防疫消毒住房2417栋，水井1473口。此次洪灾给含浦经济社会发展和人民生产生活造成重大损失。街道工委、办事处坚持以人民为中心，上下一心、沉着应对，组织广大人民群众和社会各界奋力抗灾，实现无人员伤亡、灾后无疫情、社会大局稳定的目标。在灾后恢复重建中，含浦街道主动出击、科学铺排，采取扎实有效措施，全面做好灾后复产、重建家园、兴修水利、发展经济等系列工作。

【选树好人典型，创新新乡贤治理】 街道党工委、办事处率先在全区范围内创建成立“新乡贤联谊会”。以开展治理乡风民风，提升人民群众素质为宗旨。通过“新乡贤联谊会”和好人先进典型事迹，引导辖区群众践行优秀传统美德。全年，有九丰村村民周雪红被评选为“中国好人”，干子村村民许志礼被评选为“湖南好人”，4户家庭入选“市级文明家庭”评选活动。开展“喜迎新春·礼遇好人”等志愿服务主题活动，将好人典型与乡贤文化充分融合，探索乡村治理新模式，开展扶贫帮困志愿活动，弘扬崇德向善正能量。 （彭鳞凯）

莲花镇

党委书记 文志龙
党委副书记、镇长
黄 伟
党委委员、人大主席
杨新军
党委委员、政协联络处主任、副镇长、武装部长
何权刚
党委委员、副镇长
李建成
刘建中
党委委员、纪委书记
李 诚
党委委员 谭 玲（女）
人大副主席
杨华英（女）
副 镇 长 张 恩

【概况】 2017年，莲花镇辖11个行政村，1个社区，17386户，51631人。镇域面积11300公顷，耕地面积2787.61公顷，农作物播种面积552.60公顷。全年财政收入3212万元，固定资产投资10.35亿元；企业113家，规模以上工业企业及限额以上社会消费品零售企业均实现零的突破，实现工业总产值2400万元。年内入选首批长沙市特色小（城）镇创建培育名录；作为全国文明镇代表成功迎接全国文明城市测评复核。曾家桥村获评省级美丽乡村示范村、省级两型村庄，五丰村获评省级两型村庄、市级美丽乡村示范村、市级垃圾分类示范村。

产业培育。一是完善产业规划布局。按照“一线四点”要求布局现代都市农业、文化旅游产业、花卉花博产业。对接湘江新区“一带一中心”，制定岳宁大道十里花廊产业规划。结合省整域推进美丽乡村试点镇建设，进一步完善美丽乡村建设布局，打造美丽产业。二是加大产业招商力度。激活莲花建设投资有限公司工作职能，对接各大上市公司，按照全镇产业规划布局招商引资，成功促成当代君合企业与天泉草业联合打造生态小镇项目。促成桐木建筑有限公司回迁莲花。三是支持产业转型升级。加大对圣峰果业、爱格花卉、天泉草业、森蓝蓝莓等现有农业产业扶持力度，推动农业＋旅游、农业＋休闲、农业＋教育的转型升级，走出一条一二三产业相结合的现代农业发展之路。爱格设施农艺园成功举办长沙市2017年首届“迎春花市”，圣峰果业获评“国家水果综合标准化示范区”，莲花品牌影响力进一步释放。

解遗克难。一是解决土地遗留问题。对原有土地流转项目恩孚蔬菜基地、四季田园、景和园林、开心农场依法解除流转合同，涉及土地近4000亩，通过休耕、腾笼换鸟等方式，精准实现二次招商，逐步盘活闲置土地，保障农民权益。二是完成农村土地确权。成立农村土地承包经营权确权工作领导小组，明确领导责任，成立以农办和司法所牵头的土地确权政策解答组和矛盾调处组，做好政策宣传及矛盾化解。对各村（社区）进行摸排，根据测绘资料逐户核查实测面积，精准到位，全镇土地确权总户数12889户。三是成功取缔非法赶集。镇综合执法大队在各村、社区的有力支持下，动真碰硬，连续作战，将镇域10处非法赶集市场坚决取缔，有效治理违规占道经营现象，消除了赶集带来的交通、卫生、食品安全等隐患。

美丽乡村建设。一是大力推进美丽乡村建设。开展“美丽村庄、美丽村组、美丽庭院”评选创建活动，探索“政府引导、各村主导、群众自发、社会参与”的美丽乡村建设新模式，积极发动人民群众、知名人士、辖区企事业单位参与。开展首届“新乡贤”评选，围绕贡献社会、家庭和谐、孝敬父母、尊老爱幼等美德树立正面典型，选出24位“新乡贤”代表，带动群众积极投身美丽乡村建设。创建区级“美丽村落”3个，区级“美丽庭院”17户，创建成绩在全区各街镇中排名第一。二是形成浓厚乡村文明氛围。着力培育和践行社会主义核心价值观，全年发放宣传资料4000余份。利用综合文化站、村（社区）学校等平台对村民及外来务工人员开展专题教育，授课40余次，有效提升村民综合素质。学雷锋志愿服务活动步入常态化，每年开展活动100余次，打造了“小红帽学雷锋志愿团队、萤火虫公益群”等志愿服务品牌。依托“农家学舍”，加强未成年人思想道德建设，直接服务对象达1万人次。9月份莲花镇作为全国文明镇代表成功迎接2017年全国文明城市测评复核。三是开展农村环境综合整治。开展垃圾分类试点，在五丰村全面进行农村生活垃圾分类减量，从源头改善农村环境卫生，五丰村成功通过市级垃圾分类试点村验收。完成畜禽退出任务，对辖区内30户养殖户进行退出清理工作，清退畜禽6000余头。深入落实河长制，加强水资源保护，定期开展河流、水库、山塘巡查。切实加强重金属治理，实现土地休耕4000余亩。

基础设施。一是推进重点项目建设。加快岳宁大道拆迁腾地安置工作，确保工程进度。完成黄桥大道南延线拆迁前期调查、安置地选址、规划调整等工作。启动云友、龙洞、金华3处农村商业银行营业网点征地工作。完成莲花中心卫生院周转房建设及综合楼提质改造，提升医疗服务水平。推进莲花社区及桐木村公交站场建设。二是提质优化基础设施。完成莲善公路提质改造。全年共修建农村村组公路15.8公里，完成白改黑10公里。深入开展水利整治，完成冬修水利50处，确保汛期安全度汛。紧张有序推进农村自来水工程建设，确保群众安全用水。三是实施社区提质提档。投入2000余万元，对莲花集镇进行提质改造。新建1700平方米社区公共服务用房，建立“一站式”服务窗口，实现“一站式、终点式、零距离”服务。以双枫西路为轴线，以滨河广场提质改造为核心，着重实施莲花河景观带建设、小区道路白改黑、小区道路绿化提质、交通微循环治理、社区停车场建设、地下管网改造、门店招牌统一、增设小区路灯等建设项目，成功迎接市对社区提质提档工作验收。

民生保障。一是取得抗洪救灾全面胜利。面对数十年一遇的洪涝灾害，莲花广大干群不等不靠、立足自身积极开展灾后自救，转移群众5000余人，组织群众自主排除隐患60余处，成功应对了洪涝和地质灾害。在全区率先开展“手挽手，心贴心，万众一心共建家园”募捐活动，筹集各类款物200余万元。投入2000余万元对镇内7处重大地质灾害隐患点进行治理。修复因灾毁损道路73处，修复水利设施50处。对因灾倒房的38户D级危房启动重建，在春节前已妥善入住；对因灾毁损房屋46户全面完成修复。二是妥善开展民生保障。全年发放低保保障金372万元，发放五保保障金240万元。新增办理社保卡5000张，城乡居民养老保险参保率达98%，医疗保险参保率达98.7%。全年发放伤残军人抚恤金173万元，补助优抚对象138.9万元。持续开展贫困家庭临时救助、医疗救助、慈善助学等救助活动。落实计生家庭奖扶政策，发放补贴55万元。三是科教文卫事业全面发展。开展妇女病普查、“两癌”筛查、“三下乡”义诊等活动，受益群众5万余人次。开展义务献血、婚育新风进万家、关爱女孩等宣教活动，全年共发放宣传品8万余份。实现计划生育基层群众自治市级示范村（社区）零的突破。新增4个村卫生室提质改造全部完工，群众就医环境进一步改善。在桐木村、莲花社区和云盖村新建4处户外健身场所，五丰村获评市级示范性综合文化服务中心，并成功创建市级示范性农家书屋。

环境治理。一是大力开展安全生产排查。进一步建立健全安全生产责任体系，坚持书记负总责、镇长亲自抓，分管领导具体抓，各部门配合抓，社会各界共同抓的安全生产格局。大力推进联合执法，开展安全生产整治大行动，全年共排除各类安全隐患54处，消除了三七冶金的液氨罐和莲浦建材、东团砖厂烟囱等三个重大危险源，全年未发生安全生产责任事故。二是重拳出击整治非法乱象。对全镇范围内洗砂场进行全面摸底排查，由城管牵头，联合国土、城建、综治、供电、派出所、工商所等部门，取缔非法洗沙场10家，并对所有洗砂设备依法进行拆除。大力治理车辆超限超载行为，查处超载车辆100余台。强力推进拆违控违，全年拆除违法建设80处，控制新增违法建设6000平方米。三是深入推进平安创建活动。以创建“平安莲花”为载体，积极开展普法教育、普法宣传；扎实开展禁毒、反邪教、反信息诈骗、反金融诈骗、预防未成年人违法犯罪等宣传；全面推进“平安村（社区）”、“平安家庭”创建活动，居民安全防范意识有效提升。改进群众工作方法，全年化解隐患纠纷257宗，调处成功率96.6%。坚持情理法并用，妥善处理信访积案。

【全省第三次全国农业普查入户登记工作在莲花镇启动】 1月1日上午，全省第三次全国农业普查现场入户登记工作在长沙市岳麓区莲花镇正式拉开帷幕。湖南省副省长戴道晋、长沙市副市长李蔚出席入户登记现场指导汇报会并讲话。岳麓区委书记周志凯，区委副书记、区长刘汇，区领导蔡锋、杨利成、刘雄辉等陪同。

【莲花漫谷、花漾星城】 1月15日上午，2017长沙“迎春花市”启动仪式在岳麓区莲花镇爱格花卉基地举办。长沙市人大常委会副主任芮英姿，长沙市人民政府副市长李蔚，省林业厅产业办主任龚树立，长沙市人民政府副秘书长戴建文，长沙市林业局党组书记、局长夏文斌，岳麓区委副书记、区长刘汇等领导出席启动仪式。全区社会团体、企业等相关单位的代表共500余人参加本次活动。以“莲花漫谷、花漾星城”为主题的长沙“迎春花市”活动现场有20家参展单位，2万平方米花木交易区，10万平方米花海，50万平米展区，展销花卉品种达500多种。

【“流动气象科普万里行—走进湖南”在莲花镇启动】 4月11日上午，“流动气象科普万里行——走进湖南”启动仪式暨长沙市气象科普馆挂牌仪式在长沙市岳麓区莲花镇举行。中国气象局办公室副主任洪兰江，中国气象局宣传与科普中心副主任陈云峰，湖南省气象局党组成员、副局长潘志祥，省气象局总工程师、省气象学会理事长汪扩军，省科协副主席刘晓河，长沙市政府副秘书长戴建文等领导莅临指导。长沙市科协、教育局、科技局、民政局、交通局、防汛办、农业委、林业局、岳麓区政府等百余位嘉宾代表共同见证启动仪式。启动仪式结束后，活动组织者向现场嘉宾赠送气象科普书籍，发放气象科普宣传册等资料、展出气象防灾减灾和应对气候变化的系列展板，了解群众对气象科普的需求。

【莲花镇村（社区）两委换届选举圆满完成】 4月17日，岳麓区莲花镇圆满完成12个村（社区）党组织换届选举工作，各村（社区）党员到会率均达90%以上，选出新一届党组织委员会委员54人，其中书记12名。5月19日圆满完成第十届村委会和第九届居委会的换届选举工作，选出村委委员46名，其中村（居）委会主任12名，女性干部16名。

【莲花镇五丰村垃圾分类示范村顺利通过验收】 11月1日，长沙市爱卫办对岳麓区莲花镇五丰村垃圾分类示范村进行调研验收。市爱卫办一行在调研中一致认为，莲花镇垃圾分类工作成效显著，改造后的村容村貌焕然一新，莲花镇五丰村垃圾分类示范村顺利通过验收。五丰村已将辖区内所有垃圾池全部拆除；每家每户增设2个分类垃圾桶，建立健全专业保洁员队伍，并配备垃圾分类回收专用车。五丰村还重点抓农户垃圾分类、收集、清运三个环节，集中力量彻底清理20个村民组房前屋后陈年垃圾10多吨，经过“卖一点、运一点、埋一点、沤一点、收一点”等垃圾分类减量流程，成效十足，垃圾减量率较上年同期达到55%。（李末枝）

雨敞坪镇

党委书记 曾英姿（女）
党委副书记、镇长
刘志军
党委副书记
余劲松
党委委员、人大主席
吴俊良（1–7月）
顾　虎（8–12月）
党委委员、副镇长、政协联络处主任
刘　震
党委委员、组织委员
王桃兵
党委委员、纪委书记
叶　兰（女）
党委委员、副镇长、人武部长
罗勇谋（1–7月）
党委委员、副镇长
刘　锋
人大副主席
何桂莲（女）
副 镇 长 熊　高

【概况】 1949年8月建嵇山乡，1995年5月嵇山、麻田乡合并为雨敞坪镇。该镇位于湘江新区，东与莲花镇相连，西面、南面与宁乡县花明楼镇、夏铎铺镇交界，北邻望城县白箬铺镇。辖7村1社区，11537户，36555人。镇域面积83.7平方公里，耕地面积2570公顷，林地面积3715公顷，水面300公顷。境内森林资源丰富，森林覆盖率71%。水资源丰富，有1座中型水库、10座小型水库，其中泉水冲水库为中型水库，水面166.67公顷。2017年完成财政总收入3342万元，完成全口径税收1200万元，区级税收240万元；完成全社会固定资产项目15个，固定资产投资46675万元。2017年成功申报美丽乡村整域推进省级试点镇，并获长沙市农业产业发展优秀乡镇、长沙市农田水利建设优秀乡镇、长沙市乡村环境整治一类乡镇、长沙市环境卫生星级乡镇，长沙市群众体育工作先进单位。

经济发展。一是农业产业逐步规模化。新增农业科技企业1家，“个改企”1家。2017年拥有以润坪、金马、裕成等为代表的农业企业20家，形成以韭黄、生姜、油茶等特色种植项目43个，特色种植面积近6000亩。农产品“五彩”生态园完成项目投资2000万元，建成1200亩韭黄、800亩有机稻、500亩良种茶树的标准化示范基地，广云教育体验基地项目完成一期500亩土地的流转。二是二三产业稳定发展。全年完成签约项目5个，引进市外境内资金形成固定资产经济9900万，新增四上企业2家，引进总部企业1家，新登记市场主体266户，其中个体户238户，企业户28户。三是产业发展环境逐步优化。全面推进土地确权颁证工作，着力规范土地有序流转，全年实测耕地面积2.87万亩、实测地块34787块，全区颁发农村土地承包经营权证首发仪式在雨敞坪镇举行，为进一步规范土地流转、实现产业发展奠定了基础。严厉打击非法集资和不正当竞争行为，全面落实放管服工作，不断优化农业产业发展环境。

重点项目建设。年内，成功申报美丽乡村整域推进省级试点镇，整域推进思路得到省、市认可。根据区总体安排，规划建设覆盖面积2.5万亩的有机农业科技园。2017年构建“一带一园两片区四组团”的整体发展布局，完成园区概念规划、组织机构建设、发展规划与设计、园区前期测绘等工作，进一步推动一二三产融合发展；同时园区内配套基础建设逐步推进，已完成红叶互通至城美园林基地、麻田村村部至蔡家塘两条公路的路基建设，打通产业园区与岳宁、雨九公路的衔接。打造红色企航有机农业党建联盟，将政府服务部门、规模企业、小型农庄、种植大户全部联合起来，通过把党组织建立在产业链上，党建集聚产业、产业带动农户，通过做好“党建+”文章，平台促进产业振兴的优势逐渐彰显。

城镇开发。一是稳步推进基础建设。岳宁公路雨敞坪段建设按计划进行，道路路基全部完成，路面工程完成80%以上；镇域基础设施不断完善，完成4.2公里公路“白改黑”提质改造，7.2公里村组公路硬化，同时安装610盏节能路灯，实现道路亮化；改造危桥1座，新建社区转弯桥1座；立面装修提质集镇西街房屋，建成集文艺排练、艺术展览、文化讲座、电影展播、体育健身、图书阅览等功能的综合文化站。二是扎实推进项目建设。铺排各类项目7个，完成投资1.5亿元；对污水处理厂进行整改维修，有效地实现了集镇污水统一处理；农村自来水项目一期管网延伸改造工程全面完工，二期改造工程全面启动。三是圆满完成冬修任务。冬修水利共筹措各方资金近300万元，修复重点水毁项目7处，完成山塘清淤治理400亩，整修渠道14千米，改造小河坝3处，实施管道输水3处，高效节水项目总长度15.63千米，实现节水灌溉面积3000亩，获评市级农田水利建设先进乡镇。四是强力推进拆违控违。坚持“联合巡查”，做到铁腕治违，坚持“联合审批”，做到规范提效，坚持“联合服务”，做到一心为民。全年拆除历史违法建筑3处共计4000多平方米，控制在建违法建设16处，基本实现了零违法建筑的目标。五是大力整治镇容秩序。以治乱、治脏、治差、治本、治风“五治”为整治重点，大力整治镇容镇貌。依托新媒体，提高管理效率，创建雨敞坪镇门前三包微信群，邀请辖区近400名商户加入，共同监督，让市民真正参与到整治镇容秩序中；通过宣传先行、说服教育与服务引导相结合的方法，对占道经营、乱设摊点等行为进行治理，全年共取缔不规范摊位120个，整治店外经营30余家，清理广告灯箱占道400余起；响应群众呼声，取缔赶集马路市场，集中整治阶段对9个赶集点开展联合执法，出动执法人员600余人次，文明劝导70余家流动摊贩退市为路，入场经营。

生态环境治理。一是美丽乡村建设亮点纷呈。全力开展造绿大行动，完成“五边”造绿706亩，创建1个绿色示范社区、4个绿色示范庭院、1个花园式单位，完成青卯环镇公路12.5千米路边绿化及泉宏、新卯10公里森林防火带。继续推行垃圾分类回收工作，全年累计减少垃圾外运800余吨，同时，投入50余万元对麻田村进行垃圾分类试点建设，助推美丽乡村示范点创建。二是环境整治工作成效显著。落实秸秆和垃圾禁烧工作，制作宣传禁烧横幅30

多条，刷写宣传标语600多份，出动宣传车巡查督导30余天；加大畜禽养殖治理力度，对全镇8户规模生猪养殖大户全面予以清退，发放栏舍补贴近30万。落实环境监管网格化管理工作，启动麻田磷矿尾矿环境治理与红叶子沟整治复绿工作；加大环境污染查处力度，全年共排查取缔“十小企业”1处，排查上报十大重点行业3处，有效保障镇域生态环境安全；破解黄标车淘汰难题，全年淘汰111台；着力治理辖区中学雨污分流不彻底、污水管网不完善、黑臭水体等历史遗留环境问题。

社会管理。一是维护社会稳定。社会治安秩序继续好转，刑事发案率持续下降。在党的十九大、全国“两会”等多个特护期，全面调动有效人员对各类矛盾纠纷和重点人员进行全方位排查，畅通村镇区三级情报信息网络，安排专人在交通枢纽轮班值守，实现特护期“五不发生”和“零进京”的目标。二是抓实安全生产。加强非煤矿山、烟花爆竹、消防、农村集体聚餐等重点领域的安全监管，全年未发生一起安全生产责任事故；开展“携手共建平安雨敞坪”系列宣传活动，通过现场咨询、发放宣传册、急救培训、安全演练等方式，全面提升居民自我保护意识，确保镇域安全稳定。三是开展群众工作。创新开展“三服务”一线群众工作，实行网格管理，深化一线保障，全年累计上门走访、现场接待群众2000余次，解决具体民生问题近1000个，问题解决率达90%以上，有效提升了政府公信力。重视12345市民热线工作，严格按照“统一受理、分类处置、限时办结、过错问责”、“谁主管、谁负责、谁答复”的原则，为群众提供高效、便捷的服务，全年共受理12345热线工单142件，按时办结率100%，共有10个月的群众满意率达到100%。

民生保障。一是推动就业创业。加力公共服务，2017年新增创业主体50户、城镇就业人员50人、农村劳动力转移就业50人；二是提高保障水平。积极落实养老保险、医疗保险、社会救助等基本保障制度，对全镇358户在册低保对象进行100%入户调查，做到应保尽保、精准救助，全年累计发放低保247.8万元，累计为299户特困供养户发放238.2万元。三是做好灾后重建。面对极端流域性洪涝灾害，全镇直接经济损失近6000万。雨敞坪镇上下众志成城，高效有序组织防汛救灾，救助因灾转移群众66户134人，救助房屋倒损群众37户，共计发放救助金76万余元。灾后积极发动群众对损毁山塘抢修加固，全力蓄水保水，确保灌溉，对山体滑坡全面清障，对受灾区域全面消毒，没有因灾情而产生不良舆情。

组织建设。一是抓实党建责任。2017年年初与各村（社区）党组织书记逐一签订党建工作目标管理责任状，制定下发党建工作绩效考核细则，进一步压实党建工作责任。严格实行党建工作例会制，做到月初审定党建工作提示，培训党建业务，月中带队专项督查，月底讲评考核，实行“一月一闭环”，推进党建工作规范化制度化。二是突出队伍建设。实行中层干部竞聘上岗和一般干部双向选择机制，实现“人尽其才，才尽其用”。对全镇干部定岗定责，将职责落实情况与年度考核结果直接挂钩，确保责任落实到人，任务执行到位。严把选举程序，严守时间节点，严明换届纪律，严格督查指导，圆满完成7村1社区的换届选举工作。特别是麻田村作为全区村“两委”换届选举试点村，为全区村级组织换届顺利推进积累了经验，提供了样板。三是激发组织活力。推进“两学一做”学习教育常态化制度化，抓实用活“主题党日”，通过开展一系列党味浓郁、形式多样的活动，提升全镇党员“学”的严肃性、“学”的自觉性、“做”的实效性。通过干部领学、党员讨论、书记讲党课等形式多角度、多渠道掀起学习十九大精神的热潮，让十九大精神入脑入心。四是打造特色亮点。新建雨敞坪社区党群服务站；建立“红色企航”有机农业党建联盟，设立“红色磁场”、“绿色动力”、“橙色岗亭”、“蓝色积分”四个平台激活组织生活、服务农业产业发展，初步实现政府与企业、企业与企业的互联互通、共享共赢，促进农村全面发展。

教育卫生。贯彻落实“教育强镇”目标，强力推进素质教育，特别注重规范管理校车，全年未发生教育领域安全事故；推进麻田中学提质改造，启动办理麻田中学新建综合楼、宿舍楼等前期手续；整合镇域教育资源，推进发展优质基础教育；扎实有序开展助残助孤助学等社会救助，健全雨敞坪镇镇学生资助政策；进一步规范校车管理，完善校车行进路线的安全设施，严禁非法营运，保障学生安全。严格落实食品安全责任，继续开展党政领导带队检查食品安全工作，强化对食品卫生、公共场所等重点领域隐患排查和监管，切实消除事故隐患；加强农村集体聚餐管理，年内未发生食品安全事件。积极开展防疫工作，全年未出现重大传染病疫情暴发流行或重大突发公共卫生事件。

计划生育。全年全镇共出生人口543人，符合政策生育率（按统计责任计算）为98.5%，出生婴儿中男婴283人，女婴260人，婴儿出生性别比为108.85。铺排孕前优生健康检查和妇女病普查工作，全年共186对夫妻参与免费孕前优生检查，2200名妇女参加妇女病普查，1850人参加两癌普查；推进产前筛查和新生儿筛查，向299位产筛补助对象发放补助金47400余元；重视新生儿访视和出生缺陷儿救治，出生人口素质不断提升。上报农村计生奖扶465人，农村特别家庭扶助29人，独生子女父母奖励820人，新增农村计生奖扶63人，农村特别家庭扶助6人，独生子女父母奖励8人。（陈亚文）

【农村土地承包经营权首证颁发】 12月19日上午，岳麓区《农村村土地承包经营权证》首证颁发仪式在岳麓区雨敞坪镇举行，雨敞坪镇麻田村牛一组10户村民获颁新的农村土地承包经营权证书。岳麓区人民政府副区长刘雄辉、区政府副调研员戴德良与区财政局、区农林畜牧局、区史志档案局以及雨敞坪镇相关负责人出席首颁仪式。2017年雨敞坪镇全面推进确权颁证工作，截至首证颁发仪式前，确权实测耕地面积2.87万亩、实测地块34787块，逐步进入全面核对基础信息成果、分户签订承包合同、逐步打印发放证书的关键攻坚阶段。

【垃圾分类成效显著】 雨敞坪镇积极探索农村垃圾减量化处理、资源化利用新路子。为巩固城乡环卫一体化工作成果，雨敞坪镇把农村垃圾分类试点列入2017年重点工作之一，并以麻田村进行试点。第一步建立“户分类、村收集、乡镇转运、无害化处理”的农村垃圾分类回收机制，第二步配套相应基础设施，投资30余万元购置分类垃圾桶6000个、为保洁员配备垃圾分类回收车10台，分级做好垃圾回收工作，投资20余万元集中建设垃圾分类房，实现了垃圾分类处理再利用，第三步镇村干部强力宣传，带动更多群众推广垃圾分类，保护环境、节约资源。试点村每天产生垃圾总量由原来的4吨到6吨骤减到不足1吨，转运费由近10万元减少到不足2万元，垃圾量骤降80%左右。全镇2017年累计减少垃圾外运800余吨，其中生活垃圾340吨、建筑垃圾220吨、废弃秸秆160余吨、其他杂物100余吨，试点村麻田村一跃变成生态宜居村。

【创建“红色企航”有机农业党建联盟】 11月，雨敞坪镇在全省首创“红色企航”有机农业党建联盟，按照十九大关于乡村振兴战略要求，该镇突出“党建+产业”，重点聚焦政企良性互动、企企资源共享、企农联动发展，入盟企业28家，共流转土地7800亩，农业产值达3.2亿元。党建联盟，下设花木、有机稻、水果、蔬菜、特色养殖五个党小组，共27名党员。党建联盟立足镇情实际和产业形态，着力构建红色磁场、绿色动力、橙色岗亭、蓝色积分“四大平台”，形成磁场、蝴蝶、乘数“三大效应”。红色磁场通过设立“红色讲习所”大课堂、“红色责任田”党小组、“红色CEO”中心户，畅通政企互动通道，让企业党员在产业发展中亮身份、树形象。绿色动力通过设立“能量站”、“商学院”、“孵化坊”，为基层培养专业队伍，为主体创新提升致富技能，为产业转型升级规划蓝图。橙色岗亭通过设立“示范岗”技术帮扶、“直通车”政策送学、“帮创团”致富带富，为企业和广大农户提供认领、定制、组团等专业化服务。蓝色积分通过对以上活动的积分量化，促进企业之间的比学赶超，实现全镇农业产业提质发展。

【雨敞坪镇获评美丽乡村整域推进省级试点镇】 根据《中共湖南省委办公厅湖南省人民政府办公厅关于加快推进美丽乡村建设的意见》、《中共湖南省委农村工作领导小组办公室关于申报美丽乡村建设整域推进试点的通知》精神，为更好地发挥雨敞坪镇在岳麓区“莲雨含组团”中“一带一中心”引领作用，该镇突出绿色发展主题主线，坚持“保护生态、整治环境、规范管理”原则，以点带面、连片推进，打响“魅力原乡·五彩田园”品牌，2017年4月，由中共湖南省委农村工作领导小组办公室审批通过，获评美丽乡村整域推进省级试点镇。（陈亚文）

榜上有名

（排名不分先后）

2017 年岳麓区获国家（部委）奖励（命名）单位一览表

表 1

获奖单位	获奖名称	授奖单位
望岳街道谷山村	全国文明村	中央文明委
学士街道学华村	全国文明村	中央文明委
咸嘉新村社区	全国文明单位	中央文明委
咸家湖街道咸嘉新村社区	创建无邪教示范村（社区）	中央防范处理邪教办
桔子洲街道岳南村社区	创建无邪教示范村（社区）	中央防范处理邪教办
咸嘉湖街道白鹤咀社区	国家地震安全示范社区	中国地震局
咸嘉湖街道白鹤咀社区	全国“流动人口社会融合示范社区”	国家卫生计生委
咸嘉新村社区	全国气象科普教育基地基层防灾减灾社区	中国气象局
咸嘉湖街道荷叶塘社区	全国“扫黄打非”进基层示范点	全国“扫黄打非”办
咸嘉湖街道荷叶塘社区	全国“扫黄打非”进基层示范标兵	全国“扫黄打非”办
咸嘉湖街道荷叶塘社区	全国“扫黄打非”进基层先进集体	全国“扫黄打非”办
咸嘉湖街道社区卫生服务中心	全国“2017 年优质服务示范社区卫生服务中心”	全国卫生计生委
西湖街道社区卫生服务中心	全国百强社区卫生服务中心	全国卫生计生委
区教育局	全国中小学生研学旅行实践教育营地	教育部
梅溪湖街道	全国社区教育示范街道	中国成人教育协会社区教育委员会
梅溪湖街道阳明山庄社区	全国民族团结进步创建示范单位	国家民委
区工商联	全国“五好”县级工商联	中华全国工商业联合会
区农业林业畜牧局	全国农村土地经营权流转规范化管理服务试点单位	农业部
区农业林业畜牧局（圣峰果业）	国家水果综合标准化示范区	国家标准委
岳麓区检察院	全国检察机关文明接待室	最高人民检察院
岳麓区检察院	2017 年度全国检察宣传先进单位	最高人民检察院
梅溪湖街道中建 . 梅溪湖中心	全国人居环境示范社区	联合国环境署
岳麓区检察院	民事行政诉讼监督优秀案件	最高人民检察院
区人民法院	全国司法宣传先进单位	最高人民法院
洋湖街道洋湖湿地	“国家湿地公园”试点单位	林业部
洋湖街道洋湖湿地	国家水利风景区	水利部
岳麓区防汛抗旱指挥部	全省抗洪救灾先进单位	湖南省委、省政府
橘子洲景区	“中国志愿者服务”基地	国家旅游局
望城坡街道“湖南商学院众创空间”	国家级众创空间	科技部
咸嘉湖街道万年康艺术团	“功夫瑜伽”全国广场舞大赛全国十强	国家卫生计生委人口文化发展中心

2017年岳麓区获国家（部委）奖励（命名）个人一览表

表2

所在单位	获奖人	获奖名称	授奖单位
含浦街道九丰村	周雪红	中国好人	中央文明委
坪塘街道	谢海华	全国道德模范提名奖	中央文明委
区国税局	徐　勇	中国好税官	国家税务总局
桔子洲街道市四医院	李良义	中国好人	中央文明委
区人民法院	刘　群	全国三八红旗手	全国妇女联合会
天顶街道生殖医学医院	刘习明	全国最美志愿者	中央文明委
区司法局桔子洲司法所	黄　平	全国模范人民调解员	司法部
岳麓区检察院	王　俐	全国检察宣传先进个人	最高人民检察院
区国税局	冯方家	全国税务系统大比武优胜个人	国家税务总局
坪塘街道	谢海华	湖南省道德模范	湖南省委、省政府
含浦街道	肖盛辉	抗洪救灾先进个人	湖南省委、省政府
区人民法院	赵云冲	全国法院第二十九届学术讨论会论文评选二等奖（论文《家事案件证据规则之探析--以某试点法院为样本》）	最高人民法院
区人民法院	舒秋膂	“湘潭杯”多元化纠纷解决机制理论研究论文一等奖（论文《立案登记制背景下多元解纷的“破”与“立”——对多元解纷“泛人民调节化”现象的反思与破解》）	最高人民法院
区司法局驻法院调解室	刘旭平	第五届长江中游城市群法制论坛二等奖（论文《长江中游城市群建设中多元化纠纷解决机制研究》）	长江中游城市群法制论坛组委会

2017年岳麓区获省（厅局）奖励（命名）单位一览表

表3

获奖单位	获奖名称	授奖单位
区地税局	湖南省文明单位	湖南省文明委
梅溪湖街道阳明山庄社区	湖南省同心社区	湖南省委统战部
咸嘉湖街道白鹤咀社区	湖南省同心社区	湖南省委统战部
梅溪湖街道阳明山庄社区	湖南省文明社区	湖南省文明委
梅溪湖街道阳明山庄社区	湖南省最美志愿服务社区	湖南省文明委
望岳街道恒华社区	最佳志愿服务社区	湖南省文明委
区农业林业畜牧局	全省农村经营管理工作先进单位	湖南省农业委
桔子洲街道学堂坡社区	湖南省充分就业星级社区	湖南省人力资源和社会保障厅
咸嘉湖街道白鹤咀社区	湖南省充分就业星级社区	湖南省人力资源和社会保障厅
望岳街道八方社区	湖南省充分就业星级社区	湖南省人力资源和社会保障厅
区信访局	信访工作基础业务百佳业务规范单位	湖南省信访局
区财政局	全省财政税政法制工作绩效评价先进单位	湖南省财政厅

表 3（续）

获奖单位	获奖名称	授奖单位
区文体新局	湖南省“扫黄打非”先进集体	湖南省“扫黄打非”办
区财政局	预算绩效管理工作先进单位	湖南省财政厅
望岳街道财政所	湖南省星级财政所	湖南省财政厅
梅溪湖街道阳明山庄社区	全国 2017 年“基层科普行动计划”支持项目	省科协、省财政厅
区人民法院	2017 年度全省法院信息工作成绩突出的基层法院	湖南省人民法院
区人民检察院	全省检察服务大厅建设示范院	湖南省人民检察院
区委党校	全省党校行政学院系统第八届科研工作先进单位	湖南省委党校
区委办公室	湖南省督查工作先进单位	省委办公厅
区委办公室	湖南省党委信息工作先进单位	省委办公厅
区国税局	湖南省全面推开营改增工作先进区县单位	湖南省国税局
区国税局	湖南省国税系统先进党支部	湖南省国税局党组
区司法局	长沙市文明标兵单位	长沙市委、市政府
区委党校	长沙市文明标兵单位	长沙市委、市政府
洋湖街道	长沙市文明标兵单位	长沙市委、市政府
洋湖街道山塘社区	长沙市文明创建示范社区	长沙市委、市政府
莲花镇曾家桥村	湖南省美丽乡村建设示范村	湖南省委农村工作领导小组
莲花镇曾家桥村	湖南省两型村庄	湖南省两型办
莲花镇五丰村	湖南省两型村庄	湖南省两型办
望月湖街道	湖南省流动人口基本公共卫生计生服务均等化示范街道	湖南省卫生和计生委
望月湖街道	湖南省计划生育基层群众自治示范街道	湖南省计划生育协会
望月湖街道荣龙社区	湖南省计划生育基层群众自治示范村居	湖南省计划生育协会
咸嘉湖街道荷叶塘社区	全省“扫黄打非”基层示范点	湖南省“扫黄打非”领导小组办公室
望城坡街道长华社区	全省“扫黄打非”基层示范点	湖南省“扫黄打非”领导小组办公室
咸嘉湖街道荷叶塘社区	全省无邪教创建示范村（社区）	湖南省委防范处理邪教办
观沙岭街道桔洲新苑社区	全省无邪教创建示范村（社区）	湖南省委防范处理邪教办
橘子洲景区	湖南省爱国主义教育基地	湖南省委宣传部
岳麓区风景名胜区管理局	湖南省 2017 年风景名胜区行业先进单位	湖南省风景名胜协会
咸嘉湖街道	全省示范“妇女之家”	湖南省妇女联合会
区审计局	全省优秀审计项目（岳麓区教育局 2013 年至 2015 年财政财务收支情况审计）	湖南省审计厅
区委宣传部	湖南省第十三届精神文明建设“五个一工程”奖（广播剧《好大一个家》）	湖南省文明委
区文体新局	湖南省原创广场舞网络大赛铜奖（《唱起来跳起来》、《诚信人生金不换》）	湖南省文化厅
区文体新局翼之梦艺术团	全省群众文艺汇演一等奖（合唱《蒲公英》）	湖南省委宣传部、省文化厅、省总工会
区文体新局	湖南省第 16 届舞台艺术音乐《古筝独奏》表演银奖	湖南省文化厅
区政协	长沙市政协反映社情民意信息工作一等奖	长沙市政协
区政协	优秀调研成果二等奖（论文《发挥优势，精准发力，合力推进湖南金融中心建设发展》）	湖南省政协
区政协	优秀调研成果三等奖（论文《做强楼宇经济，助推转型升级，奋力打造区域经济新的增长点》）	湖南省政协
区委党校	全省党校行政学院系统理论年会二等奖（论文《推进“湖南金融中心”建设的调查与思考》）	湖南省委党校

2017年岳麓区获省（厅局）奖励（命名）个人一览表

表4

所在单位	获奖人	获奖名称	授奖单位
含浦街道干子村	许志礼	湖南好人	湖南省文明委
区检察院	陈芳颖	全省检察文化先进个人	湖南省人民检察院
区检察院	彭志红	案件办理二等功	湖南省人民检察院
区人民法院	刘　军	全省法院先进个人	湖南省高级人民法院
区人民法院	常　研	全省法院信息工作成绩突出的信息工作人员	湖南省高级人民法院
区教育局	周淑群	湖南省第十届特级教师节	湖南省教育厅
区工商分局	许　颖	全省工商和市场监管部门“十大法治人物”	湖南省工商局
区环保局	谭星明	打击环境污染违法犯罪工作先进个人	湖南省环保厅
区水务局	韩娟娟	全省“芙蓉杯”水利建设管理先进个人	湖南省水利厅、省人社厅
区信访局	欧阳立斌	百佳业务能手	湖南省信访局
望月湖街道	王　洪	长沙市抗洪救灾先进个人	长沙市委、市政府
学士街道	罗　政	长沙市抗洪救灾先进个人	长沙市委、市政府
坪塘街道	吉文斌	长沙市抗洪救灾先进个人	长沙市委、市政府
洋湖街道龙骨寺社区	欧　蕾	长沙市抗洪救灾先进个人	长沙市委、市政府
区市政管理局	曾世凡	长沙市抗洪救灾先进个人	长沙市委、市政府
区市政管理局	张　懿	长沙市抗洪救灾先进个人	长沙市委、市政府
区水务局	宾建光	长沙市抗洪救灾先进个人	长沙市委、市政府
岳麓山风景名胜区管理局	赵晓英	创建更高水准全国文明城市先进个人	长沙市委、市政府
区地税局	杨　磊	入选全省地税系统督察内审人才库	湖南省地方税务局
区国税局	赵　琳	全面推开营改增嘉奖	湖南省国家税务局
区国税局	唐湘华	全面推开营改增嘉奖	湖南省国家税务局
区国税局	吕美柃	全面推开营改增嘉奖	湖南省国家税务局
区教育局	杨素群	湖南省中小学正高级教师	湖南省教育厅
区政协	杨国春	省政协理论研究优秀论文二等奖(论文《大数据时代人民政协协商民主能力提升路径探析》)	湖南省政协
区检察院	谢勇、邬炼	湖南省检察理论研究年会优秀论文一等奖（论文《关于认罪认罚从宽制度改革试点的情况分析及制度完善》）	湖南省人民检察院
区地税局	罗晓英	湖南省地税系统演讲比赛二等奖	湖南省地方税务局
区地税局	纪　律	全省地税系统的指标模型风险展演竞赛一等奖（房地产综合平台模型开发建设）	湖南省地方税务局
区委党校	黄林峰	全省党校行政学院系统理论年会二等奖（论文《深化区校合作 加快推进岳麓区科技成果产业化的实践与思考》）	湖南省委党校
区委党校	杨　登	全省党校行政学院系统理论年会二等奖（论文《共产党人要树立正确的幸福观》）	湖南省委党校
区老干部局	马雪琴	全国十大知名女性剪纸作品展	上海非物质文化遗产中心

2017 年岳麓区在省级以上报刊刊发文章一览表

表 5

单位名称或作者姓名	文章标题	报刊名称
区检察院 陈芳颖	《我为检察官画像》	检察日报
区检察院 叶桃英	《纠集 20 余人打架斗殴是寻衅滋事？检察官审查发现定性有误》	检察日报
区农业林业畜牧局	《绿水青山就是金山银山的岳麓样本》	湖南日报
区人民法院 常研	《司法网拍，搅活一池春水》	湖南日报
区人民法院 常研	《就业遭“乙肝歧视”求职者获补偿 5000 元》	湖南日报
区人民法院 常研、杨琴	《首个“知识产权纠纷诉调对接机制”》	湖南日报
望城坡街道 周佳、戴亮	《共建共治共享，幸福在这里升级》	湖南日报
梅溪湖街道	《“红星驿站”擦出党群关系新火花》	湖南日报
梅溪湖街道	《梅溪湖城市岛开门迎客》	湖南日报
麓山景区管理处	《爱晚亭前水景美》	湖南日报
咸嘉湖街道	《十九大时光：停不下脚步，只因有一种鼓励》	湖南日报
咸嘉湖街道	《浓浓“党味”情亦真》	湖南日报
咸嘉湖街道	《长沙建成 100 个城市气象防灾减灾示范社区》	湖南日报
咸嘉湖街道	《防汛灾情 迎战暴雨，我们在一起》	湖南日报
咸嘉湖街道	《这三大便民法宝，你的社区有吗？》	湖南日报
咸嘉湖街道	《绿书签 .2017 活动启动》	湖南日报
咸嘉湖街道	《长沙开展“新三年造绿大行动”现场观摩，易炼红强调 以人民为中心深入推进造绿添绿》	湖南日报

附　录

岳麓区2017年重点民生实事工作自评报告

长沙市岳麓区为民办实事考核办公室

（2017 年 12 月）

按照省、市重点民生实事工作总体部署及区政府关于下达 2017 年省市重点民生实事目标任务的通知要求，全区各级各部门高度重视、认真实施，全区重点民生实事工作进展顺利。现将主要情况汇报如下：

一、完成情况

2017 年，省、市重点民生实事工作年初下达我区的指标任务共 23 项，其中省级考核指标 5 项，市级考核指标 18 项。各项指标完成情况如下：

1. 建成区黑臭水体综合整治：我区建成区黑臭水体综合整治工程考核项目 7 个，纳入国家监管平台考核项目 2 个（后湖、龙王港），纳入市政府考核项目 5 个。根据 7 个项目的分布特点，按照“源头治理”、“片区治理”和“流域治理”的理念，我区将 7 个项目划分为后湖片区、含浦片区和龙王港三个片区进行整治，总投资 5.24 亿元，已按要求完成 7 个项目的整治整改工作。

2. 自来水户表改造：工作任务为 1.5 万，完成 1.5226 万，完成率达 101.5%；

3. 中心城区公交站点 500 米覆盖：工作任务为覆盖率 95% 以上，完成 97%，超额完成；

4. 城区建成区公交覆盖：工作任务为覆盖率 98% 以上，完成 100%，超额完成该项工作；

5. 新增城镇就业：该项工作为省级考核指标，工作任务为 6300 人，完成 6402 人城镇就业，完成率达 101.62%（11 月数据）；

6. 孕产妇产前免费筛查：该项工作为省级考核指标，工作任务为 7500 人，现已对 7508 名孕产妇的产前筛查的检查费用进行了回补或直补，共计金额 120.128 万元，完成率 100.11%；

7. 基层医疗卫生机构：工作任务为整改建设 8 个，已完成莲花镇中心卫生院、洋湖卫生服务中心和 6 个村卫生室建设，完成率 100%；。

8. 新增养老服务床位：该项工作为省级考核指标，工作任务为新增养老服务床位 96 个，完成 96 个，完成 100%；

9. 城区街道日间照料中心（小型养老机构）：工作任务为 6 个，完成 11，完成率 183%；

10. 农村养老服务设施：工作任务为 4 个，完成 9，完成率 225%；

11. 新增社会治安视频监控摄像头：该项工作为省级考核指标，工作任务为 600 个，岳麓区拨付专项资金 1080 万元用于新增社会治安监控摄像头及有关系统功能模块的建设，并完成 600 个视频监控摄像头安装，完成率 100%；

12. 已建住宅小区电力“专改公”：年初工作任务为 16 个，因其中一处涉及征拆，向上级部门汇报后核减一个，全年完成 15 个，完成率 100%；

13. 城市棚户区改造：该项工作为省级考核指标，任务为 590 户，已完成桐梓坡项目 260 户、老咸嘉湖项目 240 户和望新片区棚改项目 90 户，共计 590 户，完成率 100%；

14. 中心城区停车场：工作任务为建设泊车位数 3000 个，已完成 3000 个；完成率 100%；

15. 农贸市场（生鲜超市）安全快检室：工作任务为 10 个，由市里统一招投标定公司并开展建设工作，完成 10 个，完成率 100%；

16. 新、改、扩建公办幼儿园：工作任务为2个，已完成岳麓幼儿教育集团北京御园幼儿园和岳麓幼儿教育集团中海幼儿园2个，完成率100%；

17. 新增公办幼儿园和普惠性民办幼儿园：工作任务为11个，已新增岳麓区勤奋青苹果幼儿园、岳麓区卡乐卡迪幼儿园、岳麓区山水幼儿园、岳麓区杰拉德湘熙水郡幼儿园等11个公办幼儿园和普惠性民办幼儿园，完成率100%；

18. 绿色示范村庄：工作任务为3个，已完成3个，完成率100%；

19. 绿色示范社区：工作任务为6个，已完成观沙岭街道钰龙社区、天顶街道柏家塘社区、望岳街道府后路社区、岳麓街道中海国际社区、学士街道白鹤社区和雨敞坪镇雨敞坪社区等6个社区，完成率100%；

20. 住宅小区老旧电梯安全技术评估：工作任务为6个，完成金色山庄小区等10个小区老旧电梯安全技术评估，完成率167%；

21. 法律援助案件：工作任务为280个，我区为城乡受援人群提供法律援助咨询1539次；受理指派案件380件，比2016年增长26%，其中民事案件267件、刑事案件113件；超额完成2017年市直重点民生项目目标任务数280件，完成率为135.7 %；

22. 乡镇（街道）户外全民健身中心：任务为建设乡镇（户外）全民健身中心四家，已完成梅溪湖街道、咸嘉湖街道、学士街道、坪塘街道等4个，完成率100%；

23. 全民健身工程：工作任务为60个，全年完成60个，完成率100%。

二、工作措施

今年以来，我区重点民生实事工作取得了较好成效，我们主要从以下几个方面开展工作：

（一）加强组织领导、细化任务分解。一是全区各级各部门按照省市要求和区委、区政府的统一部署，把重点民生实事作为工作重点、精心组织、狠抓落实，各责任单位也始终把重点民生实事工作摆在重中之重，主要领导亲自挂帅，组建工作机构，充实工作力量；二是召开会议专题研究部署重点民生实事工作和不定期地召开工作协调会议，明确各项工作任务和分工，落实具体实事项目和责任人员，及时协调和解决工作中出现的问题；三是进一步进行了工作分工和细化，明确了具体责任人和完成时间，建立了严格的工作责任体系，保证各项工作的顺利完成。

（二）加大资金投入、强化氛围保障。一是为充分保证重点民生实事的资金投入，各有关部门克服困难，千方百计筹措资金，切实加大重点民生实事的投入；二是区财政高度重视，对实事项目投入优先考虑，确保各项实事资金能够足额、按时拨付到位，同时，加强资金管理，在资金申报、预算、使用等方面严格管理，确保专项资金专款专用；三是各责任单位主动出击，通过悬挂横幅、张贴标语等群众喜闻乐见的方式和利用区政府网站对实事工作进行大量的专题宣传，在全区上下营造了良好的工作氛围。

（三）完善工作机制、加强管理督促。一是建立了由区委常委、常务副区长蔡锋同志牵头，相关成员单位参加的落实实事工程联席会议制度，完善了信息定期反馈制度，采取逐月上报，按季自评的方式，将落实情况反馈到区统计局和区绩效办，区绩效办定期将实事情况刊登在区政通讯上，并通过督查通报和区政府公众信息网通报实事工作进度；二是健全了督促检查机制，坚持按月对重点民生实事工作进行调度，把定期督查和随机抽查、全面督查和重点督办结合起来，切实加强实事工作的督促检查；三是进一步完善管理机制和管理办法，建立健全长效机制，重点重抓施工现场组织、矛盾协调解决、建设资金筹集等要素调度，统筹安排，确保工程按序时推进；四是对尚未建立后续管理的项目，认真加以研究，提出新建议，探索新机制，研究新方法，解决实事项目中出现的困难和问题，努力把重点民生实事工程办成具有长效的惠民工程、民心工程。

附件

长沙市岳麓区2017年省市重点民生实事项目指标任务完成进度表

序号		项目名称	单位	区直责任单位	牵头市直部门	指标任务	累计完成工作量	完成工作进度(%)	备注
1		建成区黑臭水体综合整治	个	区住房城乡建设局	市住建局	7	7	100.0%	
2		自来水户表改造	万户	区水务局	市住建局	1.5	1.5226	101.5%	
3		中心城区公交站点500米覆盖	覆盖率%	区交通运输局	市交通运输局	95%以上		97%	
4		城区建成区公交覆盖	覆盖率%	区交通运输局	市交通运输局	98%以上		100%	
5	★	新增城镇就业	万人	区人力资源社会保障局	市人社局	0.63	0.6402	101.62%	1–11月
6	★	孕产妇产前免费筛查	人	区卫计局	市卫生计生委	7500	7500	100	
7		基层医疗卫生机构	个	区卫计局	市卫生计生委	8	8	100	
8	★	新增养老服务床位	张	区民政局	市民政局	96	245（示范点40张，基层设施205张）	100	任务已在中期建设阶
9		城区街道日间照料中心（小型养老机构）	个	区民政局	市民政局	6	11	100	
10		农村养老服务设施	个	区民政局	市民政局	4	9	100	
11	★	新增社会治安视频监控摄像头	个	区公安分局	市公安局	600	600	100	
12		已建住宅小区电力“专改公”	个	区经信局	市经信委	16	16	100	
13	★	城市棚户区改造	户	区住保局	市住房保障局	590	590	100%	
14		中心城区停车场	泊位个数	区城管执法局	市停车办	3000	6个停车场开工建设	100%	
15		农贸市场（生鲜超市）安全快检室	家	区食品药品监督管理局	市食药监局	10	已完成	100	由市里统一招投标定公司并开展建设工作
16		新、改、扩建公办幼儿园	所	区教育局	区教育局	2	2	100	
17		新增公办幼儿园和普惠性民办幼儿园	所	区教育局	区教育局	11	11	100	
18		绿色示范村庄	个	区农林畜牧局	市林业局	3	3	100	
19		绿色示范社区	个	区园林公司	市林业局	6	6	100	
20		住宅小区老旧电梯安全技术评估	台	区质监分局	市质监局	6	10	167	指标任务6台，超额完成4台。
21		法律援助案件	件	区司法局	市司法局	280	280	100	
22		乡镇（街道）户外全民健身中心	处	区文体新局	市体育局	4	4	100	
23		全民健身工程	处	区文体新局	市体育局	60	60	100	

注：2017年全区共承担省、市重点民生实事项目指标38项，其中省考12项（★代表省考项目），市考26项，省市考核重合项目一项（农村危房改造项目），共涉及21个主要责任单位。